疑獄

ロッキード
疑獄

角栄ヲ葬リ巨悪ヲ逃ス

春名幹男

角川書店

ロッキード

ロッキード疑獄

角栄ヲ葬リ巨悪ヲ逃ス

まえがき

「ロッキード事件は裁判によって明るみに出される部分より、関係者の沈黙によって永遠に闇の中に葬られた部分のほうがはるかに巨大なのである」(立花隆『闇将軍田中角栄の策謀　ロッキード裁判傍聴記2』)[1]

田中がアメリカに嫌われた真の理由を明らかにする

日本人の心に、強烈な印象を残した田中角栄《たなかかくえい》。ロッキード事件で、逮捕・起訴され、一、二審で実刑判決を受けて政治生命を絶たれ、病にも倒れて、鬼籍に入った。

しかし、この事件には、未解明の重大な疑問が残されている。

当時、ほとんどの日本人は田中が現職の首相時代に犯した犯罪だから、田中が「巨悪」だと受け止めていた。だが、本当の巨悪は他にいて、断罪されないままになっているのだ。

田中訴追に直接関係する証拠は米国司法省から東京地検特捜部に引き渡され、法の裁きを受けた。しかし、巨悪解明につながる証拠は提供されなかった。アメリカは、なおその証拠を秘匿している。

戦後最悪の国際的疑獄となった、この事件。昭和から平成、さらに令和の時代を迎えた今も、真相を紡げないまま、歴史のかなたに葬ってしまっていいのか、と痛切に感じる。

田中角栄の逮捕から四十年たった二〇一六年、田中に関する書籍や記事、テレビ番組が相次ぎ、角栄ブームにもなった。かつての政敵の一人、石原慎太郎《いしはらしんたろう》が著した小説『天才』（幻冬舎）やNHKスペシャルなど、ドキュメンタリー番組も話題になった。

その中で、朝日新聞編集委員の奥山俊宏《おくやまとしひろ》が書いた『秘密解除 ロッキード事件』（岩波書店）は、新しい取材に挑戦し、米国の公開文書を系統的に点検していた。[2]

この本が出版された時、私はひやっとした。

奥山は、ロッキード事件に関する米国政府機密文書を発見して、二〇一〇年から朝日新聞に何度かスクープ記事を書き、本と同じタイトルの特集記事もまとめていた。

正直に打ち明けると、私は同じテーマで、彼に先駆けて、二〇〇五年から取材を開始し、関係文書を大量に入手していた。その中には、奥山に先に報道された文書もある。だが、まだ私の取材は全部終わっていなかった。先に出版されてしまえば、それまでの長年にわたる取材が無に帰してしまう、と恐れていた。

案の定、彼の本が先に出版された。親切にも彼は著書を贈ってくれたので、慌てて読んだ。意外にも、私の心配は杞憂《きゆう》だった。

彼が、アメリカの公文書を取材した意義は大きい。しかし、多くの未解明の疑問に対する答えを出していなかった。この著書の副題「田中角栄はなぜアメリカに嫌われたのか」という問いは、疑問符のまま残されている。

「キッシンジャーは、政策ではなく、その人格の側面から田中を蛇蝎《だかつ》のごとく嫌っており、その意味で田中は米国の『虎の尾』を踏んでいたと言える」と奥山は書いている。[3] しかし、真相はそんなことではなかった。

田中がアメリカに嫌われた真の理由、それを本書で初めて明らかにする。

ロッキード事件は、第一段階で田中首相在任時の日米関係、第二段階で事件発覚から捜査、裁判に至る経緯、と二つの段階から成り立っている。これまで、二つの段階の間に重大な因果関係があったことを解き明かした著作はなかった。それを解明することによって、初めて事件の真相が見えた。

本書では、時系列を逆にして、第一部で事件の推移を詳述、第二部で田中首相と米国政府の関係、第三部で「巨悪」について詳しく書いた。このようにして、事件を歴史物語として綴《つづ》り、多くの新事実を盛り込んだ。

Tanaka文書の経緯を逐一追う

次々と出版された類書から大幅に遅れながら、あえて拙著を上梓《じょうし》したのは、ロッキード事件の新しい歴史を刻むことができたと考えたからだ。

事件解明の最大の壁は、事件が「アメリカ発」であり、米国政府から捜査資料を入手しなければ、捜査は不可能という現実だった。

捜査資料とは、全部で五万二〇〇〇ページ以上、ロッキード社が保管していた秘密文書のことだ。[4]最終的に、東京地検特捜部が入手したのは、そのうち二八六〇ページだった。[5]

本書では、これらの文書が辿《たど》った複雑な道のりと関連の動きを、逐一、丹念に追うことによって真相を追究する手法を取った。田中の運命を決したこれらの文書は、どのような経緯で東京地検特捜部にたどり着いたのか。

文書の中には、確かに「Tanaka」ないしは「PM」(Prime Minister＝首相＝の略)と明記した文書があった。特捜部の捜査をリードした堀田《ほった》力《つとむ》も、そのことを認めている。[6]

これらの文書は、田中や丸紅、全日空両社の首脳らの逮捕、起訴、裁判の過程で、活用された。

巨悪の正体

しかし、アメリカは田中関係の文書とは対照的に、「巨悪」に関する情報の公開を阻んでいる。「巨悪」は訴追を免れたが、その全体像は、ロッキード事件の三年後に発覚したダグラス・グラマン事件も含めた取材で、浮かび上がった。

その正体とは、どんな人たちなのか。

日本では、おぞましい人たちが姿を現した。戦前・戦中は軍国主義を突き進み、終戦直後に「戦犯容疑者」として連合国軍総司令部（ＧＨＱ）に逮捕され、巣鴨《すがも》拘置所に勾留されたものの、起訴を免れ、釈放された「紳士」たちだ。

アメリカでは、彼らを生き返らせて、表舞台に復帰させた「フィクサー」らが暗躍した。その後ろ盾に、米国の軍部と軍需産業から成る軍産複合体が控えていた。

東西冷戦の激化で、アメリカは日本を「反共の砦」として、経済的に繁栄させるため、これらの元戦犯容疑者たちを復活させた。

日米安全保障体制を強化するため、アメリカは一九五〇年代以降、自衛隊に高価な米国製の武器・装備を導入させた。その「利権」を分け合った日米の黒いネットワークが露呈したのが、ダグラス・グラマン事件であり、ロッキード事件だったのだ。

事件の主役は、日米安保関係の根幹に巣くう人脈であり、彼らを「巨悪」として訴追すれば、安保体制は大きく揺らぐところだった。

事件を表面化させたアメリカ上院外交委員会多国籍企業小委員会（チャーチ小委）のジェローム・レビンソン首席顧問は、事件が「インテリジェンスの分野に入ってしまったので、チャーチ小委の調査も終わってしまった」と筆者に語った。この証言は、日米安保関係の秘密の部分に調査のメスを入れることができなかった事情を雄弁に語っている。

「巨悪」のグループには、米国の軍産複合体のほか、米中央情報局（ＣＩＡ）も含まれている。日本の元戦犯容疑者たちは、ＣＩＡの協力者としても暗躍したのである。

陰謀説の真贋

本書は、新たな陰謀説を紹介したものでは決してない。ロッキード事件をめぐる日米関係全体の歴史を記している。だが、今なお幅を利かせているのは、陰謀論だ。重大な疑問が残されたままになっているので、安易な陰謀論が受け入れられやすい。

だから本書では、今も流布するいくたの陰謀説を徹底調査し、その真贋を突き止め、証拠を挙げて、真実を明らかにする。

主な陰謀説は次の五つだ。

▼陰謀説１　「誤配説」＝ロッキード社の文書が、事件を最初に暴いた米国上院外交委員会多国籍企業小委員会の事務局に誤って配達されたため、事件が発覚した。

▼陰謀説２　「ニクソンの陰謀」＝米国のニクソン大統領は、ロッキード社製旅客機Ｌ１０１１トライスターの購入を田中に求め、同意した田中を嵌《は》めた。

▼陰謀説３　「三木《みき》の陰謀」＝三木武夫《たけお》首相が政敵、田中角栄前首相の事件を強引に追及した。

▼陰謀説４　「資源外交説」＝日本独自の資源供給ルートを確立するため、田中が積極的な「資源外交」を展開、米国の虎の尾を踏んだ。

▼陰謀説５　「キッシンジャーの陰謀」＝田中角栄に近かった石井《いしい》一《はじめ》元国土庁長官が、伝聞情報

などを基に著書に記した。[7]

これらの中で特に、陰謀説1と4が根強く流布してきた。

日本で最初に陰謀説1を報じたのは、毎日新聞だった。[8] 元同紙社会部長は、文庫本として二〇一二年に出版された『毎日新聞社会部』（河出書房新社）で「ロッキード事件はアメリカの謀略の様相は濃く、普通のスクープのようなわけにいかない」と、「謀略」の真相解明の難しさを記している。[9]

陰謀説4は、田原総一朗《たはらそういちろう》の『アメリカの虎の尾を踏んだ田中角栄』[10]（『中央公論』一九七六年七月号）が火を付けた。政治学者・新川敏光《しんかわとしみつ》は、どの陰謀論も源泉は「田原総一朗の『アメリカの虎の尾を踏んだ田中角栄』」だと主張している。[11]

いずれの陰謀説も、一見しただけでは興味深い。問題は、どの説も「陰謀の首謀者」が田中逮捕につながる捜査にどのように関与したか、証拠を挙げて確認していないことだ。

陰謀説の真偽は、本文で順次明らかにしていきたい。

まえがき 注

1 立花隆『闇将軍 田中角栄の策謀 ロッキード裁判傍聴記2』、朝日新聞社、一九八三年、九六頁
2 奥山俊宏『秘密解除 ロッキード事件』、岩波書店、二〇一六年
3 同、二七八頁
4 National Archives(NA), RG21 Districts Courts of the United States for the District of Columbia, MISC 75-0189, SEC v. Lockheed Aircraft Corp. -Vol & 1 trans. Box11
5 堀田力『壁を破って進め』上、講談社、一九九九年、一二七頁
6 同、一二九〜一三七頁
7 石井一『冤罪』、産経新聞出版、二〇一六年、一一八〜一一九頁など
8 一九七六年二月六日付毎日新聞一面「新証拠、更に暴露も ロ社の秘密書類詰めて 昨年夏、小委に小包届く」
9 山本祐司『毎日新聞社会部』、河出書房新社、四六五頁「文庫版あとがき」
10 田原総一朗「アメリカの虎の尾を踏んだ田中角栄」『中央公論』一九七

六年七月号、一六〇～一八〇頁

11　新川敏光『田中角栄』、ミネルヴァ書房、二〇一八年、二二九～二三五頁

目次

第二部　なぜ田中を葬ったのか――267

【凡例】

敬称は省略した。

注釈記載の参考・引用文献について。初出以外、同一書籍に関しては、二回目から出版社名と出版年を省略し、書名、著者名も略記した。

第一部
追い詰められる角栄

序章

伏魔殿

アメリカの首都ワシントン中心部の小高い丘、「キャピトル・ヒル」に連邦議会議事堂が立っている。民主主義の「殿堂」ではあるが、汚い権力闘争もあり、「伏魔殿」と揶揄《やゆ》されたりする。この立法府は、丘の標高とドーム頭頂の「自由の像」の高さを合わせると、首都で最も高い建物である。

そんなプライドを体現する堂々たる議事堂。西側正面を除く周囲に、議員会館が並んでいる。東を向くと、左手奥に三棟の上院議員会館が見える。その真ん中のダークセン・ビルの四階、四二一号室がロッキード事件の発信源になった舞台である。

一九七六年二月四日、この大部屋で開かれた上院外交委員会多国籍企業小委員会（チャーチ小委）の公聴会。フランク・チャーチ小委員長がガベル（小槌）を叩き、審議が始まった。

この日ここで、ロッキード社の日本での販売工作をめぐる国際的事件が暴かれ、次々と驚くべき事実が明らかにされた。

当時を生きたほとんどの日本人が共有する、「記憶のロッキード事件」。同時に、若い読者にも事件の概要を知ってもらうため「フラッシュバック」式に話を始めたい。

「ピーナツ」領収証

チャーチ小委は一日目から、強烈な記憶に残る「驚き」があった。

第一に、ロッキード社が使った対日工作資金の額があまりにも大きかったことだ。同社「秘密代理人」の児玉《こだま》誉士夫《よしお》に約七百万ドル（当時の為替レートで約二十一億円）、「代理店」の大手商社「丸紅」に約三百二十万ドル（同約九億六千万円）の工作資金を渡していた、とロッキード社の会計監査を担当したアーサー・ヤング会計事務所のウィリアム・フィンドレーが明らかにした。合計約三十億円にも上った。

贈賄や秘密工作に充てられた、とみられるこの金額。それ以前にもそれ以後にも、これほど高額のカネが動いたことが判明した汚職事件はなかった。

児玉は、その三分の二以上を一人で受け取り、動かした。しかし、児玉は受け取ったカネをどうしたのかと聞かれて、フィンドレーは「知らない」と答えた。[1]今に至るも、児玉が得た巨額のカネの行方は未解明だ。

第二に、多くの日本人が首をかしげたのは、「ピーナツ」を受領した、とする奇妙な領収証がチャーチ小委で公表されたことだった。実は、ピーナツはカネを意味する「暗号」で、一個当たり百万円。丸紅専務、伊藤宏《いとうひろし》が署名していた。最初に公表された領収証は、丸紅側がロッキード社から「ピーナツ百個」、つまり一億円を受け取ったとしていた。

ロッキード社は対日工作で、他にも暗号を多用していた。二日後の公聴会では、「ピーシズ」（ピース＝部分の意味＝の複数）を受け取ったとする、同じく伊藤署名の領収証三通が公表された。ピーシズも百個＝一億円で、ピーナツとピーシズのすべてを合わせると、金額はしめて五億円に上る。伊藤は、記者会見で自分が署名したことを渋々認めた。

早くも始まっていた証拠隠滅

事件の表面化で日本中が驚きの渦に巻き込まれたが、それ以上に緊迫したのは、直接事件に関係した者たちだった。

丸紅社内では、二月五日午前六時過ぎ、秘書課長の中居篤也ら、五人の秘書課員が会社に駆けつけ、伊藤の指示で文書の廃棄、改ざんを始めた。専務の伊藤は秘書室長でもあった。

廃棄されたのは、檜山《ひやま》広《ひろ》社長（当時）の「行動日程表」や「役員行動表」。改ざんしたのは役員の金銭支出を記録する「経費台帳」の一部、と中居は一九七八年一月二五日の第三十五回公判で認めた。中居はまた、「ピーナツ」「ピーシズ」の領収証を自分がタイプしたことも認めた。[2]

五億円に上る現金授受の現場に、伊藤を乗せて行った丸紅の松岡克浩《まつおかかつひろ》運転手も、一九七七年一〇月一三日の第二十三回公判で運転日報を改ざんしたことを認める。法廷では、伊藤らの指示で会議室に一人でこもり、三、四日がかりで運転日報を改ざんしたことを認めた。[3]

この秘書課長と運転手の二人は、証拠隠滅の容疑で逮捕されたが、起訴は免れた。

事件の表面化と同時に、捜査に備えた動きが始まっていたのである。

だが、五億円を受け取った側、田中《たなか》邸の運転手、笠原政則《かさはらまさのり》は東京地検特捜部の取り調べを受け、帰らぬ人となった。彼が行方不明になったのは、二日目の取り調べを受けた一九七六年八月一日夜のことだった。

当時、ノンフィクション作家の猪瀬《いのせ》直樹《なおき》は[4]「笠原運転手の〝自殺〟を語る場合、謀殺説を避けて通ることはできない」と書いている。

「五億円」で二種類の領収証

「ピーナツ」「ピーシズ」の四通の領収証の額面は合計五億円になる。まとまった金額になることを、東京地検特捜部の捜査をリードした堀田《ほった》力《つとむ》は早い段階から見抜いていた。[5]

日付	個数	金額
１９７３・８・９	１００ピーナツ	一億円
10・12	１５０ピーシズ	一億五千万円
１９７４・１・21	１２５ピーシズ	一億二千五百万円
２・28	１２５ピーシズ	一億二千五百万円
	合計	五億円

多くの日本人は、ふざけた領収証だと呆《あき》れかえり、怒った。こんな領収証は、世間では決して通用しない。ロッキード社も違法性を認識していたに違いない、と誰もが思った。

特捜部が得た米国証券取引委員会（ＳＥＣ）の資料の中にも別の領収証があった。それらの領収証に署名していたのは、日系二世のシグ・片山という男だった。一連の片山の領収証のうち、連続する五通の領収証の額面も合計五億円だった。堀田は米連邦捜査局（ＦＢＩ）に手配してもらい、三月にハリウッド近くのホテルで片山から事情聴取した。

「きみの署名した領収証の金額を合わせると、ピーナツ・ピーシズ領収証の五億というのに符合するではないか」と尋ねると、「それは、私も気づいた」と片山は肯定した。そして、「ピーナツやピーシズなんて領収証では会社が認めなかったから、私にサインを頼んだのだろう」と言った。

横領したわけではない、確かに「裏金」として支出された記録として、ロッキード社内部向けに残した領収証だったのだ。ロッキード社側は、監査法人の厳しいチェックが通るような領収証を作る必要に迫られ、片山に依頼したのだろう。署名した謝礼に、片山は七万四千ドル（約二千二百万円）をもらった。[6] 法廷でも、一九七七年一〇月五日の第二十二回公判で、片山は「ロッキード社のエリオット氏に頼まれて」香港《ホンコン》で三回会い、領収証にサインしたことを認めた。[7]

元米軍人の片山は、戦後も日本に残り、一九五八年に鉄鋼輸入や自動販売機の会社「ユナイテッド・スティール」を設立、同社は現在飲料会社の「ジャパンビバレッジ」となっている。これらの領収証を発行した「ＩＤ社」はタックスヘブンのケイマン島に作ったペーパーカンパニーだった。

児玉ルートの行方は闇

他方、児玉へのカネの支払いを示す「児玉」の丸印を押した日本語の「仮領収証」は二月四日と六日の公聴会に公表されたものだけで、最低百万円から最高九千五百万円まで、合計三十六通、額面合計十五億四千三百三十四万円に上った。あて先の記入がなく、「仮領収証」としているところからみて、「裏金の支払いに対する領収証かと思われる」と堀田は記している。[8]

捜査当局は、国民の異常な関心が高まったこともあり、動きが早かった。事件表面化から十九日後の二月二四日、東京地検、警視庁、東京国税局は、児玉宅や丸紅関係など計二十七カ所を所得税法と外為法違反の容疑で捜索した。丸紅で改ざんされた運転手の日報を押収したのは、この時だ。児玉に対する刑事訴追の動きも早かった。捜索の十八日後、三月一三日に東京地検は児玉を脱税で起訴した。

しかし、巨額のカネが動いた児玉ルートの捜査はこれ以後発展せず、資金の行方は解明されなかった。結局、児玉が問われたのは脱税と外国為替管理法違反だけで、贈賄の罪には問われなかったのだ。児玉は一九八四年に死亡し、判決なしの公訴棄却となる。児玉の秘密は、闇に葬られた。

後にチャーチ小委が公表した、国別の工作資金額の表によると、丸紅向けは一九七五年までで三二二万三〇〇〇ドル（約九億六七〇〇万円）、「最終目的」は「政府代表者」。児玉向けは同年までで七〇八万五〇〇〇ドル（約二一億二五〇〇万円）、最終目的には疑問符「？」が付けられたままになっている。

この年、山口百恵《やまぐちももえ》が歌いヒットした「横須賀《よこすか》ストーリー」ではないが、児玉の秘密は「これっきりですか〜」で終わってしまったのだ。

チャーチ小委になかった資料

対照的に、丸紅ルートおよび全日空ルートの捜査は長期化した。六月二二日に最初の大物として、丸紅前専務、大久保利春《おおくぼとしはる》が逮捕されるまでに四カ月以上を要している。

田中角栄《かくえい》が丸紅を通じて五億円を受け取ったとして、受託収賄罪で起訴されたのは八月一六日のことだった。田中は一、二審で実刑判決を受け、上告後の一九九三年に死亡する。事件の表面化から田中の起訴まで、半年以上もかかる長期捜査だった。チャーチ小委の公聴会で事件の端緒が明らかにされたが、それだけで事件を立件できる情報はまったく不十分だった。

チャーチ小委が得られなかったロッキード社の資料が、米証券取引委員会（ＳＥＣ）を経て、どのようにして選択され、東京地検に引き渡され、捜査に生かされ、田中の有罪判決に到達したのか――。

その真相を解明していきたい。児玉らの「巨悪」が明らかにされないナゾも最後に追う。

第一章　発覚の真相

はじめに

事件が発覚したのは一九七六年二月四日ではなかった

ロッキード事件は、今なお知られていない事実が多々ある。発覚の経緯からしてそうだ。

これまでは、事件が発覚したのは、アメリカ東部時間一九七六（昭和五十一）年二月四日に開かれた上院外交委員会多国籍企業小委員会（チャーチ小委）の公聴会、と信じられてきた。田中角栄とロッキード事件に関する従来の文献はすべて、その点で一致している[10]。

しかし、それは正しくなかった。現実にはその半年前、上院の別の委員会の公聴会で、事件に日本が絡んでいることが明らかにされている。

国語辞典によると、「発覚」とは「隠していたことなどが、ばれること」という意味だ。つまり、知らない事実が初めて表に出ることを発覚という。

従って、本当の発覚は、一九七五年八月二五日の上院銀行住宅都市問題委員会（「銀行委」とも表記する）の公聴会だった。

この公聴会にロッキード社のトップ、ダニエル・ホートン会長が召喚され、日本などの政府高官へのカネの支払いを、事実上認める発言をしていた。「全日空」の名も出た。

チャーチ小委として初めてロッキード事件を調査する公聴会は、翌九月一二日に開かれる。インドネシア、イラン、サウジアラビア、フィリピンへの軍用機売り込みがテーマだった[11]。

外務省などに第一報

これら、初期の銀行委とチャーチ小委の公聴会に、早くから注目した脇役たちがいた。日本の政治家では、社会党の衆院議員、楢崎弥之助《ならざきやのすけ》だった[12]。衆院予算委員会で、楢崎は三木武夫《みきたけお》首相、宮沢喜一《みやざわきいち》外相を目の前にして、二つの公聴会の資料提出要請をした。

それを受けて、政府は在米日本大使館を通じて調査し、資料も得た。宮沢、さらに三木にも調査結果が報告されていたとみていい。

翌年二月四日、ロッキード社の対日販売工作をテーマとするチャーチ小委の公聴会が開かれたが、宮沢らは事前に、公聴会の予定も、公表される文書の内容も知っていた[13]。

児玉誉士夫と丸紅には、直前にロッキード社から、公聴会開催の予定が連絡されていた。二月四日の公聴会の現場に、実はロッキード事件陰謀説の「発信源」も姿を見せている。その人物は、ロッキード社文書が上院外交委員会多国籍企業小委員会（チャーチ小委）事務局に「誤配」されていた、という説を最初に書いたアメリカ人記者だった。七ページの陰謀説1である。

知らぬは日本のメディアだけだったのだ。

1．最初の発信源は銀行委公聴会

先陣争い

最初の舞台はチャーチ小委ではなく、約半年前の一九七五年八月二五日、上院銀行住宅都市委員会（銀行委）の公聴会だった。召喚されたロッキード社のダニエル・ホートン会長は、銀行委のウィリアム・プロクシマイアー委員長（民主党、ウィスコンシン州選出）の追及を受けた。

銀行委は、チャーチ小委のように、アメリカ多国籍企業の不祥事を連続して調査していたわけではない。ただ、実は銀行委もロッキード社を監視する権限を持っていた。

ロッキード社は、一九七一年、経営不振に陥り、二億五〇〇〇万ドル（当時の為替レートで約七五〇億円）の連邦融資保証を得ていた。だから、同社の経営状況をチェックする権限が同委にはあった。公聴会には、連邦融資保証の管理責任を負う財務省のウィリアム・サイモン長官も、同時に召喚されていた。

当時、ロッキード社は、連邦政府が保証した融資のカネを外国での販売工作資金に使った可能性がある、と疑う議員もいた。

プロクシマイアーとチャーチはお互いライバルで、国民の目を引く事件調査の先陣争いをしていた。プロクシマイアーが、あえてタイトルからして目立つ「ロッキード贈賄事件」と題する公聴会を先に開催したので、チャーチは「当惑した」という。[14]

「一、二カ国の政府が倒れる」

ロッキード社を調査する銀行委公聴会で、プロクシマイアーはホートンを次のように攻めたてた。[15]

委員長　ロッキードは日本での販売に関連して政府高官あるいは政治組織にカネを支払ったか。

会長　私はそれには答えない。国別に話せば、各国別に答えていくことにもなり得る。

委員長　ロッキードは全日空へのL1011機販売に関連して政府高官や政治組織に支払いをしたのか？

会長　私は答えない。

委員長　全日空へのL1011販売に関連して？

会長　委員長、答えません。

サウジアラビアに関する質問にも、ホートンは同じ回答をした。そもそもホートンは、政府高官や政治組織へのカネの支払いについては答えない、と事前に断っていたにもかかわらず、委員長はあえてしつこく質問を続け、彼はその都度、回答拒否の態度を示した。

もし、ホートンが「支払いをしていない」と答えたのであれば、支払いを否定したことになる。しかし、実際には「答えない」と発言した。それは「言いたくない」と同じ意味だ。だから、彼は事実上支払いを認めたと言える。そのやりとりを議事録で確認した、当時の駐米日本大使館一等書記官は、ホートン発言を「ノーコメント」だと理解した。[16]

この公聴会で最も興味深かったのは、ジョン・タワー上院議員（共和党、テキサス州）が、この公聴会の公開を直ちに取り止めて、非公開の聴聞会とするように求める緊急動議を出したことだ。

タワーは、この公聴会でのホートンらの証言の結果、「一、二カ国の政府を打倒してしまう可能性が想定される」からだ、と主張した。しかし、タワーの動議は認められなかった。

いずれにしても、銀行委はロッキード事件の本質に切り込めなかった。やはり主役を演じるのはチャーチである。

「爆弾男」の質問

上院銀行委での「ロッキード贈賄事件」に関する公聴会は、日本のメディアも一応報道していた。翌二六日付の朝日新聞夕刊二面に、見出し四段でワシントン発の記事が掲載されていた。「米ロッキード社の贈賄　日本にも波及か」の見出しで、「プロクシマイアー委員長は日本政府関係者への贈賄が行われていた可能性があると示唆した」と伝えていた。上記のようなやりとりを現場で取材していたら、こんな書き方にはならない。恐らく、外電を参考にして記事を仕立てたのだろう。

この記事を読んだとみられる楢崎弥之助衆議院議員は、アメリカから追加の調査資料を入手した上で、約二カ月後の一〇月二三日に行われた衆院予算委員会で質問した。[17]

衆議院予算委員会で、楢崎は舌鋒鋭く、早くも「田中前総理」の名前を出して質問している。楢崎の質問は、ロッキード社製の次期対潜哨戒機《しょうかいき》（ＰＸＬ）と旅客機Ｌ１０１１の対日売り込み工作に焦点をあてていた。

三年前の一九七二年八月三一日〜九月一日、ハワイでの田中角栄とリチャード・ニクソンの日米首脳会談で、「すでに機種はＬ１０１１トライスターに決まったという密約」があり、一機当たり五千万円ないし三億円の「コミッション」が、商社を通じて「日本政界の一部に流された模様」だ、と米国から得たという情報を紹介して追及した。

楢崎には確実な証拠などなかったが、「田中前総理の側近と丸紅との親密な関係」に言及して、「政治献金の問題」があったのではないか、との疑いを強調した。

楢崎は「国際的な大問題」として、公聴会の「議事録」や、九月一二日のチャーチ小委が公表した「ロッキード社の社内資料」を「外務省を通じて取り寄せて」ほしい、と要請した。

外相宮沢喜一（後に首相）はこれを了承、ワシントンの在米日本大使館に「米議会から公聴会の記録を取り寄せるべし」とする訓令を出した。

衆院予算委員会でのやりとりであり、首相三木武夫も当然出席していた。三木は、政敵の田中角栄が訴追される可能性がある事件を調査する動きに、最前線で接していたのである。

早くも「田中金脈の一環だ」

楢崎は、当時早くも、ロッキード社と田中の関係にまで言及している。

翌年、二月四日のチャーチ小委公聴会から間もない二月一〇日、楢崎は衆院予算委員会でも、また田中角栄の名前を挙げ、ロッキード事件は「田中金脈の一環だ」と追及した[18]。

次期対潜哨戒機にロッキード社のＰ３Ｃオライオンを採用したことについても、ハワイの日米首脳会談で密約したのではないかと迫った。

アメリカは、この年の「米国国防報告」および「軍事情勢報告」で、太平洋の海上交通路を守るため、日本に対して「米国を補完する対潜水艦能力」を持つよう要求した。そんな能力を備えた次期対潜哨戒機（ＰＸＬ）について、日本側は一九七二年二月七日の国防会議と翌八日の閣議で国産化を決定したが、同年一〇月九日には、その決定を白紙還元して「輸入を含めて検討する」と急転換した。その裏に密約があったのではないか、と楢崎は迫ったのだ。

ＰＸＬについては、後で詳述する。

一等書記官がワシントンで調査

ワシントンの現場で「調査」の訓令を受けたのは、当時在米日本大使館政務班に所属していた三十七歳の一等書記官で、後にフランス大使となる外交官だった。

彼は著書も多い、今も著名な元外交官だが、匿名で、長野県の地方紙『信濃毎日新聞』に二〇一七年八月一一日付から四回続きで、記憶に基づいてやや不思議な体験談を寄稿している。「若き外交官の記憶」という見出しだった。寄稿の時点で七十八歳になっていた。[19]

筆者は「匿名」を条件にして、本人に電話でインタビューし、記事の著者であることを確認した。[20]

ここでは、彼のことをＡと記す。

Ａが上院銀行委の調査予定を調べたところ、次の公聴会は「外交委員会の多国籍企業小委員会（チャーチ小委）で行われる」ことが分かった。このため、面識のあるチャールズ・パーシー上院議員（共和党、イリノイ州選出）のスタッフを通じて、多国籍企業小委の共和党側スタッフ、チャールズ・マイスナーを紹介してもらう。

ロッキード社の監査法人、アーサー・ヤング会計事務所からチャーチ小委に関係資料が届けられた、と彼から聞いた。その中に「ヒロシ・イトー（伊藤宏）とヨシオ・コダマ（児玉誉士夫）」の名前が書かれた文書があることも分かった。非常に早い段階で、事件の概要を把握していたことがうかがえる。

このマイスナー、実は米中央情報局（ＣＩＡ）からチャーチ小委に出向していたことが分かった。ＣＩＡは、ロッキード社の動きもチャーチ小委の動きも逐一、掌握していたのである。[21] ロッキード事件へのＣＩＡの関与については、第三部で詳述する。

年明けの一九七六年一月中旬、チャーチ小委の公聴会が二月四日に開催されることを知らされた。その二日前の二月二日、二日後の公聴会で公表される、全体で百五十ページ余の文書を彼から入手した。日本時間では、前日の二月三日のことだ。

その中には、公聴会後に日本の各メディアが伝えた、児玉誉士夫署名の日本語領収書や伊藤宏署名の「ピーナツ百個」などと書かれた領収書もあり、すべて外務省本省にファクス送信した。

送信前、本省からすべての在外公館に対して「半日間ほど、別途指示があるまで東京宛にファクスを送信しないように」との指示電報も送られていた。つまり、本省は、在米大使館からのファクス送信がスムーズに終えられるよう、回線を空けておけ、と他の在外公館に異例の指示を出していたのだ。

当時の外相宮沢喜一以下、外務省内はそれほど重要な文書という認識だったに違いない。

お手柄を「なかったことに」

外務省は、過度に慎重を期していた。当日の公聴会には、Ａら大使館員は「出席しないように」と指示してきた。結局、出席したのは「現地スタッフ」だけだった。この歴史的な疑獄の内容が初めて明らかにされた公聴会に大使館員が出席したことを知られるとまずい、と考えたのだろう。

さらに数日後、本省から「公聴会の開催日時と文書の公表を知らせた限定配布の電報は、なかったことにしたく、右電報は取り消すとの電報を打ってほしい」と連絡してきた。つまり、Ａが公聴会について本省あてに知らせた電報はなかったことにせよ、というのだ。

これによって、Ａによる外交努力とお手柄は無にされるという奇妙な結果になった。外務省が事前に知っていたことが知られると、「なぜ知っていたのか、何をしていたかと問われる。政治的に極めて困った立場に立つことを、本省は極度に恐れているのだ」と、上司はAに説明したという。

恐らく外務大臣の宮沢喜一自身の政治的判断もあって、Aの電報を取り消すことを決めたとみていい。この政治的配慮は、二日目、二月六日のチャーチ小委公聴会での出来事と関連していたのではないか。この公聴会で、田中角栄の「刎頸《ふんけい》の友」である小佐野賢治《おさのけんじ》の名前が出たため、田中の連座が確実、との見方は霞が関《かすみがせき》や永田町《ながたちょう》では強まっていくことになる。

宮沢は、田中の盟友・大平正芳《おおひらまさよし》の派閥「宏池会《こうちかい》」幹部であり、田中への波及を外務省が事前に探知していたことを、政治的に知られたくなかった、とみていい。外務省が画策したことではなかったが、政治家から難癖を付けられることを極度に嫌った官僚の配慮もあっただろう。

Aは信濃毎日新聞とのインタビューで、この外交秘話を発表したのは「事件への誤解を解きたかった」からだ、と述べている。事実をないがしろにした陰謀論を排除したい、という意図だったようだ。

大使館内で検事はカヤの外

実は、Aが所属していた在米日本大使館政務班には常時、日本から検事一人が一等書記官として出向している。当時は、後に検事総長となる原田明夫《はらだあきお》がいた。当時の政務班長は後の駐米大使、栗山尚一《くりやまたかかず》である。

しかし、出先の大使館にもタテ割りの官庁システムが持ち込まれていて、Aの調査活動の内容が原田に伝わることはなかった。チャーチ小委の公聴会で配布された文書類も、事件性があったにもかかわらず、検察庁はおろか、同じ職場の検事にも教えられなかった。

原田の一等書記官としての前任者は、ロッキード事件の日米司法協力および捜査をリードした堀田力検事だが、二人とも、米司法省とのリエゾンオフィサー（連絡係）といった扱いだったかもしれない。

ロッキード事件が日本ではじけたあとも、「重大事項だというので、外務省プロパーだけでひそ動いていますよ」と原田はぼやいている。[22]

資料のファクス送信などで外務省がひそかに動いていたときも、検察庁はまったく何も知らなかった。日本時間の二月七日午後、堀田が原田の自宅に電話して「資料は手に入りました？」と尋ねたが、原田は「まだです」と答えざるを得なかった。

検察庁が事件の端緒を摑んだのは一般国民とほぼ同時、というありさまだった。しかし、検察庁全体で、この事件は立件しなければならない、という空気がみなぎっていた。

検察庁がロッキード事件に正面から取り組むことになった裏には、苦い経験がある。

田中角栄が首相の座を明け渡したのは、ロッキード事件ではなく、それに先立つ田中金脈事件だった。しかし、「東京地検特捜部は、さながら休火山の如く沈黙していた」[23]。それだけに、検察はロッキード事件の捜査に、異例の強い意気込みで臨んだ。

二月一八日、最高検察庁、東京高検、東京地検の首脳が集まって検察首脳会議を開催、捜査着手への体制を固めた。

さらにその翌週二四日、東京地検、警視庁、東京国税局の三庁が、そろって捜査史上初の合同捜索を行う。所得税法と外国為替法違反の容疑で、捜索先は児玉誉士夫や丸紅および丸紅関係者自宅など、二十七カ所に上った。

この捜索で、丸紅による運転日報改ざんを発見、「ピーナツ」などの領収証のタイプ文字が丸紅のタイプライターと一致することを確認し、児玉の脱税の証拠も摑んでいた。

2．現場に日本人記者はいなかった

最初に気づいたのは朝日新聞の「早番」

歴史的なチャーチ小委の公聴会。議事録[24]によると、チャーチが開会を宣告した正確な時刻は二月四日午前一〇時〇一分で、日本時間では翌五日午前〇時〇一分。五日付朝刊最終版の締め切り時間まで、あと一時間二九分というタイミングだった。

実は現場に日本人記者は一人もいなかったので、公聴会の情報を日本に伝えた媒体は、当時では外国通信社電しかなかった。

日本人記者で公聴会の開催に最初に気付いたのは、朝日新聞アメリカ総局に出勤してきた「早番」の総局員とみられる。ロイター電の「YOSHIO KODAMA」が目に入ったという。

当時、どの日本メディアも、交代で一番に出勤する記者が最初にチェックするのは、外電の受信機だ。[25]それは、筆者自身も日常的にやっていた。巻紙の感熱紙は、一日二四時間ニュースを印字して排出する。それを、記事ごとに切り分けて必要なものを残すのである。

締め切り後に気付いた毎日新聞

他方、毎日新聞では東京本社でひと騒動あった。毎日新聞社会部が翌年に出版した『ロッキード取材全行動』（毎日新聞社）に記している。[26]

毎日が当時契約していた外電は、ＵＰＩ通信だった。ＵＰＩの英文記事を、外信部デスクが「社会部で興味があるだろうと思って」と社会部デスクに渡した。社会部デスクが流し読んで、「児玉誉士夫」「全日空」が目に入った。重要性はすぐ分かった。

しかし、その社会部デスクが大時計を見上げると、午前一時五五分。朝刊の締め切りはとっくに過ぎていた。

社会部デスクは「これは一面トップじゃないか。いつ入ったの。なんでいま」と声を荒らげたという。どの新聞社・通信社でも、よく見る光景だ。編集局は縦割りで、各部の間の連絡が想像以上に悪い。叱られた外信部デスクは「入ったのは零時半かな、一時近かったかな」と答え、他のニュース電文の下に埋もれていたことを白状したという。

社会部デスクは「各紙に抜かれてないといいけど」[27]と不安げにつぶやいた。朝が明け、朝日新聞の扱いが二面の「目立たぬ扱いで……内心助かった」と、彼は思ったという。

日本のどの新聞社内でも、こんな騒ぎが起きていたに違いない。私がいた通信社も、右に倣えの状況だった。現場の米議会ダークセン・ビルに日本人記者は誰もいなかった。

わずか二十六行の記事

あの時、自分は何をしていたのか、と古い手帳を引っ張り出してみた。この日、筆者が手帳に書き込んだ出番は「泊り」勤務とある。当時、外信部の所属で、変則的な勤務をしていた。泊りは、夕方から出社すればよかった。

朝、ゆっくり起きて朝刊に目をやった。朝日新聞二面の記事を見て、「大変だ」と思ったことを覚えている。見出しに「ロッキード社　丸紅・児玉氏へ資金」とある。ワシントン発の記事全文は、当時の一行一三字の形式で、わずか二十六行だった。

【ワシントン四日＝アメリカ総局】

米上院の多国籍企業小委員会（チャーチ委員長、民主党）は四日の公聴会で米ロッキード航空会社が多額の違法な政治献金を日本、イタリア、トルコ、フランスなどに行っていたことを公表した。総額は一九七〇年から　七五年の間に二億ドルにのぼると見られる。

同小委員会で明らかにされたリストによると、数年前から一九七五年末までに七百八万五千ドル（約二十一億円）が日本の右翼政治家、児玉誉士夫氏に贈られている。同委員会では、この金がどのように使われたかについては明らかにしていない。また、同リストによると三百二十二万三千ドル（約十億円）がロッキードの日本エージェントとして丸紅に支払われている。また、さらに日本の広報関係のI－《マ》D会《マ》社に二百十五万ドルが支払われており同委では「これは日本の報道関係者へ都合のよい記事を流すために使われたのではないか」と推定されている。[28]（原文通り）

朝日の特ダネではなかった

この記事をよく読むと、相当慌てて朝刊に突っ込んだ記事であることが分かる。まず、多国籍企業小委員会の上部委員会が何なのか（実際は外交委員会）、書いていない。文章的にも、記事を続けるのに「また」を繰り返しており、完全原稿とは言い難かった。

さらに、「日本の広報関係のI－D会社」としているが、このままでは、会社名が普通名詞のIDなのか、どうかも分からない。実際は、日系米国人シグ・片山が経営する「ID社」という名のペーパーカンパニーの固有名詞だったことが後に判明した。

朝日新聞の特派員が米上院委員会室の現場で取材していたなら、記事冒頭の「クレジット」部分には特派員名が入るはずだ。恐らく、この記事は外国通信社電を基にして作ったのだろうと思っていた。朝日新聞東京本社社会部がまとめた本が、その事実を確認してくれた。[29]

このニュースは、日本時間で二月五日午前一時半の朝刊締め切り間際に、ワシントンの朝日新聞アメリカ総局に置かれたロイター通信のテレプリンターで伝えられた。早番の総局員が、「YOSHIO KODAMA」の名前が打ち込まれた記事に気が付いたというのだ。

この記者は「とっさに電話機にとびつき」、議会に問い合わせ、別の電話で東京本社に連絡した。公聴会の開催を確認して、別の記者に連絡し、チャーチ小委公聴会の部屋に行かせたが、公聴会はすでに終了していた。事務局に行くと、「ピーナツ」領収証を含む資料の束をくれたという。

「ロッキードの贈賄工作で、児玉誉士夫の名前が出たんだ……突っ込んでくれ」とのワシントンからの電話を本社外報部は受けた。最終版の紙面は既に組み終わっていたが、整理部デスクは「原爆級だぞ」と、事の重大さを受け止め、二面中央に割り当てられていた記事を強引に外して、五段見出しでねじ込んだという。そんな風に大慌てで、現場ではなく、総局内で書いた原稿だったのだ。ロイター電を日本語に翻訳した作業だった。

知らなかったのは日本メディアだけ

実は、日本に対して、ロッキード事件の始まりを告げたこの公聴会は、チャーチ小委が約半年前からの調査で資料を収集し、周到な準備を重ね、関係者を召喚して開いた、いわば発表会だった。

一九七六年二月の第一週、二日（月）から六日（金）まで、秘密の非公開聴聞会と公開の公聴会を計五回開催する日程となっていた。

その日程は、次の通り。

・二日（月）秘密聴聞会＝証人ロッキード社　監査法人アーサー・ヤング会計事務所のウィリアム・フィンドレー
・四日（水）公開の公聴会＝証人フィンドレー
同日午後　秘密聴聞会＝証人ダニエル・ホートン・ロッキード社会長
・五日（木）秘密聴聞会＝カール・コーチャン同社副会長
・六日（金）公開の公聴会＝証人コーチャン副会長

この日程は、コーチャンには一九七六年の年明け早々に上院側から連絡があった。[30]だから、チャーチ小委によるロッキード社調査の動向を追ってきた米国メディアの記者たちは、この日の取材に照準を合わせていた。だが、秘密聴聞会に記者たちは入れない。

実は、チャーチ小委のロッキード事件に関する公聴会は、前年一九七五年九月一二日にまず第一回が開かれている。この時は、インドネシア、イラン、サウジアラビア、フィリピンが調査の対象だった。

そして、今度初めてチャーチ小委が日本やオランダを調査対象とする公聴会を開いたわけだが、日本のメディア各社は事前にその予定を全く知らず、ノーマークだった。

朝日新聞が、急いで第一報を二月五日付朝刊に突っ込んだ努力は多とする。しかし、いくつかの本が朝日の速報を「特ダネ」と記しているのは正しくない。[31]ロイター電の翻訳は、特ダネとは言えないからだ。

他方、宮沢外相や三木首相らは、この公聴会で事件が暴露されることを事前に知っていた。ロッキード社代理店の総合商社「丸紅」にも、児玉誉士夫にも、前日にロッキード社から連絡が入っていた。だから、この公聴会には、在米日本大使館の現地雇員が傍聴していた。丸紅の関係者も傍聴席にいたとみられる。毎日新聞は、丸紅本社から公聴会の「全文記録」を借り、コピーして翻訳、二面を使って「ロッキード献金事件、米公聴会の証言内容」を報道している[32]。

劇的な事件の幕開けで、疑惑の中心人物とみられたのは右翼の大物、児玉誉士夫だった。この時点ではまだ、田中に関する疑惑はまったく伝えられていなかった。

それだけではない。公聴会開催前には、舞台裏で「政府高官名」入りロッキード文書の公開の是非をめぐって、ロッキード社とチャーチ小委およびSECの間で暗闘があった。SECとの争いは後に裁判に持ち込まれるが、日本メディアはそうした動きもノーマークだった。

三木が田中の連座を知ったのはいつ

楢崎衆院議員が、国会で後に「ロッキード事件」となる問題について、最初に質問したのは一九七五年一〇月二三日の衆院予算委員会でのことだ[33]。外務省は、この質問を受けて、ワシントンの日本大使館に照会し、「若き外交官」Aが調査を開始した。

Aからの情報は、外務省を通じて随時、三木首相にも伝えられていた可能性がある。

三木の公設第一秘書をしていた岩野美代治《いわのみよじ》も、三木がロッキード問題について、早い段階から「知っていた」と述べている。

岩野は「二月五日か六日の朝、公邸で三木と話をしたときに、三木は具体的な名前をあげませんでしたが、『相手が若いから許さん。年寄りなら許してもいいけど』と、はっきり言いました……

私も当然田中角栄さんだと推察しました。ある程度の情報は入っていました」と言っている。ただ、ロッキード関係の情報がどこから入ってきたのかは「知りません」と、岩野は言った。[34]

しかし、この情報も具体性を欠く。三木は、チャーチ小委の動きはある程度聞いていたかもしれないが、「田中」連座の確証はまだ得られていなかった。実はチャーチ小委は、「田中」ら各国政府高官の名前が入った文書を入手していなかったからだ。

ただ、先述のように、楢崎は一九七五年一〇月二三日の衆院予算委員会で、一九七二年当時、ロッキード社製の次期対潜哨戒機（ＰＸＬ）と旅客機Ｌ１０１１の対日売り込み工作に絡んで、田中前総理に「政治献金の問題」があったのではないか、との疑惑を追及している。

そもそも三木は、一九七二年当時、田中内閣の副総理として閣内におり、ロッキード社の対日売り込み工作に関連する情報を得ていた可能性がある。だから、三木は楢崎程度の問題意識なら十分持っていただろう。しかし、それだけでは、検察は事件として立件できない。

3．陰謀説を発信した米国人記者

特落ち

公聴会初日、二月四日の報道は日本の新聞、通信、テレビがすべて「特落ち」した。特落ちとは、特ダネの正反対の意味で、一社だけが報道できずに落としてしまうケースを言う。しかし、この場合は、日本メディア全体の特落ちだった。「日本ジャーナリズム暗黒の日」、と言っても過言ではなかった。

だから、日本メディアにとって、同月六日の公聴会二日目は、内容的にも絶対落とせない報道競争の場となった。日本メディア各社の記者たちは、遅れを取り戻そう、と先を争い、一斉に米上院外交委員会多国籍企業小委員会に詰めかけた。

このため、公聴会が続開されたダークセン・ビル四階委員会室の記者席は、開会一時間前に日本人記者たちで満席になってしまう。驚いたのは、開会直前に着いたため、着席できそうにない米国人記者たちだった。席を「譲れ」「譲らない」で押し合いの騒動になった。[35]

日米記者団の座席争奪戦

この争いに、議会衛視が駆けつけて、記者全員に、いったん廊下に出るよう指示した。

いつもは姿を見せない日本人記者団に席を独占されたことを怒り、ある米国人記者がトゲのあるジョークで、「枢軸国は右へ、連合国は左へ」と叫んで整理しようとした、とチャーチ小委の首席顧問ジェローム・レビンソンは回想録に記している。枢軸国とは日本人、連合国とはアメリカ人のことだ。

結局、衛視が記者たちの席を配分したので、米国人記者の席は確保され[36]、他方、大半の日本人記者は立ちっ放しで取材することになったようだ。

この記者、ウォールストリート・ジャーナル紙のジェリー・ランドアーは、レビンソンによると、ロッキード事件を最初から熱心に取材していた。

グーグル検索で調べて、彼が非常に有名な特ダネ記者だったことが分かった。一九七三年、当時のスピロ・アグニュー米副大統領の違法献金問題をスクープして辞任に追い込み、ハーバード大学ニーマン財団から「ワース・ビンガム賞」を受賞している。

その前年、一九七二年の受賞者はウォーターゲート事件をすっぱ抜いた、ワシントン・ポスト紙のボブ・ウッドワードとカール・バーンスタインだった。[37] この賞は、ピューリッツァー賞ほど有名ではないが、評価が高い賞で、遜色《そんしょく》のない格付けと言われる。

兵役を終え、ワシントン・ポスト紙記者となって翌年、駆け出しの二十九歳で同じ賞を受賞したウッドワードは、十歳以上年上の「伝説的な調査報道記者」であるランドアーを、自分の「良き先輩」として尊敬しており、時に一緒に食事して助言を得ることもあったという。[38]

アグニューは一九六九年一月二〇日、ニクソン大統領の最初の副大統領に就任。違法な政治献金を受け取り、税金も申告していなかったことがランドアーの取材で判明した。アグニューは報道を全面的に認め、二期目在職中の七三年一〇月一〇日に辞任した。

ニクソンのウォーターゲート事件は、一九七二年の大統領選挙中に起き、大統領は七四年に辞任したが、その間のアグニュー副大統領の犯罪も政権の弱体化に拍車をかけた。

理由不明の「誤配」が陰謀？

ランドアーは一九八一年、心臓発作のため四十九歳の若さで亡くなった。[39] 私は第二次世界大戦から三十年も後の取材現場で、日本人記者相手に「枢軸国」と罵声を浴びせる米国人ジャーナリストに関心を持った。

早稲田大学図書館にある、米主要紙の記事データベース「プロクエスト（ProQuest）」の端末で検索し、彼の記事を読んだ。その中に奇妙な記事を発見した。彼は、ロッキード事件陰謀説の震源となった記事を書いていたのである。

一九七五年九月一五日付ウォールストリート・ジャーナル紙三面に掲載されたその記事には、「ロッキードL1011の対外販売に絡む贈賄に関する資料、上院委員会に誤配」との見出しが付けられていた。[40]

記事の概要は以下の通りだ。

・L1011ジェット旅客機の外国販売促進のため、ロッキード社による贈賄の詳細を含む文書が上院多国籍企業小委員会に配達された――誤って（by mistake）。

・不注意な配達で、贈賄の秘密を守るという同社の期待は危うくなり、外国からの反発が起きると、連邦融資保証の返済が損なわれる恐れがある。贈賄が行われた国の名前が特定されると、L1011のキャンセルを招く恐れがある。

・L1011の文書を詰めたカートン数個が先週、公聴会の前に届けられた。上院の事務局は受領証にサインし、正式に文書を受け取り、小委首席顧問ジェローム・レビンソンは返却の求めに応じなかった。

・先に小委が、ロッキード社の監査法人、アーサー・ヤング会計事務所に出した提出命令が引き金になって配送された。同会計事務所の代理人、ホワイト＆ケース法律事務所は文書公開に固く反対した。しかし、二人の配達人が予想外にも、すべての文書を小委のドア前に荷下ろしした。

・レビンソンは「提出命令に法的に従った完璧な配送だった」と満足そうに語った。「受領証も渡したし、誰とも何の争いもない」ともレビンソンは語った。ホワイト＆ケース側はコメントを控えた。

非常に分かりにくく、内容自体が矛盾している。そもそも、誤配とは、誰のどんなミステークだったのか。

この記事だと、多国籍企業小委員会（チャーチ小委）が提出命令を出した文書が配送されてきたので、レビンソンは「完璧な配達」だと満足している。だから、あて先は間違っていなかっただろうし、返却の必要もない。それなのに、配達人が大量の文書を「予想外に」配送した、と書いているのはなぜか。

これは、大物記者にありがちな不完全原稿かもしれない。理解し難いが、デスクは大物記者に遠慮して書き直しを命じなかったのだろうか。

後々になって、この陰謀説が大問題になる。捜査資料は別ルートで東京地検に渡されるが、田中角栄はチャーチ小委が得た資料が証拠とされ、逮捕された、という間違った神話も流布していったのだ。

「毎日」と「朝日」が「誤配」を報道

記事のナゾ解きは後回しにして、この情報がどのように日本に伝わったのか、フォローしてみることにする。

今でも、無数の書籍、記事、ネット上では、ロッキード文書の「誤配説」が拡散している。

堀田力検事は回想録で、事件表面化直後、ワシントンの原田明夫一等書記官（検事）に「こっちの記者には、ロッキード社の秘密資料が郵便局の誤配でチャーチ委員会に配達されたらしいなどと言ってる人もいるけど」と言及。原田が「そんなバカなことが起きるわけないですよ」と答えたと記している[41]。

だが、誤配説を最初に日本に伝えたのは、次の記事だったとみていい。チャーチ小委公聴会に関する第一報の翌日に、第二報のサイド記事のような形で報道されている。

ロッキード事件表面化の翌日、一九七六年二月六日付の毎日新聞朝刊一面だ。[42]さわりの部分は次のように簡単な内容だった。

［ワシントン支局四日］
昨年夏の暑い日、ワシントンにある米上院外交委多国籍企業小委員会（チャーチ委員長）の事務所に小包が届けられた。開けてみると、なんと米ロッキード航空会社の極秘資料がいっぱい詰まっていた―。（中略）
チャーチ小委は「この資料が誤って配達されてきた」ことを明らかにしたが、ロッキード社にとって絶対部外者に見せられないこれらの書類が、なぜよりによって多国籍企業のお目付役の同小委に配達されたのか。いまのところ全くのミステリーといえよう。

この記事は、チャーチ小委公聴会の「幕開け」を伝えた前日の朝日新聞の記事と同様、冒頭のクレジットに執筆した特派員名がなく、［ワシントン支局四日］と発信地支局名と日付しか書いていない。通常、こうしたスタイルの記事は、新聞社の東京本社で外電を参考にして作られることが多い。毎日新聞の場合は、契約先のUPI通信の記事を基にした可能性がある。UPIは、ウォールストリート・ジャーナル紙のランドアーの先述の記事を参考にしたかもしれない。

この記事の問題の第一は、情報源が誰か、まったく言及していないことだ。

第二は、「誤配」されたとされる文書が元々、チャーチ小委が議会の調査権を行使して、提出を命令していた文書だった、という事実を踏まえていないことだ。

さらに、二月六日付朝日新聞夕刊二面トップで「勘違い、上院へ配達」「袋にぎっしり極秘資料」との見出しを付けた、別の誤配説の記事が出ている。

この記事は毎日新聞と違って、クレジットに筆者のワシントン特派員名が明記され、情報源も「米上院外交委多国籍企業小委筋」としている。

しかし、誤配された経緯に関する記述が、後に判明した正確な事実と異なっている。

この記事によると、ロッキード社の「本社が同社ワシントン事務所にあてて送った膨大な資料袋が間違って同小委に配達された」とある。しかし、チャーチ小委に送られた資料はロッキード社本社からではなく、同社の会計監査を担当するアーサー・ヤング会計事務所から届けられたことが確認されている。

また、その理由について、「ワシントン事務所の係が同小委に引き渡すことに決めて用意してあった一部資料と、本社から送られてきたばかりの極秘資料袋を混同したのが原因」としている。その点が、そもそもどんないきさつがあったのか理解できないし、事実確認も難しい。

資料は、ワシントン事務所で準備していたものと、本社からワシントン事務所に送られてきた「極秘資料袋」があり、それらを一緒にしてチャーチ小委に届けたということなのか。「混同」の意味さえ不明なのだ。

加えて、細かいことだが、資料は段ボール箱に入れられており、「袋」ではなかったことがチャーチ小委のジェローム・レビンソン首席顧問の話から分かっている。

「仕掛人」が登場する謀略説に発展

こうした「ミステリー」のような情報は、瞬く間に拡散し、尾鰭《おひれ》が付いて、疑惑を増殖していった。

三十六年後の二〇一二年に出版された本に、その後の「誤配説」の展開が記されている。著者は毎日新聞の元社会部長。「下山事件《しもやま》」から「田中角栄崩壊」まで、毎日新聞社会部の活躍の歴史を記録している。[43]

この本で付け加えられた偽情報の第一は、「誤配」された文書のあて先を「アーサー・ヤング公認会計事務所のW・フィンドレー」としていることだ。

第二に、陰謀の「仕掛人」が「極秘文書が議会のチャーチ委員長に届くように仕掛けをした」と、断定していることである。

いずれも、一九七六年二月六日付毎日新聞の記事にも書かれていない虚構だ。やはり、陰謀説には勢いが付いて、結果的に疑惑を強めてしまう傾向がある。

それにとどまらず、筆が滑ったのか、「チャーチ委員長は迷うことなく田中角栄などの極秘資料を議会に出し、公聴会を開いてロッキード疑惑に火を点けた。謀略側は密かに『成功！』と顔を見合わせたことだろう」と、作り話を見てきたような調子で書いている。

実は、後述するが、チャーチ小委が受け取った資料には、最初から「田中角栄」の名前も各国政府高官の名前もなかった。

筆者の毎日新聞元社会部長、山本祐司《やまもとゆうじ》は当時の自民党幹事長・中曽根康弘《なかそねやすひろ》が「ロッキード事件の原点は田中角栄の石油政策にあり」と言い切っている、と紹介している。だが、中曽根の主張を確認できる証拠はあるのか。

このほか、元東京都知事で作家の石原慎太郎《いしはらしんたろう》も、この陰謀説に言及している。「ロッキード事件の発端は、ご存じのように、ロッキード社の内部資料がアメリカのＳＥＣ（証券取引委員会）に届いたことからだが、なぜあの書類がＳＥＣに届けられたのか」と、ＳＥＣへの「誤配」が事件のきっかけになったと断定している。[44] 後述するが、ＳＥＣはロッキード社を相手取って訴訟を起こし、「政府高官名」が入ったロッキード社の資料を入手した。いい加減な俗説が、この国には蔓延しているのだ。

「誤配」はなかった

空想をめぐらせるだけでは、真実は見えない。事実の解明には、直接取材が必要だ。

筆者は二〇〇七年八月三〇日、ワシントンでチャーチ小委の首席顧問をしていたジェローム・レビンソンと会った。彼は、ワシントンのアメリカン大学ロースクール（法科大学院）教授をしていた。

レビンソンは、私とのインタビューで、ロッキード文書の誤配説をあっさり否定した。[45]

「アーサー・ヤング会計事務所から送られた」ものだと、彼は断言した。レビンソンは、そのことを自分の著書にも記している。[46]彼の話を聞いて、誤配説が三重の意味で間違っていることがよく分かった。

第一に、誤配の事実はなかった。

第二に、チャーチ小委が得た文書には、各国の政府高官名はなかった。もちろん、田中角栄の名前もなかった。

第三に、東京地検特捜部の捜査はチャーチ小委が持つ資料ではなく、米証券取引委員会（ＳＥＣ）が得た文書を基にして進められた。

チャーチ小委事務局にロッキード文書を提出したのは、同社の監査法人、アーサー・ヤング会計事務所（現在のアーンスト・ヤング）の代理人、ホワイト&ケース法律事務所の弁護士二人だった。

実は、アーサー・ヤングは、議会の調査権に基づき文書提出命令を出したチャーチ小委と、提出を渋るロッキード社との間の板挟みになっていたのだ。

ロッキード社は、チャーチ小委の提出命令に対して、当初は「監視された状況下で読むだけ」なら認めると回答、小委側が拒否する一幕もあった。

会計監査法人は時に、顧客の企業と政府当局・議会の間に立って、困難な立場に立たされる場合がある。

このケースの場合、アーサー・ヤング会計事務所は、チャーチ小委からの文書提出命令を拒否できないと考えた。そして結局、同会計事務所代理人のホワイト&ケース法律事務所の若い二人の弁護士がチャーチ小委の事務局に運び込んだ、とレビンソンは説明してくれた。重要文書のため、運送業者や郵便局は使わず、弁護士が自ら運び込んだというのだ。

ランドアーの記事にある「二人の配達人」は、実は「二人の弁護士」だった。

チャーチ小委のレビンソン元首席顧問

レビンソンは、年明けの一九七六年一月七日、ロバート・インガソル国務副長官を含めた国務省との意見交換の場で、チャーチ小委がロッキード社の会計監査法人「アーサー・ヤング」に文書の提出命令を出し、「アーサー・ヤングはその命令に全面的に従った」と、上記の事実を確認する発言をしている。[47]

これで、ランドアーの記事が誤報であることがよく分かった。「誤配」は、多くの人たちがロッキード事件を「陰謀」と信じた重大な理由の一つだったが、陰謀説1は否定された。

レビンソンのおかげで、陰謀説の裏側が明らかになった。しかし、実はレビンソンも一部、誤解をしていた。レビンソンは当初、アーサー・ヤング会計事務所がロッキード社の知らない間に、チャーチ小委に資料を届けたと勘違いしていたのだ。

ロ社弁護士との打ち合わせ中に文書配達

そのせいで、文書がチャーチ小委の事務局に運び込まれた際、誤解に基づく〝ニアミス〟が発生していた。

ロッキード社の大量の文書を入れた、いくつもの段ボール箱がチャーチ小委事務局に配達された時、レビンソンは事務局内の自室で、ロッキード社の顧問弁護士ロジャー・クラークと面談中だった。

ロッキード社に関する最初のチャーチ小委公聴会の前に、レビンソンとクラークは公聴会の事前打ち合わせをしていた。

そこへ、秘書のジャネットが「お邪魔します」と部屋に入り、「ホワイト&ケースからの文書が届きました」と知らせるメモをレビンソンに渡した。レビンソンは、そっと彼女に指示をして、クラークに気付かれないよう、何個もの箱を大急ぎで片付けさせたという。

レビンソンは私にこの話をしなかったが、回想録にはそんなエピソードを記している。[48]

このようなドタバタはあったが、大量の文書は無事、チャーチ小委に届けられた。

ただ、届けられた際、たまたま居合わせたロッキード社の顧問弁護士に見られないよう、片付けさせる必要が本当にあったのか。レビンソンは、アーサー・ヤング会計事務所が独自の判断で文書をチャーチ小委に渡したと誤解していたので、こっそり文書を片付けさせた。その点で、レビンソンの認識は事実と違っていたのだ。

ロッキード事件には、さまざまな「裏」がある。だが、この陰謀説には「裏」のまた「裏」があった。実は、アーサー・ヤング会計事務所を通じて文書が渡されることを、ロッキード社側は知っていた。それが「裏」の「裏」だった。重大な秘密と関係者の思惑が交錯した、まさにロッキード事件らしい挿話と言える。第四章一四三〜一四五ページで、その事実を明らかにする。

4. ふくらむ疑惑

コーチャンの証言

二月六日の公聴会二日目には、ロッキード社副会長のアーチボルド・カール・コーチャンが証言した。

第一日目に名前が出た児玉誉士夫について、コーチャンは一九六〇年代初めからロッキード社と「協力関係」にあることを認めた。時期的にみて、第二次防衛力整備計画でロッキード社とグラマン社が争った主力戦闘機選定の時から、ロッキード社は対日工作に携わっている。ただ、コーチャンの記憶は間違っていた。実際に、ロッキード社が児玉に最初に接触したのは少し前、一九五八年のことだったのだ[49]。

さらに、一九七二年当時、ロッキード社の旅客機Ｌ１０１１トライスターの対日売り込み作戦では、児玉の紹介で国際興業社主、小佐野賢治の協力も得たこともコーチャンは明らかにした。

トライスター売り込みでは、丸紅の檜山広社長や専務の大久保利春の提案を受けて、複数の日本政府高官に総額二百万ドル（当時の為替レートで約六億円）がわいろとして贈られたことも認めた。

前回の公聴会で明らかにされ、資料として提出された「ピーナツ」「ピーシズ」「ユニット」などと記した丸紅発行のナゾの領収書は、同社の伊藤宏専務が署名したものであることも確認された。監査法人アーサー・ヤング会計事務所のウィリアム・フィンドレーは、「ピーナツ百個は一億円だった」と証言した。ロッキード社内の手続きで、使途を隠して支出したカネの領収書として残されていたのだ。

公聴会に合わせて、チャーチ小委は、ピーナツ領収書や児玉の領収書などの資料コピーを公開した。その中に、児玉の略歴コピーがあった。英オックスフォード大学出版会から一九六〇年に出版された、アイバン・モリス博士著『日本におけるナショナリズムと右翼』と題する本に掲載されたものだ。

児玉が戦前から右翼団体に加わり、何度も逮捕され、中国で「児玉機関」を設立して巨万の富を築いたこと、戦後巣鴨《すがも》プリズンに収容され、出所後は鳩山一郎《はとやまいちろう》、河野《こうの》一郎《いちろう》、緒方竹虎《おがたたけとら》ら、保守政治家と緊密な関係を形成したことなどが記述されている。

無駄骨の議員調査団

かくして、戦闘機売り込みなどで児玉に支払ったという約二十一億円に加えて、旅客機トライスター売り込みを担当した丸紅のルートで、複数の日本政府高官に約六億円が支払われていたことが分かった。

後になって、トライスターを購入した全日空のルートも表面化し、児玉、丸紅、全日空の計三ルートを通じて、違法な可能性がある金が支払われたことが判明している。

名前としては、いわゆる「口利き」あるいは「フィクサー」として児玉と小佐野の二人、さらにロッキード社旅客機の代理店である丸紅のトップ檜山と大久保、伊藤の両専務が浮かんだ。

国会は、ロッキード事件の「話題で持ちきりに」なった、と当時は前尾《まえお》繁三郎《しげさぶろう》衆院議長の秘書をしていた、後の参院議員の平野《ひらの》貞夫《さだお》は回顧している。[50]

朝日新聞の第一報が出た二月五日から、国会は動いた。野党第一党の社会党は、その日の午前中に「ロッキード社政治献金調査特別委員会」を設置、翌六日には共産、民社、公明の各野党と自民党も、党内に調査委員会を設けた。各党は競って調査団の米国派遣を決めた。

野党の狙いは明らかだった。ロッキード社からカネをもらった「政府高官」の名前を割り出すことだ。

震源となった上院外交委員会多国籍企業小委員会の事務所で、首席顧問のジェローム・レビンソンやロッキード社のコーチャンとも面談をするなど、野党代表団はそれぞれ活発に動いた。各党調査団とも、ワシントンなどから大量の資料を持ち帰る。

だが、公聴会で明らかにされた情報以上に、詳しい新事実を掘り出すことはできなかった。まして、政府高官の名前を割り出すことなどまったく不可能だった。

国会では、二月一六日から、衆議院予算委員会で証人喚問が始まった。田中角栄に近く、航空業界に深く関与した国際興業の小佐野賢治、全日空社長若狭《わかさ》得治《とくじ》ら、続いて翌一七日には丸紅社長檜山広らが証言した。三月一日からは第二次証人喚問も開かれたが、いずれも「知らない」「存じていない」「記憶がない」などと言うばかり。だれ一人、真実を語る者はいなかった。

高官名はSEC資料に

実は、多国籍企業小委員会はロッキード社が首相の「田中角栄」にわいろを渡した、との証言を得ていた。しかし、コーチャンのその証言は、秘密の聴聞会の席上でのことだった。議員だけでなく議会スタッフにも守秘義務があり、調査に訪れた日本の国会議員団には明らかにしなかったのだ。チャーチ小委首席顧問レビンソンは、筆者とのインタビューで、初めてその事実を明らかにした。しかし、ロッキード社の監査法人から入手して保管した資料には、「政府高官名」が明記された文書はなかった。

公開の公聴会で、「外国政府高官の名前は明らかにしない」というのが小委員会の基本的な政策だった。名前を出された外国政府高官に反論の機会が与えられていないので、「フェアーではない」と考えたからだ[51]。

二月六日の公聴会で、チャールズ・パーシー上院議員（共和党、イリノイ州選出）は、コーチャンに対して「ロッキード社はわいろを受け取った日本政府高官名を明らかにすべきだ」と要求した。だが、コーチャンは公開の場では、回答しなかった。

ただ、公聴会でロッキード社から支払いがなされた、と証人が自らの意志で証言した場合、止めることはできなかった。そうした状況になり、支払いがなされた当該国から、それぞれの国の法律に従って捜査するために情報が必要だ、と要請された時には「情報を提供する」ことも決めていた。

彼の研究室で、「では、政府高官名はどこにあったのか」と私はあえて聞いた。

これに対し、レビンソンは「証券取引委員会（SEC）が持っていた」と答えた。まさに、多国籍企業小委員会が持っていた資料ではなく、SECがロッキード社から提出させた資料が司法省を通じて、東京地検特捜部に引き渡され、こうした重要資料に基づく捜査や「嘱託尋問」を経て、田中角栄逮捕につながったわけだ。ＳＥＣ文書については後述する。

ということは、ロッキード社文書には、①ＳＥＣと、②チャーチ小委が入手したもの――の二通りがあったことになる。

しかし、政府高官名を明記した資料は、②の多国籍企業小委が得た文書にはなく、ＳＥＣがロッキード社を相手取って起こした裁判で勝訴して得た、文書①の中にあった。②の中には、児玉誉士夫がロッキード社に渡した領収書や、丸紅が渡した「ピーナツ」領収書などがあったが、高官名は見当たらない。

「ではＳＥＣの担当者はだれか」と尋ねると、レビンソンは事件当時、ＳＥＣ執行部長をしていたスタンレー・スポーキンの名前を教えてくれた。スポーキンはその後、ワシントン連邦地裁判事を経て弁護士をしていることも分かり、翌年の二〇〇八年三月五日、ワシントンの大手法律事務所で会うことができた。

実は、スポーキンは外国政府から要請があれば、どんな資料でも渡すつもりだったという。ＳＥＣは、ある理由から外国政府にも積極的に協力しようと考えていた。その理由も含め、二人とのインタビューで得た情報は、以後、適宜紹介していく。

序章、第一章注

1 朝日新聞一九七六年二月五日付夕刊一面
2 東京新聞特別報道部『角栄裁判全190回ハイライト』、文藝春秋、一九八三年、四六～五〇頁
3 同、三三～三六頁
4 猪瀬直樹『死者たちのロッキード事件』、文春文庫、一九八七年、一五～六二頁
5 堀田『壁を破って』上、一四四～一四六頁
6 同、八三～八四頁
7 『角栄裁判全190回ハイライト』、三〇～三二頁
8 堀田『壁を破って』上、一四～一五頁
9 Multinational Corporations And United States Foreign Policy, Hearings Before The Subcommittee On Multinational Corporations Of The Committee On Foreign Relations United States Senate, On Lockheed Aircraft Corporation, Part 14, February 4, And 6; And May 4 1976, P 401
10 服部龍二『田中角栄』、講談社現代新書、二〇一六年、二三五頁。この本は田中角栄とロッキード事件に関する文献をほぼすべて網羅している。
11 Multinational Corporations And United States Foreign Policy, Part 12 May 16 And 19; Junes 9 And 10; July 16 And 17; September 12, 1975
12 第七十六回国会衆議院、予算委員会議録、第四号、昭和五十年十月二十三日（木曜日）
13 「若き外交官の記憶」信濃毎日新聞、二〇一七年八月一一～一四日付、
岩野美代治著、竹内桂編『三木武夫秘書回顧録』、吉田書店、二〇一七年、一八七頁
14 LeRoy Ashby & Rod Gramer, Fighting the Odds, WSU Press, 1994, P462
15 LOCKHEED BRIBERY: HEARINGS BEFORE THE COMMITTEE ON BANKING, HOUSING AND URBAN AFFAIRS, UNITED STATES SENATE NINETY-FOURTH CONGRESS, AUGUST 25, 1975
https://catalog.hathitrust.org/Record/003217485、アクセス：二〇一七年八月二六日
16 「若き外交官の記憶」、二〇一七年八月一一日付
17 第七十六回国会衆議院、予算委員会議録第四号
18 第七十七回国会衆議院予算委員会議録第十号、昭和五十一年二月十日（火曜日）
19 「若き外交官の記憶」、二〇一七年八月一一日～一四日
20 二〇一八年一一月一三日インタビュー
21 Jerome I. Levinson, Who Makes American Foreign Policy?, Signature Book Printing, Inc. 2004, PP213-225
22 堀田『壁を破って』上、二一～二二頁
23 佐藤道夫『政官腐敗と東京地検特捜部』、小学館文庫、二〇〇一年、一七五～一七八頁
24 Multinational Corporations And United States Foreign Policy, Part 14
25 全国紙は朝日がAPおよびロイター通信、読売がAP、毎日はUPIと契約していた。
26 毎日新聞社会部『毎日新聞ロッキード取材全行動』、講談社、一九七七年、一〇～一二頁
27 山本祐司『毎日新聞社会部』、河出文庫、二〇一二年、三三五頁
28 朝日新聞、一九七六年二月五日付朝刊
29 朝日新聞東京本社社会部『ロッキード事件　疑獄と人間』、朝日新聞社、一九七六年、二六～二八頁
30 A・C・コーチャン著、村上吉男訳『ロッキード売り込み作戦』、朝日新聞社、一九七六年、三五頁
31 例えば、早野透『田中角栄』、中公新書、二〇一二年、三〇五～三〇六頁、坂上遼『ロッキード秘録』、講談社、二〇〇七年、一四頁
32 毎日新聞社会部『毎日新聞ロッキード取材全行動』、三七～三八頁
33 第七十六回国会衆議院予算委員会議事録第四号
34 岩野美代治『三木武夫秘書回顧録』、吉田書店、二〇一七年、一八七～一八八頁
35 朝日新聞『ロッキード事件』二八～二九頁
36 Jerome Levinson, Who Makes, P201
37 https://nieman.harvard.edu/awards/worth-bingham-prize-for-investigative-journalism/ アクセス二〇一八年一一月二二日
38 Edited by Tom Rosenstiel and Amy Mitchell, Thinking Clearly: Cases in Journalistic Decision Making, Colubmia University Press, 2003, P156
39 https://www.nytimes.com/1981/03/01/obituaries/jerry-g-landauer-49-investigative-reporter-at-wall-street-journal.html 同日
40 Lockheed Data on Payoffs in L-1011 Sales Overseas Is Sent to Senate Unit

by Mistake By Jerry Landauer, Wall Street Journal, Sep 15, 1975, P3 アクセス二〇一八年一〇月三〇日

41 堀田『壁を破って』上、二二頁

42 毎日新聞一九七六年二月六日付朝刊「新証拠、更に暴露も、ロ社の秘密書類詰めて昨年末、小委に小包届く」

43 山本祐司『毎日新聞社会部』、三八五～三九一頁

44 石原慎太郎、田原総一朗『勝つ日本』、文藝春秋、二〇〇〇年、四〇～四二頁

45 筆者との二〇〇七年八月三〇日のインタビュー。筆者より先二〇〇五年に、読売新聞の枡井成夫もインタビューしている。

46 Levinson, Who Makes, PP206～207

47 National Archives(NA), RG59, Records of Robert Ingersoll, Memorandum Of Conversation, Subject: Church Subcommittee Interest in Arab Boycott and U.S. Law Date: January 7, 1976

48 Levinson, Who Makes, PP206～207

49 David Boulton, The Grease Machine, Harper & Row, 1978, PP43～45

50 平野貞夫『田中角栄を葬ったのは誰だ』、K&Kプレス、二〇一六年、一八頁

51 Levinson, Who Makes-, PP214～215

第二章　三木の怨念と執念

はじめに

政争

ロッキード事件の発覚で最も強烈な衝撃を受けたのは、日本の政界だった。事件は即、政争となった。現首相・三木武夫と前首相・田中角栄の闘いである。

与野党の調査委員会は「アメリカ詣で」をしたが、真相解明にはほど遠い結果だった。三木政権は、外務省に「入手できるあらゆる資料の収集」を指示。さらに、衆参両院本会議が二月二三日、米国政府と上院に対する資料提供要請決議を採択したのを受けて、三木はジェラルド・フォード大統領に資料提供を求める親書を送った。

フォードからの返書は、日本に送付されるまで半月もかかった。その間の舞台裏で、検察当局は日米司法協力をまとめ、三木は対米密使工作を展開、自民党内では「三木おろし」が潜行、と息詰まるドラマが進行する。

三木の大見得

三木は、「日本の政治の名誉にかけても解明する」と大見得を切った。その発言の裏には、ある確信があった。ロッキード事件は「角栄さんが中心だと、本人は見ていました」と、三十年間三木に仕えた秘書岩野美代治は回顧録で打ち明けている。[1]だが、三木は証拠となる情報を握っていたわけではなかった。それまでの情報を、自分なりに分析して確信したのに違いない。

三木は、「資料の公表」を徹底的に求め続けた。アメリカ政府や日本の検察庁が反対しても、自ら刑事訴訟法の条文を検討して、起訴前でも不起訴の場合でも、ロッキード社からカネをもらった政府高官の名前を公開せよ、と繰り返し求めた。政敵・田中角栄の名を天下に晒《さら》して、政治的に葬ろうともくろんだのだ。

国会がアメリカ側に資料提供を要請する決議を採択すると、三木はフォードあて親書を自ら万年筆を握りしめて執筆した。[2]

だが、アメリカ政府は三木が求めた、公表を前提とした資料提供を断り、東京地検に「秘密」を前提にした「捜査資料」として渡す。それによって、東京地検特捜部の本格捜査が可能になる。

約一年二カ月前の「椎名《しいな》裁定」で急きょ自民党総裁に指名され、首相になった三木。もし、田中の盟友、大平正芳が首相になっていたら、三木のようにしゃかりきに真相解明に力を入れることはなかっただろう。田中追及に賭けた三木の執念はすさまじかった。

1．怨念の対決

「目が寝不足みたいに充血して赤かった」

ロッキード事件が日本で表面化した直後、田中は「無関係」を装っていた。本音を隠していたようだった。

ただ、一九七六年二月七日の早朝、田中は「目が寝不足みたいに充血して赤かった」という記者もいる。チャーチ小委の二日目の公聴会が開かれ、田中の盟友で実業家の小佐野賢治の名前が出た直後のことだ。

ロッキード社のカール・コーチャン副会長は、チャーチ委員長の質問に答えて、児玉に小佐野を紹介してもらったことを認め、「小佐野は非常に影響力がある実業家だ。児玉と同様、どのように主張すべきか、誰と会うべきか、といった戦略を相談した」と証言した。[3]

そんな証言を受けて、田中番の政治記者は七日早朝、東京・目白台《めじろだい》の田中邸に直行した。

「トライスターって何のことだ？」

田中角栄は、事件が大きく報道されて以後も、自分は無関係、と振る舞っていた。

「角栄のお庭番」と言われた秘書の朝賀昭《あさかあきら》は、こんな話を紹介している。

四月頃、角栄が自分の事務所を出て、砂防会館のエレベーターに乗り込む時、大勢の警視庁ＳＰがいる前で、思い立ったように「オイ、朝賀。トライスターってなんのことだ？」と聞いたというのだ。

トライスターは、ロッキード社が全日空に売り込んだ旅客機の機種のことであり、あえて人前でそんなことを聞くこと自体、芝居じみていた。

朝賀が「飛行機の種類らしいですね」と説明すると、田中は「飛行機の種類なのか。名前を聞いただけじゃ、なんのことかちっとも分からんな」と言って、夜の会合に出掛けていったという。[4]

当時、日常的に角栄と接していた人たちの間では、このようにして「田中は無関係」という話が広がっていった。いや、田中自身が意図的にそんなうわさを広げたとみていい。

事件が表面化した後、田中は「もらわなかったことにしてほしい」と言った、と伝えられている。そんなことを明らかにしたのは、丸紅の専務、伊藤宏だった。[5]

約三カ月後の七月、東京地検特捜部の捜査が進展し、逮捕された伊藤は、「二月五日にこの事件が発覚すると、さっそく（田中の秘書）榎本（敏夫）から電話があって、『目白に行ったらうちの先生も知っていた。……五億円はできるなら返しても良い』などと言った」という。田中自身、事件がばれたときから口封じに動いていたのだ。

様子が変だった目白台

事件が日本で表面化した直後には、「田中が怪しい」という話はほとんど伝えられていなかった。恐らく、田中の「おかしい様子」は筆者の先輩で、政治記者の野上浩太《のがみこうた》郎《ろう》が記した記録[6]だけだとみられる。

それは、二月七日早朝のことだった。米国東部時間六日午前（日本時間七日未明）、チャーチ小委の二日目の公聴会で、ロッキード社のコーチャン副会長が証言した。ここで、コーチャン自身が小佐野賢治と日本への「売り込み工作」について協議した事実が明らかになった。七日付の各紙朝刊は大きく報じる。

その日の朝、東京・目白台の田中邸事務所は「どことなく様子がおかしかった」と野上は書いている。いつもなら午前九時ごろ、母屋から事務所に入ってくる田中が三十分ほど遅れて事務所応接間に姿を現したが、寝不足からか目が充血していて、徹夜していたのかと思った、というのだ。

やや遅れて、いつもなら姿を見せない秘書の榎本敏夫《えのもととしお》が姿を現したことから、野上は「田中と榎本は二人で相談していたのかな」と推測した。田中は目の前に積まれた各紙朝刊に目を通したが、「田中は『小佐野』という活字から目をそらすように、紙面の下のほうに視線を移した」と、微細な動きも記録している。

だから、野上は「田中は無関係ではないな」と直感した。「クロかな」という思いも頭をよぎったというのだ。

それから間もなく、田中はある新聞社の記者が事件との関係の有無をまともに質問したのに激怒し、それ以後、記者懇談を拒否した。

カムバックの決意

田中角栄は、実はその年の正月、自ら首相にカムバックする決意を固めたばかりだった。
田中は金脈問題を追及され、一九七四年一一月に首相辞任を表明する。あれから二度目の新年を迎えて、東京・目白の田中邸には七百人もの年賀の客が集まった。その席で、田中は自分から「もう一度政治をやる気」を示した、との情報が広がっていた。[7]
田中の盟友、大平正芳の側近のブレーンで、田中の金権政治を嫌悪していた伊藤昌哉《いとうまさや》は、年明けから田中がうごめき始めたと聞いて、その「病的な凄さを感じた」と書いている。伊藤は大平の派閥「宏池会」の元首相、池田《いけだ》勇人《はやと》の首席秘書官を務め、その後は政治評論家として活躍していた。いわゆる「椎名裁定」で、自民党副総裁の椎名《しいな》悦三郎《えつさぶろう》が田中辞任後の政局を収拾するため、「クリーン」と言われた三木武夫を後継の自民党総裁に指名し、三木が首相の座に就いてから、一年余りが経過していた。

一九七六年末には、衆議院議員の任期が四年で満了となるため、年内に必ず総選挙を行わなければならなかった。田中はその機を狙っていたのだ。

「『だれがやっても駄目だ、やっぱり田中でなければいかん』と国民が思うようにさせてやる」と田中は言った、と伝えられた。三月には、自分の金脈問題について釈明した上で、全国を遊説し、政権を奪還する、という大まかなスケジュールを描いていたという。

総理大臣辞任後、一時は躁鬱症のような症状との噂もあったが、完全復活に向けて、年明けから動き始めた。事件が日本を襲ったのは、それからわずか一カ月後のことだった。

田中が逮捕される一週間前の七月二〇日、衆議院議長の前尾繁三郎は「ある人から頼まれた」として、田中に電話し、議員辞職を勧めた。「ある人」とは、布施《ふせ》健《たけし》検事総長のことだったという。国会議員を辞職すれば、逮捕ではなく在宅起訴で済ませるという話だったといわれるが、田中はそんな誘いには一切応じなかった。[8]

首相の座へのカムバックを期していた田中は、起訴後の公判でも、あくまでも「五億円」を受け取った事実を否認した。その事実を認めて、「首相には職務権限がない」と主張する法廷戦術も可能だった。だが、カネの受領を認めたら、それだけで「金権政治家」批判はいっそう強まり、首相の座は奪還できない。

朝日新聞政治部記者として田中を間近で取材した早野《はやの》透《とおる》は、金脈問題を上回る衝撃的なスキャンダルに再び取りつかれた田中の劇的な暗転を、「天網《てんもう》恢々《かいかい》というべきか」[9]と形容した。「天網恢々疎にして漏らさず」とは、中国の古典「老子《ろうし》」に出てくる一節だ。ことの是非や曲直を分ける天の網目は粗っぽいが、悪人は必ず引っ掛かるという意味である。

バルカン政治家の本領

他方、三木武夫は、ロッキード事件発覚は、首相の座を確固とするための千載一遇のチャンス、とみた。

三木は徳島県に生まれ、明治大学在学中に渡米。当時カリフォルニア州にあったアメリカン・カレッジに学んだ。衆院議員となったのは、三十歳の時で、当時最年少だった。太平洋戦争開戦後の「翼賛選挙」では、大政翼賛会の推薦なしで当選。戦前戦後を通じて連続当選し、「議会の子」を自称した希有《けう》な議会人だった。

戦後、「国民協同党」という小党を結成し、新憲法下初の総選挙で第一党となった社会党と連立政権を作り、逓信相。続く芦田《あしだ》内閣でも政府与党の要職を務める。保守合同後の自民党では、石橋《いしばし》湛山《たんざん》政権で幹事長。一九六〇年の安保国会では、新安保条約の強行採決を不満として衆院本会議を欠席した。弱小派閥の領袖として活発に動き回り、政府与党の要職や閣僚を務め続けた。

権力に与《くみ》しながらも、権力中枢の批判をためらわず、「バルカン政治家」と呼ばれた。かつて、世界の「火薬庫」と呼ばれたバルカン半島で暗躍するような政治家、という意味のあだ名だ。状況に応じて出方を変える策士でもある。同時に、筋金入りの反骨精神ももつ。徳島商業在学中には、野球部の資金集めに絡む学校当局の不正を追及して全校ストライキをリードし、放校処分を受けたこともあった。[10]

自民党総裁選挙には一九六八、七〇、七二年と、続けて出馬したがいずれも敗退。主流派として腰を据えたことはなかったが、七二年七月に発足した田中角栄内閣では、副総理として田中を支え、日中国交正常化にも貢献した。

一九七三年一二月、「石油ショック」後の危機を打開するため、三木は政府特使として中東八カ国を歴訪するなど、重要な役回りを演じていた。

しかし、一九七四年七月七日の参議院選挙で田中と対立、袂を分かつことになる。

三木自身の地元、徳島地方区（一人区）で、田中は自分が重用していた官房副長官（事務）の後藤田正晴《ごとうだまさはる》に「自民党公認」を与えたのだ。徳島地方区には、前回選挙で二十万を超える得票をした三木派所属の現職参院議員、久次米健太郎《くじめけんたろう》がいたが、「公認」されなかった。

田中がごり押しで後藤田を出馬させ、「徳島戦争」に火が点いた。

後藤田は、戦前の内務官僚。戦後は警察予備隊の創設に参加し、防衛庁の初代防衛課長から、自治省官房長、警察庁長官などを務め、田中内閣の発足で官房副長官に抜擢《ばってき》された。「カミソリ」の異名をとる切れ者と言われた。

この選挙戦は、田中と三木の代理戦争となった。この選挙で、田中は三木の地元徳島県の自民党支部の幹部を買収し、カネと人を動員して、典型的な「金権選挙」を展開する。だが、結局は同情票を集めた久次米が勝利した。

後藤田は後年、衆院議員となり、中曽根政権の官房長官などを務め、政治家として名を成したが、最初の選挙では金権の汚点を残したのだ。

三木は、参院選から五日後の一九七四年七月一二日、副総理を抗議辞任する。田中は強引な選挙運動で自派の拡大を急ぎ、三木との関係でもしこりを残した。三木がもう一人の実力者、福田赳夫《ふくだたけお》と組んで、田中政権の倒閣運動に乗り出したのはそんな事情からだった。[11]

田中の後継に「クリーン三木」

この政争から約三カ月後の一〇月九日、田中自身の金脈問題が火を噴いた。

この日、日本の調査報道の金字塔と言うべき、立花隆《たちばなたかし》の特集記事「田中角栄研究─その金脈と人脈」を掲載した月刊『文藝春秋』一一月号が発売された。この号は、国会や霞が関周辺の書店では翌日までにほぼ売り切れになったほどだった。[12]

これがきっかけになって、田中の金権政治に対する批判が高まり、一一月のフォード米大統領来日中に、「田中首相が辞意」との記事も出て、結局、辞任に追い込まれる。

後継は、椎名悦三郎自民党副総裁が調整役となって、三木を指名した。三木が率いる派閥は弱小で党内基盤が弱く、まったく誰も予想していない選択だった。

だが、三木が野党幹部とも接触していたことから、「三木新党」への不安が党内で強まり、[13]福田赳夫を中心にした「福田新党」のうわさも出て、自民党分裂の危機が懸念されていた。そんな事情から、椎名は三木で収拾するほかなかったとみられている。

「三木首相」は、最も可能性が低い選択とみられていたので国民は驚いたが、支持された。

「椎名裁定」で党の基盤が揺らぐことはなく、椎名の政治センスは見事だと称えられることになる。

ただ、椎名は暫定政権と考えていた。

2．田中の名前を出せないかと心配した三木

「おれと田中の勝負」

それから約十四カ月後、三木政権下でロッキード事件が表面化した。

三木は鋭い嗅覚でロッキード政局を立ち回って「野党寄りのスタンス」を取り[14]、国会への証人喚問に前向きに対応、アメリカへの資料要求にも積極的に取り組んだ。

ロッキード事件が表面化した翌日、二月六日の衆院予算委員会で、三木は「日本の政治の名誉にかけても真相を究明」すると大見得を切った。その日の夜、私邸を訪れた福田派幹部に対して、三木は「徹底的にやる」と答え、福田派の支持を取り付けたといわれる。

米国東部時間二月六日に行われたチャーチ小委の公聴会二日目に、ロッキード社のコーチャン副会長は、新たにカネを渡した人物として、丸紅の檜山広会長と大久保利春専務のほか、児玉誉士夫に近い「フィクサー」的な実業家、小佐野賢治の名前を挙げた。小佐野は田中の盟友で、小佐野の名前が出たことで、田中への波及が予想された。

三木は、側近に「田中まで、どうやって持ってゆくかがヤマだ。……これは、おれと田中の勝負だ」と決意を漏らしたという[15]。

偽証を生んだ証人喚問

なかなか決め手になる情報が出て来ない中で、三木の積極姿勢が野党を勢いづけた[16]。野党は予算委員会での証人喚問を要求、二月九日政府・与党がこれを受け入れた。

こうして証人喚問されることになったのは、児玉誉士夫、小佐野賢治と丸紅の檜山広会長、松尾《まつお》泰一郎《たいいちろう》社長、伊藤宏、大久保利春の両専務に、全日空の若狭得治社長、渡辺尚次副社長の八人だった。

しかし、発言が最も注目された児玉は「脳血栓による脳梗塞後遺症の急性悪化状態により」、証人喚問に応じられないとの不出頭届けを前尾衆院議長に提出した。

二月一六、一七日の二日間に行われた証人喚問は、茶番と言ってもいいほどの内容だった。

小佐野は二時間に及ぶ証言で「記憶にございません」を十五回も連発した。この言葉は腐らない流行語となり、今も使われる。だが、結局彼らは小さいウソを重ねて自ら「偽証のどろ沼」に落ち込んでいく。[17] 事実、証人の多くは偽証罪に問われることになった。

そんな証人喚問に国民の不満はくすぶり続け、野党は第二次証人喚問を要求。三木はこれにも同調し、荒船清十郎《あらふねせいじゅうろう》予算委員長に前後六回も電話し、院内大臣室にも二回呼んで説得し、第二次喚問を行うことになる。しかし、証人喚問を何度繰り返しても真実の究明はできなかった。

その間、三木は「政府高官」の名を割り出そうと方々に当たっていた。「内閣調査官やら外交ルートやらで、政府高官の名前をなんとか知ろうとしたらしい……政府高官というのは田中内閣の時の高官やと見当つけてるふしがある。そうなると……傷つくのは田中やと踏んでるかもしれん」と、法務省の安原美穂《やすはらよしほ》刑事局長は部下の堀田力参事官に漏らしている。

三木はまた、アメリカの「秘密資料も全部ほしい……国会に見せるのが先と言うたらしい」と、安原は堀田に言った。[18]

三木は、国会での公開という点で検察と立場を異にしていた。安原と堀田は京大の先輩後輩の関係で、京都弁で話したのだろう。堀田はこの後、東京地検特捜部検事に異動し、ロッキード事件捜査を現場でリードした。安原は後に検事総長になった。

田中角栄の名前が出てくる、と予想したのは三木だけではない。大平正芳のブレーンとして、大平の将来を案じていた伊藤昌哉は二月一七日、著名な政治学者、京極純一《きょうごくじゅんいち》東大教授らの助言を求めた。京極は「ロッキードをたぐれば米国はニクソン、日本は田中角栄にゆきつく」との予測を伝える。伊藤は翌日、これを宏池会の幹部で後の首相、鈴木善幸《すずきぜんこう》らに伝え、「いずれ田中角栄の名がでてくるだろう」と話した。[19]

米大統領は「捜査完了まで非公開」

三木は田中追及に前のめりになっていた。アメリカ政府に対して、捜査に必要な事件資料の提供を求めるのではなく、むしろ「政府高官」の名前の公表を求めたのだ。

三木は当時、「田中角栄」の名前があると踏んでいたのだろうか。三木の公設第一秘書だった岩野美代治は、「当然そのように見ていたと思います」と述べている。[20]

二月二四日付大統領あて英文の親書は、フォード大統領図書館に保存されていた。三木は、次のように高官名の公開を求めている。[21]

いま日本全国で、政府高官名が疑惑のまま全体像が未解決だと、日本の民主主義は致命的な打撃を受けるとの重大な懸念が広がっています。私もその懸念を共有します。政府高官名を含めた関連資料すべての公表が日本政治の利益と永続的な日米友好関係に貢献するでしょう。（傍点筆者）

しかし、それから十六日後の三月一一日付でフォードが三木あてに送った返書は、次のような内容だった。[22]

国務省は上院と証券取引委員会（ＳＥＣ）に対して、日本に直接関係するすべての資料を求めるあなたの要請を届けた。貴政府が上院外交委員会多国籍企業小委員会に求めた資料の多くは既に提供されたと思う。ＳＥＣがまとめた資料については、その調査に従って貴政府と共有する取り決めを行う準備中である。

両国政府が遅滞なくこうした取り決めを作成するため両国の政府高官が会談することを提案する。こうした手続きによって、日本の法執行機関当局者が米国の調査機関が保有する関連情報へのアクセスを機密ベースで認めることになるでしょう。ＳＥＣの司法・行政上の慣行では調査が完了するまで調査に関連する資料は公開しない。時期尚早な情報開示は捜査および法執行上、先入観をもたらす恐れがある。また、その犯罪行為について最終的に被告とされるかどうかにかかわらず、個人の人権を侵害する可能性もある。こうした米国法の基本的要件は尊重されなければならない。こうした原則が守られれば、ともに効果的に協力できると信じる。（傍点筆者）

つまり、フォード大統領は、日本側に渡すＳＥＣの捜査資料について「捜査完了まで公開してはならない」とクギを刺したのだ。早く田中角栄の名前を確認して公開したい、と考えていた三木にとっては思惑が外れた。

だが、捜査当局の立場からすれば、これによって政治的障害が取り除かれ、検察主体の捜査が堂々と進められることが確定したのである。

三木に隠して、日米司法協力で合意

ロッキード事件の表面化で、東京地検特捜部は立件に向けて決意を固め、始動した。

検察庁は、二月一八日の検察首脳会議で、アメリカ側の捜査協力を得るため米司法省と折衝を進める、と決定した。これを受けて、前年まで駐米大使館一等書記官として米国に勤務し、米司法事情に詳しい堀田力法務省刑事局参事官が、ワシントンに派遣された。

堀田は二月二七日国務省で、同省と司法省、証券取引委員会（ＳＥＣ）の幹部らとの日米合同会議に臨んだ。司法省の代表は、後に司法長官となるリチャード・ソーンバーグ刑事局長（司法次官補）、ＳＥＣを代表してロデリック・ヒルズ委員長ら大物が出席していた。ヒルズは、後の通商代表カーラ・ヒルズの夫君である。

この会議で、米国から日本へのＳＥＣ捜査資料の引き渡しに関する大まかな条件が決まった。「日本の捜査機関に秘密を条件に資料を渡し、その後の取り扱いは（日本側に）委ねる」ことになったのだ。つまり、日本側に引き渡されたら、日本政府の責任において捜査し、起訴すれば裁判になる。その段階で情報が公開されても問題はない、ということである。

ただ、堀田は「あくまで公開を求めている三木総理に悪い気もした」と書いている[23]。

米国政府が三木への返書を起案する際、まさにその点が問題になった。アメリカ側は、政府高官名が「直ちに公開されること」を求めた三木の要請を拒否して、捜査資料を日本の検察に引き渡すことを決めていた。

日本法務省は、アメリカ側の意向通り、捜査終了まで公開しないことに同意していた。

その結果、三木首相の了解を得ないまま、法務省と司法省の基本合意が可能になったのだ。しかし、そのことが「記者に知られると、三木にとってダメージが大きく、今後の国会運営も難しくなる」と、外務省は在日米大使館ナンバー2のトーマス・シュースミス駐日臨時代理大使に対して懸念を伝えた。

国務省東アジア太平洋局は「日本政府の懸念は正当だ」と考え、返書では、あえて堀田が出席した会談において、日米取り決めで基本合意したことには触れなかった。それにとどまらず、これから日本との「取り決めを作成するため両国の政府高官が会談することを提案する」という内容にしたのだった。[24]

日本の政治家をスルーして、日米の外交当局がコトを進めるケースは今もある。この場合は「三木のメンツ」を保つのが目的だった。

堀田が出席した会議が開催された事実は、米国立公文書館に保管されている米司法省の文書からも確認できた。[25]

三木、検察を叱る

かくして、法務省・検察当局は、日本がアメリカ側と捜査資料の受け渡しで基本合意したことを一切、口外しなかった。外務省も知っていたが、首相官邸には報告しなかったようだ。

もちろん、公表を前提に資料提供を求めていた三木の意図に背く内容の合意だったからだ。いや、機密保持を条件にしなければ、アメリカ側は決して、日本側への引き渡しに応じることはないため、検察はあえて首相の意向に背いたのである。

三月一二日にフォード返書が三木の元に届いたのを確認して、法務省刑事局長、安原と参事官の堀田が首相への「ご進講」のため官邸を訪れ、米司法当局との資料引き渡しの取り決めについて説明した[26]。

アメリカの捜査資料は首相には渡さず、「機密ベース」で日本の捜査当局に渡す、とする返書に三木は不機嫌だった。

「どうしてああいう返事になったのかね」と聞かれて、安原は「さあ、それは外務省の方からお聞き取りいただきたいのですが」ととぼけた。三木は「きみらがこちらに寄こせといったんだろう」とたたみかけたが、二人とも沈黙を保つ。

それでも、三木がしつこく「逮捕すれば名前は出せるのだろう？」と聞くと、安原は「出てしまうでしょう」と答えた。

「資料が来たら、すぐ逮捕ぐらいできるのじゃないか」と、三木は突っ込む。

「そんなすごい資料があるでしょうか」と、高飛車な三木を押し返した安原に、三木はさらに「資料の内容は稲葉《いなば》君（法相）には報告するのだろうね」と追い打ちをかけた。

安原は、捜査資料の内容は法相にも刑事局長にも報告されない、などと簡単に説明し、早々に退出したという。

三木は相当勉強していた。逮捕もされず、不起訴となった場合、田中の名前が出ないまま終わるのではないか、と心配したようだ。

三月一八日、再び安原は堀田とともに首相官邸に行き、資料に関する日米協定について説明すると、三木は再び同じ主張を繰り返す。刑事訴訟法では「公益上の必要があれば、資料を公表することになっている。そのことを（協定に）書こう」と言い出した。

堀田は「そういう主張をしたら、アメリカは、捜査当局にも資料をくれなくなると思います」と力を込めて言った。
さすがに、堀田の方が上手《うわて》だった。「名前は出ますが、それは資料の公開ではありません、日本側でもいろいろ証拠を集めた結果、逮捕するわけで……」と言うと、「三木総理は、はっとした顔をした」と堀田は書いている。高官名の「公開」に前のめりだったが、米国から資料を得なければ捜査もできない現状にようやく気付き、我にかえったのだろう。
結局、「ロッキード事件の資料提供に関する日米取り決め」は、米国東部時間三月二三日、米司法省で鹽野《しおの》宜慶《やすよし》法務事務次官とソーンバーグ司法次官補の間で調印された。当時の新聞には、ソーンバーグを「次官代理」とする記事もあるが、慣用的には「次官補」が正しい。この取り決めは、省庁の権限の範囲内で結ぶ「業務取り決め」となった。[27]
この取り決めには、ロッキード社幹部らの「嘱託尋問」に関する日米協力も明記された。嘱託尋問は、捜査には不可欠だった。ただ、嘱託尋問は日本にはない制度であり、日本の公判で法的な問題が指摘されることになる。

3．三木おろしに耐える

椎名が三木おろしに動く

その間、田中追及に強い意欲を示し続けた三木に辞任を迫る、「三木おろし」の風が強まった。

三木が粘り腰で耐えただけでなく、アメリカ側が三木に好感を持っていたこともあり、三木はしのぐことができた。

三木おろしは、「椎名裁定」で、三木政権の生みの親となった自民党副総裁、椎名悦三郎自身が中心となって進めた。

椎名が三木を辞めさせる話を初めてしたのは、一九七六年の年明け、一月二九日といわれる。椎名はこの日、福田派の大物、保利茂《ほりしげる》、田中派「七日会」会長の西村英一《にしむらえいいち》と会い、三木をおろしてそれを機に田中派が派閥を解消し、一気に党の近代化を図る、と申し合わせたという。[28]

ロッキード事件の表面化で情勢は一変したが、椎名は持論を変えなかった。

三木が事件の表面化で力を得て、「徹底究明」「政府高官名」の公表を主張したことは、椎名の神経を逆なでしたようだ。

二月二三日、椎名は自宅に集まった記者たちに「三木は、これこそ〝クリーン三木〟の出番というので、はしゃいでいる」とあからさまに非難したという。これが三木おろしの発端になった、との見方もある。[29]

捜査の手が田中角栄の周辺に伸びるにつれて、三木おろしの勢いも強まっていった。

三月三〇日には、椎名と田中派の二階堂進《にかいどうすすむ》、大平派の鈴木善幸（後の首相）がホテル・ニューオータニで食事をともにした。その際、三木を首相の座から引きずりおろして、「椎名暫定政権」を据える工作に乗り出したという。[30]地獄耳の三木だ。そんな動きは察知していただろう。

四月一〇日にロッキード事件資料が東京地検に届くと、それに対応して、福田を田中・大平側に引きずり込もうとする動きが強まった。財界首脳たちが、福田に大平との提携を要請する動きもあった。

しかし、そんな工作にも曲折があった。

五月一三日、「三木おろし」が表面化する。

この日の読売新聞朝刊は、椎名が田中角栄、蔵相の大平、副首相の福田と個別に会談し、「三木退陣で一致」したと報じた。[31]

福田は、この報道に「極秘のはずじゃなかったのか」と怒り、三木おろしの話は進展を阻まれた。呉越同舟の動きは、まとまりを欠いていたのだ。

三木は、事態をコントロールすることができていなかった。だが、「政府高官名」が手に入れば、主導権を握れると考えたのだろう。

「指揮権発動」で田中不逮捕はあり得たか

三木政権の主流派は、三木および副総理福田赳夫、自民党幹事長の中曽根康弘の三派で形成されていた。この「三福中」から福田を田中・大平側に引きずり込めば、大勢は決する。その上で三木を退陣させ、椎名暫定政権ないしは福田政権を目指す、という動きだった。

しかし、三木おろしの動きは成功しなかった。三つの障害があったからだ。第一に、世論は「三木おろしはロッキード隠し」とみていた。[32] 第二に、米国政府は三木を支持していた。第三に、三木が粘り強さを発揮した。結果的に、これらの障害が三木首相の座を守った。

もし、三木が政権を追われていたら、ロッキード事件はどうなっていたか。後継首相が「指揮権」を発動すれば、理論上は田中逮捕も防げた。だから、刑事事件としては未解決で終わっていた可能性が、わずかだがある。ただ、その場合、国民が自民党に対し未曾有の不信感を募らせることは明らかだった。

「指揮権」とは事実上、検察による強制捜査を中止させることを言う。法律の根拠は、検察庁法一四条で「法務大臣は……個々の事件の取調べや処分については、検事総長のみを指揮することができる」との規定が根拠になっている。

総理大臣の権限は明記されていないが、総理には法相ら閣僚の任免権があり、事実上、間接的な権限の行使が可能となる。

過去には一度だけ、一九五四年の「造船疑獄」で吉田茂《よしだしげる》内閣の犬養健《いぬかいたける》法相が行使した。当時の佐《さ》藤栄作《とうえいさく》自由党幹事長（後に首相）の逮捕請求を「延期」せよと検事総長に指示したのだ。その結果、捜査は頓挫、捜査は終了した。[33]

法相は、伝家の宝刀を行使した重みに耐えきれず、翌日辞任した。「行政権」が「検察権」に干渉するような事態は厳に慎むことが求められている。[34]田中の場合、椎名らにそこまでの考えがあったかどうか、明らかではない。

4．三木とアメリカに「やられた」？

本音

田中角栄は絵になる男だった。逮捕されたときも、裁判所に出頭するときも、軽く右手を上げ、やーやー、という調子でカメラの前を通り過ぎていった。こんな時でも、よくいつもと同じスタイルを貫けるものだ、と感心したものだ。そんな振る舞いが、今も国民に好かれているのだろう。

しかし、田中本人がカメラの前で、ロッキード事件に関して本音を正直に吐露することはなかった。記者会見では、全面的に自分の関与を否定した。前首相としての体面や矜持《きょうじ》を気にしたに違いない。裁判の被告人陳述では涙を流し、悔しさを露わにしている。

しかし、愛人には粗野な形で、事件に関して誰にも言わなかった本音を漏らしていた。彼が事件をどう受け止めたか。彼女が書いた本から引用しておきたい。

愛人宅で漏らした言葉

角栄は、愛人の辻和子《つじかずこ》から「おとうさん」と呼ばれていた。

一九七六（昭和五一）年七月二七日にロッキード事件で逮捕、その後起訴された「おとうさん」は、八月一七日に保釈され、それからしばらくして神楽坂《かぐらざか》の愛人宅を訪れた。

敷居をまたぐかまたがないか、という瞬間のことだ。

「三木にやられた。三木にやられた」

「おとうさん」は、一点を見つめるような目で、繰り返し二度、そう言った、と和子は書いている。

さらに、「おれがこんなになったのは、アメリカのほうからやられて……」と悔しそうに言いかけて、微妙な語尾は言いよどんだようだった。[35]

敷地約八十坪のこの家は、「芸者が歌手になった」と話題になった、売れっ子の神楽坂浮子《うきこ》から買ったものだ。角栄はここに、和子と二人の子供、お手伝いさんたちを住まわせていた。

首相時代、角栄が行くところ、「番記者」がどこまでも付いて来た。和子を訪ねた時、角栄はこの家の手前の角で、車から降りて番記者のハイヤーに近寄り、「おまえらここでいいよ」と言い渡して角を曲がり、すたすたと歩いて消えていったという。今は亡き、友人の元政治記者はそんな話をしてくれた。

しかし、この日は記者の同行や尾行もなく、角栄は和子らに「おまえたちは心配するな」と言い残して、食事もしないで帰って行った。

約一年半の間に、総理大臣という絶頂の座から、刑事被告人にまで転落した角栄は、和子の顔を見てほっとしたのか、心の底にたまっていた怒りの感情を吐き出すようにして「三木」と「アメリカ」を非難したのだった。

東京地検特捜部の取り調べに対して、ロッキード社・丸紅からのカネの受領を否認し通した田中。保釈され、娑婆《しゃば》の愛人宅で口にしたのは、三木とアメリカに対する敵意だった。

だが、田中が本当に無実であれば、まず「何も悪いことなどしていない」とか、「五億円などまったくもらっていない」、あるいは「嵌《は》められた」などと嘆いたのではないだろうか。

三木・フォードの密談はなかった

田中が拘置所から保釈で帰って発した、「三木にやられた」「アメリカのほうからやられて」の第一声。三木とアメリカが結託した、と言いたかったのかもしれない。田中角栄支持者も共有する、そうした恨み節《ぶし》から、三木陰謀説が生まれた可能性がある。

三木陰謀説は、元自民党事務局次長兼総裁・幹事長室長の奥島貞雄《おくしまさだお》が書き残している。

奥島の回想録によると、一九七五年八月に行われた、三木にとって初の日米首脳会談で、宮沢喜一外相と海部俊樹《かいふとしき》官房副長官（後に首相）の記者会見中に、三木はフォードと一対一の「秘密会談」を行っていたというのだ。

その際、〝田中のロッキード疑惑〟について「何らかの情報がもたらされていたのではないか」と記している。[36] 奥島は、その首相訪米に随行していた。

三木は、「外務省の通訳ではなく個人で連れてきた通訳」だけを入れていた。その通訳とは、三木のブレーンの一人で「同時通訳の名手」とも言われ、日本テレビのニュースキャスターや東京国際大学教授などを務めた國弘正雄《くにひろまさお》。会談内容は、宮沢らにも伝えなかった。外務省高官も同席していないので日本側は記録も残していない、というのだ。

三木陰謀説の根拠について、奥島は「そう考えると、事態の推移に合点がいく」と記している。

アメリカにとって田中は「危険人物」。そんな好ましくない政治家の息の根を完全に止めたい米国と、「田中のスキャンダルは願ったりかなったりの三木。両者の利害は……完全に一致する」とも奥島は書いている。

朝日新聞社会部がまとめた事件記録の本[37]でも、三木がこの訪米の機会に「多国籍企業小委の活動にさぐり」を入れた可能性がある、と指摘している。実際、三木が日米首脳会談のため出発した一九七五年八月二日付の朝日新聞夕刊は、「ロッキードも〝ワイロ〟外国政府・政党に」との見出しで、米上院の調査について伝えている。

しかし、米上院の調査では、田中が絡んだことを示す具体的な情報はまだまとまってはおらず、田中を追及する情報をフォードから得られるような状況ではなかった。

実は、三木とフォードの会談は決して、秘密会談ではなかった。夕食会前の空き時間を利用して、双方の政治的立場について意見交換した会談であり、米国側は会談録を公開している。[38]会談録は、日本側通訳を「國弘正雄」と明記している。

会談録によると、冒頭に三木は「私のために時間を取っていただきありがとうございます」と述べており、日本側からの要請で、夕食会前の午後七時から会談が開かれたことが分かる。

三木は、フォードに「あなたはウォーターゲート事件後に、自分は田中金脈スキャンダル後に現職に就いた。似た境遇にある」と述べたあと、日本の政治情勢について説明した。三木が「安定した自民党政権の継続」や「首脳同士の率直な対話の維持」を強調すると、フォードは「今日の会談からして、あなたはわれわれが求める類のリーダーのようだ」と答えた。

三木とフォードにとって最初の首脳会談だった。フォードは下院議員計二十五年、三木は生涯で衆院議員五十一年と、長年務めた「議会の子」同士で、「人間対人間の建設的な会談」だと評価し合い、好スタートを切った形となった。ロッキード事件の話はまったく出ていない。

「三木の陰謀」は未遂に

三木には、田中を政治的に葬りたいとする十分な「動機」があった。しかも自ら、事件の表面化後、田中が事件に関与したことを示す証拠、あるいは情報を入手しようと動いた。アメリカから得る情報を公開する法的可能性も探ったが、法務省の堀田らに阻まれた。

三木は密使を立てて、米政府から田中角栄の名前が記載された文書の入手を図ったことが、少なくとも二度あった。しかし、米政府側はその要請をいずれも拒否している。（第二部第三章参照）

かくして、いずれの三木工作も実を結ばなかった。「陰謀未遂」と言えるだろう。つまり、三木の陰謀で田中が政治生命を失ったわけではなかった。

結論は、陰謀説３「三木の陰謀」は失敗だった、と言える。

他方、アメリカは「三木おろし」の渦中にあった三木を舞台裏で支持することによって、三木政権を持ちこたえさせた。

一九七六年六月三〇日、ホワイトハウスで、三木はフォードと第二回目の首脳会談を行った。三木は、六月二七日にプエルトリコで第二回先進国首脳会議が開かれた後、ワシントンを訪問したが、そのこと自体が、フォード政権の三木支持の姿勢を示している。

アメリカ側が三木とフォードの二度目の首脳会談に応じていなかったら、三木は首相にとどまれなかったかもしれない。

5．「好き」に変わった三木評価

次期首相候補で三木は「最悪」

では、アメリカ政府は三木をどのようにみていたのか。秘密解除された米公文書を探り、アメリカ政府の三木観を明らかにしておきたい。

アメリカ政府の三木評価は、一九七一年八月末当時、まったく「最悪」の「首相候補」だった。当時、日本の首相は佐藤栄作、米国はニクソン大統領の時代。日本に事前説明をせずに、七月一五日には「ニクソン訪中」、八月一五日には「ドル防衛措置」の発表、と二度にわたって「ニクソン・ショック」を見舞った。日米関係は非常に悪かった。

「ニクソン訪中」は、事前にソ連とインドには知らせていた。佐藤栄作が約束した「繊維輸出の自主規制」を実行しないため、ニクソンが報復したのだ。[39]

これほど悪化していた日米関係を見直すため、ニクソン政権は「高官再検討グループ（SRG）」を発足させた。[40]

以下の文章は、そのSRGに、前駐日大使でニクソン政権きっての知日派高官、アレクシス・ジョンソン国務次官が提出した「情報メモ」の一節である。佐藤の後継首相候補について言及している。

佐藤の後継者争いをリードしているのは福田（赳夫、当時外相）である。彼はわれわれの望ましい候補である。次は大平（正芳）で、最悪は三木だ。[41]（傍点筆者）

首相候補として争っている、とアメリカ政府がみたのは福田と大平であり、佐藤の後継となる田中は、まだ候補にも入れていなかった。三木は最悪の首相候補だったのだ。

田中の後継は福田、大平か椎名

翌一九七二年七月七日、佐藤の後継として、田中角栄政権が発足、日米関係はさらに悪化した。その二年後の一九七四年八月、ニクソンは「ウォーターゲート事件」で大統領を辞任。その三カ月後の同年一一月、今度は田中が「金脈問題」で炎上し、辞任が近いとみられた。

一一月一一日朝、米中央情報局（CIA）高官が、フォード大統領に「大統領日報（PDB）」報告をした。最初の項目「日本」では、「金脈問題」で田中角栄首相の立場がさらに悪化、同日の記者会見で「フォード訪日前に辞任することはない」と語ったと報告した[42]。

さらに、その日ホワイトハウスで開かれたSRGの会合で、田中角栄首相が辞任した場合、後継の首相は誰になるのか、という議論になった。フィリップ・ハビブ国務次官補（東アジア太平洋担当）は「私の見方では、最も可能性が高い後継首相は福田（前蔵相）です。福田にとって最後のトライです。恐らく大平の可能性も高い。しかし、私なら福田に賭ける」と報告すると、大平びいきのキッシンジャーは「大平がOKだ」と続けている。

そのほか、自民党の副総裁、椎名悦三郎の名前も出た。ハビブは「自民党が椎名のような安全な人物を任命する」可能性に触れた。ここでは、三木の名前は出ていない。

結局、田中はフォードが離日した後、一一月二六日に退陣を表明した。それを待って、その日のうちに、椎名が自民党本部総裁応接室に派閥の領袖ら実力者を集めて、田中の後継者問題を話し合いで決める工作を始めた[43]。

ＣＩＡは、自民党内の動きを正確にフォローしていた。「この転機で、福田か大平が話し合いを通じて選択される可能性は、両者のライバル関係からみて、低かった」と予測している。事実、党総裁選をやれば、福田は自分が負けると計算していた。他方、大平は党大会を開いて総裁選をやれば、自分が人気を集めるだろう、と踏んでいた。かといって、話し合いをしても、どちらも譲りそうになかった[44]。

米国の三木観が大幅に改善

後継首相として三木の名前が米政府の情報文書に出たのは、五日後の一二月二日が初めてだった。「椎名裁定」が出て、三木が自民党の新総裁に指名された翌日付の「国家情報ブレティン」だ。いわば漁夫の利だった、と次のように指摘した[45]。

三木は、主要な候補者の福田赳夫と大平正芳のどちらも互いに譲らなかったので表面化した、妥協の選択だった。七月以降三木の主要な政治的ターゲットだった田中でさえ、福田のチャンスを摘み取るため、三木の選択を呑み込んだようだ。

三木個人については、次のように評価している。

十年前は力のある政治家だったが、彼は常に主流の外で、近年政策課題ではあまり影響力がなかった。……三木の改革者としてのイメージが、田中辞任を招いた腐敗問題に対応したい長老らに好印象を与えた。

また、外交政策面では次のように記した。

三木は一貫して中国との関係緊密化を主張してきたことから、党内右派の批判者に「左翼」のラベルを貼られた。三木は、大幅な防衛支出増に反対する傾向があるが、米国に友好的で、日米安保条約を支持してきた。三木の一つの望ましいテーマは、太平洋地域の先進諸国である米国、カナダ、オーストラリア、ニュージーランドとの協力緊密化である。

アメリカの三木評価は、三年前は首相候補として「最悪」だったが、次期首相就任前には大幅に変化していたのだ。

「日米関係は改善」

そうした評価は、三木が首相に就任すると、さらに大きく変わった。

三木が首相就任後の一九七五年八月、初めて訪米した際にまとめられた一ページの三木の経歴文書を見ると、その変化は顕著だ。[46]

この文書は、CIAがまとめたものだ。三木のことを「洗練され、コスモポリタン」で「政治に対して理想的かつ学者的なアプローチをする〝進歩派〟」と、日本の政治家としては異例の肯定的かつユニークな見方をしている。三木に関するこれほどの評価は、当時も今も、日本では知られていなかった。

また、彼の政治家としての能力についても、「弱い〝暫定〟首相との予想を裏切り、三木は目標を追求する態度がタフかつ鋭敏で一貫している」と指摘。議会人として「和解と妥協を求める本能」で、日本を「インフレと景気後退から救い、政治改革を制度化する努力」である程度成功を収めた、と評価している。

さらに、政治的立場を強めた結果、信頼感を持って自民党をリードし、総選挙に導き、三年の任期を全うすると予測している。

「息子の一人、格《かく》がジョンズ・ホプキンズ大学高等国際問題研究大学院（ＳＡＩＳ）在学中で、夏にはウィリアム・ロス上院議員（共和党、デラウエア州選出）のオフィスでインターンをした」ことも紹介している。

何より、三木政権になってから「日米関係はすばらしい」[47]と言えるほど改善された。

「十カ月間でかなり信頼できる記録を達成した。三木は〝暫定〟の役割を拒否して、本格的な改革計画を提起し、自民党指導者としては異例にも野党との協議と和解の政策に取り組んだ」と、三木の業績を評価している。暫定政権とされていたが、当面「三木はその座にとどまる可能性が高い」と国務省は予測した。[48]

ロッキード事件で、三木は密使を使って、キッシンジャーに田中角栄や中曽根康弘が連座した可能性を問い合わせるなど、アメリカ側を困らせた局面もあった。それでも、フォード政権は三木を支持していたのである。

「三木が好きだ」

「三木おろし」の政局で、アメリカは三木の側に付いていた。しかし、福田派や大平派にも配慮して、「三木おろし」について明確な態度を表明しなかった。

一九七六年六月二七日、プエルトリコで第二回先進国首脳会議が開かれた後、六月三〇日、ホワイトハウスで三木はフォードと第二回目の首脳会談を行う。

繰り返すが、このこと自体が、フォード政権の三木支持姿勢を示していた。アメリカは、いつ辞めるか分からない弱体政権の首相とは会談しないが、国内政治が揺らいでいても、支持する首相とは会談する。

二〇一〇年四月一二日のバラク・オバマ大統領と鳩山由紀夫《ゆきお》首相（民主党）の非公式首脳会談が、まさに逆の例だった。鳩山は、ワシントンで「核セキュリティ・サミット」が開かれる機会に日米首脳会談の開催を求めた。

しかし、米側はそれに応じず、同サミット夕食会場で各国首脳を背にして、会場端に椅子を寄せて十分間、非公式に話をした。オバマは、米海兵隊普天間《ふてんま》飛行場移設問題で「実現できるのか[49]」と鳩山を問い詰めた、と日本の新聞にリークされ、鳩山は約一カ月後に辞任する。

三十四年前の首脳会談は対照的に、国内では追い詰められていた三木だったが、フォードとはホワイトハウスで緊密な首脳会談をした。ランチを挟んだ一対一の会談でも、外相、次官級を含めた全体会議でも、情報や意見の交換がスムーズだった。

ロッキード事件の捜査については、三木が「あなたの協力で米国側証人の嘱託尋問が行われることになった」と感謝した。

事件解決に当たって、三木は①日本の政治への信頼回復、②事件が日米関係に悪影響を及ぼさないこと―と二点の重要性を強調。フォードは「あなたの懸念を共有する」と答え、最大限の協力を約束した[50]。

翌七月一日、会談に同席していたジェームズ・ホジソン駐日大使とブレント・スコウクロフト大統領補佐官（国家安全保障問題担当）が、二人だけで会談した。

二人は三木の今後について話し合っている。会談記録の原文は、直接的な会話録ではないが、分かりやすくするため、可能な限り忠実に、直接的な会話形式で記すと、次のようになる。[51]

ス「われわれは三木をまったく過小評価していた」

ホ「大使館の政治担当は三木の生き残り確率は50―50だと言うが、私は解散総選挙までがんばると思う。日本の国民は権力闘争や腐敗により批判的になった」

ス「個人的には私は三木が好きだ。田中よりコミュニケーションしやすい」

ホ「私もそう思う。田中は抜け目ないが、概念的に説明しない」（傍点筆者）

個人的かつ主観的意見を交わした会話ではあるが、キッシンジャー側近の「副補佐官」から補佐官に昇進し、二十三年後にはブッシュ（父）政権で同じポジションに就いたスコウクロフト。キッシンジャーの下野後は、側近の一人として、コンサルタント会社「キッシンジャー・アソシエイツ」の代表も務めた人物だ。二〇二〇年八月六日、九十五歳で亡くなったが、ワシントンでは晩年に至るまで尊敬された存在であり、三木が彼の信頼を得たことは大きかった。

三木おろしに倒れるか

しかし、自民党内の「三木おろし」は激しさを増していた。米国政府もその深刻さを認識していた。

六月末の三木との首脳会談を前にしたフォードに対して、キッシンジャーは次のようなメモを渡した。[52]

三木は自分の「クリーン」イメージを強調し、党と自らの距離を置くやり方が自民党長老らの怒りを買った。彼らは三木が辞任すべきだと決めている。党内の力のバランスが変わった。

……争っていた福田、大平、田中の各派が相互了解に達し、妥協の産物という三木の立場が損なわれた。

……夏の終わりまでに後継首相がその座に就くとことになりそうだ。

このあと、七月二七日に田中が東京地検特捜部に逮捕された。捜査と並行して三木おろしの動きも強まり、八月一九日には三木退陣を要求する福田、大平、田中、椎名など六派は、「挙党体制確立協議会」を結成した。三木はいっそう強い圧力を受けたが、驚異的な粘りを発揮して居座る。衆議院議員の四年任期切れに伴う一九七六年末の総選挙では敗北して、三木は責任を取り、辞任。自民党は、保守系無所属の当選者らの追加公認でようやく過半数を維持した。

アメリカは三木を支持していたが、三木の大胆な要請を受け入れるほどには深入りしなかった。アメリカにとって最も重要なことは、自民党政権を維持することだった。ロッキード事件で揺れた一年間だったが、年末の総選挙で最終的に自民党が多数派を維持したことは、米外交の成功だったといえる。

第二章注

1 岩野美代治『三木武夫秘書回顧録』、一八七〜一九三頁
2 朝日新聞『ロッキード事件』、七五頁
3 Multinational Corporations And United States Foreign Policy, Part 14, PP366〜367
4 中澤雄大『角栄のお庭番　朝賀昭』、講談社、二〇一三年、二五二〜二五七頁
5 堀田『壁を破って』下、一七六頁
6 野上浩太郎『政治記者』、中公新書、一九九九年、七〇〜七三頁
7 伊藤昌哉『自民党戦国史』上、ちくま文庫、二〇〇九年、一九八〜二〇一頁
8 国正武重、『朝日新聞』一九八八年一二月一七日付
9 早野透『田中角栄』、中公新書、二〇一二年、三〇五頁
10 國弘正雄『操守ある保守政治家　三木武夫』、たちばな出版、二〇〇五年、一八五〜一八六頁
11 毎日新聞政治部『政変』、現代教養文庫、一九九三年、八〇〜一〇九頁
12 同、一四〇〜一四二頁
13 同、二九七〜三〇八頁
14 平野貞夫『田中角栄を葬ったのは誰だ』、K&Kプレス、二〇一六年、二六〜二八頁
15 朝日新聞『ロッキード事件』、六八〜七四頁
16 平野『田中角栄』、二五頁
17 朝日新聞『ロッキード事件』、三九〜五二頁
18 堀田『壁を破って』上、五〇〜五一頁
19 伊藤『自民党戦国史』上、二〇五〜二一一頁
20 岩野美代治『三木武夫秘書回顧録』、一九〇頁
21 Ford Presidential Library(FL), National Security Adviser, Presidential Correspondence with Foreign Leaders 1974-1977, Box2, Japan-Prime Minister Miki(1)
22 FL, Presidential Correspondence, Box2, Japan-Prime Minister Miki(2)
23 堀田『壁を破って』上、七〇頁
24 NA, RG59, Records of Henry Kissinger 1973-1977, Box16, Department of State, Action Memorandum, to: The Secretary Through: The Deputy Secretary From: EA - Philip C. Habib
25 NA, RG60, Office of the Deputy Attorney General, Subject Files, 1967-1979, Box52, Folder "Lockheed", Japanese Request for Assistance Re Bribery of Their Officials by the Lockheed Corporation
26 堀田『壁を破って』上、九四〜一〇九頁
27 『朝日新聞』一九七六年三月二四日付夕刊
28 朝日新聞『ロッキード事件』、一五〇〜一五一頁
29 同、七八〜七九頁
30 同、一五〇〜一五四頁
31 読売新聞一九七六年五月一三日付朝刊一面「椎名―福田・大平・田中氏、三木首相退陣で一致」NARA, AAD, OR 130938Z MAY 76, FM AMEMBASSY TOKYO TO SECSTATE WASHDC IMMEDIATE 9151 SUBJ: MIKI CHALLENGE?
32 伊藤『自民党戦国史』上、二二三頁、奥島貞雄『自民党抗争史』、中公文庫、二〇〇九年、九四頁
33 渡邉文幸『指揮権発動』、信山社、二〇〇五年、二七〜三二頁
34 同、八二〜八八頁
35 辻和子『熱情』、講談社+α文庫、二〇〇六年、二六九〜二七一頁
36 奥島『自民党抗争史』、九四〜九五頁
37 朝日新聞『ロッキード事件』、六八〜七〇頁
38 Department of State, Foreign Relations of the United States(FRUS), 1969-1976, Volume E-12, Documents on East and Southeast Asia, 1973-1976, 208. Memorandum of Conversation, Washington, August 5, 1975, 7 p.m.Participants: Prime Minister Takeo Miki, Masao Kunihiro, Advisor to Prime Minister (Interpreter), The President, James Wickel, Department of State(Interpreter)
39 春名幹男『仮面の日米同盟』、文春新書、二〇一五年、一五一〜一六一頁
40 同、一六三〜一六四頁
41 NA, RG59, General Records of the Department of State, General Files on NSC Matters, NSC-NRG Memos, 1971, Box 4, Information Memorandum, August 31, 1971, To: Sevretary, From:J-U. Alexis Johnson
42 CREST, The President's Daily Brief, November 11, 1974, Top Secret
43 毎日新聞『政変』、二七二〜二七三頁
44 CREST, Weekly Summary, No.0048/74, 29. November, Secret

45 CREST, National Intelligence Bulletin, 2 December 1974, Top Secret

46 NA, RG59, General Records of the Department of State, Executive Secretariat, Briefing Books, 1958-1976, Box 223, Biographic Sketches, Takeo Miki, 15 August 1975

47 同、Memorandum for Mr. Kissinger, Subject: Stopover in Japan

48 同、Briefing Memorandum, 1975 OCT 15, To: The Secretary From: EA- Philip C. Habib

49 二〇一〇年四月一八日付読売新聞一面トップ「米大統領が疑念」

50 FL, Gerald R. Ford Papers, National Security Adviser, Memoranda of Conversations, Box 20, June 30, 1976—Ford, Japanese Prime Minister Takeo Miki

51 同、July 1, 1976, Scowcroft, Ambassador James D Hodgson

52 NA, RG59, General Records of the Department of State, Executive Secretariat, Briefing Books, 1958-1976, Box 223, Memorandum For: The President, From: Henry A. Kissinger, Subject: Your Meetings with Japanese Prime Minister Miki

第三章　ロッキード事件はなぜ浮上した

はじめに

軍産複合体

ロッキード社は、創設から百年以上が経つ老舗航空機メーカーだった。だが、今の正式名称は「ロッキード・マーティン社」。一九九五年三月に「マーティン・マリエッタ社」と合併して、軍需企業としての間口を広げ、扱う軍事装備の種類を増やし、巨大軍需企業の地位を維持している。

第二次世界大戦後の米国は、戦争を糧に盛衰を繰り返す軍産複合体の歴史でもあった。

軍産複合体は、軍部と軍需産業で形成されている。戦後は東西冷戦、朝鮮戦争、そしてベトナム戦争。二十一世紀になっても、アフガニスタン・イラク戦争、さらに米中冷戦と、熱い戦争と冷たい戦争が同時進行してきた。

軍需産業衰退期の事件

戦争が起きると、武器の売り上げは急増するが、逆に終戦が近づくと、業績は低迷し、生き残りをかけて、合併や新たな産業分野への参入を試みる。

東西冷戦終結後、軍需産業は合併でしのいだ。その前の衰退期であるベトナム戦争末期、各社は旅客機開発に社運をかけた。まさに、その時期にロッキード事件が起きたのだ。

国家安全保障に直結する軍需産業。どのような経緯で、黒い事件が発生したのか。

一九七二年、日本では田中角栄が首相に就任し、アメリカでは大統領リチャード・ニクソンが再選された。

この大統領選挙戦中に、ウォーターゲート事件が起きた。他方パリで、アメリカは当時の北ベトナムと和平交渉を行っていた。交渉が妥結し、一九七三年一月二七日に、米国と当時の北ベトナムなど、四者はパリ和平協定に調印。米軍は南ベトナムから撤退した。

日本への旅客機販売に社運かける

ベトナム戦争が終結に向かう時期、ロッキード社は軍部からの受注が減って、経営危機に直面したため、民間旅客機の開発・販売に社運を賭け、当時高度経済成長を続けていた日本に売り込みをかけた。その時、事件は起きた。

ロッキード事件で逮捕された小佐野賢治が興した国際興業も、ベトナム戦争中に、当時の南ベトナムにおける輸送業務などで大きい利益を挙げていた。これも何かの因縁かもしれない。

その上、ウォーターゲート事件が起きて、米国議会によるニクソン政権の不正追及に拍車がかかった。一九七四年にニクソンが辞任した後、約一年半の間に、ノースロップ社からニクソンへの違法な政治献金が暴かれ、さらにノースロップ社の軍用機売り込みを追及中に、ロッキード事件が浮かび上がる。これが、歴史の真実だった。

1．米国最大の武器メーカー

ニクソンが肩入れ

ロッキード社の経営は、ベトナム戦争終結の数年前から悪化していた。国防総省（ペンタゴン）からの兵器受注が減少したからだ。巨額の開発費をかけた米陸軍向けのシャイアン武装ヘリコプターが試験飛行中に墜落事故を起こして、国防総省が調達契約を破棄したことが業績悪化のきっかけになった。

ニクソンは、地元カリフォルニア州の大企業であるロッキード社に相当な肩入れをしていた。一九七〇年には、同社副社長のジェームズ・ホジソンを労働長官に抜擢。ホジソンは、二十五年間にもわたってロッキード社の労務管理を担当していた。

一九七三年からの第二期ニクソン政権では、駐日大使のロバート・インガソルを国務次官補とし（後に国務副長官）、後任の駐日大使にホジソンを指名する。ホジソンはニクソン辞任後も、一九七七年まで東京に駐在する。

ロッキード社の経営難の時代に閣僚、同社の再建期に駐日大使にホジソンをあえて起用したのは、ニクソンがロッキード社を「特別扱い」したからだとみられていた。[1] ところが、一九七六年にロッキード事件が表面化したため、東京にいたホジソンは極めて微妙な立場に立たされた。ホジソンはインガソルとともに、ロッキード事件で重要な「脇役」を演じることになる。

ニクソン政権は一九七一年、ロッキード社救援に乗り出し、二億五千万ドル（当時約九百億円）の緊急融資保証を提案する。議会は、ぎりぎりの小差で可決、国家が支援して再建を目指すことになった。[2]

これを受けて、ロッキード社は再建に取り組んだ。再建の柱となったのは、民間旅客機の製造・販売だった。それが、新型の広胴型旅客機L1011トライスターであり、主たる売り込み先のターゲットは、右肩上がりの高度経済成長を続け、一九六八年に当時の国民総生産（GNP）が世界第二位となった日本だった。新しい経済大国日本への、多数の旅客機輸出が予想されたからである。

ロッキード事件はこうして起きた。

映画と航空機のカリフォルニア

ロッキード社の出発点は、アランとマルコムのロッキード兄弟が一九一二年に興した水上機専門メーカーだった。ライト兄弟が人類初の飛行に成功したのは〇三年で、それから九年後のことだ。さらに四年後、「ロッキード航空機製造会社」が発足した。社名も創業者名も、スペルは元々Lougheadだったが、その後発音しやすいLockheedに変えた。本社は、ハリウッドの北に位置するバーバンクに置かれている。

アメリカの航空機産業は、当初は西海岸、とりわけカリフォルニア州で映画産業とともに発展する。映画の画面には、航空機や飛行シーンが多々組み込まれ、チャーリーとシドのチャップリン兄弟が活躍した。シドは滑走路を造り、短距離の定期航空路線を開設した。富豪の実業家ハワード・ヒューズが監督した映画二作目は、第一次世界大戦で活躍したパイロットがテーマで、五十機の航空機を購入し、百人のパイロットを雇ったと言われる。[3]

他の米大手メーカーも、ダグラス社（後にマクダネル・ダグラスに）が一九二二年にロサンゼルスで雷撃機を製造して、海軍に納入。ボーイング社は、ワシントン州シアトルで二三年から海軍機の製造を始めている。対照的に、当時のロッキード社は海軍の軍用機調達に関心を示さなかった。

戦後、トップ軍需企業に

一九二九年の大恐慌で、ロッキード社は一度倒産した。ハーバード大学出身の銀行家ロバート・グロスがその将来性にかけ、当時の金五万ドルで買収し、旅客機の生産で利益を叩き出した。第二次世界大戦中に、ロッキードも戦闘機を生産、社員九万四千人の大企業に発展した。七〇年代も社員数約九万人を維持し、企業としての基盤は戦時中に形成された、と言える。

戦後、ロッキード社は軍民両用機の技術を持つ、将来性の高い航空機メーカーにのし上がった。戦時中、初の戦闘機Ｐ80シューティングスター（陸軍航空隊用、戦後空軍が発足、空軍用はＦ80と改名）を製造し、軍用輸送機としても、旅客機としても使えるコンステレーション機の開発・製造を軌道に乗せる。

ライバルのボーイング社は、爆撃機Ｂ29スーパーフォートレスによる、衝撃的な広島・長崎への原爆投下で、軍用機の対欧州優位を決定付けた。だが、終戦で軍用機需要が急減、ダグラス社とともに、一時は将来が危ぶまれた。

ロッキード社を大企業に育てたグロスは一九六一年に死去、弟のコートランド・グロスが会長を継いだ。[4]

ロッキード社を多国籍化させ、ナンバーワン軍需企業に発展させたのは、グロス兄弟から引き継いで、一九六七年に会長に就任したダニエル・ホートンだった。ホートンは、生まれも育ちも、ハーバード大学卒のロバート・グロスとは違っている。南部アラバマ州出身で、父は炭坑労働者とも貧しい農民とも言われ、彼は八歳から新聞を売って家計を助け、苦労してアラバマ大学を卒業した。

西は北大西洋条約機構（ＮＡＴＯ）、東は日本などとの安保条約が締結されると、ホートンは同盟諸国に「相互運用性」を旗印に、共通の武器を売り込む米国の戦略に乗り、攻撃的な商法を貫いた。

米空軍が採用した、Ｆ１０４スターファイター戦闘機の開発・製造が典型的な成功例だ。オランダ女王の夫君、ベルンハルト殿下や西ドイツ国防相などを歴任したフランツ・ヨゼフ・シュトラウスらのネットワークで売り込んだ。もちろん日本も、軍用機の主要な売り込み先であり、ロッキード社には、戦犯容疑者で右翼の大立者、児玉誉士夫が付いていた。

こうした販売ネットワークが、そのままロッキード事件を起こしたＬ１０１１トライスター旅客機販売でも使われた。会長ホートンとコンビを組んだ社長カール・コーチャンは、「ロッキード帝国の事実上の外相」として、文字通り世界を飛び回っていた。[5] 日本への売り込みでは、コーチャンが東京で陣頭指揮に立ったのだ。

ベトナム特需からの転落

ベトナム戦争で、ロッキード社は活況を呈す。一九六五年の受注高は総額十七億ドル（当時六千百二十億円）に達し、米国の軍需企業トップに立った。売り上げ第二位のゼネラル・ダイナミックスの二倍にも上ったほどだ。戦闘機Ｆ１０４のほか、対潜哨戒機Ｐ３オライオン、核弾頭搭載の潜水艦発射弾道ミサイル（ＳＬＢＭ）ポラリス、七百人の兵員あるいは大型バス六台が輸送できる超大型輸送機Ｃ５Ａギャラクシーなどを次々と開発したが、六八年をピークに、ベトナム戦争需要は減少していった。

アメリカ航空宇宙業界の雇用者総数は同年百五十万人にも達したが、一九七〇年代にかけて約六十万人の雇用が失われた。その中で、ペンタゴン（国防総省）からの受注に過度に依存していたロッキード社の落ち込みが最も激しかったのだ。

その上、米陸軍用に巨額の資金と人員を充てて開発した武装ヘリコプターAH56Aシャイアンが、一九六九年三月の試験飛行中に墜落して、パイロット一人が死亡する事故が起きた。これを受けて、陸軍はこの機種の開発・調達契約を全面破棄したため、ロッキード社は巨額の損害を被った。

さらに、米空軍用のC5Aギャラクシー輸送機のコスト高が議会で問題化し、ロッキード社の「経営危機」が米メディアで大きく報道されることとなる。[6]

二億五千万ドルの緊急融資保証

ホートンは、米軍のベトナム撤退前から、同社初のジェット旅客機製造をもくろんでいた。それが、広胴型の新型機トライスターだった。成功すれば、企業イメージを一新できるはずだった。エンジンは英国のロールスロイス社製を装備することになり、新たな米英相互依存とも期待された。

しかし、相次ぎ、難問が表面化する。トライスターの開発が遅れ、コストが想定以上に上昇。さらに、ロールスロイス社が一九七一年二月破産宣告、という事態に陥ったのだ。

ホートンは何度も訪英して、交渉を重ねた結果、①ロールスロイス社側はエンジン開発を継続、②米国政府はロッキード社の将来を保証する—ことで合意が成立した。

これを受けて、ニクソン大統領は一九七一年二月、ロッキード社支援に踏み切り、ジョン・コナリー財務長官を、支援計画案とりまとめの責任者に指名した。[7]

銀行団がロッキード社に上限二億五千万ドルを融資する。そして、それを連邦政府が保証するという取り決めである。軍用機やミサイルを生産するロッキード社は、国家安全保障上も重要な軍事機密を抱えており、存続させる必要があったのだ。
しかし、同年五月、この支援策が議会に提出されると、「大企業対象の福祉か」などといった反対論が噴出した。これに対して、コナリーは「雇用維持」などの理由を掲げる。リベラル派として知られたカリフォルニア州選出のアラン・クランストン上院議員でさえ雇用維持の立場から加勢し、支持を訴えた。
結局、上院は四九対四八のわずか一票差、下院は一九二対一八九の三票差と、ぎりぎりで可決した。[8]
ニクソンは上院の可決を受け、八月二日に発表した声明で、支援策によって「失われたかもしれない数万人の雇用を確保し」「米国最大の国防契約社が国家に奉仕し続ける」と自賛した。[9]
アメリカ政府は、ロッキード社に対して、これほど巨額の緊急融資を保証していた。だが、この問題は、日本ではこれまで大きい問題として取り上げられていなかった。ロッキード社は日本への売り込みに際して、「経営危機」が大きく報道されないよう努めていたのだ。
現実には、ヨーロッパでは「ロッキード社の財政危うし」といった報道が先行し、大手航空会社はトライスターの導入を嫌い、次々とマクダネル・ダグラス社のDC10機輸入に動いた。
社長として、日本で売り込み工作の先頭に立ったカール・コーチャンは、自著でニクソン政権が「政府緊急融資保証法」を成立させたことに、簡単に言及している。一九七〇年七月、全日空の若狭得治社長に会った時に「『ロッキード社の財政的な苦境は、十分乗り切る自信がある』と、全日空側を安心させることに努めた」と書いている。[10]経営危機に関しては、詳しい説明を避けていたとみられる。

2．「日本で勝つ以外に道はない」

再建がかかっていたロッキード

ロッキード社のトライスター機とマクダネル・ダグラス社のDC10。これらの対日売り込み競争の本番は、一九七二年のことだ。しかし、ロッキード社はトライスターの開発が遅れており、本格的商戦への参戦に至る道のりは、極めて険しかった。

社長のコーチャンが日本へのトライスター機の売り込みをスタートさせたのは、一九六八年だった。訪日して、日本航空社長に会った、と回想録に記している。翌一九六九年にも、また日本航空と交渉したが、その後に日航はエアバス導入の方針を撤回した。このため、ロッキード社は売り込み先のターゲットを日航から全日空に転換する。[11]

一九七〇年、ロッキード社は西欧の旅客機市場で、トライスターのライバル、マクダネル・ダグラス社のDC10型機と受注争いを演じたが、負け続けた。KLMオランダ航空、スイス航空、スカンジナビア航空、フランス・UTA航空の四社で結成した「KSSUエアバス購入グループ」をダグラス社に取られたのが痛かった。DC10も乗客数三、四百人の広胴型エアバス機。トライスターの手強い競争相手だった。[12]

再建がかかっていたロッキード社。こうなったら、「アジア最大の〝大手〟日本で勝つ以外に道はない」と、コーチャンは対日売り込み作戦に全力をあげる決意を固める。

全日空向け商戦はダグラスが先行

しかし、日本での商戦もロッキード社は出遅れていた。

第一に、トライスター機の完成はＤＣ10より半年以上遅れていたのだ。ロッキード社が経営危機に見舞われていたことがハンディキャップになっていた。エンジンメーカーの英ロールスロイス社も倒産の危機にあった。このままだと、全日空も融資する銀行も「二の足を踏む」とコーチャンは恐れていた[13]。

だからコーチャンは、全日空がゆっくりと機種選定に動き出し、発注の作業を「遅らせる作戦」に乗り出した。

マクダネル・ダグラス社との受注争いは、まるでスパイ戦争のような様相を呈していた。ロッキード社は自社が持つ「情報網をフル動員して」、マクダネル・ダグラス社の工場内でのＤＣ10型機製造状況を調べた。調査の結果、三機分について、機内調理設備が発注され、特定の仕様で製作中であり、三井物産がこれら三機を発注していたことが一九六九年に分かる。だが、元の発注主が全日空かどうかは確認できなかった[14]。

全日空社長を失脚させる工作[15]

そこで、ロッキード社が頼ったのは右翼の大物、児玉誉士夫だった。コーチャンはロッキード社アジア支社長、ジョン・クラッターを通じて、この件について児玉に調べてもらうよう依頼した。ロッキード社は、一九五〇年代から日本に軍用機を売り込んできたが、児玉の「秘密工作」により、毎回きわどい商戦を勝ち抜いてきたのだ。

トライスター機の全日空への売り込み工作でも、ロッキード社は一九六九年時点で、マクダネル・

ダグラス社に大きく遅れていたが、児玉の調査ですぐに事態の概要が分かる。

DC10型機三機をオプション契約していたのは、全日空社長の大庭《おおば》哲夫《てつお》だった。大庭は戦前の逓信省航空局に入り、一九五二年運輸省航空庁（現在の国土交通省航空局）長官で退職。日本航空に天下りして常務、六七年「全日空の経営立て直しのため」副社長として全日空に転じ、六九年社長に就任した。

児玉の工作は、大庭を失脚させることだった。児玉は大庭を標的に汚い秘密工作に着手した。工作の結果、大庭は社長就任からわずか一年で一九七〇年に失脚。これによって、ロッキードとマクダネル・ダグラス両社の商戦は、二年後に先送りされることとなる。

コーチャンは、一九七二年八月から七十日間、東京で陣頭指揮をとり、全日空からの発注を得て、勝利を収めた。当時の現職首相・田中角栄への働きかけを含めたロッキード商戦の詳細は、コーチャンへの嘱託尋問やロッキード裁判で明らかにされた。児玉の暗躍については、第三部で詳述する。

3．懸命の売り込み工作

ニクソン政権は陰に陽に支援した

ロッキード社の最重要課題は、まさに、会社再建のためにトライスターの販売で利益を上げることだった。

ニクソン政権は、陰に陽にロッキード社の再建を支援した。ロッキード社が再建されれば、借りた融資は返済され、政府の負担はゼロ。逆に倒産すれば、同社が借りた融資は、政府が全額肩代わりしなければならなくなる。

だから、ニクソン政権が田中角栄に対してトライスターの購入を要請したとしても、それは国益のためだと言い張ることができる。では、本当に、ニクソンは田中にトライスターの輸入を働きかけたのだろうか。

首脳会談でロッキード購入要請か

全日空のトライスター購入は、一九七二年八月三一日から二日間ハワイで行われた日米首脳会談で、ニクソンから頼まれて田中が了承し、それをネタにニクソンが田中を政治的に失脚させた――という陰謀説がある。

元外務省国際情報局長の孫崎享《まごさきうける》は、別の理由ではあるが、「おそらくこの田中・ニクソン会談の記録は、外務省には残っていないと思います」と述べている。[16]公表できない事情があって、記録を残さなかったかのような書き方である。それが事実なら、大変な国際的スキャンダルになる。

だが、実際には、この首脳会談の日本側会談録は外務省に今も保管されているし、アメリカ側の記録も米国立公文書館で公開されている。筆者は外務省の日本語版、ホワイトハウスの英語版文書の両方を入手した。[17]田中角栄自身も、裁判で「会談の全速記は公記録として外務省に全部保管されております」と言明している。[18]

外務省国際情報局長（二〇〇四年から国際情報統括官）を務めた元高官が日米首脳会談の記録がないなどと、事実無根のことを指摘するとは、極めて不可解なことである。

二日間にわたって「首脳会談」と外相らを含めた「合同会談」が、いずれも各日一回ずつ、と当時外務省は発表しており、筆者は計四通の会談録を公開請求したが、公開された文書は一日目の首脳会談と合同会談、二日目の首脳会談の計三通（計八十七ページ）しかなかった。だが、二日目の合同会談記録は同日の首脳会談の中に含まれており、一部文書が非公開というわけではなかった。

　さて、問題は会談の中身だ。綿密に点検したところ、田中が「両三年内に経常収支の黒字の幅を国民総生産の一％程度」に抑え、貿易不均衡を改善する意向を示した事実は確認できた。しかし、田中がニクソンの求めに応じて、「ロッキード」はおろか「米国製の旅客機」の購入を約束した事実などもまったく記録されていなかった。ただ、両首脳が指示して、両国の当局者が記録に残さなかった可能性はあり得る。

　これら会談録には、ニクソンと田中が二人だけで会談した記録はなかった。

　九月一日の「大統領日誌」によると、二日目の合同会談終了後の午前一一時二〇分から三五分の十五分間、二人だけで会談場となったハワイ・オアフ島のクイリマ・ホテル内を散策、「大統領が田中に別れを告げた」と記されている。[19]二人には通訳官が付いていた。この散歩中に、ニクソンが田中にトライスター機の購入をひそかに働きかけることは可能ではあるが、散歩中の会話記録はない。

　しかし、少なくとももう一回、両首脳が話を交わす機会があった可能性がある。

ハワイの懇親会で「ニクソンに頼まれた」

東京地検特捜部の捜査で、田中が「ニクソンに頼まれた」と話していた、と関係者が供述していたことが明らかになった。

　田中からそう聞いたと言ったのは、全日空社長の若狭得治と、国際興業社主の小佐野賢治だった。そのことを明記した文書は、田中角栄ら五人に対する受託収賄事件などの検察側「冒頭陳述書」である。一九七七年一月二七日付で東京地裁に提出された。この冒頭陳述書によると、明らかにしたのは田中の友人の国際興業社主、小佐野賢治である。
小佐野は、一九七二年九月一六日ころ、国際興業を訪ねたロッキード社社長、アーチボルド・カール・コーチャンから、九月一日にハワイで行われた田中・ニクソン会談で、ニクソンが「日本でトライスターを買ってくれればありがたい」との話が出たかどうか、政府筋の人に聞いてほしい、と依頼されたという。
このため、小佐野は九月中旬ころ、田中首相にその件を尋ねたところ、田中は「ニクソンとの会談でハワイへ行った際、ニクソンから日本が導入する飛行機はロッキード社のトライスターにしてもらうと有難いと言われた。全日空の方針はどうかな」と言った。
田中の意向を、小佐野は全日空副社長の渡辺尚次に取り次ぎ、さらに渡辺は社長の若狭得治にそのことを伝えた、と検察側冒頭陳述調書は明記している。[20]
さらに、若狭と渡辺が、一九七二年一〇月二四日午後一時半に首相官邸を訪れた際に、田中は「ニクソンがトライスターにしてもらうと非常にありがたいといっていた」と言い、若狭は「大勢としてはトライスターに決まる方向に進んでいる」と答えたとされている。[21]
そして、一九七八年五月一七日の田中角栄らの公判で、証人として出廷した渡辺は、堀田力検事とのやりとりで、ニクソンから田中への要請を認める証言をした。
「ハワイ会談後の懇親会の席で（ニクソンが）〝全日空がトライスターに決めてもらえば非常に助かるといってた〟ということを（田中から）聞いたと石川検事にいいませんでしたか」と、堀田が問うと、渡辺は「石川検事がいったことを認めたのです」と答えたのだ。[22]
つまり、ニクソンから田中への依頼は、会談終了後の「懇親会」で行われていた。そのことを渡辺が認めた、というのである。

「大統領日誌」には、「懇親会」が行われたとの記述はなかったが、会談終了後に、五分間でもあいさつをして、簡単な会話を交わす懇親の場があった可能性は否定できない。ただ、「懇親会での ニクソンからの依頼」を確認する証拠は今のところない。

田中は、自身の「陳述要旨」でニクソンからの依頼を「そのような事実はありません」と否定し、「日米首脳会談において、一民間航空機の問題などが話題になる筈もなく、また絶対にそのような事実の（は）存在しなかった」と述べた。[23]

田中は、このように公判では、「総理大臣の地位の何たるかを」とか「いやしくも総理大臣在職中の」などと紋切り型の否定を続けた。

九百億円の航空機輸入

実際に、トライスター輸入につながる合意を公式に成立させたのは、首脳会談ではなく、首脳会談と並行して行われた、鶴見清彦《つるみきよひこ》外務審議官（経済担当）とロバート・インガソル駐日米大使の協議だった。四十億ドル近いアメリカ側の貿易赤字縮小のため、日本が十億ドル以上の米国産品を「緊急輸入」することが決まったのだ。その合意発表文書の中で、航空機に関係する記述は、次のようになっている。

日本の民間航空会社は、米国から約三億二千万ドル相当の大型機を含む民間航空機の導入を計画中である。これらの発注は、（昭和）四十七及び四十八会計年度になされることになろう。日本政府は、購入契約が締結され次第、これら航空機の購入を容易ならしめる意向である。[24]

三億二千万ドルは、当時の為替レートで九百億円以上の巨額になる。これにより、民間航空会社、例えば全日空がロッキード社と購入契約を結べば、日本政府は融資その他の手続きで「航空機の購入を容易ならしめる」ことになった。つまり、日本側はさまざまな便宜を図ることになったのである。

この鶴見・インガソルの官僚同士の合意には、もちろん田中首相が政治的に関与した。

当時、マクダネル・ダグラス社が三井物産を通じてDC10機、他方、ロッキード社が丸紅を通じてトライスター機を日本に売り込む商戦を展開中だった。三億二千万ドルという数字の根拠は、政府当局の大ざっぱな推定だ。

ロッキード事件発覚後の一九七六年五月一二日の衆議院運輸委員会で、運輸省（当時）の中村大《なかむらたい》造《ぞう》航空局長は、七二～七三年度に民間航空各社が「どの程度の航空機を購入する計画があるのか」、各社に「ヒアリング」してはじき出した数字であることを認めている。

内訳は「二億ドルが民間エアバス、一億二千万ドルはいわゆる大型ヘリコプターその他航空安全の援助施設」だと説明した。[25]

現実には、ロッキード社が全日空に売り渡したトライスター機は全部で二十一機、売り上げ総額は四億三千万ドル（約千三百億円）に上った、とコーチャンは記している。[26]

4．不正と戦うチャーチ小委

二つのチャーチ委員会

フランク・チャーチ上院議員（民主党、アイダホ州選出）は、自分の名前で呼ばれる二つの委員会の委員長をしていた。日本では「チャーチ委員会」と言えば、通例ではロッキード事件を暴露した「上院外交委員会多国籍企業小委員会」を指す。その公聴会は、一九七三年三月から七六年九月まで、三年半にわたって活動した。

しかし、チャーチが委員長を務める委員会は、実はもう一つ、「上院情報活動に関する政府工作調査特別委員会」があった。実際のところ、アメリカ国内でチャーチ委員会と言えば、通例はこちらの方を意味する。このチャーチ委は、一九七五年一月の上院決議で設置され、翌七六年四月に最終報告書を提出して終了した。現在の上院情報特別委員会の前身である。

本書では、前者を「チャーチ小委員会」（略称「チャーチ小委」）、後者を「チャーチ委員会」（略称「チャーチ委」）と区別しておきたい。

風雲児

アイダホ州選出の上院議員フランク・チャーチは、次々とテーマを発掘して問題を追及した。ウォーターゲート事件後のアメリカで、不正と戦う風雲児のようだった。

上院外交委員会が多国籍企業小委員会を設置したきっかけは、国際電信電話会社（ＩＴＴ）がチリ内政に干渉した、というスクープ報道だ。すっぱ抜きで有名だったフリージャーナリスト、ジャック・アンダーソンが一九七二年三月二一日付紙面で報じた記事がセンセーションを巻き起こした。「ＩＴＴのハロルド・ジェニーン社長は、アジェンデ（後にチリ大統領）を政権に就かせなければ、七ケタ（当時の為替レートで百万ドル＝約三億円）単位の政治献金をする、とニクソン陣営に持ちかけた」というのだ。[27]

この報道がきっかけとなって、ウィリアム・フルブライト外交委員長（民主党、アーカンソー州選出）のリーダーシップで、一九七二年五月、外交委員会の下に多国籍企業小委員会を設置し、ITTのような多国籍企業が引き起こした問題を調査することが決まる。

この小委のテーマは「多国籍企業とアメリカの外交政策」。ITTの活動のように、多国籍企業がアメリカの外交政策を歪めているという問題意識で、小委は調査を続けた。

「フルブライト」は、日本でもアメリカ留学の奨学金制度の代名詞として知られる、見識のある政治家だった。チャーチは、外交委員会では中南米小委員長をしていたが、将来の大統領選挙出馬をにらんで、より目立った活動をしようと、自らフルブライトに直訴して、多国籍企業小委員長に就任する。[28]

チャーチとレビンソンのコンビ

多国籍企業小委員会の発足にあたって、チャーチは一九七二年九月、事務局の陣容を整えた。最も重要な人事は、首席顧問に採用したジェローム・レビンソンだった。レビンソンは、それ以前はメキシコの蔵相から米州開発銀行総裁となったドン・アントニオ・オルティス・メナの特別補佐官をしていた。チリを含めて中南米に詳しく、経済に強い国際弁護士だった。

日本で言う「身体検査」、米国では「バックグラウンド・チェック」と呼ぶ行動調査の結果、連邦捜査局（FBI）と中央情報局（CIA）はレビンソンの採用に反対したが、チャーチは構わず、レビンソンを起用する。[29]

チャーチとレビンソンの間では、多国籍企業に関する考え方が違っていた。チャーチ自身は、多国籍企業に企業倫理を取り戻すことを目標にしていた。他方、レビンソンは、「アメリカ政府は多国籍企業の利益を守ることを求められているのか」どうかを調査することにある、と考えていた。[30]

米国の大手企業は、一九六〇年代以降、外国に直接投資して、世界各地に工場を建設し、現地の安い労働力を使って米国の技術で生産する事業を拡大し、多国籍化していった。それに伴って、現地国の政治に干渉したり、政府高官を買収したり、米国の労働力を輸出したり、とさまざまな問題を起こしていたのだ。

レビンソンは、チャーチとは性格も生まれ育ちも違っていた。

レビンソンは、ニューヨーク・ブルックリン出身のユダヤ系で勤勉な努力家。ブルックリンには移民したユダヤ人が多数住み、独特のコミュニティを形成していた。

他方、チャーチは生家の宗教カトリックからプロテスタントに改宗、リラックスした話しぶりで独特の雰囲気を醸し出していた。二人の世界観は一致していて、コンビはうまく機能する。[31]チャーチには大統領選挙出馬への野心があった。

このコンビに加えて、証券取引委員会（ＳＥＣ）の執行部長スタンレー・スポーキンがいたから、ロッキード事件は追及できたといえる。

チリのアジェンデ政権打倒

多国籍企業小委員会（チャーチ小委）の最初の公聴会が開かれたのは、一九七三年三月。ＣＩＡの中南米工作担当部長ウィリアム・ブローや、ＩＴＴのハロルド・ジェニーン社長らを召喚して、厳しい質問を浴びせた。

ＣＩＡの現役の秘密工作員が公の場で証言したのは、これが初めてだ。ブローは同月二七日、非公開の聴聞会で証言、翌日にその議事録が公開された。全部で四十四ページのうち二十六ページしか公開されなかった。ブローはこの中で、ＣＩＡ長官リチャード・ヘルムズから直接命令を受けて、ジェニーンらと複数回接触していたことを認めた[32]。ブローは一九六〇年代初め、CIA東京支局長を務め、一九六五年代初めに帰国して、CIA本部の中南米部門に異動する。

CIAがチリで秘密工作を展開し、一九七三年九月のクーデターでアジェンデ政権打倒に関与した事実をCIAが公式に認めたのは、その翌年、七四年のことだ。その時、次のCIA長官ウィリアム・コルビーは、下院軍事委員会情報小委員会で、ニクソン政権時代のCIAの秘密工作を審議する「40委員会」が七〇～七三年の間、八百万ドル（当時約二十四億円）以上の秘密工作費の支出を承認した、と証言した[33]。

CIAは､最初はアジェンデの当選を阻止する工作にかかわり､最後はアジェンデ政権打倒のクーデターを支援した。

チャーチと小委員会の首席顧問レビンソンのコンビの調査は極めて綿密で、公聴会前に十分な調査をして、出席した証人に、事前に吟味した質問を矢継ぎ早にぶつけるという、公聴会の進め方を確立した。

ＩＴＴの画策にもかかわらず、チリでは一九七〇年、民主的選挙で初めて人民連合候補で社会主義者のサルバドル・アジェンデが当選、大統領に就任した。アジェンデ政権は、急進的な農地改革を進め、米国系の資本が所有していた銅山、さらには銀行を国有化する。

これに対して、ニクソン政権は秘密工作を展開。一九七三年九月、米国の支援を受けたピノチェト陸軍司令官らが政権を打倒し、アジェンデ大統領は暗殺された[34]。チャーチ小委の問題提起は無視された形だった。

5．ＣＩＡの秘密工作も暴く

「情報コミュニティ」に議会のメスが入る

上院本会議は一九七五年一月二七日、チャーチが委員長を務めることになる「情報活動に関する政府工作調査特別委員会」の設置を、八二対四の圧倒的賛成多数で可決した。[35・36] 現在の上院情報特別委員会の前身である。下院にも同じ委員会が設置された。

調査対象は、米中央情報局（ＣＩＡ）や連邦捜査局（ＦＢＩ）、その他国家安全保障局（ＮＳＡ）などの国防総省傘下の情報機関、国家安全保障会議（ＮＳＣ）、国務省情報調査局（ＩＮＲ）による情報工作や防諜工作とされた。

チャーチは、当時議会の多数派を握っていた自分の党、民主党の上院院内総務、マイク・マンスフィールドの事務所の「ドアをたたき続けて」、念願の委員長の座を射止めた。[37]

戦後、一九四七年に制定された「国家安全保障法」によって、国防体制および情報機関が整備されて以後、初めて情報機関全体を構成する「情報コミュニティ」に議会のメスが入る機会となったのだ。

全米の注目が集まり、明らかにチャーチの軸足は、外交委員会多国籍企業小委員会からこの委員会の方に移ったようだった。これによって、多国籍企業小委へのチャーチの関与が後退すれば、ロッキード社にとっては、むしろ有利になるとみられた。

十五カ月間・百五十人のスタッフで調査

チャーチは、CIAによる「秘密工作」をやめさせるべきだと考えていた。特に、チリの左派アジェンデ政権の打倒にCIAが関与したことに激怒していた。

ニクソン辞任後、大統領に就任して間もない一九七四年九月一六日の記者会見で、ジェラルド・フォード大統領は、CIAが秘密工作を行ったのは「共産主義諸国がアジェンデ政権を支援していた」からだと弁護する。これに対してチャーチは、ソ連による六八年のチェコスロバキア侵攻とどう違うのか、と反論した。

その約三カ月後の一二月二二日、ニューヨーク・タイムズ紙のシーモア・ハーシュ記者が、CIAが反戦活動家市民らを監視していたとスクープし、世論が変わった。CIAは対外情報機関であり、国内でアメリカ国民を対象にした工作は認められていない。

このため、フォード政権はネルソン・ロックフェラー副大統領を長とする調査委員会の設置を発表したが、世論の反発は収まらず、「情報活動に関する政府工作調査特別委員会」を設置することが決まったのだった[38]。

特別委による調査期間は九カ月（後に六カ月延長、計十五カ月）、委員会スタッフ百人（最大時は約百五十人に膨張）と、短期間で多くの専門家を使い、レポートをまとめるという、密度の濃い任務が特別委に委ねられた。

チャーチ委の情報機関調査を抑える

しかし、ホワイトハウスはチャーチの動きを強く警戒して、秘密文書の提供を遅らせたこともあった。

フォード政権はチャーチ委員会の調査に反対だったが、議会の調査権を妨害することはできない。委員長のチャーチと副委員長の保守派、ジョン・タワー（共和党、テキサス州選出）が一九七五年三月五日、調査への協力要請のためにホワイトハウスを訪れた。

その前に、大統領としては次のように発言すべきだとする「発言の要点」を、ホワイトハウスがまとめていた[39]。

「情報コミュニティのあなた方の調査には協力したい。だが、この国のサバイバルにとって極めて重要な情報機関の能力を失わせてはならない」

「米国は大国であり、わが国の情報能力はある程度ミステリーに覆われ、恐れ、うやまわれるようにすべきだ。情報開示は損害大だ」

と発言し、

1．全面協力をコミットしないことが重要

2．上院議員たちと交渉したり、取引したりすることは避ける

つまり、チャーチ委には協力しないというのだ。ただフォードもキッシンジャーも、この台本通りに発言しなかった。実際の発言は次の通りだ。（キ：キッシンジャー）

キ「秘密活動についてすべての情報が必要と言われたか？　秘密工作の詳細すべてか？」

チャーチ「詳細に埋もれてしまいたくない。秘密活動について勧告するのに十分な資料が必要だ。スピードが最も求められる」

フォード「私は同意する」

キッシンジャーらの作戦は成功した。この場で、チャーチはキッシンジャーに乗せられてしまった形となった。現実には、チャーチはCIAに対して「すべての秘密工作、支局レベルまでの組織図、一九四七年から現在までの役職と氏名、予算の詳細」など、詳細にわたる大量の文書の提出を求めていた。CIAからの文書提出が遅れると、チャーチは「過度の遅延」と批判していた[40]。

だから、チャーチとしては、大統領から直接CIAなどに対してチャーチ委への協力を指示する文書を発出するよう、強く要請すべきだったのだ。だが、キッシンジャーにすべての「詳細」な情報がほしいのか、と矛先をかわされ、詳細な資料でなくても、「勧告」するのに必要な資料でいい、と回答する結果になってしまった。

民間調査機関「国家安全保障文書館」は、二〇一五年にまとめた「CIAの不正に対する一九七五年のチャーチ委員会の調査を抑えるホワイトハウスの努力」と題するレポートで、ホワイトハウスによる数々の妨害工作を明らかにしている[41]。

風雲児のように駆け抜けたチャーチだが、このころ、活動のピークは過ぎたと言える。

カストロらの暗殺計画も告発

情報機関の不正行為を調査するチャーチ委員会は、百人以上のスタッフを抱え、多くの証人を喚問し、複雑かつ機微な情報を解読、分析した。文書は全部で十一万ページに及んだ。事情聴取した関係者は八百人以上、最高機密トップシークレットの情報も扱うため、公開の場で開催できない秘密聴聞会が二百五十回も行われた。

一連の調査で、世界が最も驚いたのは、ＣＩＡが外国首脳の暗殺を計画していたことだった。チャーチ委員会の調査で、ＣＩＡがコンゴ民主共和国のパトリス・ルムンバ大統領、南ベトナムのゴ・ジン・ジエム大統領、キューバのフィデル・カストロ首相らの暗殺を企てていたことが暴かれた。カストロ暗殺計画では、マフィアにいくつかのプロジェクトを依頼していたというのだ[42]。

チャーチ委は、当初の期限九カ月を過ぎても調査が終了せず、六カ月間延長した。一九七五年九月一六～一八日に、初めて公開の公聴会を開催した。チャーチは、事前に「何か劇的なことを始める必要がある」とスタッフに指示、ＣＩＡが大統領の命令を無視して、数千人の殺害が可能な「貝毒」を隠匿していた事実を明らかにして、また世間を驚かせた[43]。

最終的に、一九七六年四月二九日、六冊の最終レポートを発表して、仕事を終えた[44]。

フォード大統領は、チャーチ委員会の勧告を受けた形で、同年に外国指導者の「暗殺」を禁止する大統領令に署名した。その大統領令はレーガン大統領が一部修正して、その後も引き継がれているとみられていた。しかし、現実にはその適用はあいまいにされている。

北朝鮮に対する米韓両国の作戦計画（ＯＰＬＡＮ）５０１５号には、「斬首作戦」が含まれており、金正恩《キムジョンウン》労働党委員長の首を狙っていると報道されている。米韓両国と北朝鮮の間では、朝鮮戦争の「休戦協定」が結ばれているだけで、現在も法的には「戦争状態」のため、この大統領令は適用されないと解釈されているようだ。

「チャーチ小委」でチリ・クーデターへのＩＴＴ社とＣＩＡの関与を追及した経緯もあって、「チャーチ委」が設置されたのだが、結局、チリの調査を深掘りすることができないまま、調査期限切れとなった。

チャーチは政治的野心から、情報機関にまで手を出した。他方、チャーチ小委では、ロッキード社に外国の「政府高官名」が入った文書も含めて提出するよう要求したが、ホートン会長の強い抵抗に遭い、大きく譲歩することになる。ロッキード事件の最初の公聴会は、特別委が当初の期限切れを迎える一九七五年九月と重なった。超多忙のチャーチは、ホートンに妥協せざるを得なくなったとみられている。

6. チャーチ小委とSECがスクラム

米韓大統領に違法献金

その半年後、一九七三年一〇月六日に第四次中東戦争が勃発した。それをきっかけに、アラブ石油輸出国機構（OAPEC）が「石油戦略」を発動、石油価格が四倍増と急上昇し「石油ショック」が起きた。この問題でもチャーチ小委は、当時「メジャー」と呼ばれた大手石油会社の調査を次々と行った。

大手石油会社、ガルフ石油は二つの問題が調査の対象になった。一つは、ニクソン陣営への違法献金問題。もう一つは、石油取引にかかわる問題だ。

ニクソン陣営に違法な政治献金をしていたと批判された企業は、ガルフ石油のほか、軍需企業ノースロップ社、グッドイアー・タイア社やバス運輸のグレイハウンド社など、大手企業十五社。いずれも刑事訴追されて、罪を認め、罰金を支払った[45]。

これらの違法な秘密献金問題は、米議会やウォーターゲート事件の特別検察官が追及して明るみに出た。

SEC執行部長、スタンレー・スポーキンもこうした問題に強い関心を持ち、調査に乗り出した。

SECは公職選挙法の番人ではなく、株式市場に上場した企業に投資した人々を保護するための機関だ。SECが狙ったのは、ノースロップ社などの大手企業の国際的活動と、それに伴う巨額のカネの秘密支出だった。

SECは当時、検査官の数も少なく、大企業の追及は容易ではなかったが、スポーキンは一計を案じた。企業側に対して、自己責任で自社の不適切な支出について、「自主的に情報開示」するよう求めたのである。[46]

大手のガルフ石油なども、当初は自主的な情報開示に非協力的だったが、スポーキンらは粘り強く調査と交渉を重ねた。

ガルフ社の場合、社内に設置した見直し委員会による調査の結果、バハマの首都ナッソーに置いた石油探査会社に、政治献金のための秘密資金をプールし、一九六〇～七二年の間に約五百万ドルを蓄え、そのうち約四百五十万ドルを米国内に還流させていたことが判明する。SECの指導で、ガルフ社はそれ以後、証券取引法違反行為をしないと約束した。

その調査の過程で、ガルフ社が一九六六年当時、韓国で二億ドルに上る大規模な石油精製施設や肥料工場に投資、その際に朴正熙《パクチョンヒ》政権高官から百万ドルのカネを要求され、支払っていた事実などが明らかになった。[47]

韓国が絡んだ問題の調査をめぐって、スポーキンは米上院外交委員会多国籍企業小委員会（チャーチ小委）の首席顧問ジェローム・レビンソンと初めて知り合う。[48]この二人はこれ以後、事実上のスクラムを組み、ロッキード社調査に至るまで、複数の米大手企業の対外不正支払い問題の調査に取り組んだ。

レビンソンのことは日本でも報道されたが、スポーキンの活動は知られていなかった。筆者は、レビンソンからスポーキンの活躍ぶりを聞き、直接話を聞くことができた。スポーキンはロッキード事件を解明した舞台裏の功労者だったのだ。

SECの調査

SECは大恐慌後の一九三四年、証券・金融市場で投資家を保護し、大恐慌の再発を防ぐために設置された。フランクリン・デラノ・ルーズベルト大統領が初代SEC委員長に指名したのは、ジョセフ・ケネディだった。彼は後の大統領ジョン・F・ケネディの父親である。大恐慌前に持ち株を売却して大もうけした人物としても知られている。

SECは、公正な金融・株式市場の秩序を確保する監督機関である。投資家保護のため、法執行機関に準じた権限も備えている。[49]

SECのスポーキン元執行部長

筆者は一九八九年当時、SECを訪れたことがある。SECがインサイダー取引をいかにして探知しているのか取材するためだった。株価の異常な動きを綿密に調査していた。

スポーキンが執行部長になる前は、SECは法に従って、上場企業から「財務報告を受け取る」だけの仕事が多かった。だが、「倫理意識が高く」「熱心な検査官」だったスポーキンの手法は違っていた。[50]

スポーキンは父親も判事で、一九三二年に生まれる。エール大学ロースクールを修了して、デラウエア連邦地裁の判事助手をした後、SECで金融取引監視の仕事を、六一年から二十年間務める。中央情報局（CIA）法律顧問やワシントン連邦地裁判事を務め、二〇〇〇年から弁護士となった。

筆者は、レビンソンの紹介を得て、二〇〇八年三月五日と一六年九月九日の二度、彼をインタビューした。八十歳を超えても元気だったが、日本におけるロッキード事件追及に至る詳細については、ほとんど記憶がなかった。

彼は、「SECがロッキード社などによる、海外での不正な「手数料」の支払いを追及したのは、「海外腐敗行為防止法（FCPA）」の制定を目指していたからだ、と強調した。

外国政府高官に対してわいろを秘密裏に支払うことは、明らかに不正な行為だが、当時はFCPAがなかったため違法ではなかったのだ。株主の利益保護を任務とするSECとしては、そうした行為を違法とすべきだ、とスポーキンは強く考えていた。

そんな明確な目標のために、大手企業の海外での行動を暴き続けた。米企業による外国での贈賄行為を禁止する画期的な法律の成立に、SECは大きい役割を果たすことになる。その後、経済協力開発機構（OECD）でも、この問題は真剣に取り上げられた。

日本のロッキード事件捜査に関しては、「FCPA成立のためには日本への情報提供も積極的にすべきだと考えた」と、スポーキンは胸を張って話した。

事件が大きくなればなるほど、関心が高まり、法律が通りやすい。実際、FCPA成立に向けてSECが果たした重要な役割は、多くの報告書や論文で確認されている。

7．ノースロップ会長が暴露

ライバル社の激白が波紋

上院外交委員会多国籍企業小委員会（チャーチ小委）は最初から、ロッキード社に注目していたわけではなかった。

チャーチ小委がノースロップ社を調査している最中に、ロッキード社の名前が浮上したのだ。公聴会で上院議員らの厳しい追及を受けたノースロップ社の会長が回答に窮し、実は自分たちの不正の「モデル」はロッキード社だった、と証言したからだった。競争企業トップによる、意外な証言だった。

ＳＥＣからの自主調査要請に対して、ノースロップ社は当初、協力的ではなかった。だが、スポーキンＳＥＣ執行部長の要請に答え、会計監査法人の支援も得て、外国の代理人に対して秘密の手数料の支払いをしていた事実を、ＳＥＣへ詳細に報告してきた。

ルーズベルトの孫

ノースロップ社が海外への売り込みに成功した軍用機に、Ｆ５タイガー戦闘機がある。一九六四年から七五年に至るまで、世界の二十二カ国に売り込んだ。

ノースロップ社会長のトーマス・ジョーンズが、Ｆ５機販売で最初のコンサルタント契約を結んだのは、セオドア・ルーズベルト大統領の孫、カーミット・ルーズベルトである。実は、彼はコンサルタントになる前は、ＣＩＡ工作部門の幹部の一人だった。

彼はイランで、重大な秘密工作を成功させていた。一九五一年、国民戦線の指導者で民族主義者のモハンマド・モサデクが首相に就き、石油国有化に踏み切ったのがきっかけだ。石油国有化に反対する米英両国は、秘密工作に乗り出した。CIAと英国の対外情報機関MI6は、五三年、反政府勢力を支援してクーデターを誘発させ、モサデク政権を打倒し、パーレビ国王を政権に復帰させた[51]。

この秘密工作を指揮したのが、カーミットだった。その後、ノースロップ社はCIAを退職した彼の尽力によって、F5戦闘機の最初の受注をイランから得ることに成功する。カーミットは政権に復帰した「パーレビ国王の恩人」という立場をフルに発揮した。

イランでの成功をきっかけに、ノースロップ社はペルシャ湾岸諸国への売り込みに次々と成功。サウジアラビアへの販売では、悪名高いフィクサー、アドナン・カショギを使った[52]。

イランやサウジアラビアに対しては、軍用機にとどまらず、各種電子機器も輸出、仲介者に「手数料」という名のわいろを贈っていたことが、SECのスポーキンらの調査で分かった。

だが実は、ノースロップ社の成功は、ロッキード社の販売戦略を真似た結果だったのだ。その秘密は、ジョーンズ・ノースロップ社会長自身の口から、一九七五年六月一〇日のチャーチ小委の公聴会で明らかにされた。

ウォーターゲート事件がロッキード事件につながった

チャーチ小委がノースロップ社を調査することになった経緯は、ウォーターゲート事件にまで遡る。

一九七二年大統領選挙で、当時民主党本部が置かれていたウォーターゲートビルに「コソ泥」が忍び込んだ事件。それが、ニクソン再選のための汚い工作が暴露された「ウォーターゲート事件」だった。

ワシントン・ポスト紙の連続スクープで、次々と新事実が明るみに出た。メディアの取材競争も激化。それと並行して、ニクソン大統領陣営は議会でも厳しい追及を受けた。

そのドラマは、コソ泥事件の段階でスクープした同紙のボブ・ウッドワード、カール・バーンスタイン両記者の著書『大統領の陰謀』（早川書房）を基に、ロバート・レッドフォードとダスティン・ホフマンの主演で映画化された。

「皇帝的大統領」とも呼ばれた、強権的な大統領（一九六九〜七四年）リチャード・ニクソンを二期目の途中で失脚させたウォーターゲート事件と田中金脈疑惑は、ほぼ同時進行だった。田中角栄が首相を辞任したのは、ニクソン辞任の四カ月後である。

社会現象は伝播《でんぱ》し、世界を駆けめぐる。アメリカで議会とメディア、特にワシントン・ポスト紙のウッドワード記者らによる連続スクープ報道が大統領を追及し、辞任に追い込むと、日本では立花隆の金脈追及報道が喝采を浴び、田中は首相を辞めた。

その約一年二カ月後に、ロッキード事件が日本で火を噴いた。

だから、表面的な現象として、ウォーターゲート事件とロッキード事件がつながっている、という感覚は当時もあった。しかし、二つの事件自体が、間接的ではあるがつながっていたことは、これまではきちんと伝えられていない。

コソ泥たちの保釈金をノースロップが負担

両事件をつなげたのは、ロッキード社のライバル、ノースロップ社の違法政治献金事件だった。

ウォーターゲート事件の捜査と議会調査の過程で、ノースロップ社の奇妙な事件が表面化したのだ。議会のウォーターゲート事件追及が始まったのは、一九七三年。上院に、サム・アービン上院議員（民主党）を委員長とするウォーターゲート事件特別調査委員会が設置された。

この委員会でノースロップ社の名前が出たのは、一九七二年大統領選挙における、ニクソン陣営の選挙資金調査がきっかけだった。

委員会は、ニクソンの個人弁護士で、「ニクソン再選委員会」選挙資金担当部長ハーバート・カームバックを喚問した。彼は委員会の公聴会で、一九七二年八月にロサンゼルスのノースロップ社を訪れて、政治資金の提供を求めた、と証言した。

同社のトーマス・ジョーンズ会長は、カームバックの要請を受けて、自分のデスクの引き出しから百ドル紙幣で七万五千ドル（当時の為替レートで約二千三百万円）が入った封筒をカームバックに渡したという。

このカネは、実際には選挙資金ではなく、ウォーターゲートビルの民主党全国委員会に押し入って逮捕されたコソ泥たち五人の保釈金に使われた。[53]

法人としてのノースロップ社とジョーンズは、選挙資金も含めて計十五万ドルの違法な献金をした罪で有罪判決を受けたが、それぞれ罰金五千ドルという軽い判決だった。軍需産業は、政府が調達する武器を米軍に売り渡している。そんな政府の調達先の企業が政治資金を提供するのは、違法なのだ。

コソ泥と言っても、五人の犯人は普通の窃盗犯たちではなかった。秘密工作を専門とするＣＩＡ（中央情報局）の元工作員ハワード・ハントを含む犯人たちは、民主党本部内で見つけた文書をカメラで撮影し、さらに本部内に盗聴器を仕掛けて、民主党の内部情報を探り、大統領選挙で利用しようとしていたのだ。

彼らが逮捕されたのをきっかけに、ニクソン政権による権力濫用や汚い選挙運動の実態が次々と暴かれ、六十九人もが起訴されるという、二十世紀最大の政治スキャンダルに発展した。

両社トップは同僚だった

かくして、ノースロップ社がウォーターゲート事件にかかわっていることが確認された。そして、何の因果か。ノースロップ社に対する調査の中から、ロッキード事件が姿を現したのだ。

ノースロップ社の創始者ジョン・ノースロップは、一九一六年のロッキード社創設に参加した人物だった。ノースロップは、アランとマルコムのロッキード兄弟がカリフォルニア州サンタバーバラのガレージで始めたロッキード社に、製図工として参画した。ノースロップ社とロッキード社は、最初からつながっていたのだ。[54]

しかし、ウォーターゲート事件の関連で、ニクソン陣営への違法政治献金問題が表面化したノースロップ社の問題を、フランク・チャーチの上院外交委員会多国籍企業小委員会が取り上げるまでには、約二年を要した。

モデルはロッキード社

ノースロップ社の事件でもロッキード事件でも、同じようにチャーチ小委とスポーキンは協力し合いながら調査にあたった。[55]

一九七五年六月九、一〇日、チャーチ小委はノースロップ社の対外売り込み工作を議題に、公聴会を開催する。

公聴会二日目の一〇日に喚問されたノースロップ社のCEO（最高経営責任者）トーマス・ジョーンズ会長らは、自分たちはロッキード社をいわば「モデル」にして、対外販売工作を行っていたことを認めたのである。[56]

販売先の諸国で政財界に顔が利く大物を販売代理人として雇う、というやり方だ。

チャーチ（チ）とジョーンズ（ジ）は次のようなやりとりをした。

チ「商法全体がロッキード社の模倣だったのか？」
ジ「エージェントはロッキード商法だと言っていた」
チ「ロッキードの契約書のコピーを持っていたのか？」
ジ「イエス・サー」
チ「君とエージェントとの契約はロッキードの模倣か？」
ジ「イエス」

ノースロップ社の創始者ジョン・ノースロップは、元々ロッキード社航空機設計技術者だったが、一九二〇年代に退社し、自分の名前を付けた会社を設立した。第二次世界大戦勃発直前に建造した夜間用戦闘機が欧州戦線で売れ、終戦直後まで事業は順調だった。ただノースロップは、技術者としては一流だったが、経営手腕に欠け、戦後の五〇年代に経営が悪化。ノースロップは引退、シンクタンク「ランド社」から引き抜いたジョーンズが後任に就く。[57]

確かに、ロッキード社とノースロップ社の手法には共通点が見られる。ジョーンズらが仲介者として利用した、サウジアラビアのアドナン・カショギやオランダ女王の夫ベルンハルト殿下は、ロッキード社も代理人として使っていた。販売作戦にも共通点があった。チャーチ小委の公聴会で、ジョーンズらはカショギへの四十五万ドル、スイスの代理人フーバート・ワイスブロートへの七十五万ドルの支払いなどを認めた。

しかし、ノースロップ社は違法な「手数料」の支払いを巧みに隠蔽する手法を駆使していた。各国政府高官への不正なカネは、スイスに作った複数の子会社などを通じて支払っていたというのだ。スイスの国内法で、スイス法人であるノースロップ子会社の資料を外国に持ち出すことはできず、チャーチ小委もSECも、これ以上の調査は不可能となった。

このため、チャーチ小委は次の調査対象にロッキード社を選んだ。いや「ノースロップ社が小委をロッキード社に導いた」と言った方が正しかったようだ[58]。ロッキード事件が表面化した経緯をあらためて表示すると、次のようになる。

ウォーターゲート事件調査で、ニクソンへの違法政治献金問題が暴露され↓ノースロップ社の違法献金が判明↓ノースロップ社会長の突然の証言で、ロッキード事件が発覚した。

あり得ない「ニクソンの陰謀」

日本では、ロッキード事件は最初からニクソン米大統領が田中角栄を標的にした事件だとする「ニクソン陰謀説」も広く流布してきた。ニクソンが一九七二年八月三一日～九月一日、ハワイで日米首脳会談を行った際、ロッキード社製旅客機L1011トライスターの購入を田中に求め、それに同意した田中を嵌《は》めたとする陰謀である。

しかし、この時点でニクソンに田中を嵌める動機があったとは考えられない。実は、ニクソンには、日本にロッキード機を輸入してもらいたい正当な理由があった。ニクソンは前年、業績不振に陥ったロッキード社に連邦政府の「融資保証」を提案した。同社が倒産した場合、融資の返済ができなくなり、連邦政府に返済を肩代わりする義務が生じ、ニクソンは政治責任を問われる恐れがあった。ニクソンは同社の業績回復を急いでいたのだ。

そもそも、田中との初めての首脳会談の段階で田中を罠にかける動機が生じたとは考えにくい。さらに、ロッキード社から田中への五億円贈賄は丸紅社長、檜山広の発案であって、首脳会談の約一週間前に、檜山が田中に約束したものだ。

他方、ロッキード事件は、ニクソンとは無関係に表面化した。ノースロップ社の会長ジョーンズが、チャーチ小委での議会証言で突然、暴露したのがきっかけだった。その時、ニクソンは既に大統領を辞めていた。

「まえがき」で紹介した陰謀説2「ニクソンの陰謀」は、まったくあり得ない説なのだ。

8．チャーチの歴史的宿命

「余命三カ月」から生還

チャーチは一九五六年一一月、弱冠三十二歳で中西部アイダホ州から初当選し、四期二十四年間、上院議員を務めた。保守的なこの州で、再選、つまり二期以上連続して上院議員を務めた民主党員は、チャーチしかいない。

彼がリベラル一辺倒の政治家であれば、それほどの長きにわたって支持されなかっただろう。正義感が強く、ベトナム戦争に「愛国者」の立場から反対した。自ら「モラルの避雷針」と名乗って行動した。「皇帝的大統領」とも言われたニクソン大統領が独裁的な権力を振るったことを批判し、議会の調査権をフルに行使して真実を暴いた。[59]

チャーチは一九二四年、アイダホ州の州都ボイジーで、スポーツ用品店を営む父の次男として生まれる。カリフォルニア州の名門スタンフォード大学在学中に陸軍へ志願、情報兵として中国・ミャンマー戦線で日本軍の動向を探知、分析する任務に就いていた。[60]

戦後、復員して同大学を卒業、高校時代からの恋人と結婚してハーバード大学ロースクールに進学する。そこで腰の痛みを訴えて退学、再びスタンフォード大学に戻り、ロースクールに入学。診察を受けたところ、睾丸《こうがん》がんがすでに転移していて「余命三〜六カ月」と診断された。あまりの展開に夫婦は心中も考えたが、手術後の放射線治療が効き、奇跡的に生還した。その時の経験から、「どんな困難な場合でもチャンスにかける」ことを学んだという。[61]

そんな経験があったから、弁護士を経て政治家になっても、あきらめない、意志の強い行動の人になったようだ。九死に一生を得て、大統領の座を狙う気になったかもしれない。

会計事務所が不正を指摘

不正の暴露に向けて、最初に声を上げたのは、チャーチ小委でもSECでもなく、ロッキード社の会計監査事務所だった。この事件には、さまざまな伏兵や脇役たちもいた。

先述したように、ノースロップ社のCEO（最高経営責任者）トーマス・ジョーンズがチャーチ小委で、ノースロップ社の海外不正支払いはロッキード社が「モデル」だったと証言した。[62]

これを受けて、メディアはロッキード社に殺到した。ロッキード社のビル・ペリオールト広報担当副社長は、「ノースロップがなぜ自社の海外活動をロッキードと比較するのか分からない」と答えるのが精一杯だった。実際、広報担当副社長は海外での販売活動の詳しい実態を知らされていなかったという。

上院銀行委が先手

広報担当などより、ずっと詳しい情報を知っていたのは、一九三三年からロッキード社の会計監査を担当してきたアーサー・ヤング会計事務所だった。

一九七三年当時、監査を担当したウィリアム・フィンドレーは、伊藤宏丸紅専務の署名入りの奇妙な「ピーナツ領収書」を発見してホートン会長に注意喚起をしたが、もみ消された経緯があったのだ[63]。

しかし、議会でロッキード社の名前が出た以上、会計事務所も黙っていられない。フィンドレーは、株主総会に提出する年次報告書への署名を拒否した。このため、同社は株主総会を開くことができなくなってしまった。

この時点で、上院銀行住宅都市委員会（銀行委、ウィリアム・プロクシマイアー委員長＝民主党、ウィスコンシン州選出）が立ち上がった。四年前の一九七一年、経営危機に陥ったロッキード社に対する総額二億五千万ドルの連邦融資保証が上下両院によって僅差で可決されて以後、銀行委にはロッキード社への融資と返済状況を監視する任務が与えられていたのだ。

連邦政府の融資保証を得て、民間銀行から借り入れた資金が海外での不正支払いに充てられたのではないか、との疑問も指摘される。

この時点で、ようやくペリオールト副社長は「問題のあるカネの支払い額は計二千二百万ドル」と認めた。

この事実は日本でも報道され、八月二日付夕刊に掲載された[64]。

財務担当副社長が自殺

プロクシマイアーは、銀行委の公聴会を八月二五日に設定した。同じ日に、連邦融資保証の状況を定期的に見直す「緊急融資保証委員会（ＥＬＧＢ）」も開催されることが決まった。

この日にＥＬＧＢは、三千万ドルの対ロッキード融資執行の可否を決めることになっていた。実際には「可」と出たが、「否」と出ていたら、即日倒産という可能性さえあったのだ。

そんな可能性を恐れてか、前日の八月二四日、同社の財務担当副社長が自殺した。

ロバート・ウォーターズ、享年五十四歳。猟銃の銃口をこめかみに当て、引き金を引くという壮絶な死だった。勤続二十一年間、ロッキードに尽くした。ホートンとは近い関係ではなかったが、自分が海外での不正な支払いに関与していたことから、ふさぎ込んでいたという。ロッキード社は自殺の理由を「個人的な事情」とごまかしたが、ウォーターズは、自分の遺書では会社の問題に触れていた[65]。

日本では、ロッキード事件で田中角栄の運転手、笠原政則が自殺した。大きな疑獄の度に、真面目な部下が自殺に追い込まれるケースが多々出ている。日本ほどではないが、アメリカでもロッキード事件で自殺者があったことは、日本では知られていなかった[66]。

チャーチ小委と銀行委は、派手な先陣争いを演じた。チャーチ小委が追及していたのは多国籍企業の不正だった。他方、銀行委には、連邦融資保証にかかわる問題を追及する権限が与えられていた。権限は違うが、チャーチとプロクシマイアーは、同じ野党民主党ながら主導権争いをしていたのである。

チャーチ小委は、証拠となる文書の入手にこだわり、時間がかかったようだ。他方、銀行委の委員長プロクシマイアーは、文書がなくとも先陣争いで、チャーチ小委より約二週間早く公聴会を開催した。[67]

銀行委員会は証拠文書を入手していないため、ロッキード社の会長ホートンを追及しても、決め手を欠いた。プロクシマイアーが外国政府高官への支払いを「わいろではないのか」と指摘すると、ホートンは「いや、私の弁護士はキックバックと言っています」と回答。しかし「委員長がわいろと呼ばれるならそれでかまいません」と付け加えた。やや投げやりのような言い方だった。[68]

ホートンとしては、カネの趣旨はわいろ、企業財務の手続き的には「割戻金」という意味でキックバックです、と言いたかったのかもしれない。

第一章で記したように銀行委の公聴会は不正の事実に切り込めなかった。ただ随所で、証拠書類さえ提出されれば大疑獄に発展する可能性があることを示す発言が、議員、証人の双方からあった。

この銀行委公聴会の五日後、八月三〇日に、大平正芳蔵相はワシントンでウィリアム・サイモン財務長官と会談している。サイモンはこの公聴会に出席しており、「事件を熟知する人物であった」と断定する類書もある。[69] だからと言って、「大平もまた、事件を知りうる立場にいた」とみるのはうがちすぎだ。田中の関与が表面化するまでには、まだまだ時間が必要だった。

第三章注

1　John Noonan, Bribes, University of California Press, 1987, PP662～663
2　Anthony Sampson, The Arms Bazaar, Viking Press, 1977, PP207～221
3　Sampson, The Arms Bazaar, PP90～91
　David Boulton, The Grease Machine, Harper & Row, 1978, PP23～24
　Noonan, Bribes, P654
4　Sampson, The Arms Bazaar, PP90～124
　Boulton, The Grease Machine, PP23～40
5　Sampson, The Arms Bazaar, P222

6 同、PP215-219
コーチャン『ロッキード』、六四～六六頁
7 Nixon picks aide in Lockheed plan, New York Times, Feb. 27, 1971
Nixon signs bills to fund jobs and guarantee Lockheed aid, New York Times, Aug. 10, 1971
8 CQ Almanac Online Edition, Lockheed Loan Guarantee Bill Cleared on Close Votes, https://library.cqpress.com/cqalmanac/document.php?id=cqal71-1252844 二〇一九年一月二〇日アクセス
Sampson, The Arms Bazaar, PP220～221
9 Richard Nixon: "Statement About Senate Approval of the Emergency Loan Guarantee Act," August 2, 1971, The American Presidency Project. http:www.presidency.ucsb.edu/ws/?pid=3095 二〇一九年一月二〇日アクセス
10 コーチャン『ロッキード』、七四～七六頁
11 同、六一～六四頁
12 同、六六～七〇頁
13 同、七三～八三頁
14 同、九七～九八頁
15 同、九九～一一八頁
16 孫崎享『アメリカに潰された政治家たち』、小学館、二〇一二年、八五頁
17 外務省情報開示請求番号2016-00213、一九七二年八月三一日日米首脳会談（第1回会談）記録、第1回合同会談記録、一九七二年九月一日日米首脳会談（第2回会談）記録
NA, Nixon Presidential Materials, VIP Visits Box926, Japan Visits of Prime Minister Box926
18 東京新聞特別報道部『裁かれる首相の犯罪』第1集、東京新聞出版局、一九七七年、一〇三～一〇四頁
19 Nixon Library, President Richard Nixon's Daily Diary, September 1, 1972 https://www.nixonlibrary.gov/virtuallibrary/documents/PDD/1972/083%20September%201-15%201972.pdf
二〇一九年一月二〇日アクセス
20 東京新聞『裁かれる首相の犯罪』第1集、五九～六〇頁
21 同、第1集、六二～六三頁
22 同、第3集、一七五～一九一頁
23 同、第1集、一〇四頁
24 一九七二年九月二日付夕刊各紙、三頁
25 国会会議録検索システム　http://kokkai.ndl.go.jp/cgi-bin/KENSAKU/swk_srch.cgi?SESSION=24555&MODE=1
第七十七回国会衆議院運輸委員会議録第九号昭和五十一年五月十二日
26 コーチャン『ロッキード』、三〇六頁
27 Ashby, Fighting the Odds, PP416～417
28 Levinson, Who Makes, PP8～20
29 同、PP14～16
30 同、P9
31 Ashby, Fighting the Odds, P423
32 Levinson, Who Makes, PP58～59
Ashby, Fighting the Odds, PP428～430
ニューヨーク・タイムズ紙一九七三年三月二九日付
33 C.I.A. Chief Tells House of $8-Million Campaign Against Alleude in 70-73, ニューヨーク・タイムズ紙一九七四年九月八日付
34 Ashby, Fighting the Odds, PP426～436
35 94th Congress 2D Session, Senate, Report No. 94-755, Foreign And Military Intelligence, Book I, Final Report of The Select Committee To Study Governmental Operaitons With Respect To Intelligence Acivities, United States Senate
36 Ashby, Fighting the Odds, P471
37 同、P472
38 同、PP468～479
39 Ford Library, Presidential Handwriting File, Box C13, The White House March 4, 1975 Presidential Meeting With Senators Frank Church And John Tower Wednesday, March 5, 1975
40 Harold P. Ford, History Staff, Center for the Study of Intelligence, Central Intelligence Agency, William E. Colby As Director of Central Intelligence 1973-1976, 1993, P147
41 National Security Archive, White House Efforts to Blunt 1975 Church Committee Investigation into CIA Abuses Foreshadowed Executive-Congressional Battles, July 20, 2015
42 Ashby, Fighting the Odds, PP475～476

43 同、P477
44 United States Senate, Senate Select Committee to Study Governmental Operations With Respect to Intelligence Activities,
45 Noonan, Bribes, P629
46 Sampson, The Arms Bazarr, P272
47 Noonan, Bribes, PP630～642
48 Levinson, Who Makes, P178
49 Office of the Federal Register, National Archives and Records Administration, The United States Government Manual 1994/1995, PP711～718
50 Sampson, The Arms Bazarr, P272
Noonan, Bribes, P630
51 National Security Archive/CIA Confirms Role in 1953 Iran Coup
https://nsarchive2.gwu.edu/NSAEBB/NSAEBB435/
アクセス二〇一九年一月二五日
52 Boulton, The Grease Machine, PP160～184
53 Sampson, The Arms Bazarr, PP271～272
Boulton, The Grease Machine, PP255～256
T. Noonan, Bribes, 1984, PP628～630
54 Boulton, The Grease Machine, PP23～24
55 Ashby, Fighting the Odds, PP457～459
56 Multinational Coporations and United States Foreign Policy, First Session on Political Contributions to Foreign Governments, Part 12
Levinson, Who Makes, PP202～203
Noonan, Bribes, PP656～657
57 Boulton, The Grease Machine, PP162～163
58 Levinson, Who Makes American Foreign Policy, P202
59 Ashby, Fighting the Odds, PP411～416
60 同、PP19～22
61 同、PP36～38
62 Levinson, Who Makes, PP202～203
Noonan, Bribes, PP656～657
63 Boulton, The Grease Machine, PP5～9, Noonan, Bribes, P655
64 朝日新聞、一九七五年八月二日付夕刊、Boulton, The Grease Machine, PP264～265
65 Ashby, Fighting the Odds, P461
66 Boulton, The Grease Machine, P265, Noonan, Bribes, P657, Ashby, Fighting the Odds, P461
67 Boulton, The Grease Machine, P265, Ashby, Fighting the Odds, P462
68 Lockheed Bribery, Hearings before the Committee on Banking , Housing and Urban Affairs , United States Senate, Ninety-fourth Session, August 25, 1975
69 朝日新聞、『ロッキード事件』、六九頁

第四章　キッシンジャーの「秘密兵器」

はじめに

政府高官名をめぐる攻防

ロッキード社に議会調査のメスが入ることになり、米政府・議会の関係者は慌てた。軍産複合体の中核企業、ロッキード社は窮地に陥っていた。米国政府から融資保証を得て、経営再建に取り組んでいるさなかに、外国への航空機売り込みで不正な支払いをしていたことがバレたからだ。

上院外交委員会多国籍企業小委員会（チャーチ小委）と証券取引委員会（SEC）は、すばやく動き、召喚状を発出した。

ロッキード社は調査に頑強に抵抗した。焦点は、ロッキード社からカネを受け取った外国の「政府高官名」だ。実は、チャーチ小委が得たロッキード社の資料には、最初から政府高官名はなかった。他方、SECは強硬に裁判に訴え、「政府高官名」が入った資料の提出を要求した。

その裁判でヘンリー・キッシンジャーが動いた。彼は一九七三年九月から国務長官を兼務している。

キッシンジャーは何が目的で、どのような仕掛けをしたのか。

さらに、政府高官名入り資料はどのようにして東京地検に渡され、いかにして、最終的に田中角栄の逮捕につながったのか。

事件は日本で表面化する前に、田中の命運を左右する分岐点にさしかかっていた。

ロ社の不正支払い総額六百億円

チャーチ小委の多国籍企業調査では、国際電話電信会社（ＩＴＴ）、エクソン、ガルフ石油、ノースロップ社など、全部で十七社が対象になった。ロッキード社に対する調査は、チャーチ小委の掉《とう》尾《び》を飾るチャレンジだった。

チャーチ小委の調査の結果、これら十七社の企業が外国の代理人、コンサルタント、政府高官らに支払ったカネの総額は、実に約三億六百万ドル（当時で約九百十八億円）。このうち、ロッキード社の支払い額は二億二百万ドル（約六百六億円）と、全体の三分の二に達していたことがミズーリ大学法科大学院准教授らの論文で分かった。ボストン大学の法学研究誌に掲載されていたものだ。[1]

ロッキード社の不正支払い額は圧倒的に多い。

チャーチ小委側は、いずれの公聴会でも記者団に大量の資料を配り、証人である多国籍企業の首脳から、可能な限り詳細な証言を引き出す、という作戦をとっていた。

ロッキード社を対象にした一九七五年九月一二日の第一回公聴会では、インドネシア、イラン、サウジアラビア、フィリピンでの軍用機販売がテーマになった。

1．「外国政府高官名は削除」

文書提出命令

チャーチ小委はロッキード社の名前が出た一九七五年六月一〇日から八日後、SECは九日後にそれぞれ同社に召喚状を出した。[2]

同社幹部らに対して、チャーチ小委は議会に召喚して宣誓証言を求め、SECは出頭を求めて事情聴取し、関係文書の提出も命じた。

召喚状には強制力がある。議会への召喚を拒否すれば、議会の多数決で議会侮辱罪に問われ、逮捕されることもあり得る。しかし、すべては「政治」であり、さまざまな理由を付けて召喚に応じないことも往々にしてある。

追及の焦点は、外国政府高官の名前、つまりロッキード社からわいろを受け取った政府高官の名前だ。チャーチ小委とSECは、政府高官名が入った文書を得ようとする攻撃側、ロッキード社は渡すまいと頑なに守る側で、双方のせめぎ合いは熾烈《しれつ》だった。

ロッキード社は、召喚状を受け取っても素直に従わず、政府高官名を含んだ文書を渡すまいと抵抗した。

チャーチ小委は前述したように、ロッキード社ではなく、同社の会計監査を担当する会計事務所から文書を入手した。

ところが、チャーチ小委が得た資料は、「政府高官名」入り文書が削除されていた。

SECはもっと手こずった。SEC検査官らの現地調査も制限され、ロッキード社を相手取って裁判を起こし、ようやく勝訴して文書を入手したのだ。

ホートンの抵抗

チャーチの上院外交委員会多国籍企業小委員会（チャーチ小委）が、ロッキード社を対象にした最初の公聴会を開催したのは、先手を取った上院銀行委に遅れること十八日、一九七五年九月一二日のことだった。

全部で五万二千ページ以上、と膨大な量のロッキード文書。チャーチ小委はこれらの文書を基に、証人のロッキード社幹部らに質問をぶつけ、真実に迫る作戦だった。

しかし、これに先立つ事前の協議で、ロッキード社会長、ダニエル・ホートンは情報公開に徹底的に抵抗、政府高官名が入った文書の引き渡しを拒んだ。

ホートンは、次のような理由を挙げた。

①反論の機会を与えられていない外国政府高官にとって、氏名の公表は不公平である。
②政府高官名を公開してしまえば、ロッキード社は外国で市場を失ってしまう。

チャーチはこれらの主張をのんだ。

「ホートンはわいろを受領した人物の氏名の発表を抑える闘いで勝利した」のだった。[3]

米国の外交を不利にする

ロッキード社の不正支払いに関する公聴会の初日。チャーチが冒頭声明を読み上げた。[4]

「武器輸出に絡むわいろや影響力行使への関心が強い。米国には、世界最大の武器輸出国としてこうした行為を撲滅する特別な責任がある」

だが、それに続いて意外なことを口にした。

「外国政府との外交の立場を不利にする恐れがある困った暴露を避け、事実を解明するのがこの調査の目的であり、直接的、間接的に連座した可能性のある外国政府高官名は削除された」
（傍点筆者）

事実は解明するが、「連座の可能性がある外国政府高官名は削除された」というのだ。

この事実は、公聴会の議事録を読み直して、初めて分かった。政府高官名を公開すれば外交関係を損なう、というこの説明は、国務省の立場と同じだった。

「削除」とは、この場合、政府高官名を伏せ字にして黒塗りしたのではなく、政府高官名が記載された文書ごとチャーチ小委に引き渡されなかった、という意味だろう。

翌年一九七六年二月五日、日本で初めて、ロッキード社から日本政府高官への不正なカネの支払いが表面化して、与野党の議員団が高官名を突き止めようと、大挙してチャーチ小委事務局に押しかけた。しかし、その半年前にチャーチは、自分の小委員会が持つ文書では、高官名が削除されている、と議会で言明していたのである。

日本の議員たちが、「政府高官名」だけを狙っていたなら、明らかに無駄足だった。

チャーチの妥協

筆者は二〇〇七年に、チャーチ小委の首席顧問ジェローム・レビンソンから、小委が持つ資料には高官名は「なかった」と聞いた。[5] だが、チャーチ自身が公聴会でそのことに言及していたことは聞いていなかった。

違うのは、チャーチが高官名は資料から「削除された（deleted）」と言明したのに対して、レビンソンは高官名を明記した文書は「なかった」と話したことだ。それを聞いて、高官名は最初からなかったと理解したので、それ以上質問しなかったのである。

恐らくレビンソンは、チャーチ小委での毅然《きぜん》とした調査手法を強調するあまり、チャーチが譲歩した事実を認めたくなかったのだろう。

チャーチは「高官名が出なくても、（ロッキード社）代理人の活動は明らかになる」と弁解したが、実際には、高官名が公表されるのとされないのとでは、国際的に与える衝撃力はまったく異なる。

チャーチの譲歩は、それだけではなかった。

日本への対潜哨戒機Ｐ３Ｃオライオンをめぐる商戦について、チャーチ小委は調査を行わない。その代わり、ロッキード側はイタリアにおける同社の汚い売り込み作戦の詳細については明らかにする――という「取引」にも応じていた。[6] Ｐ３Ｃの問題は第三部で詳述する。

チャーチ小委の「早じまい」

チャーチ小委の華々しい活動は、日本でも話題にもなった。だから、情報公開の旗手とも言えるチャーチが、事前にロッキード社の抵抗に折れ、政府高官名でもＰ３Ｃ調査でも妥協していたことは、なかなか理解しにくい。

チャーチは実は、一九七五年一一月末の段階で、すでに多国籍企業小委員会の「早じまい」を決断していたようだ。[7] 七三年に始動した同小委は、「三年間」の期限付きだったので、予定では七五年は最終年となっていた。[8]

最初にチリにおけるITT社活動の問題、二番目に海外民間投資公社（OPIC）の活動評価、三番目に中東における多国籍石油会社の活動と政府の関係、その後にガルフ石油、ノースロップ社、さらにロッキード社の順で調査を行ってきた。

最後の案件となったロッキード事件の調査に入ったのは一九七五年九月からだが、ヤマ場は、対日売り込み工作に関する公聴会を開いた七六年二月に越えた。

チャーチは同時に、一九七五年一月の上院決議で設置された「情報活動に関する政府工作調査特別委員会」の委員長もしていた。最終報告書を提出してこの委員会の活動が終了したのは、七六年四月だった。この委員会は、現在の「上院情報特別委員会」の前身だ。

さらに、一九七六年二月から始まる大統領選挙予備選にチャーチは出馬を予定しており、その準備にとりかかっていた。チャーチは二つの委員会活動で全米に知名度が高まっていて、それなりの自信はあったようだ。

だが、選挙運動に加えて、議会の二つの委員会活動で手一杯となり、チャーチによる多国籍企業追及は甘くなっていった。

チャーチは予備選惨敗

チャーチは民主党の大統領候補指名を争う予備選で苦戦。選挙では結果が出なかった。[9]

予備選挙では、チャーチは得票率わずか四・八％で五位。獲得した民主党大会の代議員数は地元アイダホ州などで、わずか十九人と惨敗した。チャーチ小委の活動は、自分の選挙にそれほどプラスにならなかったのだ。

当初は知名度が低かった、南部ジョージア州のピーナツ農家出身の地味な知事ジミー・カーターに「正直者」の評判が徐々に広がり、彼が民主党候補の指名を獲得、本選挙も勝利した。

チャーチは、ニクソンがウォーターゲート事件で辞任した一九七四年の中間選挙で上院議員四選を果たした。その後も、多国籍企業と米中央情報局（ＣＩＡ）などの情報機関の不正を厳しく追及したが、米国社会の喝采を受けた彼の活動のピークは過ぎていた。

一九七五年一二月二三日夜、ギリシャの首都アテネで、当時のＣＩＡアテネ支局長リチャード・ウェルチが、覆面をしたテロリストに銃殺される事件が起きた。駐ギリシャ米国大使邸でクリスマスパーティが開かれた後、自宅に着いて車を降りた瞬間、撃たれた。

この事件の直後から、ＣＩＡの秘密を暴いたチャーチ委員会への批判がにわかに高まった。[10]この事件で世論の潮目が変わったようだ。

その後保守勢力が盛り返して、一九八〇年の大統領選挙ではロナルド・レーガンが当選した。同時に行われた上院選でチャーチは落選、その四年後、一九八四年に膵臓《すいぞう》がんで死去した。

ウォーターゲート事件後に権力の犯罪を追及した熱は、一九七五年末頃から徐々に冷め、チャーチによる「徹底調査」に反発する動きも出始めていた。[11]

2．事件の裏の裏

会計事務所の独断でもなかった

ロッキード事件は「裏」の話が多すぎる。だから、陰謀説をめぐる論議が盛んになる。筆者の長年の取材は容易ではなく、度々壁にぶち当たった。しかし、事件の「裏」に、さらにまた「裏」があったことを発見した時は、本当に驚いた。

それは、チャーチ小委が入手したロッキード文書に関する「真実」である。

最初に、ロッキード社の資料がチャーチ小委の事務局に「誤配」されたと伝えたのは、米紙の報道だった。

実際は、誤配ではなかった。第一章で記したように、ロッキード社の会計監査を担当するアーサー・ヤング会計事務所がチャーチ小委事務局に届けていた。顧客であるロッキード社と同委との板挟みに遭っていたアーサー・ヤングがロッキード社には言わずに、ひそかに同委に届けてくれた、とジェローム・レビンソン同委首席顧問は信じ切っていたようだ。

しかし、実はその「裏」には、また「裏」があった。

裁判で明るみに出た真相

他方SECは、ロッキード社の主張に屈せず、一〇月九日にロッキード社を相手取った裁判を起こした。SECは、高官名入り文書を提供するように求めたのだ。

その裁判記録から、①高官名「削除」の真相、②チャーチ小委へのロッキード資料の送付に関する真相――と二つの真実が明らかにされていた。ロッキード社顧問弁護士ロジャー・クラークは、一九七五年一〇月二一日に提出した宣誓供述調書で、二つの真実を明快に説明した。[12]「政府高官名」入り文書の「削除」に関して、クラークは「チャーチ小委の代表に文書へのアクセスを認める取り決めをした。……カネを受け取ったと指摘された政府高官の名前を物理的に文書から削除することで合意した」と証言している。[13]

他方、「裏」の「裏」は、次のような脈絡の中で明らかにされている。

同年八月二七日、三人のSEC検査官がロッキード社本社に到着して、「チャーチ小委の提出命令を受けて集められた全文書が彼らにも提供された」という箇所だ。[14]

この部分はまさに、アーサー・ヤング会計事務所の顧問弁護士がチャーチ小委に渡したのは、チャーチ委からの提出命令があった文書であり、それと同じ資料をロッキード社はSEC検査官にも閲覧させた、ということを意味する。

つまり、ここから見えるのは、アーサー・ヤング会計事務所からチャーチ小委への文書引き渡しをロッキード社が認めていた、という真実である。

レビンソンはそのことを認識していなかったので、文書が届けられた時、ロッキード社顧問弁護士に見られないよう、こっそりと片付けさせたというわけだ。これが、「裏」の「裏」の真実だった。

では、なぜ「裏」の「裏」があったのか。恐らく、ロッキード社もチャーチ小委も、最初から裏の裏を設ける意図はなかっただろう。しかし、ホートン会長もチャーチも、公聴会前の交渉で「取引」したことを知られたくなかった。

だから、ロッキード社は文書をチャーチ小委事務局に直接に届けるのではなく、会計事務所を通じて渡したのが真実だとみられる。チャーチはこの取引をレビンソン首席顧問にも隠していたので、その当時取引の事実を知らなかったレビンソンは、事務局に運び込まれた資料の箱をロッキード社弁護士に知られないようこっそり隠したのかもしれない。広まっていた「誤配」陰謀説を徹底取材した結果、裏のそのまた裏の真相が明るみに出た、ということになる。

ただ、SECは「高官名」が削除されたこれらの文書を閲覧するだけではまったく満足せず、裁判に訴えて文書の提出を求めた。クラークはまた、この宣誓供述調書で資料はまさに厖大《ぼうだい》で、約五万二千ページ、段ボール箱にして二十一箱もあった、と明らかにしている。[15]

3. 外交問題に発展

拡大する事件

ロッキード事件は西ドイツ（当時）、イタリア、カナダ、オランダ、サウジアラビア、ヨルダン、メキシコ、日本など八カ国以上に拡大していった。日本だけでなく、元西ドイツ国防相、フランツ・シュトラウス、オランダ女王の夫ベルンハルト殿下、さらにサウジアラビアの黒幕「フィクサー」、アドナン・カショギら、大物の名前も浮上していた。

事件は、これらアメリカの同盟国の政権を揺るがし、同盟関係に悪影響を与える恐れがある、とアメリカ政府も対応に苦慮していた。

ロッキード事件が外交問題に発展した最初のケースは、サウジアラビアのロッキード社製軍用機購入をめぐる問題だった。

サウジは贈賄分の払い戻し要求

国連総会に出席するために訪米したサウジ外相、サウド・イブン・ファイサル外相は一九七五年九月一八日、ホワイトハウスでフォード大統領およびキッシンジャー国務長官兼大統領補佐官と会談した。

サウド外相が「国王から頼まれた」として口火を切った。「贈賄の法的側面ですが、手数料が政府間の価格に付け加えられている。わが政府はこうした請求金は支払わないという立場です」と述べた。

ロッキード社製軍用機のサウジへの輸出にあたって、ロッキード社は仲介者のカショギに支払った手数料を軍用機価格に上乗せしていた。そんな手数料は支払わない、と外相はあからさまに言ったのだ。

また、カショギとサウド王家との関係が表面化したことにも、外相は不満をあらわにした。これに対してフォードは答えた。

「こうした（氏名の）公開は嘆かわしい。われわれは可能な限り個人を守る。違法なことはあなたの国以上に許容しない」

証拠が開示されないまま、個人名が報道されたことに対する批判だった。そして、「われわれはプレスをコントロールしていないので、彼らのすることを保証できない」とも言い訳した。

これに対し、サウド外相が「証拠がある名前ならともかく、無責任な疑惑にすぎない」と追及すると、キッシンジャーは「われわれは名前を出さないよう求めてきた。チャーチ上院議員には、名前を出すのはアンフェアだと伝えた」と、その場を収めた[16]。サウジの場合、「国名」と「フィクサー」の名前が公表されて外交問題になった。わいろを受け取った政治家の名前を公開するかどうか、という問題は、決して日本だけの問題ではなかった。

インドネシアとサウジの代理人

インドネシアでは、一九五〇年代から、スカルノ大統領の友人でフィクサーのアウグスト・ダサードがロッキード社の代理人だった。当初、軍用機として使われていたジェットスター機数機の販売で、ロッキード社はダサードに三％の手数料を支払っていた[17]。

スカルノ失脚後は、インドネシア空軍幹部のグループが直接窓口となり、五％の手数料をシンガポールの銀行口座に振り込んでいたという[18]。しかし、カネがスカルノや後継の大統領スハルトに渡されたかどうかなどの情報は明らかにされなかった。

サウジアラビアへの販売工作では、スタンフォード大学でも学んだフィクサー、アドナン・カショギが暗躍、他者の追随を許さなかった。彼は最初に、フランスからの戦車購入の商談をまとめて名を上げた。ロッキード社およびノースロップ社の代理人としても手数料を受け取っていた。

チャーチ小委が調査した一九七〇〜七五年の五年間で、その額は一億六百万ドル（約三百十八億円）に達していた[19]。カショギは、その中からわいろを一人の王子を含む政府高官に渡したと言われるが、その名前は報道されないままで終わった。

4．政府高官名めぐり裁判

田中の運命を決した最初の関門

証券取引委員会（SEC）がロッキード社幹部を召喚し、政府高官名を含む資料の提出をロッキード社に要求したのは一九七五年六月一九日のことだ。それ以後、両者は押し問答を繰り返した。なかなか埒《らち》が開かないため、SECは約四カ月後の一〇月九日、ロッキード社を相手取ってワシントン連邦地裁に訴えを起こした。

外国政府の高官名を記載した文書を、SECに対して提出する命令を出すよう連邦地裁に求めた訴訟だった。

最終的に決着が付いたのは、ワシントン連邦地裁のジョン・プラット判事が決定を言い渡した一二月一八日のことだ。この決定で、プラット判事は政府高官名が入ったロッキード社資料の扱いについて国務省の裁量を認める微妙な判断を示していた。まさに、この裁判は田中の運命を決した最初の関門となる。

証券取引委VSロッキード

SECがロッキード社を相手取って起こした訴訟は論旨が明快だった。一九七五年一〇月九日付の訴状で、SECは同社が召喚状に従わない「理由を示し、召喚状に従うよう」裁判所が命令を出すことを求めた。召喚状は、幹部が出頭して証言し、文書も提出するよう求める内容となっている。[20]

訴状の最後には、スタンレー・スポーキンSEC執行部長ら五人が署名している。

ＳＥＣが、この訴訟でロッキード社側と裁判所に対して求めたのは、次の二点だった。

１．召喚状に従って幹部が出頭、証言し、文書を提出していない理由を示せ。

２．召喚状に従って幹部が出頭、証言するよう裁判所が命令する。

ロッキード社側は、外国での不正なカネの支払いは、「わいろ」ではなく「キックバック（割戻金）」だと見なしていた。キックバックなら、正当な経費として「税控除が受けられる」という理屈からだった。だから召喚状の指示に従わなかった、と翌日付のニューヨーク・タイムズ紙は報じている。[21]

ＳＥＣの現地調査でメモも取らせず

連邦地裁に双方が提出した書面から、攻めるＳＥＣ側と、頑強に抵抗するロッキード社側が正面衝突した経緯がよく分かる。[22] ＳＥＣは、外国政府の高官名を特定すべく、粘り強い調査活動を進めていた。

改めて述べると、ＳＥＣは株主、投資家を保護するために、一九二九年の大恐慌後、フランクリン・デラノ・ルーズベルト大統領が創設した。株式市場の公正な運営を監視し、株式会社の不正を追及する。ロッキード社に不正行為の疑いがあれば、徹底追及するのが役割だ。

当初、ＳＥＣの検査官はロッキード社の資料を閲覧することしかできなかった。メモを取る場合でも、ロッキード社側は、政府高官名を特定できるような事実を書き込むことを認めなかった。活動をそれほど制限され、調査活動は難航した。ＳＥＣが裁判に訴えたのは当然だった。

その経緯は以下の通りだ。

・一九七五年六月一九日＝SECは法律に従って、一九六九～一九七四年の間の外国政府・政党に関係する人物への一千ドル（当時の為替レートで約三十万円）を超える支払いに関するすべての文書を四日後に提出するようロッキード社に求めた。

・七月一〇日＝法律事務所「ロジャーズ・アンド・ウェルズ」のウィリアム・ロジャーズ弁護士とSECスタッフの間で事実関係の経緯を示す文書の提出延期で合意が成立。その間、二百三十一人の社員がのべ五千七百時間を使って、九万九千ドル（約三千万円）の費用を支出して文書の捜索を行った。文書は約五万二千ページで、二十一箱に収められていた。

・七月一七日＝ロッキード社は、外国政府高官・政党に流れたと想定される支払いについて記述した二十一ページから成る説明文書をSECに提出した。

　この間、チャーチ小委の代表とロッキード社との間では、カネの支払いを受けた高官名を物理的に削除することで合意した。

・七月二九～三〇日＝ダニエル・ホートン会長が自発的にSECに出頭、聴取を受けた。ホートンは高官名に関する供述を拒否した。

・八月＝SECとの交渉が継続。ロッキード社は、外国政府高官への今後の支払いを禁止する仮処分を受け入れることで合意した。SEC検査官がカリフォルニア州バーバンクのロッキード社本社で文書検査を行うことで合意。

・八月二七日＝三人のSEC検査官がロッキード社本社に到着。チャーチ小委の提出要求に応じて集められた全文書が彼らにも提供された。[23] メモ取りは、カネを受け取った外国人を特定しない方法で認めるとの条件が付けられた。検査官はこの要請に同意し、従った。暗号化されたメッセージについては、ロッキード社の暗号表の提供を弁護士が要請。
・八月二八日＝SEC検査官は文書のカタログを作成して帰任した。
・九月＝カネの受取人を特定するメモを取らせないとするロッキード社側の要請をめぐって対立。
・一〇月二日＝SECは法に基づく文書提出を法的に執行することを決定。争いは法廷に持ち込まれることになった。（傍点筆者）

5．米国の外交安保を牛耳る

独壇場の外交安保

ニクソンが大統領に再選され、第二期政権に就いてから九カ月後の一九七三年九月、キッシンジャーはそれまでの「大統領補佐官（国家安全保障問題担当）」に加え、「国務長官」を兼務した。前任の国務長官ウィリアム・ロジャーズを押しのけ、米国の外交・安保は彼の独壇場になったのだ。兼務は二年余に及び、一九七五年一一月初めに、ようやく「大統領補佐官」を部下で「副補佐官」をしていた空軍中将ブレント・スコウクロフトに譲った。

キッシンジャーがロッキード事件に直接関与することになったのは、長官専任になって直後のことだった。

ロッキード事件に絡んで、さすがと言うべきか、ほとんど誰も気づかない巧みな仕掛けを作り、舞台裏で、ロッキード事件を動かす主役になっていた。それによって、田中角栄の名前が入った文書をどう扱うか、という核心的問題にキッシンジャー自身が関与することになったのである。

前国務長官が求めた協力とは

ロッキード事件で、キッシンジャーに協力を求めてきたのは、キッシンジャーの前任の国務長官、ウィリアム・ロジャーズだ。

ロジャーズは国務長官辞任後、前にいた法律事務所に共同オーナーとして戻っていた。そして、その事務所がロッキード社の法律顧問を担当していた。

ロジャーズは、一九四〇年代末からニクソンの親友だった。若い保守派の下院議員だったニクソンは、検事出身で議会の法律顧問をしていた同年齢のロジャーズと政治信条も似ていた。ともにゴルフ好きで意気投合し、「赤狩り」でも協力し合った。ニクソンが副大統領候補となった五二年の大統領選挙では、アイゼンハワー陣営で一緒に闘った。

アイゼンハワー政権で、ニクソンは副大統領、ロジャーズは司法副長官から長官に就任、友情は深まる。一九六八年大統領選挙でニクソンが勝利し、「腹心の友」ロジャーズを安心して国務長官に起用した。しかし、その後二人の関係は一変した。

ロジャーズは、外交には不向きな人物だったのだ。対中外交政策の論議に、当初はロジャーズもかかわっていたが、現実の外交で秘密訪中を成功させ、名を上げたのはキッシンジャー補佐官だった。

ロジャーズは、ニクソン＝キッシンジャーのラインとしばしば衝突した。一九六九年の演説で、ロジャーズはベトナムからの撤退は「不可逆的」と言明する。キッシンジャーは事前に演説内容を知り、削除させようと図ったが、ロジャーズは我を通した。ロジャーズはベトナム戦争の「即時停戦」を主張したが、ニクソンはこれを却下したのだった[24]。

ロジャーズは、インドシナ外交から締め出された形で中東外交に専念したが、成果も挙げられず、ニクソンは第二期政権が発足して約半年後、辞任を求めた。

姑息なキッシンジャー

キッシンジャーは、自分の回顧録では、さすがにロジャーズのことを口汚く罵ったりはしていない。ただ「ニクソン政権の外交マシンは、国務長官と私の間の率直な見方の相違によって、緊張感が生じた」と認めている。その違いは、ロジャーズが「戦術的」なのに対して、「自分のアプローチは戦略的かつ地政学的」だと主張している。[25]

確かに、そんな基本的な相違もあっただろう。しかし驚くのは、キッシンジャーが大統領補佐官として、ロジャーズをないがしろにし、さまざまな画策をしていたことだ。そのため、ロジャーズは浮いた存在になっていたのだ。

米ソ関係でも、キッシンジャーは国務長官に連絡せず、独自の判断で外交を進めた。一九七二年五月の米ソ首脳会談を前にして、両者の間で、次のようなおかしな主導権争いがあったことが近年明らかになっている。[26]

キッシンジャーは、アナトリー・ドブルイニン駐米ソ連大使がロジャーズと会談する予定を聞きつけて、その前にと、同年二月三日に同大使をホワイトハウスに招いた。

キッシンジャーが、前年からニクソン大統領とともに、ソ連側と秘密裏に行っていたのは、戦略兵器削減交渉（SALT）と中東和平問題だった。ドブルイニンがキッシンジャーから頼まれたのは、これらの秘密交渉の中身をロジャーズに言わないでほしいということだった、とドブルイニンは会談録に記している。米ソ間の秘密交渉を大統領補佐官が掌握していて、国務長官はまったく知らないという、「あり得ない」状況をキッシンジャーは形成していた。

前国務長官が、在職時に自分を陰に陽にないがしろにしてきた現長官に今度は頼み事をする。ロッキード事件の舞台裏で、そんなことが起きていた。

キッシンジャーは、いかに姑息《こそく》なことをしていても、わが身を振り返って反省するような人物ではなかった。かくして、前長官に仕事を頼まれた時も、感情を交えず、国務長官として権力を示すいい機会と考えたのだろう。

政府高官名の機密保持で対立

SECがロッキード社を相手取って起こした裁判が始まったが、両者の対立構図に変化はなく、法廷は膠着《こうちゃく》状態に陥った。

こうなると、SECの命令に従わないロッキード社側は分が悪い。いずれ、ジョン・プラット判事はSECの主張を認める決定を出す、と観測されていた。

実際、判事はいったん「決定」を出した。[27]

米国立公文書館所蔵の文書では、仮に出したとみられる決定には、判事の署名がなく、日付もない。ただ、年末の一二月一八日に言い渡した最終決定は、表題が「修正メモランダム・決定」とされており、先の決定を「修正」した形となっている。一二月二〇日付ニューヨーク・タイムズの記事も、「決定が修正された」と報じている。[28]

当初の決定で、判事は基本的にSECの主張を認めた。ただ、外国政府高官の名前については、機密化する案を示した。

所属国と氏名に「キー（鍵）」を設定し、ロッキード側証人が実名を証言しても、「発言録ではキーを表示する」という案だとしている。キーとは、暗号ないしはパスワードに類するものとみられ、秘密指定とあまり変わりがなく、機密保持の信頼性も疑問視された。

こうした法廷の動きに対して、ロッキード社でも国務省内でも警戒感が出ていた。

一〇月二〇日、国務省内でロッキード事件のとりまとめ役をしていた国務副長官インガソルは、国務省法律顧問モンロー・リーらとの会議で、対応策を協議した。国務長官あてメモは、機密保持に悲観的な状況を伝えている。事実を反映した発言かどうかは不明だが、次のように憂慮する発言が相次いだ[29]。

「問題は、ロッキードから手数料を受け取った人物をSECが公表したいと考えていることだ」
「現時点では捜査手続きを差し止めることはできない」
「可能な最善の行動は、SECが高官名と金額の公表を決めた時に、友好国に事前警告することしかない」

さらに、一〇月二二日の国務省幹部会でも、SECが起こした裁判について協議している。「わいろを受け取った外国政府高官名が不必要に公開されることを防ぐ措置」を取るべきだ、との意見で幹部会は一致した[30]。

こうした議論は、ロッキード社の弁護を担当する法律事務所「ロジャーズ・アンド・ウェルズ」にも伝わっていた。

SECが外国政府高官名を盛り込んだロッキード事件資料を公開すれば、米国政府と高官が所属する外国政府との外交関係が損なわれ、国際的な混乱に陥る、というのが国務省の立場だった。

6．キッシンジャーが得た国務省の裁量

ナゾの解明で浮かんだ決定的事実

本書の取材で、筆者はあるナゾが解けず、数カ月間呻吟《しんぎん》し続けた時期がある。

ワシントン連邦地裁のプラット判事の決定で、政府高官名を「公表禁止」とする「保護命令」が出ていたはずなのに、東京地検特捜部が入手した資料に「Tanaka」などの日本政府高官名があったのはなぜか、というナゾである。

プラット判事が「公表禁止の保護命令」を出した、と受け止めたのは社長のコーチャンらロッキード社側だった[31]。これに対し、特捜部が得た資料に日本政府の高官名を記した文書があった、と堀田が回想録で明らかにしている[32]。

これら二冊の著作を読み返し、一九七五年一二月一八日のプラット判事の決定から、ロッキード資料が東京地検に到着する七六年四月一〇日に至る約四カ月間に何が起きたか、その経緯を何度もチェックした。それでもナゾは解けなかった。

最後にコーチャン回想録を熟読して、「保護命令がある限り……ロッキード社の微妙な資料の公表は困難になるだろうと、やや安心しすぎた[33]」という一文に目が吸い付けられた。

それから、プラット判事の決定と、その決定の中に取り込まれたキッシンジャー「意見書」の二文書を長時間かけて読み直した。

その結果、決定的な事実を発見した。結論から先に言えば、政府高官名をSECに提出することを可能にする巧みな抜け道があったのだ。

政府高官名の扱いについて、
第一段階で「国務省の専門家が判事に助言する」。
第二段階で国務省の助言を取り込んで選択した文書をＳＥＣに提出する。
さらに第三段階では、関係文書を他の法執行機関に渡すことも可能にする。
というのである。

コーチャンが私蔵メモを提出

ロッキード社の顧問弁護士は、ＳＥＣへの関係文書提出という事態を避けるため、国務省から裁判所に対し、高官名の公表に反対してほしいと考えた。

そこで、三年前に日本でＬ１０１１トライスター旅客機の売り込み作戦を行った、ロッキード社長Ａ・カール・コーチャンに、弁護士が依頼した。

「国務省を説得するためになにか有効な文書はないか」と、コーチャンは頼まれたというのだ[34]。

コーチャンが少し考えて思い出したのは、「自分のメモの中に、日本政府高官の名前を書いたものが自宅にある」ことだった。

その紙は、自分と妻が長期滞在した、ホテルオークラ備え付けの電話メモ用紙だった。カネを受け取った六人の日本政府高官の名前が、ローマ字で走り書きされていた。当時の肩書きを記すと、次のような面々だった。

・橋本登《はしもとと》美《み》三郎《さぶろう》（自民党幹事長）
・二《に》階堂《かいどう》進《すすむ》（官房長官）

・佐々木《ささき》秀世《ひでよ》（運輸相）
・福永《ふくなが》一臣《かずおみ》（自民党航空対策特別委員長）
・佐藤《さとう》孝行《こうこう》（前運輸政務次官）
・加藤《かとう》六月《むつき》（運輸政務次官）

それぞれの名前の後に、50と数字が書き込まれていた。これは五百万円の意味で、実際に渡した金額ではなく、渡した総額三千万円の一人平均の額だった。後述するが、東京地検特捜部が米国側から受け取ったメモには違う金額が書き込まれていた。

このメモを国務省に渡して、ことの深刻さを訴えれば、国務省は外国政府の高官名が入った文書の公開を差し止めるために動いてくれる、とコーチャンは信じていた。

コーチャンは、ロッキード本社で、他の役員や秘書らが帰宅した後、社内の複写機を使ってコピーを作り、弁護士に渡した。よほど重要な文書と考えたのだろう。郵送せず、弁護士が自分の手でワシントンに運んだ。

ワシントンの「ロジャーズ・アンド・ウェルズ」法律事務所は、メモは「大変役立つ」と喜んだ。国務省側に渡して、キッシンジャーから「『機密メモ類の公開は望ましくないことを進言する』手紙をもらうよう努力する」と電話で伝えてきた。

「『これで、われわれは十分保護された』――私はそのときこう感じて安心したものである」とコーチャンは書いている。[35]

しかし、結果はまったく逆だった。約九カ月後、コーチャンはこのメモなどの証拠物件に関して「嘱託尋問」の場で質問されることになる。がっかりしたことだろう。

コーチャンは、キッシンジャーの真意を見抜くことはできなかった。だが、メモを渡した当時、コーチャンは必死だった。

巧みなキッシンジャー「意見書」

キッシンジャーがロッキード社顧問弁護士から頼まれて書いたのは「Suggestion of Interest」。直訳すれば、「関心の提議」。意訳すれば、「意見書」に近い文書とみていい[36]。

振り返れば、「意見書」は、彼がロッキード事件関係で書いた最も重要な文書だった。

恐らく、長官自身がおおまかな内容と目的を説明して、国務省法律顧問室が起草、再び長官のチェックを得て決済した文書だろう。コーチャン回想録などでは「手紙」などと訳されているが、内容から見て、単なる書簡ではなく、国務省の立場を通告した「意見書」と呼ぶのが現実に近い。

国務長官は、これを一九七五年一一月二八日付で司法長官エドワード・レビに送付した。冒頭で、司法長官の権限で、「米国としての関心」を行使するよう求めている。最終的に、二週間後の一二月一二日、司法長官はこれをそのまま、ワシントン連邦地裁に提出しており、米国行政府の「意見書」という形式になったとみていい。

以下に、キッシンジャー意見書の要旨を記しておきたい。（各項は筆者が適宜、数字を振り、意訳した）

1　国務省担当官は、ロッキード社から秘密の支払いを受けたとみられる友好国高官の名前を含む文書のうち、提出命令が出ているいくつかの文書を検査した。

2　今回のケースの初期的段階で、外国高官の名前と国名が第三者に早まって公開されると、米国の外交関係にダメージを与える。

3　我々が関心を表明するのは非常に少数の文書だけである。

4　プラット判事が望めば、国務省代表が判事と面会して非公開で助言し、国務省の関心領域の正確な限度について話し合いたい。

5　国務省は、こうした支払いをした米国企業を、正当な法執行措置から保護しないとの意志を表明してきた。

6　我々が一定の文書の保護に関心を持つのは、確認されていないにもかかわらずセンセーショナルで、ダメージを与える可能性がある情報は公開すべきではないからだ。

7　国務省は、捜査および法執行措置の妨げにならない限りにおいて、米国外交政策上の利益のために情報保護を要請する。

8　外国政府高官名が第三者に早まって公開されるのを防ぐ保護命令を出すかどうかについては、裁判所の判断に任せる。

（傍点筆者）

最初にこれを読んだ時には、難しいのでただ読み飛ばしただけだった。問題意識がなかったら、何度読み返しても、なかなか真相を解き明かすことはできなかっただろう。

しかし、最後に読み直した時には問題意識を持って、しっかりと懐疑的に読むことができた。「政府高官名」を含む資料が「情報保護」されたはずなのに、なぜＳＥＣに提出され、最終的に東京地検に渡されたのか。恐らく、何らかの抜け道が隠されているに違いない、という問題意識である。

政府高官名の扱いで国務省に裁量権

その結果、三つほど重要なポイントがあることに気が付いた。

第一のポイントは、「情報保護」を求めていることだ。確かに、第2、6、7、8項は情報保護の必要性に言及している。

チャーチ小委のロッキード事件調査で「サウジアラビア」の国名などが出て、サウジの外相から抗議を受け、当惑した記憶はまだ鮮明だっただろう。外国政府高官名が公開されると、明らかに米国の外交はもっと大きいダメージを受ける。

しかし、主張はそれだけではなかった。

第一のポイントを直球とすれば、第二のポイントは空振りを誘うスライダー、第三のポイントは確実に三振を取るフォークボールと言えるかもしれない。

第二のポイントは、国務省の専門家が裁判官に「助言」しますよ、という提案である。第4項に「国務省代表が判事と面会して非公開で助言し、国務省の関心領域の正確な限度について話し合いたい」とある。

判事に「助言」するのは、「国務省の関心領域」だが、そもそも、国務省がこの事件で関心を持つ領域とは一体何か。文脈から見ると、外国政府高官名が公開されて、「米国の外交関係」がダメージを被ることが問題だ、ということになる。

それでは「関心領域の……限度」とは何か。政府高官名について、すべて一律に非公開、とするのであれば、そもそも「限度」など設ける必要はない。限度について話し合う必要があるというのは、政府高官名をSECに提出するにあたって、その是非を個別に助言する。つまり、提出すべき名前と提出すべきでない名前があるので、振り分けるということだろう。世界各国の外交・安保の情報や専門知識を持つ国務省が、ケースバイケースで具体的に、政府高官名の公開の是非を判事に助言する、という意味だとみていい。

基本的に重要なのは、政府高官名について、SECへの提供の是非を個別に判断する裁量権を国務省が握ったことだ。

「助言」という名の秘密兵器

この裁判で焦点になったのは、政府高官名が公開されて、米国の外交が「ダメージ」を受ける事態をどのようにして防ぐか、ということだった。

しかし、判事には専門知識がない。そこで、外交・安保に関する豊富な情報や知識を備えている国務省が判事に「助言」するのは至極当然で、誰からも批判されない。

そこに、意見書が斬り込んだところがミソだった。だから、この「助言」はキッシンジャーが意見書に潜らせた秘密兵器と言っても過言ではない。この武器は、非常に手の込んだ精密武器で、その危険性を察知する人はほとんどいなかったのだろう。

国務省は米国政府の筆頭官庁であり、国務長官は内閣の筆頭閣僚なので、その助言は優先される。

この「助言」という言葉、原文では「counsel」が使われている。法律用語の名詞としては「弁護士」「検事」の意味もあり、動詞としては相談、忠告、助言などの意味がある。ここでは動詞として使われており、訳語としては「助言」をあてた。

「法執行」のためSECに高官名提供

第三のポイントは、捜査機関による「法執行」の重要性を強調していることだ（5項）。国務省は、外国政府高官に不正な支払いをした米国企業を、「正当な法執行から保護しない」と断言している。違法行為を見逃さない、という意味であり、準法執行機関であるSECへの協力を明言した形だ。

第4項と第5項を合わせた結論は、国務省は、判事に助言する形で、SECに対して提供する政府高官名の扱いを決める、ということだ。

第四のポイントは、違法行為に対して法を執行する必要がある場合、SECに対し、政府高官名入り文書を提供すべきだというのだ。

それによって、結果的に、何らかの法律違反でSECの支援を得た検察が起訴相当と判断した場合、政府高官名は公開される可能性が出てくる。

ただ、SECから外国政府の検察庁など、法執行機関に資料が提供される場合には、外国政府と協定を結ぶ必要があり、もう一段のハードルを越えなければならない。

捜査終了後の公表は可

捜査機関が捜査の結果、起訴などの刑事処分を行えば、外国政府の高官名が公表される。この意見書では言及していないが、起訴後の情報公開はやむを得ない、と考えられていた。

ただ現実には、当時の米国の法体系では、外国政府高官に対するわいろの支払いは国外犯として、処罰の対象となっていなかった。

だから、キッシンジャー意見書を受け入れても、ロッキード社関係者が起訴されることはないだろうと、ロッキード社顧問弁護士らは考えていたとみられる。

SEC執行部長スタンレー・スポーキンは、こうした行為を禁止する「海外腐敗行為防止法（FCPA）」の法制化を強く主張していた。

だから、スポーキンは「日本に対しても必要な情報は可能な限り提供する。大きい事件になれば、それだけＦＣＰＡ成立に追い風になる」という考え方だったと筆者に語ったのだ。[37]

ＳＥＣのロッキード捜査は起訴に至らなかった。しかし、ロッキード事件を良き反省材料にして、米議会は一九七七年、ＦＣＰＡを可決、大統領の署名を得て成立した。

「Tanaka」の名前を既に確認か

キッシンジャー意見書はこのほかにも、さらに重大な事実を明らかにしている。

ＳＥＣからロッキード社に対して「提出命令が出ているいくつかの文書」を、国務省担当官が検査していたことだ（第1項）。つまり、国務省は、ロッキード社の関連文書を事前にチェックしていたのである。

しかも、「ロッキード社から秘密の支払いを受けたとみられる友好国高官の名前」を確認した、と認めている。ただ、高官名が記されていた文書は「非常に少量」だというのだ。

つまり、キッシンジャー意見書が発出される前の時点で、国務省は、田中角栄ら政府高官や児玉誉士夫ら仲介者の名前を確認していた可能性がある。

そこではっと思い出したのは、日本でもロッキード事件が表面化して、事件の捜査で中心的な役割を果たした東京地検特捜部検事・堀田力の著書『壁を破って進め』に残された、ある記述だ。

事件が露見した二日後の一九七六年二月七日、堀田がアメリカ側の情勢を探るため、当時駐米大使館一等書記官として出向していた、後の検事総長の原田明夫に電話した時のことである。堀田が「ＳＥＣに政府高官の名前の出ている資料があるかもしれない？」と尋ねると、原田は「政府のどこかにないと、キッシンジャーが出て来て、秘密にしろと言うはずがない。彼は、政府高官の名前を知ってるんじゃないですか」と、答えたというのだ。[38] まさにご明察だと思われる。ただ、キッシンジャーは単純に「秘密にしろ」と言ったわけではなかった。

さらに考えられるのは、キッシンジャーは（部下も含めて）、田中角栄らの名前を確認した上で、意見書を起草した可能性があることだ。その際に、田中角栄の名前を確認したことが、意見書の内容に一定の影響を与えたのではないか、という疑問が残る。

つまり、田中角栄の名前が入った文書を意識して、国務省が考える公開／非公開の「限度」についてプラット判事に助言する、と意見書に記した可能性があるとみられる。

連邦地裁の決定に従って、ロッキード社がＳＥＣに提出した資料について、国務省が「助言」することになる。では、果たして、その助言はどんな内容だったのか。

ＳＥＣ──→司法省──→東京地検という形で日本に提供される捜査資料の中身が、その答えを提供するであろう。

キッシンジャー、副長官と対立か

ここで気になるのは、一九七五年一〇月二〇日と二二日に、国務副長官インガソルが主宰して国務省内で行われた幹部会での、議論の内容との比較である。[39]

インガソルらの議論では、ＳＥＣが政府高官名を「公表したいと考えている」などと、ＳＥＣに対して強く警戒する発言まで出ていた。それに比べると、キッシンジャー意見書の内容はずいぶん柔軟なものになった印象が強い。

意見書は、国務省が法執行のために必要だと判断した政府高官名入り文書は、ＳＥＣに引き渡すべきだ、としているのだ。

キッシンジャーは恐らく、この意見書には起草の段階から、関与していたに違いない。ロッキード事件で国務省および自分が負うべき役割を認識し、国務省並びに国務長官の権限を確保する意図があったとみられる。

そもそもキッシンジャーは、外交の舞台でもこうした仕掛けを工夫してきたことに誇りを持っている。第二部で詳述するが、例えばニクソン訪中時の「上海《シャンハイ》コミュニケ」もそうだ。ロッキード事件のような出来事と外交政策に共通するキッシンジャーの手法は、国務省および自分がどれだけ「フリーハンド」を確保するか、という問題意識だった。

ただ、そのことがインガソルらとの軋轢《あつれき》を生んだ可能性がある。インガソルは、ロッキード事件がまだ片付いていない翌一九七六年三月末に、突然、副長官を辞任することになる。

7. 連邦地裁が最終決定

国務省の「懸念」を取り込む

ワシントン連邦地裁のジョン・プラット判事は、キッシンジャー意見書を受け取って一週間後の一二月一八日、最終決定を出した[40]。

「国務省の懸念は原告（SEC）が求める文書提出命令の一部修正で適切に対応が可能」として、国務省の懸念を取り込んだ形で、大筋でSECの主張を認め、以下のような決定を言い渡した。

・原告SECの命令申請を認め、通告から五日間のうちに被告ロッキード社はダニエル・ホートン会長らが証言に応じ、現在捜査対象となっている文書を提出する。

・本決定に従い、被告側が提出する文書については、当裁判所の法的管理下に置く。
・SECは、大陪審以外、あるいは裁判所が決定する一定の救済措置を得る以外に、被告側から提供された文書を第三者に引き渡してはならない。
・本決定は、被告側が提出した文書について、捜査手続き、政府の法執行機関への情報提供、司法省の適切な要請への対応などSECの能力に影響を与えることはない。

これでロッキード事件捜査では、ワシントン連邦地裁決定とキッシンジャー意見書の二つが、基本文書となった。

最も重要なポイントは、前者では、事件資料が地裁の「法的管理下」に置かれたこと、後者では、政府高官名について国務省が判事に「助言」する権限を得たことだった。

しかしこの先、もう一つの関門が控えていた。資料を東京地検に渡すにあたって、政府高官名をどう扱うか、だ。

裏切られたコーチャン

この決定で、プラット判事はキッシンジャー意見書を重視し、「いわゆる公表禁止の保護命令を出した」とコーチャンは理解した。

その結果、外国政府高官関係の資料は、「ロッキード社当事者の了解なしに」公表することが「禁じられた」と考え、「安心した」と書いている。だが、そんな想定は裏切られ、「やや安心しすぎた」と反省もしている。[41]

ロッキード社の顧問弁護士の中に、キッシンジャー意見書の内容に疑問を持った者もいた可能性は十分ある。しかし、キッシンジャーに意見書提出を依頼したのは、まさに彼ら自身であり、国務長官が書いた意見書の内容に疑義を唱えることなどできなかった。

この決定の結果、ロッキード文書は、ワシントン連邦地裁の法的管理下に置かれた。その限りでは、公表禁止となる。しかし、判事は国務省の専門家の助言を適宜得て、SECへの資料提出を終えたに違いない。

それが証拠に、東京地検特捜部が司法省を通じて得た文書にTanakaらの政府高官名があった、と堀田の回想録が明記している。[42]

また、SECは司法省など、他の法執行機関に対しても文書を提供することができる。

では、外国の捜査機関に対しても、提供すべき文書か、提供すべきでない文書か、という判断を国務省はいつするのか。次の段階で、新たな課題が生じる。

この時点で、日本ではまだ、ロッキード事件は表面化していなかった。しかし、表面化の約一カ月半前に、事件資料をめぐる基本的ルールは、既に決められていたのだ。

レビンソンの直撃質問に慌てた国務省

事件資料をめぐる連邦地裁決定とキッシンジャー意見書に疑問を挟む発言をした者は、筆者の取材では、一人の関係者を除いて、他にはいなかったようだ。

日本でロッキード事件が表面化する約一カ月前の一九七六年一月七日、チャーチ小委と国務省幹部の協議が行われた時のことだ。[43]

その席で、チャーチ小委首席顧問のジェローム・レビンソンが、国務省の狙いについて質問した。さすが、鋭い問題意識だ。

「国務省は事件に関与した人の名前が公開される前に、（プラット判事に）相談してもらいたいと考えているのか？」

虚を突かれた国務省法律顧問、モンロー・リーは「裁判所は情報保護の手続きを取ると信じている」と、原則論でごまかそうとした。

そして「ＳＥＣは捜査および訴訟の権限に対するいかなる制約にも抵抗する」と述べ、法執行機関の立場を尊重するという話にすり替えた。

それ以後、この議論は深層にまで入っていかなかった。リーが話しにくそうにしていたので、レビンソンは配慮して追い込もうとしなかったようだ。

第四章注

1 Lewis Solomon and Leslie Linville, Transnational Conduct of American Multinational Corporations: Questionable Payments Abroad, Boston College Industrial And Commercial Law Review, Volume XVII, March 1976, Number 3

2 Levinson, Who Makes, PP202～203
NA, RG21, for the District of Columbia, MISC 75-0289 S.E.C. v Lockheed Aircraft Corp. -1 vol. & 1 trans Box11

3 Boulton, The Grease Machine, PP265～267

4 Multinational Corporations And United States Foreign Policy, Part 12, PP341～342

5 二〇〇七年八月三〇日、アメリカン大学での筆者とのインタビュー。

6 Boulton, The Grease Machine, P268

7 同、PP267～268

8 Levinson, Who Makes, P21

9 Ashby, Fighting the Odds, P479

10 同、P485

11 Boulton, The Grease Machine, PP267～268

12 NA, RG21, for the District of Columbia, MISC 75-0189 SEC V Lockheed Aircraft Corp.-1 Vol. & 1 trans Box 11, Affidavit of Roger A. Clark in Opposition to Application and in Support of Cross Motion

13 同

14 同

15 同
16 FL, National Security Adviser. Memoranda of Conversations, 1973-1977, Box 15, September 18, Ford, Kissinger, Saudi Arabian Foreign Minister Prince Saud ibn Faisal
17 Boulton, The Grease Machine, P113
18 Noonan, Bribes, P659
19 同、P659
20 NA, RG21, Misc. No.75-0189, SEC V Lockheed Aircraft Corp. Box 11, Motion For Order To Show Cause And Order Requiring Obedience To Subpoena
21 New York Times, Lockheed is sued by U.S. on Bribes, by Robert M. Smith, Oct. 10, 1975
22 NA, RG21, District Courts of the United States for the District of Columbia, MISC 75-0189, Box 11
23 チャーチ小委に「誤配」された、と当初報道された文書は、ロッキード社自身がまとめたもので、最終的に小委に提供されたことをロッキード社はここで認めている。
24 New York Times, William . Rogers, Who Served as Nixon's Secretary of State, Is Dead at 87, Jan. 4, 2001
25 Henry Kissinger, White House Years, Little, Brown and Company, 1979, P31
26 National Security Archive, Kissinger Conspired with Soviet Ambassador to Keep Secretary of State in the dark: https://nsarchive2.gwu.edu/NSAEBB/NSAEBB233/2-3-72.pdf, accessed on June 4, 2018
27 NA, RG21, for the District of Columbia, MISC No. 0189, Box 11 Order
28 New York Times, Order Is Revised On Lockheed Data, Dec. 20, 1975
29 NA, G59, AAD, P210133Z OCT75 ZFF4 FM SECSTATE WASHDC TO USDEL, SUBJECT: DAILY ACTIVITIES REPORTS FROM THE PRINCIPALS, MONDAY, OCTOBER 20, 1975
30 同、P222342Z OCT75 ZFF4, SUBJECT: DAILY ACTIVITIES REPORTS FROM THE PRINCIPALS FOR WEDNESDAY, OCTOBER 22, 1975
31 コーチャン『ロッキード』、二九～三四頁
32 堀田『壁を破って』上、一二九～一四二頁
33 コーチャン『ロッキード』、三四頁
34 同、二四～二九頁
35 同、三四頁
36 NA, RG21, for the District of Columbia, MISC No. 0189, Box 11, The Secretary of State, November 28, 1975, Dear Mr. Attorney General:
37 二〇〇八年三月五日と二〇一六年九月九日にインタビュー
38 堀田『壁を破って』上、一四頁
39 NA, G59, AAD, P210133Z OCT 75 ZFF4 FM SECSTATE WASHDC TO USDEL, SUBJECT: DAILY ACTIVITIES REPORTS FROM THE PRINCIPALS, MONDAY, OCTOBER, 20, 1975
P222342 OCT 75 ZFF4 同WEDNESDAY, OCTOBER 22, 1975
40 キッシンジャー意見書には「一九七五年一二月二二日」と連邦地裁書記官のスタンプが押されているが、プラット判事の決定文では提出日は「一九七五年一二月二一日」とされている。
41 コーチャン『ロッキード』、三四頁
42 堀田『壁を破って』上、一二九～一四二頁
43 NA, RG59, Records of Robert Ingersoll, Memorandum Of Conversation, January 7, 1976

第五章　角栄の運命を決めた日

はじめに

事件の三段階

ここで、ロッキード事件を三段階に分けて整理しておきたい。

第一段階「事件の発覚」。同業他社トップによる想定外の証言で、ロッキード社の秘密販売工作が発覚、米上院外交委員会多国籍企業小委員会（チャーチ小委）の調査開始。

第二段階「ワシントン連邦地裁決定」。米証券取引委員会（ＳＥＣ）が、政府高官名入りの文書をロッキード社から入手。

第三段階「日本で事件が表面化」。東京地検特捜部がロッキード文書を入手して本格捜査開始、約三カ月半後に田中角栄逮捕へ。

ここまでで、第二段階の終了時点まで来た。

第五章では、第二段階から第三段階に移る、緊迫した局面を追っていく。

最終的に文書はＳＥＣ→司法省→東京地検へと移動する。日米司法当局が交渉し、国務省が政府高官名に関して判断し、そして東京地検が文書を入手する、ということになる。

主な日程は次の通り。

・一九七六年二月五日　日本でロッキード事件が表面化
・二月一八日　東京地検特捜部が捜査に着手
・三月二三日　資料提供に関する日米取り決めに調印
・四月一〇日　ＳＥＣ資料が東京地検に到着

「政府高官名」めぐり国務省内対立

事件解明のカギとなるのは、「政府高官名」の入手とロッキード社幹部の事情聴取だった。二つのカギは両方とも、アメリカが握っていた。

与野党の議員団は、情報の発信源であるチャーチ小委に押し掛けた。外務省は高官を「密使」として派遣、検察庁は米司法省に知己の多い堀田力検事を急派する。

日本側は、ワシントン連邦地裁が前年一二月に出した決定の詳細を把握していなかった。

この決定を受け、ロッキード社は政府高官名を含む資料をＳＥＣに提出した。

次は、ＳＥＣの文書をどのようにして、東京地検が入手するか、だ。東京地検への資料提供にかかわるルールも、次のような連邦地裁の決定で、すでに決まっていた。

・資料はワシントン連邦地裁の「法的管理下」に置く。
・国務省は政府高官名の扱いについて判事に「助言」する。
・ＳＥＣは、大陪審あるいは裁判所の決定で、ロッキード社から提供された文書を第三者に引き渡すことが可能になる。

従って、東京地検への資料提供にあたっては、連邦地裁が東京地検への資料提供を可と決定し、政府高官名入り文書については国務省が助言する、という手続きになる。

だが、東京地検への資料提供をめぐり、国務省内で対立があった。政府高官名入り文書を提供すれば、自民党政権が崩壊する恐れがあるとして、省内から反対論が出たというのだ。

日本側は重要なヒントを聞き逃す

日本側は当時、こうした手順を把握していなかったとみられる。

米国側は、二月から三月にかけて、日米の大使級協議や国務省幹部の議会証言で、ヒントとなる重要な発言をしていた。しかし、日本側はそうした重要なヒントを聞き逃してしまっていたようだ。

日本側が、前年一二月の連邦地裁決定を子細に検討していなかったからだとみられる。

外務省と検察庁、国会議員団の三者が動いたが、情報交換した形跡はなかった。特に、外務省が国務省の動きをまったくフォローできていなかったことが痛かった。

1．国務省の裁量に気付かなかった日本

情報の不共有

この事件では、実は国務省の役割が重要なポイントとなっていたが、国務省の日本側のカウンターパートである外務省は、そのことにまったく気付いていなかった。

検察庁から在米日本大使館に一等書記官として出向している検事は、大使館の政務部に所属している。だが、外務省から配置された同部所属のプロパーの外交官と、情報を共有し合うことはなかった。

チャーチ小委の動きをフォローしていた「若き外交官A」（第一章参照）は、この問題で国務省とは接触していなかったのだ。大使館は縦割りの出先機関で、検事と外交官が互いに協力し合って手分けし、国務省や司法省、ＳＥＣなどの出方を探ることはなかった。

外務省の密使

外務省は二月九日、事務方ナンバー２の有田《ありた》圭輔《けいすけ》外務審議官を秘密裏にワシントンに派遣した。彼の動向は、当時の新聞には掲載されておらず、同日付のジェームズ・ホジソン駐日米大使からキッシンジャー国務長官あて公電、および同日付の国務長官から在外公館あて公電に記述されていた[1]。

有田の訪米は、ひそかに米側の事情を探る目的だったとみられ、事前にアポも取らず、同日早朝に突然、ロバート・インガソル副長官の自宅に電話して、インガソルのアパートに押しかけた。前駐日大使のインガソルは、有田とは懇意だったようだ。

「日本の政府高官名は明らかにされるのか」「チャーチ小委員会は日本関係でさらに情報を明らかにするのか」。矢継ぎ早に有田は尋ねた。チャーチ小委は政府高官名を把握しておらず、日本関係の公聴会も既に終了している、とインガソルは答えた。

逆に、インガソルの質問に対して有田が答えた中身を、公電は克明に記している。「田中（角栄）と中曽根（ロッキード社による不正支払い時の通産相）が児玉（誉士夫）、小佐野（賢治）、丸紅を通じてカネを受け取った疑いが最も濃厚というのが、日本メディアの憶測」と有田は話した。インガソルの方が聞き上手だった。

日本への資料提供は可能

ロッキード事件の真相究明に積極発言を繰り返していた三木武夫首相は、確実な情報が取れず、焦っているように見えた。二月一三日には、宮沢喜一外相に対して「得られるだけの資料を米国に要請してほしい」と指示した。

この指示を受けて、駐米大使、東郷文彦《とうごうふみひこ》が動いた。五日後の一八日、東郷は国務省を訪ね、国務副長官インガソルと面談する。東郷は「ロッキード事件に関して、日本政府高官名を含めて、どんな情報でも提供してほしい」と、日本政府の要請を繰り返した。

インガソルから在京米大使館あての二〇日付秘密公電は、そう伝えている。[2]

東郷はワシントンに着任して間がなかったが、三木の指示通り、急ぎ情報収集に乗り出した。大使として、フォード大統領に正式に信任状を奉呈したのは、インガソルとの面談の六日後だった。

インガソルに対して、東郷は「米国政府が所有する文書に日本政府の高官名があるかないか確認する方法はないか」とストレートに聞いた。

だが、インガソルの回答は期待外れで、「国務省では分からないし、文書を持っているわけでもない」と答えただけだった。インガソルが、日本への「政府高官名」提供に非常に慎重だったことがよく分かる。やはり、そのことが、翌三月末に彼が突然国務副長官を辞任する理由につながるのだろう。

ただ、同席した国務省法律顧問モンロー・リーは日本への文書提供に前向きな態度を示し、次のように語った。

「国務省はチャーチ小委および米証券取引委員会（ＳＥＣ）と接触しており、文書の提供を求める日本政府の願望を周知し続ける。文書を（ＳＥＣから）司法省に渡し、日本の法務省に提供するよう求めることは可能だ」

リーが指摘した通り、結果的にＳＥＣ→司法省→東京地検という形で文書が渡された。

駐米大使、米高官発言の重要性に気付かず

この面談の中で、最も重要だったのはリーの次の発言だった。

「国務省は数カ月前に司法省に意見書を提出し、裁判所にロッキード事件に関わる文書への保護命令を要請しました。日本関係だけではなく、他の諸国にも関連する文書です。これは公開を防止するためではなく、単に捜査終了前に名前と容疑が事前に漏れないようにするためです。米国の国際関係へのダメージを恐れているからです。しかしながら、ＳＥＣが日本への文書提供を決めた場合、われわれが保護命令の修正を求めることはあり得ます」（傍点筆者）

この発言は、ＳＥＣ→司法省→東京地検、という手続きで日本側に文書が渡される場合でも、国務省が「国際関係へのダメージ」がないように配慮しながら、「保護命令」の「修正」を加える権限を持つ、という意味である。

傍点部分に注目してほしい。これらの部分は、非常に含蓄が深い。

「名前と容疑」が「捜査終了前」に漏れないようにする。ただし、その裏には「捜査終了後」、つまり、日本の捜査機関による証拠固めで「クロ」と判断され、起訴に至った場合には、名前と容疑は情報公開してもいい、という現実が隠されている。それは、日本なら日本の捜査機関による捜査の結果次第である。

こうした発言は、あのキッシンジャー意見書と連邦地裁決定が基礎になっていることが分かる。

しかし、東郷大使らは、リー発言を正確に理解していなかった。この会談に関する公電を、外務省への情報公開請求で入手して分かった。[3]

東郷は、二月一八日付の「極秘大至急」の本省あて公電で「ＳＥＣとしては……ＳＥＣの保有資料を日本政府に提供することは困難とみられる」と報告しているだけだ。特に、リーの発言をまったく理解していなかった。細かい手続きでも、間違った事実を記している。

東京地検への文書提供も国務省が判断

さらにもう一つの傍点部分にもっと重要なことが書かれている。ＳＥＣから司法省を通じて日本への文書の提供を認めた場合でも、国務省には「保護命令」を「修正」する権限があるというのだ。つまり、ロッキード社→ＳＥＣへの文書提出の際に、国務省が「助言」したが、ＳＥＣ→司法省→東京地検への文書引き渡しに際しては、国務省の判断で、渡す文書を「修正」する場合があるという意味だ。

現実の結果を先取りして言えば、田中角栄の名前を記した文書を日本側に渡している。それは、日米関係に過度のダメージを与えないという判断を国務省がしたからだ、ということになる。その半面、日米関係に回復不能なダメージを与えると想定された文書は渡さなかった、ということになる。

かくして、外務省ルートでの情報収集活動は進展がなかったが、日米の司法当局者間では、地道な作業が進められていった。

国務省は資料をチェック済み

インガソルは、議会でも日本政府に提供する資料の問題について説明を求められた。三月五日の米上下両院合同経済委員会政府優先度経済小委員会の公聴会である。[4]

ウィリアム・プロクシマイアー委員長（民主党、ウィスコンシン州選出）が質問した。

「どんな証拠があるのか？　わいろを渡そうと誘う側は非常に慎重なはずだ。彼らは書いたものを残さないだろう。写真やテープなど確実な証拠を求めているのか」

インガソルが言葉に詰まっても構わず、プロクシマイアーはたたみかけて質問した。

「日本政府は、わいろを受け取った者の氏名を含めた詳細の提供を正式に求めている。裁判所の立場もあり、日本政府はまだこうした証拠を確保できていない。国務省はそんな要請に公式にどう対応するのか？　詳細は日本政府に提供されたのか？」

これに対して、インガソルは「キッシンジャー書簡（意見書）が裁判所に送付されている」と証言し、書簡のコピーを渡して、重要な部分を読み上げた。

「国務省担当官は、ロッキード社から秘密の支払いを受けたとみられる友好国高官の名前を含む文書のうち、提出命令が出ているいくつかの文書を検査した」

プロクシマイアーはそれで納得せず、念を押した。

「国務省はどの国が無実の人を保護できるかどうか判断するすべを備えている。その点で優れた記録を持つ日本のような国にはこうした情報を提供できるだろうということだね」

インガソルは、国務省がチェックした資料を日本側に渡す、という意味で証言し、プロクシマイアーも同意したのだった。日本の「優れた記録」とは、日本の司法のこととみられる。国務省はロッキード事件資料を日本などに引き渡す前にチェックしていた、と米政府高官が公開の場で発言したのは、これが初めてとみられる。だが、日本メディアはこの部分をまったく報じなかった。

プロクシマイアーが、「こうした手続きはいつ確立されたのか」と質問すると、インガソルは「先週です」と答えた。この日、三月五日は金曜日だった。文書の対日提供に関する日米取り決めの調印は、十九日後の三月二三日になるが、大まかな合意は前週二月二七日にできていた。

「先週」とは、当時、法務省刑事局で渉外担当の参事官をしていた堀田力ら日本側と、米司法省幹部らが出席して国務省で行われた日米協議のことだろう。

インガソル証言について、翌三月六日付の日本各紙は、米国が日本に提供する資料に記載された政府高官の名前は、検察当局が起訴するまで公表できない、という発言を大きい見出しで報道した。

結局、事件への国務省の関与は、日本国民には知られないままだったのだ。

日本の外務省もメディアも、この点をしっかり把握していなかった。だから、インガソルら国務省高官が日本政府高官に対して、資料の中身について「国務省は分からない。文書を持っているわけでもない」とはねつけると、日本側は引き下がるしかなかったようだ。

2．東京地検特捜部が動く

「国民は絶対に納得しない」と検事総長

ロッキード事件がはじけた時、検事の堀田力は、鳥取に出張していた。海辺で思いにふけっていると、突然、事務官が砂浜を駆けて来て「アメリカから、とんでもない事件が出て来たんです」「（東京に）帰りましょう」と叫んだという。携帯電話のない時代だった。

概要を聞いて、堀田は「戦後最大の疑獄になる」と直感した。[5]「なんとしても、私はこの事件をものにしたかった。こういう事件を解明したくて、検事になったのである」と記している。だが、捜査は容易ではなかった。「証拠は全部アメリカにある。それをどうして入手」するかが、最大の問題だった。[6]

堀田が帰京して桜田《さくらだ》門外、赤レンガの法務省二階にある刑事局長室に入ると、安原美穂局長が「どうしたらええ？」と尋ねてきた。この時も二人は京都弁で話したようだ。堀田が「アメリカ政府に証拠をくれというしかないでしょう」と答えると、安原は「事件がやれるかね」と突っ込んだ。

堀田は「国境という壁」を乗り越えて捜査をどのようにしてすすめたらいいのか、悩んだ。「前例」の踏襲だけに頼るタイプの官僚なら、壁を破ろうとはしないだろう。

　幸いなことに、堀田には前年七月まで三年半、一等書記官として在米大使館に出向していた経験があった。堀田はまず、後任の原田明夫一等書記官（後に検事総長）の自宅に電話して様子を聞き、さらに司法省の国際訟務部の友人らにも電話して、「政府高官」の名前が入った秘密資料は米証券取引委員会（SEC）が保管していることを知った。

　次のハードルは、そのSEC資料を外国捜査機関が入手できるかどうか、だった。堀田は、米国連邦法の関連法規を探った結果、連邦地方裁判所が外国の裁判所の嘱託を受けて、証人尋問や証拠物の押収ができることを突き止め、安原あてに報告書を書く。[7]嘱託尋問は、この制度に従って行われた。

　こうした準備を整え、二月一八日最高検察庁で初めての検察首脳会議が開かれ、布施健検事総長が「真相が解明されなければ、国民は絶対に納得しないであろう」と、捜査に乗り出す決意を表明した。[8]堀田はアメリカ側の協力について説明し、いくつも疑問が提起され、結局米司法省と折衝を進めることが決まった。布施総長は「歴代総長の中で布施ほど信望を集めた男はいない」[9]と言われた人物。敗戦後の「下山事件」（国鉄総裁下山定則《さだのり》の変死事件）を主任検事として捜査し、東京地検特捜部長も務めた。

　アメリカとの交渉役を命じられた堀田。知己はいても前例のない手探りだった。捜査をリードした堀田の尽力がなければ、田中角栄逮捕に至る捜査はもっと困難だっただろう。

「田中金脈」事件で悔しい思い

　ロッキード事件に着手する前、検察は苦い経験をしていた。「田中金脈」問題は、周辺の一部だけでお茶を濁して終わったためだ。検察庁全体で、今度の事件は立件しなければならないという空気になっていたといわれる。

今の若い年代では誤解している人も多いが、田中角栄が首相の座を明け渡したのは一九七四年末で、ロッキード事件ではなく、それに先立つ田中金脈事件で厳しく追及されたからだ。

田中追及の火を点けたのは、月刊『文藝春秋』一九七四年一一月号に掲載された立花隆の『田中角栄研究―その金脈と人脈』である。田中が「土地転がし」などで巨額の財を成し、総理に上り詰めたことを調査報道で暴いた。国会も取り上げ、国税庁、警視庁が動いた。

しかし、「東京地検特捜部は、さながら休火山の如く沈黙していた」[10]。日本通運が、政界工作で競争企業の政府食糧輸送への参入を阻止した一九六八年の「日通事件」以後、田中金脈問題も見送って、八年間も特捜部は政治家の大規模汚職事件に取り組んでいなかった。

その原因については、いくつかの説がある。

特捜部長などとして辣腕を振るい、特捜検察のシンボル的な存在だった河井《かわい》信太郎《のぶたろう》が一九七一年に水戸《みと》地検検事正に異動して以後、一九七六年の大阪高検検事長を最後に「東京に戻っていなかった」ことを指摘する元特捜検事・佐藤《さとう》道夫《みちお》の説がある[11]。

さらに、「田中の刎頸の友である国際興業社主、小佐野賢治とつき合いのあった大沢《おおさわ》一郎《いちろう》が検事総長になったこと」を挙げる説がある。大沢総長は、「特捜の突出」を認めなかったという。東京地検特捜部による、田中金脈事件の捜査を認めなかったのだ[12]。

また、警察でも田中に近い後藤田正晴元警察庁長官に背く警察官僚はおらず、ややオーバーだが「警視庁などの捜査権力も、国税庁の査察権力も……田中角栄とその軍団に押さえ込まれ」ていた時代だった。田中辞任後の一九七五年一月に検事総長に就任した布施健も、「田中金脈」の追及には積極的ではなかった。

田中金脈事件で、特捜部は一九七五年六月、土地転がし疑惑などについて田中角栄の「側近ナンバーワン」とも言われた新星企業前社長・山田泰司《やまだたいし》らを商法違反（特別背任）と宅建業法違反（無免許営業）の罪で起訴し、三カ月間の捜査を終了した。そこには、田中角栄の名前は一切出てこなかった。七二年七月の自民党総裁選直前に、新星企業が小佐野賢治の国際興業に身売りされ、田中が巨額の資金を得た事実にも触れていなかった。

実は、山田起訴の三日前、田中腹心の前自民党幹事長・二階堂進が布施総長に会いに来た姿が目撃される不可解な動きもあったという。[13]

田中金脈事件が終わった後の一九七五年一一月ごろ、東京地検次席検事から最高検検事に転任した伊藤栄樹《いとうしげき》ら四人が、「司法記者クラブ」を酒に酔って「奇襲」したことがあった。伊藤は泥酔していて、記者が田中角栄の名前を出すと、「田中角栄は許せない。こんどまた事件を起こしたら何としても逮捕してやる」と息巻いた、という逸話が残されている。[14] 田中金脈を特捜部が事件にできなかった無念な気持ちを、多くの検事が持っていたようだ。

検察がそんな雰囲気に包まれていた中で、米上院外交委員会チャーチ小委の公聴会が開かれ、児玉誉士夫らの名前が出た。検察はロッキード事件捜査に異例の強い意気込みで臨んだ。

日米協定の必要性で一致

検察首脳会議で捜査に着手する体制を固めると、さっそく堀田力を渡米させ、米国司法省との協力の途《みち》を探った。

堀田自身、司法省に多くの知己がいたのが幸いした。[15] 三月二三日、日米両国は資料提供に関する「取り決め」に調印、四月一〇日にＳＥＣの捜査資料が東京地検に着く。

その裏で、米国政府は相当詰めた議論を進めていた。アメリカは結局、どんな資料を、なぜ提供したのだろうか。

堀田は二月二六日にワシントンに入り、翌二七日、国務省で米国政府関係省庁の責任者との会議に臨んだ。国務省から法律顧問モンロー・リー、司法省から次官補リチャード・ソーンバーグ（刑事局長）、証券取引委員会（SEC）から委員長ロデリック・ヒルズら、在米日本大使館からは政務担当参事官栗山尚一《くりやまたかかず》（後の駐米大使）らが出席していた。アメリカ側の面々は、後にソーンバーグがレーガン政権の司法長官、ヒルズは伊藤忠商事の協力で発足した米国版総合商社「シアーズ・ワールド・トレード社」会長を務めるなど、大物ぞろいだった。

この席で、リーは政府高官名が入った資料を「協定に基づいて」日本に提供し、日本の捜査機関が捜査して起訴するのであれば、米国は「何か申し上げる立場にはありません」と発言した。ヒルズもこれに同意し、資料のコピーを「原本と同じだという認証」付きで渡すと言った、と堀田は記している。[16] この会議の概要は、司法省文書でも確認できた。[17]

つまり、日米政府間できちんとした「協定」を結べば、米国政府は日本側に証拠のコピーをくれるというのだ。

自民党政権の崩壊恐れ、高官名提供を躊躇《ちゅうちょ》

実は、その一週間前の二月二〇日、司法省のソーンバーグ、SECのヒルズ、国務省のリーら、米国政府側だけで同じ顔ぶれが集まり、ロッキード資料の提供を求める「日本の要請」について協議していた。

この会議に関して、ソーンバーグは司法長官のエドワード・レビあてに、二月二三日付で報告書を提出している[18]。それによると、二〇日の時点では、実は国務省の態度は「未定」だった。つまり、国務省はそれから一週間のうちに、日本への資料提供を可とする決定をしていたことになる。

実は国務省は「日本への協力が米国の国益にかなっているかどうか、立場を固めていなかった」というのだ。

その理由について、ソーンバーグは次のように記している。

「国務省は事件に関与した人々が特定され、公表されると、日本は政権交代となり、米国と友好的でない新政権ができる可能性があると懸念していた。さらに、対外販売に関するわいろの公表は、米国企業を競争上厳しい不利益にさらす」（傍点は筆者）

日本への資料提供で特定の人物が公表されると、自民党政権が崩壊し、反米政権ができる可能性がある、と恐れていたというのだ。

約五カ月後の捜査結果から考えると、田中角栄の名前が入った文書を日本側に渡すべきかどうかをめぐって、国務省内で対立があったということになる。

その意味で、このソーンバーグ報告書は、ロッキード事件関係の公開文書の中でも、きわめて重要な文書と言える。

それでは、どんな対立だったのか。この報告書から出発して、国務省内の動きを追った。

国務省では、キッシンジャーが前年一一月に国務長官専任となる以前、省内の幹部会議座長は副長官のインガソルだった。第四章で紹介したが、一九七五年一〇月二〇日と二二日の幹部会では、ていた。

ＳＥＣが政府高官名を「公表したいと考えている」などと、ＳＥＣに対して強く警戒する発言が出ていた。

そんな意見とキッシンジャー意見書の内容には、大きいズレが生じていた。

国務省内の対立は恐らく、歴史的に繰り返されてきたことと同じパターンの可能性が、大きい。米国の対日外交は「ジャパン・ハンドラー」と呼ばれる日本専門家グループと、「日米関係見直し派」の争いだったとみていい。

当時の前者の中心は、前駐日大使で副長官のインガソル、後者はキッシンジャー自身。キッシンジャーらが田中角栄の名前入り文書の東京地検への引き渡しを主張し、日本専門家らと対立したとみられる。

田中が逮捕されれば、自民党政権が崩壊し、次の政権が反米政権になる可能性がある、と日本専門家たちは懸念したのであろう。

この争いは、もちろん国務省トップのキッシンジャーが制して、文書は東京地検に渡されることになり、三月末、インガソルが辞任して決着が付いた。

米国が決断した重大な一週間

一週間後の二七日には、堀田が訪米し、日本への資料提供に関して、日米の関係省庁高官が会談する予定が既に決まっていた。しかし、会議のキーマンである国務省が態度を決めかねていた。だから司法省は、「日本側との会談は仮に行うとしても、国務省の決定を待ち、司法長官の同意を得て、司法省の最終的立場は決めない」ことにしていた。

結局、一週間後の二七日、堀田が出席した日米会議の場で、国務省は日本への資料提供で協力する方針を打ち出した。

二月二〇日は金曜日だった。週末も含め、週明け二三日から日米会議の前日二六日までの一週間に、国務省は日本への資料提供を決断したに違いなかった。

前述のように、インガソルが議会証言で「先週」と言った週と重なる。実は、この数日が、田中角栄の運命を決める最も緊迫した時期だったのだ。

その決断直前の週末、二月二〇日から二二日にかけて、内容的にみて極めて興味深い公電が、国務省内でやりとりされていた。

実は、キッシンジャーを中心とするグループは、自民党政権の崩壊の可能性もあることは認めていた。それと同時に、事件を沈静化させるには大物逮捕が必要、との状況判断もしていた。彼らは、田中角栄と田中派の行方はそれほど懸念していなかったようだ。

3．大物を逮捕しないと

危機は「最小化することもできない」

突然日本を襲ったロッキード事件で、日本の政治はどうなるのか。米国政府が恐れたのは、自民党政権の崩壊だった。

米国が日本に提供する資料の内容次第で、日本の政治情勢は大きく動く。しかし、どれほど変わるのか。当初、アメリカ側はなかなか確信が持てなかったようだ。

ロッキード社からわいろを受け取っていた大物の派閥領袖が複数いて、いずれも逮捕された場合、自民党政権が総選挙で壊滅的な敗北を喫する可能性があった。新しい非自民の反米政権が登場すれば、日米安保体制は危うくなり、在日米軍基地の維持も難しくなる。

他方、アメリカ側が政府高官の名前が入った資料を日本側に渡さず、大物政治家が一人も逮捕されないような場合、国民の不満は「ガス抜き」できなくなる。「日米結託」で事件を隠した、と国民は反発し、自民党政権は一層不安定化する、ともみられた。

ある米国務省の公電は、この危機は「最小化することもできない」[19]と、意味深長な表現で、状況の危険性を警告した。この公電には示唆に富んだ分析が盛り込まれていた。

米国はこの公電の直後、日本側に資料を提供することを最終決定した。

田中のカムバックは「あり得ない」

米国側は日本の政局を詳しく分析した。

当時の駐日米大使ジェームズ・ホジソンが二月二〇日付で国務長官に送付した公電は、田中角栄の政治的「カムバック」の可能性について、「以前は疑問視されるほどだったが、今ではあり得ないように見える」との厳しい判断を示した。[20]

この公電が送付されたのは、事件の表面化から十五日後である。チャーチ小委で、田中角栄と親密な国際興業社主、小佐野賢治の名前が取り沙汰され、二月一六日の衆院予算委員会では、その小佐野が証人喚問されたので、田中が事件に関与しているとの見方が広がっていた。

一八日に開かれた検察首脳会議で、捜査着手を正式に決定。直ちに米国出張を命じられた堀田力に、上司の刑事局長、安原美穂が言っている。

「金が動いたのは田中内閣の時やし、……登場人物からして、……政府高官というのは田中内閣の時の高官や」[21]

だから、在京米大使館が田中に疑惑の目を向けたのは、当然だった。しかし、この時点で田中自身の「カムバック」はあり得ない、とまで断定する人は日本にはいなかった。

「高官名が存在すれば、ほとんどの場合、田中角栄前首相を含めて、もっぱら田中派のメンバーの名前しかない」とも、この公電は想定していた。[22]

後述するが、東京地検特捜部がアメリカ側から得た文書のうち、政府高官名が記された文書は、主にそのような内容であることが分かる。

ホジソンは、相当な情報を得ていた可能性がある。ホジソン自身、ニクソン政権入りする前はロッキード社副社長であり、個人的なコネを通じて、ロッキード社内部から第一次情報を得ていた可能性は否定できない。

中曽根の本音と建て前

しかし、自民党内部の動きは複雑だった。ホジソンから国務長官あての公電は、「自民党内の対立が先鋭化している」とも伝えていた。

「すべての政府高官名の全面開示」を求めたのは、三木武夫首相と福田赳夫のグループで、彼らは、田中派がダメージを受けると、彼らの派閥は有利になると計算している、と二月二〇日付け秘密公電は記している。[23]

他方、「田中と田中につながる面々」は「徹底捜査」に強く抵抗していた。田中の盟友、大平正芳も「そのアプローチ」とみられた。

また、当時の自民党幹事長、中曽根康弘は「事件への関与の可能性は不透明だが、内密には、慎重に、と求めている」と記している。

実は、中曽根は、この時点ではもっと過激に、事件のもみ消しを求めていた、とこの日と同じ二月二〇日付の別の米国政府機密電報は伝えている。[24]その問題は、後述する。

この他、ほとんどの自民党長老は「全面開示よりも慎重論に相当傾いている」と、米国は分析していた。また、政府の任務を遂行する上で、宮沢喜一外相ら一部保守派は「三木／福田の全面開示ライン」と「田中の隠蔽オプション」の「間を模索している」とみていた。

宮沢のアプローチは、外務省内に影響を与えたとみられた。自民党と政府の対応に「矛盾」が見られるのは、こうした状況を反映しているからだ、とアメリカ大使館は判断した。

ガス抜きには大物逮捕が必要

こうした緊迫する日本の国内情勢に関する分析を受けて、キッシンジャーは日本へのロッキード資料の提供を決めたようだ。

まず、自民党政権の危機をどう判断するか、だった。

二月二二日付で、国務省からニュージーランドに出張中のフィリップ・ハビブ国務次官補（東アジア太平洋担当）あてに送付された公電がある。この電報は、次のように深刻な自民党の現状に言及している。

「最もうまく行ったとしても、日本政府と保守政権指導層は、深刻な真の危機にある。その危機は最小化することもできない。ロッキード事件で内閣が倒れ、総選挙が早まった場合、保守派の議席減は破滅的な結果となり、後継の政権がどうなるか、予測がつかなくなる。大ナタを振るうのか、どこを断ち切るのか。まったく分からないので、今のリーダーたちはお互いを出

し抜こうとする」[25]（傍点は筆者）

第一に、三木内閣が倒れ、早期に総選挙が行われると、自民党政権の崩壊もあり得る、と恐れた。第二に、日本政府の危機は「最小化できない」ほど危険な状況にある。というのは、一人や二人の「小物」の国会議員の逮捕だけでは済まない。大物政治家を捕えないと、国民の疑念を解消するほどの「ガス抜き」ができないくらい深刻な事件、という意味だろう。

さらに、事件捜査の結果、誰が切り捨てられるのか分からないので、派閥の領袖たちの間で求心力が働かず、自民党は大混乱に陥る、というのだ。

この公電は、国務長官キッシンジャーの補佐官、ローレンス・イーグルバーガーの名前で送信された。イーグルバーガーは、当時の国家安全保障問題担当大統領補佐官のブレント・スコウクロフトとともに、キッシンジャーが固く信頼した二人の部下だった。

皮肉なことに、この二人はキッシンジャーの仇敵、ジョージ・H・W・ブッシュ大統領（父）＝一九八九～九三＝にも重用され、一九八九年の天安門《てんあんもん》事件後、一緒に大統領密使として中国を二度極秘訪問した。イーグルバーガーは駐ユーゴスラビア大使などを歴任し、後に国務長官に上り詰めた。イーグルバーガーは日本専門家ではないが、キッシンジャーに指示され、「ジャパン・デスク（日本部）」担当者らの説明も得て公電をまとめたとみられる。

日本への資料提供で沈静化期待

そして、国務省は日本への資料提供について、この公電で「GO！」サインを出した。

「立証されていない容疑が有害な形で公表されるのを防ぐため、日本の司法当局が秘密保持の保証をして捜査するのを支援する目的で、司法省が証拠を引き渡すことを可能にする取り決めをするのは可能だろう。来週初め、日本側にその点を提起したい」

これで、堀田が出席して開かれた二月二七日の日米会議で、日本への資料引き渡しで米国が合意する運びとなった。そうなれば、「政治的なスポットライトを浴びることなく、（事件は）捜査当局の手に委ねられ」、日本の政治情勢も安定する、と米国側はみた。

「日本政府がわれわれの持つ証拠の性格について何らかのアイデアをいったん持てば、状況を恐れて走り回るのを止められるかもしれない」と、この公電は記している。

本格的な捜査が始まれば、三木政権は落ち着く、という想定である。キッシンジャーは、このような展望をイーグルバーガーらと共有していたようだ。こんな楽観的な予測に言及したのは、やはり日本側に渡す資料の内容を知っていたからだ。つまり、三木の政敵である田中の容疑を示す文書を日本側に渡す、という意味に違いない。

国務省首脳が「田中文書」で重要決定をした週末

前述したように、二月二〇日にこの問題で行われた省庁間協議では、国務省は「日本への協力が米国の国益にかなっているかどうか、立場を固めていなかった」。しかし、二日後の公電で日本への文書を引き渡すのは「可能」と伝えているので、少なくともキッシンジャーら少数の国務省首脳の間で、週末の二一～二二日の間に決定をしたことが分かる。

つまり、この間に、田中の運命が決まった。

それ以前には、ロッキード事件対策の取りまとめ役は、前駐日大使の知日派インガソルが担っていた。しかし、日本への資料提供という最も重要な局面を前に、キッシンジャーがインガソルではなく、最側近のイーグルバーガーを使ったこと自体、キッシンジャーとインガソルの間で意見対立があったことを示唆している。その結果、インガソルは重大な個人的決断をする。

日米協定を締結

日本側は、「三木総理も野党も、国民もマスコミも」アメリカ側から資料を得て、「即時公開」を求めていた[26]。そんな中で、米国政府は「秘密保持を条件に資料を渡す」という基本的態度を変えなかった。

三月一二日、三木首相親書に対するフォード米大統領の返書が届いた。この返書が、情報非公開・捜査に使用という条件で、取り決めを結び、それに従って資料を渡す、という合意の形成をダメ押しする形になった。

これを受けて、三日後の三月一五日、法務省から鹽野《しおの》宜慶《やすよし》事務次官、吉田淳一刑事課長らが訪米、急ぎ米司法省と交渉を行い、一週間で協定をまとめた[27]。

それが、米国東部時間三月二三日にワシントンで調印された、「ロッキード・エアクラフト社問題に関する司法共助の手続き」と題する取り決めである。概要は次の通り[28]。

・要請に応じ、双方はロッキード社の対日販売にかかわる違法行為の疑いに関する資料を相互に提供するため最善の努力をする。
・こうした情報は法執行権限を持つ機関の捜査目的のみに使用されるべきである。

・次項の場合を除き、こうした情報はすべて秘密を保持し、第三者あるいは法執行権限のない他の政府機関にも明かしてはならない。秘密保持違反の場合、他方の当事国は協力を停止する。
・こうした手続きに従って提供される情報は法執行手続きなどで自由に使用される。
・双方は、こうした手続きで提供された情報に基づく法執行に先立って事前通告しなければならない。

「秘密」「捜査のみに使用」といった条件が盛り込まれた、この取り決め。その後、米司法省が他の諸国と結ぶ合意のひな形として使われた。

こうして道具仕立てが整い、捜査資料は十七日後に東京地検に到着した。

4．スパイ大作戦で文書受け取り

検事がオトリに

「政府高官名は、ついに太平洋を渡った[29]」

アメリカ司法省から捜査資料を受け取った、東京地検特捜部の検察事務官がアラスカ州アンカレジを出発した後、各紙のワシントン特派員はそんな記事を打電した。

ロッキード事件捜査資料は、アメリカ司法省で、両政府の代表が事務的に引き渡す、といった単純な作業だったわけではなかった。現実には、まるで「スパイ大作戦」のような文書の移動が展開されたのだ。検事が「オトリ」になってアメリカの首都ワシントンに向かい、その裏で検察事務官が「密使」となって肝腎の文書を受け取る。そんなシナリオが作られていた。[30]

オトリは、「英語ができる特捜検事」という条件で、米国留学経験のある河上和雄《かわかみかずお》、東條伸一郎《とうじょうしんいちろう》の両検事が演じた。密使は、内偵の技術に長けた田山太市郎特別捜査資料課長と同課職員・水野光昭が務めた。

四月五日はオトリ、その翌日に密使が、別々にいずれもパンアメリカン航空機で羽田《はねだ》を出発した。想定通り、二人の検事は羽田で、新聞社のカメラマンたちに写真を撮られ、翌日に各紙の朝刊一面に掲載された。だが、実際に資料を受け取って、持ち帰る二人の検察事務官は、翌日にこっそり出発していたのだ。

二人の検事は、当時大使館に出向していた検事、原田明夫一等書記官の自宅に泊まり、二事務官はワシントン市内のホテルに投宿した。堀田は、四月一日付で法務省刑事局参事官から東京地検特捜部に異動していた。

堀田力によると、捜査資料は受け渡される前々日の四月六日と前日七日の二日間をかけて、二人の検事が事前にチェックしたという。

コピーされた文書は、総ページ数二八六〇で、証券取引委員会（ＳＥＣ）から事前に司法省に提出されていた。両検事は、リストと資料内容を照合し、コピーが不鮮明なものは交換してもらった。こうして完全な資料と確認し、四部に分けて厚い包装紙に包んで、河上検事の印鑑で封印した。

この資料は司法省側が預かり、翌八日午前七時に在米日本大使館前で、米司法省の検事から「密使」の二検察事務官に手渡された。

割り符で確認、資料は日本へ

その行為は、まさに秘密取引のようだった。渡す側のロバート・クラーク米司法省検事、受け取る二人の事務官田山と水野は、お互いが真正な取引相手であることを確認するため、事前に渡されていた「割り符」の両片を相互に確認したのだ。割り符は、英文がタイプされた用紙を手で二つに裂いたものだった。

文書を受け取ると、田山と水野は原田が運転する車でダレス国際空港に到着、直ちに米機に搭乗した。

しかし、給油地のアラスカ州アンカレッジでシナリオが崩れる。機材トラブルのためノースウエスト機が飛ばず、両事務官の羽田着は一日後れの一〇日夕になった。

ここでさらに問題が起きた。両事務官がアンカレジで出発を待つ間に、米司法省が「資料は河上、東條両検事に渡した」と発表してしまったのである。

これで「大作戦」はばれてしまった。

羽田空港では、入管当局の誘導で両事務官は押し寄せた記者団をまいて、東京地検に向かった。地検前では、検察の動きを怪しいとみた多数の取材陣が張り番をしていた。当時の新聞には、カバンを抱えた事務官が、カメラマンや記者らにもみくちゃにされながら地検に入る写真が掲載されている。資料はやっとのことで、高瀬《たかせ》禮二《れいじ》検事正の部屋に置かれていた赤外線警報装置付きの金庫に収められた。

これほど面倒な手続きをとったこと自体が、事件捜査の本質を物語っていた。主な理由は二つあった。

第一に、アメリカ政府側は捜査資料を日本の捜査当局だけに渡し、極秘で管理することを求めた。

第二に、捜査資料の内容が漏れ、ロッキード社からカネをもらったとされる政府高官の名前が出ると、人権侵害になる恐れがある。

捜査によって犯罪を証拠付ける前に名前が出ると、名誉毀損にもなり得るからだった。

捜査資料は、ついに四月一〇日、東京地検に届いた。SEC→司法省→東京地検という形で日本に提供された捜査資料の中身が、アメリカ側の最終回答だった。

これで、ロッキード社からカネを受け取った日本政府高官名が判明し、裁判で裁かれる。国民も捜査当局も、そんな期待感を持った。だが、現実の捜査は甘くなかった。

東京地検特捜部の検事たちは、期待を抱いて捜査資料の封を切り、解読を始めたが、期待していたような、直接的な証拠を明示した文書は見当たらなかったのだ。

5.「Tanaka」に驚いた検察首脳

三点の手書き文書

四月一一日は日曜日だったが、検察庁では、休日を返上して検察首脳会議が開かれた。布施検事総長以下、東京地検の高瀬検事正らに至るまで、トップ七人が顔をそろえ、アメリカから得た捜査資料を基に、ロッキード事件の贈収賄捜査方針を決めるためである。

もちろん、検察側はこの時点で何も公表しない。新聞は、会議では「資料を開封し、三千ページ近い中身を分担して通読したうえ、その内容を検討し合った」[31]と書くのが精一杯だった。

東京地検特捜部の検事たちは、さっそく手分けして資料を読み始めたが、意外にも政府高官名が書き込まれた文書は少なかった。

東京地検に届いたSECの資料は、全部で二八六〇ページ。その中に、政府高官名が記入された手書き文書が三点だけあった。

第一に、「Tanaka」が中央に位置する人脈図、第二に「PM（首相＝Prime Minister＝の略称）」への働きかけの経緯を書いたメモ、第三に田中派幹部を含む政治家へのカネの支払いに関するメモ、の三点だった[32]。

いずれも筆跡が同じで、コーチャンが手書きしたもの、とみられた。実際に彼は、この後行われる嘱託尋問でその事実を認めている。

これらの資料で、事実上、田中角栄が指弾された形になっている。

日本に渡す資料の中身を選択する裁量を与えられたのは、国務省だった。国務省のトップ、キッシンジャーが田中を生け贄《にえ》にした、と断定できるだろうか。

人脈図

堀田によると、検察首脳会議では、早くも「検察トップ七人衆は、『政府高官名』掲載の資料に目をこらした」。そして、まもなく検察首脳の一人が、対日売り込み工作の人脈図があることに気付いたという[33]。

手書きの人脈図だった。人脈図の中心に「Tanaka」の書き込みがあった。その周辺の登場人物から見て、明らかに田中角栄のことに違いない[34]。

各人物は線で結ばれているが、一番上の線の出発点には、ACKとある。アーチボルド・カール・コーチャン元ロッキード社長だ。そのACKから矢印付きの線が、大久保（利春）、榎本（敏夫）を経て田中につながる。そして、矢印付きの線は田中から若狭（得治）に向かっている。

コーチャンの人脈図（東京地検が翻訳したもの）

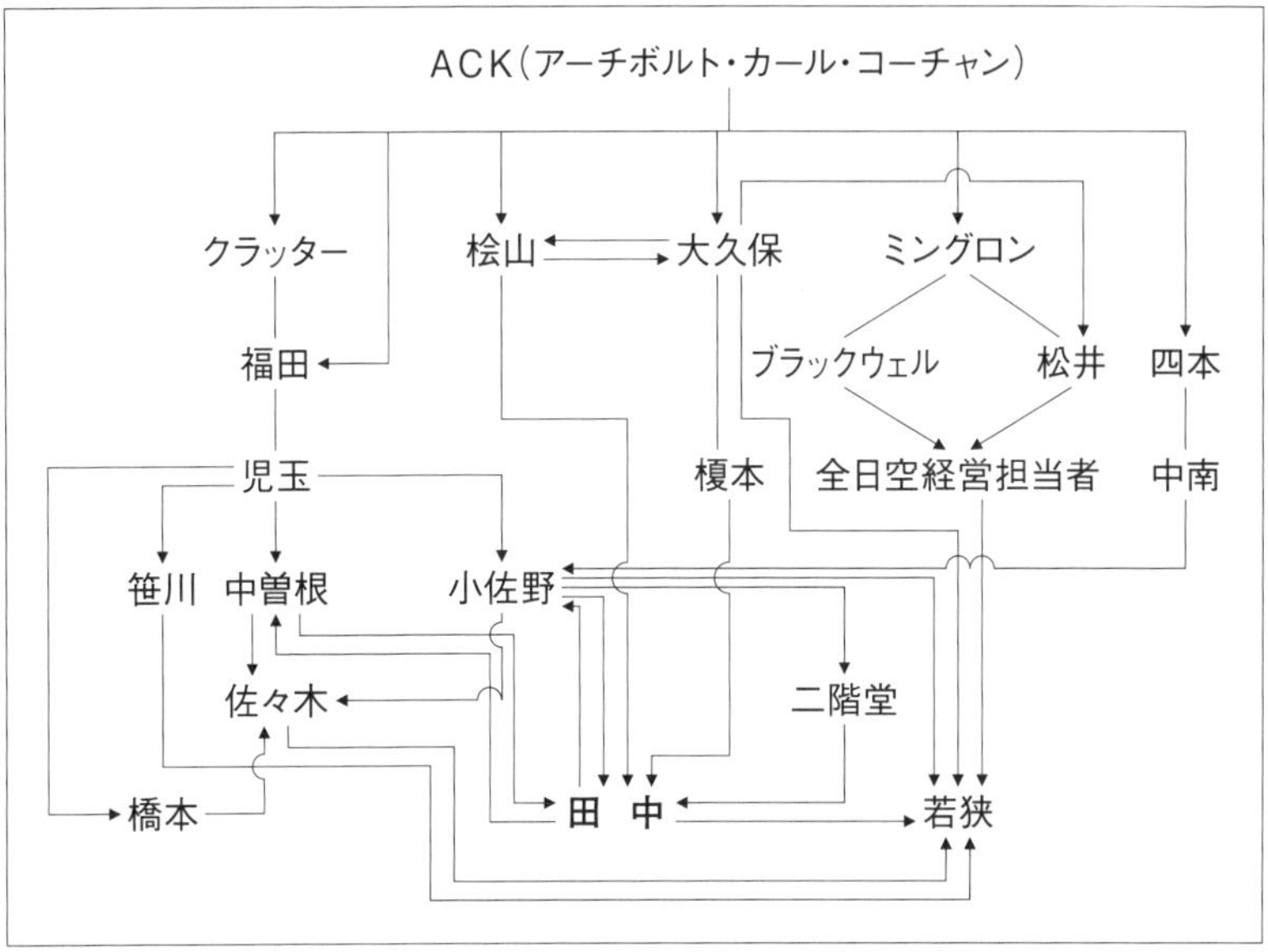

『裁かれる首相の犯罪 ロッキード法廷全記録』
東京新聞特別報道部編（東京新聞出版局）第5集658ページより

大久保は丸紅専務、榎本は田中の秘書、若狭はロッキードのL1011トライスター機の購入を決めた全日空社長だ。

田中にはそのほか、檜山（広）丸紅社長（人脈図では桧山）、小佐野（賢治）国際興業社長、中曽根（康弘）自民党幹事長（田中政権では通産相）、二階堂（進）元官房長官から「矢印が集中しているところからしても、その役割は大きかったに違いない……やはりキーパーソンは『Tanaka』である」と、堀田は強調している。[35]

人脈図を書いたのは、矢印付きの線の起点となっているコーチャンと判断された。「コーチャンが、若狭に対し、L1011トライスターを売り込むために使った人脈を整理したもの」というのが、堀田の見立てだった。実はそれだけではなかった。ただ、これだけでは、いつカネのやりとりがあったかなかったかさえ、明らかではない。

事件の全体像を示す

だが、多彩な大物が登場するこの人脈図には、明らかに事件全体の構図が示されている。事件として捜査する上で、重要な手がかりになったに違いない。

「筋からいえば、この大がかりなロッキード疑獄の金の本筋は、ロッキード↓丸紅↓田中総理である」と堀田は確信した[36]。

しかし、「あの文書しかなかった」。堀田は、二〇一六年八月二三日に筆者と会った際、そうつぶやいた。検察首脳の一人も、後に「がっかりしたよ。あれだけさわがれて、たったこれだけの資料だなんて」と語ったという[37]。

確かに、資料の中には、田中へのカネの支払いを示す資料はまったくなかった。カネの行方が分からなければ、東京地検特捜部の捜査は始まらないのだ。

だが、チャーチ小委員会では、コーチャンが伊藤宏丸紅専務に渡ったカネは「日本の政府高官への支払いに充てられた」と証言した。伊藤がロッキード社あてに出した領収証は、「ピーナツ領収証」一枚と「ピーシズ領収証」三枚。わいろのカネとは書けないので、「ピーナツ」「ピーシズ（部分の意味）」の代金計五億円と偽装した、形式的な領収証である。

これでは、逮捕も起訴も道のりはなお遠い。コーチャンらから事情聴取した上で、東京に戻り、捜査するまで立件できるかどうか。「真実は……何重もの厚い壁に守られている」と堀田は感じた[38]。ただ、事件の見立てをするという観点では、一定の前進があった。

↓が田中に集中

人脈図[39]は、コーチャンが一九七二年八月二〇日～一一月三日の間、東京でロッキード機売り込み作戦のために働きかけた人物たちとの関係図である。

矢印が付いた線は、矢印の先の人物に対する働き掛け、矢印のない実線は、双方向の交流関係を示している。コーチャンは、これを一九七二年一〇月ロッキード社東京事務所か、同年一一月米国に帰る航空機の中で書いたと証言した。

ACK（アーチボルド・カール・コーチャン）本人を出発点とする、先端に矢印が付いた六本の線が本筋、とみていい。

その矢印の先は、左からロッキード社日本支社長のジョン・クラッター、児玉誉士夫の秘書兼通訳・福田太郎《ふくだたろう》、丸紅の社長・檜山広、同専務・大久保利春、トライスター機の極東・アジア地域販売担当・ピーター・ミングロン、そして川崎重工社長・四本潔《よつもときよし》の六人である。いずれも、肩書きはなく、姓だけが記されている。

これら六人の先へ、さらに矢印の付いた線が伸びている。クラッターの次は、福田↓児玉↓中曽根↓佐々木↓若狭と続く。

ミングロンの次に続くブラックウェルは、同じくロッキード社のスタッフである。

また、檜山は↓田中に直結している。

大久保は、田中の秘書・榎本（敏夫）を経由して↓田中につながる。

ミングロンからは、丸紅輸送機械部副部長の松井直を経由し、「全日空経営担当者」を経て↓若狭につながる。

右端の「四本」は「中南」を経て↓小佐野につながっている。実は、四本とは当時、「川崎重工」の社長だった四本潔のことで、中南通夫《なかみなみみちお》は専務だった。

この川崎重工の二人は、どう見てもロッキード社の旅客機トライスターL1011とは無関係で、同時進行していた次期対潜哨戒機（PXL）商戦に絡んだ人物とみられた。この問題は、第三部で触れる。

この手書きの人脈図で最大の特徴は、何と言っても、田中に向けて、榎本、檜山（広）丸紅社長、小佐野（賢治）国際興業社主、中曽根（康弘）自民党幹事長（田中政権では通産相）、二階堂（進）元官房長官の五人から五本の↓が集中していることだ。コーチャンが、田中に近づくために相当のエネルギーを集中させたことが分かる。

他方、田中から↓が出ている先は、中曽根と小佐野、若狭の三人。捜査終了後、田中から若狭得治全日空社長への働きかけが注目されたが、それ以上に中曽根と田中が相互に↓と↑でつながっているのが興味深い。

田中を攻める材料

第二は、コーチャンがホテル・オークラの電話用メモ用紙に手書きしたもので、「工作日記」と呼ぶべきメモだった。堀田は、これを「日記風のメモ」と呼んでいる[40]。

この工作日記は、八月二〇日から一〇月一四日まで、ロッキードL1011トライスター機の採用を求めて工作した出来事を、日付別に付けている。堀田は、回想録にその抜粋を掲載したが、檜山と田中角栄の面談を中心に、八項目を抜き書きしただけだった[41]。

そのため、ここでは一九七六年七月七日、ロサンゼルス連邦地裁でコーチャンへ嘱託尋問した際に、「副証12」として提出された「東京日記」を書き写しておきたい。[42]
L1011トライスター売り込みを陣頭指揮するため、社長のコーチャンが東京に滞在していた一九七二年のことである。

8／20　東京に着く。
8／21　檜山にP・Mと会見するよう依頼した。
8／22　檜山の訪問について大久保に話をした。
友達に話をした。
8／23　檜山と大久保がP・Mを訪問した。
8／28　P・Mが檜山と話をした。
9／1　若狭と話をした。
9／14　若狭と話をした。
9／16　友達及びその友達と話をした。
9／22　友達の友達がC・Sと会った。
9／25　渡辺と話をした。
10／3　大久保が渡辺と話をした。
5　午前一〇時から午前一一時三〇分まで?と話をした。
午後八時から午後九時三〇分まで友達と話をした。
友達がNに電話をした。
6　大久保の事務所で彼が着く前にNが事態を訂正した。

Eが事態の訂正が行われたことを裏付けた。
午後五時に渡辺、藤原《フジワラ》及び植木《ウエキ》と話をし、改善方を要求された。

9　午前一〇時から午前一一時三〇分まで、最終の契約条件呈示の為に、植木と藤原を訪問した。

11　一〇月七日土曜日にDACが改善方を要求されたことを知った。
（全日空に会う為にDACが来たのを見て、私は帰った。）

12　一〇月一二日に我々が二週間の延期を要求されるだろうことを知った。
一〇月三一日まで延期方を要求された。

14　日本工業新聞が、全日空が非公式にL－一〇一一に決定した旨記事にした。
檜山がP・Mを訪問した—全て順調。
？が戻った。—一〇月一六日に若狭とP・Mに会う為に。

この資料には、暗号が多々使われている。彼らは、半ばスパイ工作員のように振る舞っていたと言えるかもしれない。コーチャンは、一九七六年七月七日の嘱託尋問で、暗号の意味を次のように説明した。[43]

「友達」　児玉誉士夫
「P・M」　Prime Minister＝首相、田中角栄
「C・S」　Cabinet Secretary＝官房長官、二階堂進
「N」　中曽根康弘通産相

「E」　　　伊藤宏丸紅専務
「DAC」　ダグラス社（正式名はマクダネル・ダグラス社）
「?.」　　小佐野賢治

一九七二年のL1011トライスター機販売工作当時に、暗号名を付けられた政治家は少なくとも、田中角栄と二階堂進（官房長官）、そして、中曽根康弘（通産相）の三人がいたことになる。

人名のフルネームと肩書きは以下の通り。

檜山　　檜山広丸紅社長
大久保　大久保利春丸紅専務
若狭　　若狭得治全日空社長
渡辺　　渡辺尚次全日空副社長
藤原　　藤原亨一全日空経営管理室長
植木　　植木忠夫全日空調達施設部長

ロッキード社長、コーチャンは、この年八月二〇日から約二カ月半もの長期間、東京に滞在して、売り込み工作を陣頭指揮。競争相手のボーイング747やマクダネル・ダグラスのDC10と受注競争を争い、一〇月三〇日に全日空がロッキードのL1011トライスターの採用を決めたのを見届けて帰国した。その間の重要な行動を記したのが、このメモだ。

ホートン会長を含めて、社内向けに田中へ念入りに働きかけた、とアピールするメモと言える。

新聞の首相動静欄によると、一〇月一四日に丸紅社長、檜山広が田中に会ったことは確認された。八月二八日は確認できなかった。この間に、檜山は田中に何を頼み、田中はどう対応したか、だ。

灰色高官も

田中にカネが渡ったことを示す資料は、まったくなかった。しかし、別の六人の政治家をリストアップし、各政治家へのカネの支払いとみられる数字を記した手書きのメモが見つかった[44]。それが、政府高官名が入った第三の文書だった。メモには、次のように別の六人の政治家へのカネの支払いとみられる数字が手書きで記されていた。これも同じく、ホテルの電話メモ用紙に書かれていた[45]。

T・Hashimoto	7
Nikaido	7
Sasaki	4
Fukunaga	4
T・Sato	4
M・Kato	4

右から順に橋本登美三郎元運輸相、二階堂進官房長官、佐々木秀世運輸相、福永一臣議員、佐藤孝行元運輸政務次官、加藤六月元運輸政務次官である。

コーチャンは、自分の回想録で、大久保からの説明として「若狭（全日空社長）には、三〇万ドル（九〇〇〇万円）」、ほかに六人の政治家向けに合計一〇万ドル（三〇〇〇万円）、「配分は、橋本幹事長と二階堂官房長官に七〇〇〇万円ずつ、残り四人の佐々木、福永、加藤、佐藤に四〇〇〇万円ずつ渡される、ということになっている」と書いている[46]。

そのことを記したメモだとすれば、七〇〇〇万円を「7」、四〇〇〇万円を「4」と記入した可能性が十分あり得る。ただ、これも大久保からの要請を受けて、ロッキード社が支出し、大久保から報告を受けて書いた伝聞情報であり、本当に若狭を含めて計七人に上記のような金額が渡されたかどうか、これだけでは確認できない。

事実、起訴された橋本と佐藤の二人については、一審判決で受領したと認定されたのは、橋本への五百万円、佐藤への二百万円だけだった。六人の政治家に渡したカネの額は、何度も変更されていた。

いずれにしても、単純収賄罪を適用する場合、二階堂、佐々木、加藤の三人は、半年前に既に時効。福永は職務権限がなく、収賄罪は適用されない。したがって、訴追されなかったこれら四人は、後に「灰色高官」と呼ばれた。

他方、橋本と佐藤は、全日空によるトライスター機採用決定の前に依頼を受け、その謝礼としてカネを受け取った「受託収賄罪」が適用され、有罪判決を受けた。

アメリカの国益

田中へのカネの支払いを示す資料はなく、前首相の犯罪と考えると「重かった。出てきた名前が、実に重かった」という、他の一人の感想も真に迫る[47]。堀田自身も「『重い』と感じた」と書いている。四十年後、本当に重要な資料は「あれしかなかった」と筆者に何度も言った[48]。

堀田のこの言葉には、いくつもの意味がある、と思った。第一に、すぐに田中を訴追できるほど十分詳細な資料がなかった。第二に、田中以外の大物の資料がなかった。第三に、ロッキードL1011旅客機の販売に関わる資料しかなかった。第四に、逆説的だが、なぜ三つの文書だけがあったのか、という意味もあるだろう。

米国政府は、米国の国益を第一に考えて、これら三文書を日本側に渡したに違いない。

米国の国益とは何か、司法省次官補ソーンバーグの指摘を再録すると、以下の二点に集約できる。
・事件に関与した政府高官名が公表されると米国と友好的でない新政権ができる可能性
・対外販売に関するわいろの公表は、米国企業を不利益にさらす

6．なぜ田中の名前が

キッシンジャーは田中に注目

国務省が日本への資料提供を決めたのは、一九七六年二月二七日の直前のこと。同日に、日本への捜査資料提供で日米の代表者が基本合意する前に決定したはずだ。

先述した、二月二二日付でキッシンジャーの補佐官イーグルバーガーが次官補のハビブに送付した機密公電は、三木の政敵、田中角栄の容疑を示す文書が日本に提供される可能性を強く示唆する内容だった。

結局、日本への提供資料の中から見つかった政府高官名を記した文書は、三点だった。そのどれもが、田中角栄にとっても田中派にとっても困る内容の文書だった。

第一に、↓が田中に集中した人脈図から、ロッキード事件「主犯」としての田中が見える。

第二に、対田中首相（P・M）工作の経緯を記した「日記風のメモ」からも、コーチャンが田中をL1011旅客機「売り込み作戦」の主要ターゲットにしていたように見える。

第三に、田中派幹部、橋本と二階堂の二人を含む灰色高官ら六人へのカネの支払いリストも、田中派にとってはダメージだった。

国務省の「助言」を得て、選択された捜査資料の中から、キッシンジャーのこうした意図が読み取れる。

田中への政治的ダメージは構わない

しかし、ロッキード社の資料には元々、他の疑惑が絡んだ文書もあったのではないか。考えられるのは、田中以外の大物の「政府高官名」が記入された文書があった可能性だ。

ロッキード事件の日本における中心人物は右翼の大物、児玉誉士夫であり、「人脈図」に登場している中曽根康弘自民党幹事長は児玉に近い人物である。中曽根に言及した文書があったとしてもおかしくはない。しかし、中曽根が中心的な役割を演じたことを示す文書は入っていなかった。

田中以外の大物高官名が入った文書を日本側に渡せば、米国にとって最も重要な「自民党政権の維持」ができなくなる恐れがある、と判断した可能性が想定される。

ただ、田中については、起訴されて、田中の政治生命が葬られることになっても構わない、とキッシンジャーらが判断したとみていいだろう。なぜ田中なのか。その理由は第二部で詳述する。

国務副長官、突然辞任の理由

国務省内でロッキード事件対応のキーマンとなっていたのは、ロバート・インガソル副長官だった。

「経済に弱い」と自認するキッシンジャーに代わって、ロッキード事件では、インガソルが日本政府との対応、チャーチ小委員会との協議や省内のとりまとめで動いた。

だが、三月二九日、ホワイトハウスは突然、インガソルの辞任を発表した。

予定された辞任であれば、一カ月ほど前から議会証言などは控える。しかし、インガソルは三月五日の米上下両院合同経済委員会政府優先度経済小委員会の公聴会で、ロッキード事件に関して証言したばかりだった。

後任が決まっていなかったことからみても、突然の辞任だった。

インガソルは三月二五日に、フォード大統領を執務室に訪ねて、辞意を表明している。

「君を失うのは残念だ」と大統領が言うと、「複雑な気持ちです」とインガソルは答えた。

インガソルは、誰かに省外の新しい仕事を頼まれて辞任したわけではなかった。「自分の会社に戻るのか?」と聞かれたが、「数カ月間は自分で書きものをします。その後何らかの形で国際的企業に入るかもしれません」とだけ答えた。あえて辞める理由を聞かれないし、答えもしなかった。

ひとしきり、大統領と共通の体験談に花を咲かせた後、大統領が尋ねた。

「ロッキード事件は日本にどんな悪影響を及ぼした?」

これに対し、インガソルは答えた。

「一九七一年のニクソン・ショック以来最悪です。しかし彼らはそれを乗り越え、うまく処理すると思います。裁判手続きで表面化せず、資料が缶詰めにされれば」[49]（傍点筆者）

会話録によると、最後の言葉は一センテンスに「if」と「unless」の二つの接続詞が入る、文法的に複雑な英語だった。どこか言い淀んだ話しぶりで、特に unless 以後の「裁判手続きで表面化せず」は、慌てて口にした感じだ。インガソル自身は、裁判手続きで政府高官名が「表面化せず、資料が缶詰めにされれば」と願っていたのだろう。

やはり、この部分こそ最後まで彼が気にかけた部分であり、辞任の理由でもあったのだろう。恐らくインガソルは、日本側に資料を渡す際、政府高官名が入った証拠文書は「渡すべきではない」と主張したのではないだろうか。資料が表に出なければ、「うまく処理」できるが、とあえて疑念を大統領に伝えて、彼は去った。

インガソルはたぶん、自民党政権崩壊の恐れを懸念したのであろう。前述したように、二月二〇日の省庁間協議までに、国務省は省内の立場を固めることができず、他省庁を一週間待たせた。司法省文書は、「日本への協力が米国の国益にかなっているかどうか」で意見対立があったことを示唆している。

インガソルは、国務省ジャパン・デスク（日本部）を中心とする他の外交官らと同じ考えだったとみられる。このままでは責任が取れない、と考えて辞めたのだろう。

部下を手荒く扱うキッシンジャー

三月二六日に、国務省のスタッフ会議が開かれた。インガソルは自ら、「ヘンリー（キッシンジャー）、私が出席する幹部会はこれが最後になるでしょう」と辞任を明らかにした。キッシンジャーは、送別の「カクテルパーティにほとんどみんなが出ると思う。君はどれほど惜しまれることか、言う必要はない」と続けた。そして、「厳粛かつ冷静に君は仕事をこなした。外交官諸君は私が辞めるとき、こんなことを言わないだろう」と述べ、笑いを誘ったという。[50]

しかし、本来ならば、ナンバー2である副長官辞任の事実は、会議を取り仕切る長官自らが発表して感謝を表明すべきことだった。インガソルに自ら言わせ、突き放した形だ。

いつもそうだった。「キッシンジャーは部下を手荒く扱った。幹部会でもインガソルに対して、『何か報告はないか』と尋ね、インガソルが『ナッシング』と答えると、『そう思っていた』と軽蔑する」ような人だと、AP通信の国務省担当記者は書いている。[51]

インガソルは中西部イリノイ州出身の経済人で、エール大学を出て、父の会社インガソル・スチール・アンド・ディスク社などを経て、大手自動車部品メーカー、ボルグワーナー社会長を務めていた。

ニクソン政権で労働長官、行政管理予算局長、財務長官を歴任したジョージ・シュルツ（後にレーガン政権で国務長官）の強い推薦を受けて、駐日大使に抜擢された。駐日大使の前任者は職業外交官のアーミン・マイヤーだったが、ニクソンと佐藤栄作首相の間で紛糾した「繊維問題」の解決や「ニクソン・ショック」の緩和に貢献できなかった。

一九七二年四月三日、訪日を控えたキッシンジャーと、東京赴任を前にしたインガソルがワシントンで協議した。「日本のトップ指導者との会談に私も同席させてください」と頼んだインガソルに、キッシンジャーは最大限インガソルを日本側と会わせると約束し、当初は歩調が合っていた。[52]

それから駐日大使を務めたのはわずか一年半で、一九七四年一月に帰任。国務次官補（東アジア太平洋担当）を経て、二階級特進で国務副長官に就任した。二〇一〇年八月二八日、九十六歳で死去した。九歳年下のキッシンジャーも長生きして二〇年五月に九十七歳となり、インガソルを超えた長寿となった。

対日武器輸出汚職なら日米安保に危機

ロッキード事件の捜査資料は、次の二つのルートをたどって、米議会では公開され、日本では捜査に使われた。

1はロッキード社から監査法人「アーサー・ヤング会計事務所」を通じて、チャーチ小委員会に届けられた。

2はワシントン連邦地裁の決定に従い、国務省の「助言」を得て、ロッキード社が証券取引委員会（SEC）に提出、そのうち選択された部分が司法省を通じて東京地検に渡された。

1の資料から、チャーチの同意を得て政府高官名が入った文書が「削除」された。

2の資料は、「キッシンジャー意見書」に基づく国務省の「助言」を得て、SECから司法省—東京地検へと移動した。東京地検で開いたところ、二八六〇ページあり、その中に、日本政府高官名が入った三点の手書き文書があった。

明らかに、国務省の「助言」があったので、この三点が残ったとみられる。

では、東京地検に提供されなかった日本関係資料は全部で、どれほどあったのか。

元々、ロッキード社資料は全部で約五万二〇〇〇ページあった。このうち、SEC—司法省を経由して東京地検に提供したのはわずか五・五%の二八六〇ページだった。

しかし東京地検への資料提供前に、SECが調べたところ、実は日本関係は「約六千ページ」あった、と訪米議員団に対して、ロデリック・ヒルズSEC委員長が発言したという。一九七六年五月二七日の参議院ロッキード問題調査特別委員会で、議員団に参加した公明党の中尾《なかお》辰義《たつよし》議員がその事実を明らかにした。[53]

日本関係の資料が「六千ページ」あったというヒルズ委員長の説明が事実とすれば、東京地検に渡された資料は日本関係全体の約四八％と半分以下であり、半分以上は日本側に渡されなかった、ということになる。

東京地検が得た政府高官名入り文書では、田中角栄と田中派幹部らの名前が多かった。その事実から見えるのは、キッシンジャー側に何らかの意図、ないしは動機があった可能性である。

日本側に提供されなかった資料の中に、「有償軍事援助（ＦＭＳ）」による軍用機の対日輸出関係の文書が多数含まれていてもおかしくはない。ＦＭＳは、米国から日本への武器輸出の大半を占めている。

日米安保体制の根幹を支え、日米間の「相互運用性」の向上などを旗印にして増加を続けてきた巨額のＦＭＳ代金。その一部が右翼の児玉誉士夫や、政治家の懐に入っていたことが証拠付けられれば、日米安保体制は危機に瀕《ひん》する、と国務省が恐れた可能性がある。

チャーチ小委の首席顧問ジェローム・レビンソンは筆者に「小委の調査がインテリジェンスの領域に入ったので、調査は終了した[54]」と明言していた。児玉は戦後、米中央情報局（ＣＩＡ）の協力者であり、同時にロッキード社のコンサルタントでもあった。その点が最も重要なポイントだった。[55]

こうした、隠された重要問題は第三部で詳述する。

第五章注

1 NA, RG59 AAD, R090950Z FEB 76, FM AMENBASS TOKYO TO SECSTATE WASHDC 6786 SUBJ: JAPANESE POLITICAL VISITORS TO WASHINGTON, P092157Z FEB 76 ZFF4, SUBJECT: BRIEFING MEMORANDUM: JAPAN AND CHURCH SUBCOMMITTEE REVELATIONS

2 NA, RG59, AAD, O200052Z FEB 76, FM SECSTATE WASHDC, To AMEMBASSY TOKYO, SUBJECT: Lockheed Affair

3 外務省情報公開第02305号平成三一年三月八日、開示請求番号2018~00529、東郷文彦駐米大使・インガソル国務副長官会談

4 Abuses Of Corporate Power, Hearings Before the Subcommittee on Priorities and Economy in Government of the Joint Economic Committee, Congress of the United States, Ninety-Forth Congress, First and Second Sessions, January 14 and 15, March 2 and 5, 1976, PP151~187

5 堀田『壁を破って』上、六〜七頁

6 同、一〇〜二〇頁

7 同、八〜三二頁

8 同、四三〜四九頁

9 魚住昭『特捜検察』、岩波新書、一九九七年、五〜六頁

10 佐藤道夫『政官腐敗と東京地検特捜部』、一七五〜一七八頁

11 同、一七五〜一七六頁

12 山本『特捜検察物語』、上二七七〜二八一頁

13 渡邉文幸『検事総長』、中公新書クラレ、二〇〇九年、一七一〜一七三頁

14 山本『特捜検察物語』、上、二八二頁

15 堀田『壁を破って』上、二一〜三三頁、五三〜五六頁

16 同、六三〜七五頁

17 NA, RG60, Office of the Deputy Attorney General, Subject Files, 1967-1979, Box52, The Attorney General, Feb 27 1976, Richard Thornburgh, Assistant Attorney General Criminal Division, Japanese Request for Assistance Re Bribery of Their Officials by Lockheed Corporation

18 同

19 NA, RG59, AAD, O 221756Z FEB 76, FM SECSTATE WASHDC, TO AMEMBASSY WELLINGTON IMMEDIATE, CONFIDENTIAL STATE 042838, FOR HABIB ONLY, SUBJECT: BRIEFING MEMORANDUM—JAPANESE CONCERN ABOUT LOCKHEED DISCLOSURES

20 NA, RG59, AAD, OR 201100Z FEB 76, FM AMEMBASSY TOKYO, TO SECSTATE, SUBJECT: LOCKHEED SCANDAL: ANALYSIS OF THE STATE OF PLAY

21 堀田『壁を破って』上、四九〜五一頁

22 RG59, AAD,201100Z FEB 76, FM AMEMBASSY TOKYO, TO SECSTATE, SUBJECT: LOCKHEED SCANDAL: ANALYSIS OF THE STATE OF PLAY

23 同

24 FL, National Security Adviser's Files, Presidential Country Files for East Asia and the Pcific, Box 8 Country File, Japan - State Department Telegrams: To SECSTATE - NODIS, TELEGRAM O 200950Z FEB 76, FM AMEMBASSY TOKYO TO SECSTATE, SUBJECT: LOCKHEED AFFAIR

25 NA, RG59, AAD, O221756Z FEB 76 ZFF4, FM SECSTATE WASHDC, TO AMEMBASSY WELLINGTON IMMEDIATE, FOR HABIB ONLY, SUBJECT: BRIEFING MEMORANDUM-JAPANESE CONCERN ABOUT LOCKHEED DISCLOSURES

26 堀田『壁を破って』上、九一頁

27 同、一〇三〜一一一頁

28 Japan-United States: Agreement on Procedures for Mutual Assistance in Administration of Justice in the Lockheed Matter, International Legal Materials, Vol.15, No.2 (March 1976), pp. 278-282, http://www.jstor.org/stable/20691554, アクセス・二〇一六年九月一七日

29 一九七六年四月一〇日付朝日新聞

30 堀田『壁を破って』上、一一五〜一四九頁

31 一九七六年四月一二日付朝日新聞

32 堀田『壁を破って』上、一二九〜一四〇頁

33 魚住昭『特捜検察』、三五頁

34 堀田『壁を破って』上、一三〇頁、翻訳の人脈図

35 コーチャン『ロッキード』、二八三頁に原文の人脈図が掲載されている。
36 堀田『壁を破って』上、一二九～一三二頁
37 同、一四三～一四四頁
38 同、一四八頁
39 同、一四三～一四九頁
同、一三〇頁
コーチャン『ロッキード』、二八三頁、原文の人脈図
東京新聞『裁かれる首相の犯罪』、第5集、四九四～四九五頁、六五八頁「副証24」
40 堀田『壁を破って』上、一三二頁
41 同、一三〇頁
42 東京新聞『裁かれる首相の犯罪』第5集、六五六～六五七頁
43 同、三七四～三九一頁
44 堀田『壁を破って』上、一三七～一四二頁
45 同、一三七～一四二頁
46 コーチャン『ロッキード』、二五二頁
47 堀田『壁を破って』上、一四八頁
48 二〇一六年八月二三日、筆者とのインタビュー
49 FL, National Security Adviser. Memoranda of Conversations, 1973-1977
March 25, 1976, Participants: President Ford, Amb. Robert Ingersoll, Retiring Deputy Secretary of State, Brent Scowcroft
50 NA, RG59, General Records of the Department of State, Office of the Secretary of State Henry Kissinger Staff Meetings, Box 9, Friday, March 26, 1976
51 George Gedda, The State Department-More Than Just Diplomacy, AuthorHouse, 2014, P3
52 FRUS, 1969-1976, Volume XIX, Part 2, Japan, 1969-1972, Department of State, PP411～413
53 第七十七回国会　ロッキード問題に関する調査特別委員会議録第1号、昭和五十一年五月二十七日
54 ジェローム・レビンソン氏インタビュー、二〇〇七年八月三〇日
55 春名幹男『秘密のファイル』上、新潮文庫、二〇〇三年、二三五～二七〇頁

第六章　L資料の秘密

はじめに

米国の資料は捜査に役立ったか

アメリカから得た政府高官名入り文書を、東京地検特捜部は「L資料」と呼んだ。

真っ先に、そのL資料などの主な文書に目を通したのは、検察首脳。そのあとに、東京地検特捜部の検事たちが四月一二日から一週間をかけて、本格的に検討を加えた。

検討の結果、捜査の最終目標を田中角栄の逮捕とすることが決まった。L資料が東京地検に到着して十二日後。非常に早い段階で目標を決めていたのだ。これ以後、捜査は三カ月あまり後の田中逮捕に向けて、まっしぐらに進められた。

当初、事件の「主役」とみられた児玉誉士夫は「脇役」に退いた。L資料の中に、児玉を本格的に追及できる文書がなかったからだ。捜査方針は、アメリカ側から得た資料の内容で決めざるを得なかった。日本側にどの文書を渡すべきか、選択したのは国務省だったのである。

田中角栄逮捕まで、時間的余裕はなかった。

もし、田中がロッキード社のL1011トライスター旅客機の導入に協力してほしいと頼まれてカネをもらっていれば、「受託収賄罪」が成立するので、五年の時効切れまで二年以上ある。しかし、依頼の事実や職務権限が証拠上固められず、「単純収賄」あるいは「外国為替法違反」しか問えなかった場合には、三年の時効切れまで四カ月しかなかったのだ。[1]

本章では、アメリカから得たL資料が東京地検特捜部の捜査にどれほど役立ったのか、検証する。

1．田中逮捕へ――捜査方針決定

「巨悪許すまじ！」

次のような特捜部の捜査方針が四月二二日に決まった、と堀田は記している。[2]

・まず嘱託尋問で、カネを出した側のコーチャンとクラッターに事実を供述させる
・それを基に伊藤と大久保を逮捕する
・伊藤と大久保は、コーチャンとクラッターが詳しく供述しているので隠せない、と思い、自白しやすくなる
・伊藤と大久保の自白を基に檜山を逮捕する
・檜山の自白を得て、頂点の田中を逮捕する

「時間がない。早く堀田をアメリカに派遣して、嘱託尋問の手はずを整えさせよう」と、吉永祐介《よしながゆうすけ》主任検事（特捜部副部長、後に検事総長）が主張して、了承された。米司法当局の協力を得て、ロッキード社幹部を尋問し、証拠固めを急ぐことになる。[3]当時、検察は児玉ではなく、田中角栄に対し

て「巨悪許すまじ！」[4]という意気込みだった。

見えた事件の筋

田中角栄らの政府高官名が記入されたL資料文書は、三通あった。あらためて記しておく。

第一に、関係者の人的つながりを図示した「人脈図」

第二に、主要な販売工作活動を記した「工作日記」のようなメモ

第三に、六人の政治家を列挙し、各政治家の右端に金額とみられる数字を書き込んだ「リスト」

以上の三つである。

人脈図は、「Tanaka」を中心に実線付き矢印↓を張り巡らせている。田中角栄と金額を結びつけた資料はなかった。金額らしい数字が入った政治家六人の「リスト」の中には、「Tanaka」はなかったのだ。

「検事は、事件の『筋』を読む」と堀田は書いている。[5] つまり、ロッキード疑獄のカネの「本筋は、ロッキード↓丸紅↓田中総理である」と。だから捜査で、田中とカネを結び付けなければならない。

二種類の領収証

堀田がまず注目したのは、「ピーナツ」「ピーシズ」領収証である。ロッキード社副会長コーチャンがチャーチ小委公聴会で、丸紅の伊藤宏専務に渡したカネは「日本の政府高官への支払いのために充てられた」と証言した。ピーナツとピーシズの領収証は、伊藤が署名していた。[6]

チャーチ小委が公表したピーナツとピーシズ、二種類の計四通の領収証は次の通りだ。

日付	金額	円換算
1973・8・9	100ピーナツ	一億円
同　10・12	150ピーシズ	一億五〇〇〇万円
1974・1・21	125ピーシズ	一億二五〇〇万円
同　2・28	125ピーシズ	一億二五〇〇万円

ピーナツもピーシズも、「一〇〇個一億円」とアーサー・ヤング会計事務所のウィリアム・フィンドレーが証言している。[7] 合計すれば、五億円になる。

しかし、額面で計五〇〇個の「ピーナツ」と「ピーシズ」が支払われ、受け取った、とする領収証は通用しない。意味不明の「符号」を受け取った、と記した文書が会計監査に耐えられるはずもない。実際、カネの受け取りと引き換えに渡すため、急ぎタイプさせた紙きれにすぎなかった。

これとは別に、会計監査に備えて作成した架空の領収証もあった。ＩＤ社の日系アメリカ人、シグ片山に書かせたものだ。

チャーチ小委が公表したＩＤ領収証は、全部で十通あった。時系列で、四番目の一九七三年七月一六日から八番目の一九七四年二月一八日まで連続した五通の総額は、次のように同額の五億円で、本社の経理用に用いた、「金の授受は伴わない架空の、しかし形式上はもっともらしい領収証」だと堀田は解釈した。[8]

1973・7・16　一億円
同　8・7　五〇〇〇万円
同　8・14　一億円
1974・1・15　一億二五〇〇〇万円
同　2・18　一億二五〇〇〇万円[9]

しかし、「ピーナツ領収証」と「ID領収証」はどう違うのか。チャーチ小委の公聴会で、議員たちが質問した。

「ID社は政治資金をロンダー（資金洗浄）するため使われたのか」。チャールズ・パーシー上院議員（共和党、イリノイ州選出）は当初、そんな疑問を持った。

コーチャンは「違う。ID社は日本で行われた支払いの領収証を提供した」と返す。

これに対し、チャーチ小委員長が「ではそれらの領収証は偽造か」と聞くと、コーチャンは「イエス」と答えた。議員たちが理解に苦しんだからくりだった。[10]

時効との競争

その後の東京地検特捜部の捜査で、具体的な動きが暴かれた。田中角栄ら、五人に対する一九七七年一月二七日の第一回公判の冒頭陳述で明らかにされたのだ。[11]

「ピーナツ」「ピーシズ」領収証は、やはり、ロッキード社から丸紅を通じて田中角栄に支払われた総額五億円の授受の際に、丸紅側からロッキード社側に渡された領収証だった。

丸紅専務・大久保利春は、ロッキード社日本支社長・ウィリアム・クラッターとの間で、①五億円を数回に分けて引き渡すこと、②クラッターから丸紅専務・伊藤宏に渡し、伊藤は領収証に「ピーナツ」「ピーシズ（複数）」の「符号」を使うこと、③一ピーナツ、一ピース（単数）はそれぞれ一〇〇万円を意味する—と、事前に打ち合わせている。

符号とは記号の類語であり、カネであることを隠す暗号でもあった。あまりに奇妙な暗号の出現に、国民は驚いた。

一九七三年八月九日、クラッターが電話で、五億円のうち一億円を渡すので、領収証を持ってロッキード社東京事務所まで取りに来るよう大久保に連絡。大久保はその旨を伊藤に伝え、伊藤は「一〇〇ピーナツを受領した」との同日付英文の領収証一通を秘書課長・中居篤也に命じてタイプさせ、伊藤自身がローマ字で署名した。一億円のキャッシュの引き渡しは、翌日となった。

あくまで社内確認のための領収証であり、書式などどうでもよかったのだ。だから、秘書課長がタイプして作成したということだろう。しかし、会計監査に耐え得る領収証が必要なため、別途、シグ片山に署名させた領収証を作ったのである。

堀田は捜査が始まったばかりの時点で、カネの動きを示す本筋を読んでいた。丸紅が最初の一億円を受領したことを示す「ピーナツ」領収証の日付一九七三年八月九日が、最初に時効が切れる起点となる可能性のある日、とみたのだ。

起訴か不起訴の処分は、その前日までに決定しなければならない。贈収賄罪で起訴できなければ「検察は、一二〇年どころか三〇年、四〇年の信頼を失ってしまう」と堀田らは考えていた。[12]

一人の政府高官

チャーチ小委の公聴会で、ピーナツ領収証の「一億円を彼（伊藤）はどうしたのか」とのパーシーの質問に、コーチャンが答えた。

「一人の政府高官に対する支払いのために彼（伊藤）に渡された」

では、カネの支払いをすすめたのは誰か？

「丸紅の当時の社長檜山か大久保が、成功するためにはこの種の何らかの支払いをしなければならないだろうとすすめた」

公聴会のやりとりで出た、このコーチャン証言。議事録によると、「政府高官」は単数でa government official、「支払い」は複数でpaymentsとなっている。まさに、田中本人に対する複数の支払いになる。[13]

コーチャンは、政府高官のことを「複数で言っている」と堀田は記しているが、[14] それは当時の日本の新聞報道の間違いだった。[15] コーチャン証言は、英語文法的にも正確だった。

「ウルトラ」難度の嘱託尋問

いずれにしても、こうした文書や議会証言などの「状況証拠」だけしかなければ、「あやしい」といった程度のことで、逮捕状も執行できない。

裁判所で有罪を認定してもらうためには、嘱託尋問でコーチャンやクラッターらに、カネを支払った事実を語らせ、可能な限り「物的証拠」で固める。そして、日本国内の捜査では、檜山、伊藤、大久保らを「逮捕、勾留して、最高の取り調べ能力を持つ検事が……彼らに真実を語らせる」と検察側は考えた。[16]

田中および田中側の人物の取り調べ期間を二十数日間とすれば、「逮捕」は七月中旬、というのが大ざっぱな見通しだった。[17]

そこから逆算して、田中の逮捕容疑を固めるには、田中に請託をした丸紅関係者の逮捕を六月下旬に始める必要がある。それに先立って、五月中旬までに「嘱託尋問」の請求をしなければならない。コーチャンらの「口を開かせなければ、捜査は進まない」と、堀田は見通していた。[18]

しかし、米国の主権下にある米国内で、日本の検察官がコーチャンを取り調べをすることはできない。調べるなら「嘱託尋問」しかない。

東京地検は、刑事訴訟法上の「起訴前証人調べ」という制度を使って、米国の裁判所に嘱託して行う証人調べを適用した。外国の裁判所に嘱託して証人尋問する規定は日本の刑事訴訟法にはなく違法だ、と田中起訴後の公判で弁護側はこれを批判した。[19]

このような批判を十分予想した上で、東京地検は事前に東京地裁へ問い合わせ、捜査段階における証人尋問でも、法律論として「裁判所はこれを外国の裁判所に嘱託する権限がある」との回答を得て、手続きを進めた。[20]

また、コーチャンらに、検事総長と東京地検検事正が将来にわたる「不起訴宣明（刑事免責）」を出し、最高裁も不起訴を確認する宣明書を出した。

こうした不起訴宣明は、日本の刑事訴訟法上、疑問が残った。日本にない制度をあえて適用することには、嘱託尋問で弁護側の反対尋問が認められていない、という問題があったからだ。

当時の言葉だと、いわばウルトラC、最高難度の手続きだった。この方法で得たコーチャンらの嘱託尋問調書は、結局、最高裁判決では証拠採用されなかった。

だが、当時は真相究明を求める国民の声が圧倒的で、目立った批判など出なかった。

東京地検特捜部は、ともかく捜査を急いだ。まず、日本の裁判所から米国司法省を通じ、米国の裁判所に嘱託請求をしなければならない。嘱託尋問でコーチャンの口を開かせるため、尋問する事項を固めておく必要もあった。

SECがくれたコーチャン調書

堀田は、五月二日に再度訪米し、アメリカ側との協議を始めた。[21]

司法省、連邦捜査局（FBI）、証券取引委員会（SEC）などを回ったところ、SECがコーチャンの「宣誓供述調書」を「くれた」という。[22]

SECは四月九、一二日にコーチャンを取り調べて、「宣誓供述調書」を取っていた。宣誓供述調書は、被疑者や証人が捜査機関に宣誓して供述した調書で、裁判になれば、証拠採用されることを想定している。

堀田はさっそくこれを読んで、「眼の前に虹が現れた」と感じた。その晩、堀田は電話で調書の内容を吉永主任検事に伝えた。「コーチャンは……自民党の総裁レベルの人のところに渡ったと思うと供述しています」。これで、捜査の突破口が開かれたようだった。

コーチャンの宣誓供述調書には、このほか、次のようなことが書かれている、と堀田は連絡した。[23]

▽田中角栄への五億円

・大久保がカネのことを言い出し、トライスター売り込みには五億円が要ると言った。

・一九七三年六月になって、大久保が電話してきて、あの五億円を払えと言った。

・今になってなぜ要るのかと聞いたら、大久保は檜山と相談して、五億円を払わないならあとの分は買わない、と言うので、ホートン会長と相談してクラッターに払わせることにした。
・クラッターは一九七三年から七四年にかけて四回に分けて五億円を払った。その時の領収証が伊藤の四枚の領収証だと報告を受けた。

▽六人の政治家らへの支払い
・大久保は一九七二年一〇月二九日（日曜）の夜に宿泊先のホテルオークラに電話してきて、一〇万ドルおよび三〇万ドル相当の円を支払えば、全日空は明日トライスターに決めると言った。
・一〇万ドルは六人の政治家に、三〇万ドルは全日空のために必要だと言った。
・電話ではよく分からないのでホテルに来てもらい、六人の政治家名と金額を円単位でメモに書いた。
・翌三〇日、クラッターに一〇万ドルと三〇万ドルを円で用意するように、と話した。
・クラッターから、①一〇万ドル分は三〇日、三〇万ドル分は何日かあとに渡し、②その時に「ユニット」領収証の報告を受けた。

これで、暗号の領収証は、田中角栄向け、計五億円の「ピーナツ」「ピーシズ」領収証に加えて、全日空および六人の政治家向け、計一億二〇〇〇万円の「ユニット」領収証が出されていたことが確認された。

SECの目標は海外腐敗行為防止法

SECはなぜ、そのような重要文書を堀田にくれたのか。

「SECの誰がくれたのですか」と堀田に尋ねたが、記憶はなかった。

当時、SECの執行部長としてロッキード事件に取り組んでいたスタンレー・スポーキンは、事件を機に、外国での販売工作などでわいろを支払うことを禁止する「海外腐敗行為防止法（FCPA）」の成立を強く主張していた。そのため「日本に対しても必要な情報は可能な限り提供する。大きい事件になれば、それだけFCPA成立に追い風になる」という考えを私に明らかにしている。[24]

やはり、SECはその立場から堀田にも協力したに違いない。ただ、堀田がスポーキンに直接会う機会はなかったようだ。

これで、あとの課題がはっきりした。コーチャンらに嘱託尋問を行い、的確な質問をして、明確な回答を引き出せば、事件はしっかり捜査できるという見通しがたったのだ。

堀田は嘱託尋問に関して司法省と打ち合わせ、五月一四日にいったん帰国した。

その帰途、飛行中は「コーチャンの宣誓供述調書など重要な資料」を収めた白いアタッシュケースを、日航機の椅子の脚に鎖でつないだ。それほど大事な捜査資料だった。[25]

2．自供した丸紅幹部

順番が逆になった

東京では、アメリカ側に嘱託尋問を要請する嘱託書をまとめ、日本側の裁判官から外務省を通じて、米司法省に提出した。

堀田は五月二六日、ワシントンにトンボ返りして、米司法省で嘱託書の内容の確認作業を済ませ、翌日には嘱託尋問が行われるロサンゼルスに移動する。

しかし、ロサンゼルス連邦地裁を舞台にして始まるはずの嘱託尋問の開催は、大幅に遅れた。日本側が嘱託尋問の相手にしたのは、ロッキード社副会長を辞めたA・カール・コーチャンと日本支社長ジョン・クラッター、トライスター販売担当のアル・エリオットの三人だった。

さすが、訴訟大国のアメリカだ。ロッキード社側弁護士は力を尽くした。彼らは「アメリカ法上考えられる限りの手続き上の異議を申し立て、証言することに抵抗した[26]」。嘱託尋問は、一カ月経っても開始されなかった。

その間、東京地検特捜部の強制捜査が大きく展開し、嘱託尋問のため在ロサンゼルス総領事館にいた堀田に、吉永主任検事から電話があった[27]。六月二二日に、「そちらを待ちきれないから、さきほど（丸紅の前専務）大久保利春を逮捕した」というのだ。

七月二日には、前専務の伊藤宏、さらに八日全日空社長若狭得治と、偽証容疑をテコにした逮捕が相次いだ。

当初、検察側は嘱託尋問で容疑を固めて、強制捜査に踏み切るという段取りを考えていたが、順番が逆になってしまった。

コーチャンらは最初、嘱託尋問への召喚状の「撤回」を申し立て、次は日本の検察が保証した刑事責任の「免責」に対して疑問を提起する。日本側は、いずれも粘り強く対応した。

コーチャンらが一カ月を超える抵抗をやめて証言し始めたのは、七月六日のことだった。

その時点で、日本では、既に東京地検特捜部が大久保、伊藤ら大物を逮捕し、自供を引き出していた。取り調べはなぜ、そんなに順調に進んだのだろうか。

早く落ちた丸紅トップ三人

大久保と伊藤の二人を逮捕した根拠は、二月一七日の衆院予算委員会で偽証した議院証言法違反の容疑だった[28]。

大久保は、ロッキード社日本支社長のクラッターから、カネと引き換えにいわゆる「ユニット」領収証を渡したが、「金《かね》の受取」だったか、との荒船清十郎委員長の質問に「知らない」と答えていた。

伊藤も、同じように同委員長から「ワンハンドレッド・ピーナツ（ピーナツ一〇〇個という領収証）は一億円の意味ではないのか」との質問に「存じておりません」と答えていた。

日本の刑事事件捜査は、自供を重視する。一定の物証を得て、容疑者の自供を導き出し、犯罪を立証し、起訴するというやり方である。この事件の場合、「偽証」で逮捕・起訴し、取り調べで自供を得て「贈賄」の事実を固め、再逮捕・追起訴という形になる。

従って、被疑者の取り調べにあたっては、自白させて「落とす」検事の技術が問われる。検察庁では、被疑者との相性を考慮して取り調べの検事を決め、検事は被疑者の性格、人となりを研究して取り調べに臨む。

贈賄側、丸紅のトップ三人の経歴を見ると、いずれもエリートだが、経歴だけからは測れない性格、欠点、短所などを分析する。

最初に逮捕された大物は、丸紅専務の大久保利春だった。容疑は、先述したように国会証言の際の偽証。

報道された通り、大久保の父方の祖父は明治の元勲・大久保利通《としみち》、母方の祖父は元首相・高橋是清《これきよ》、と明治維新のエリートを代表する家系に育った。

しかし彼自身は、一九三八年に東北大学法文学部を卒業後、三和銀行、日本海外商事、東京通商（東通）を転々として、苦労する。東通が丸紅に吸収合併されたため、六六年から丸紅に勤務、二年後取締役になって以後、航空機の輸入販売の中心的役割を担い、常務から七五年、専務へと昇進した。

次いで逮捕された伊藤宏は、一九四八年に東大法学部を卒業後、大建産業に入社したが、翌年肺結核を患い除籍。約一年半後に復職したが、その間に大建産業は財閥解体を目的とする「過度経済力集中排除法」に基づき五分割され、伊藤はそのうちの一社、丸紅に入った。総務課長、常務・社長室長、七五年に専務と、管理部門の中枢を担った。

事件の表面化時に社長だった檜山広は、一九三二年東京商科大学（現一橋大学）専門部を出て大同貿易に入社。その商号が大建産業、丸紅と変わったが、引き続き務め、東京支店（当時大阪本社）輸入部長、取締役、常務、専務、副社長を経て、六四年から社長。七五年に会長となった。

三人とも、事件発覚後に役員を辞任した。[29]

自供を引き出した苦労人の検事

檜山は七月一三日、逮捕された。檜山の最初の逮捕容疑は偽証ではなく、大蔵大臣の許可なしにロッキード社から五億円を受け取ったとする、外国為替法違反を適用した。

自供を始めたのは、大久保が六月二二日逮捕で三日後の二五日から、伊藤が七月二日逮捕で五日後の七日からだった。檜山はそれより早く、七月一三日逮捕で二日後の一五日には「しゃべり始めた」という。[30]

それぞれの担当検事は、自供を引き出す技術が優れていた。それに日本的な「浪花節」が加わると強い。檜山の取り調べを担当した安保憲治検事は、当時は横浜地検総務部長だったが、吉永主任検事からのたっての要請で応援に駆けつけた。元ＮＨＫ社会部の司法記者、坂上遼がその間の事情に詳しい[31]。

檜山は当初、否認を繰り返し、「あなたのような、インテリのエリートに何が分かるんだ」とぶちまけ、反抗的だった。

安保は、その「エリート」という言葉に機敏に反応し、自分の生い立ちを語った。秋田県の山奥の生まれで、生活は苦しく、小学校を出てから、土木作業員などをしていた。「日大の通信教育を受け」、親の反対を押し切り上京して司法試験に合格した苦労話をすると、檜山は感銘を受け、「失礼なことを言った」と謝って、事件発覚後のことから話し始めたという。

檜山も茨城の農家に生まれて、東京商大の専門部を出ていた。容疑者の不安定な心理に付け込んで自白を得る技術は、確かに巧みだ。

販売工作の最盛時に田中と三回面談

被疑者の側は、同時に「L資料」への恐怖心に苛《さいな》まれていたとみられる。L資料は、四月一〇日にアメリカから東京地検に届いてから、内容はまったく漏れていなかった。だから、彼らは〈決定的な事実を既に摑まれているかもしれない〉と不安に感じていたようだ。

取り調べの際に、L資料に書かれた未公開情報に基づいて質問された時には、心理的に相当動揺したとみられる。

彼らを取り調べる根拠となった資料は、L資料のほか、チャーチ小委が公表した領収証、コーチャンの宣誓供述調書、丸紅本社などへの捜索で得た資料があった。検察側はこれらを巧みに駆使して、自白を迫った。

捜査の最重要ポイントは、①田中への請託と受託。②五億円の受け渡し―である。

①では、基本的な行動が摑めている。L資料の「工作日記」で、一九七二年八月二三日に「檜山と大久保がP・Mを訪問した」こと。「人脈図」では、檜山↓田中と矢印が直接つながっていることだ。

二人が八月二三日に田中の私邸を訪問したことは、新聞報道で確認された。当時の朝日、毎日、読売の三大全国紙の首相動向欄はまとめの記述しかないが、日本経済新聞は詳しく、翌二四日付の二面下「首相官邸」欄は次のように記していた。

▽午前7時　私邸で小林日本電気社長、檜山丸紅社長ら十五組の訪問客と会う。[32]

田中は、毎朝一〇時過ぎに首相官邸へ出勤する前に、私邸で何組もの訪問客と会っていた。

このほか、工作日記の「8／28P・Mが檜山と話をした。」は、翌二九日付同紙の同じ欄の「▽午後6時30分財界人との集まり『月曜会』へ」との記述で確認された。[33]

さらに、「工作日記」は、販売工作が大詰めとなった一〇月に「10／14檜山がP・Mを訪問した―全て順調。」と、檜山の田中邸再訪を記した。これも、翌一五日付同紙の同じ欄に「▽午前7時私邸で檜山丸紅社長、高橋清一郎《たかはしせいいちろう》代議士（自）夫人など九組約三十人」[34]と記されている。

これで、コーチャンが東京で陣頭指揮した販売工作の最盛時、檜山が田中と計三回会っていたことが確かめられた。

検察は、一回目に檜山側から請託があり、田中が受託したと判断した。

「受託」を固めた

取り調べで、檜山と大久保は田中邸訪問についてどれほど自供したのか。堀田の回想録と検察側冒頭陳述から、二人の自供内容を確認しておきたい。

大久保の自供（堀田回想録[35]）

大久保は、八月二三日の朝早く田中邸に檜山とともに訪問。檜山は田中に「これは明治の元勲大久保利通の孫で、うちで航空機の仕事をやっています」などと紹介したあと、大久保を外させた。

間もなく出てきて帰る途中、檜山は五本の指を広げて「これだよ」と言ったので、大久保は「大きい方でしょうね」と念を押したら、檜山は「決まっているじゃないか」と言った。すぐ結果をコーチャンに知らせた。

檜山の自供（堀田回想録[36]）

（田中に）トライスターを全日空に買わせるようご助力をお願いしたい、ロッキード社から五億円献金の話がありますと話した。そしたら、田中がうなずいて、よしゃよしゃと言った。

この部分は、検察側冒頭陳述では次のように詳述されている。公式文書はやはり細かい[37]。

檜山と大久保は八月二三日午前七時ころ東京都文京区目白台一丁目一九番一二号の田中私邸を訪問し、同所事務室でしばらく待った後、同所応接室で田中と会った。

檜山は大久保を明治の元勲大久保利通の孫で丸紅の航空機関係の役員であると田中に紹介して、大久保を前記控室にさがらせた後、田中に対し、総理大臣就任の祝辞を述べ、更に「実は、アメリカのロッキード社が、全日空に飛行機の売り込みをかけているが、なかなか思うようにいかない。ロッキード社は飛行機の売り込みに成功した場合、総理に五億円の献金をする用意があると言っている。……なんとか全日空がロッキード社の飛行機を導入するよう、総理の方から然るべき閣僚に働きかけるなど、何分のご協力をお願いしたい」旨依頼して請託し、五億円のわいろの申し込みをした。田中は「丸紅はロッキード社の代理店だったのか」と聞き、檜山は「そうです。それでこのようなお願いにあがった」旨重ねて請託した。

田中は、檜山の右依頼が、総理大臣としての職務権限に基づき、航空機の導入に関し権限を有する運輸大臣を指揮して全日空にロッキード社の航空機を購入させるよう働きかけてもらいたい趣旨であることを了知し、かつ、ロッキード社が申し出ている五億円は、その報酬として贈与されるものであることを知りながら、好意的な態度で、即座に「よっしゃ、よっしゃ」と気嫌《ママ》よく答え、右の請託を了承するとともに五億円の賄賂の申込みを承諾した。

安保検事は、この取り調べでは真っ向から「八月二三日田中邸訪問」の事実で勝負したという。[38]まさに、「工作日記」を基礎にして取り調べ、自供を引き出したのである。

これで、田中の「受託」が固められた。あとは「五億円が田中に入ったことについての証拠さえそろえば、田中を受託収賄罪の容疑で逮捕できる」と、堀田らは意気込んだ。[39]

「よっしゃ」ではなく「よしゃ」だった

しかし、その前に落とし穴があった。前記冒頭陳述の「よっしゃ、よっしゃ」は、実はその後、「よしゃ、よしゃ」に訂正されていた。

当時、メディアでは大きい話題になり、流行語にもなった間投詞だが、「っ」抜きに変更されていたことを知る人は多くない。

田中私邸で、一九七二年八月二三日に檜山が田中に請託、田中がこれを即座に承諾して「よっしゃ、よっしゃ」と言った、と第一審の検察側冒頭陳述（一九七七年一月二七日付）で明らかにされた。しかし、「田中角栄はそんな言い方をしない」などという新潟県人らからの反論があった。結局、公判で、検察側は田中が快諾した際の返答の言葉を訂正したのだ。

一九八〇年一〇月一五日、檜山の取り調べに当たった安保検事が証人として出廷、検察側の質問に答えた。

「『よしゃ』の表現については、檜山さんに確認しましたか」と聞かれて、安保検事は「『っ』が入っているかどうか区別できなかったので……確認しました。（檜山）本人がしゃべってみて、どちらかと言えば『よしゃ』が近いと言うのでそのまま調書にとりました」と答えた。こうして「よっしゃ、よっしゃ」から「っ」を外して、「よしゃ、よしゃ」が正しい、と訂正したのだった。[40]

田中による「受託」を法的に認定するかどうか、正確さが求められる重要なポイントだった。「受託収賄」を証明するため、正確な受け答えを実証しなければならない。

裁判では、受託収賄は認定されたが、田中は「受託」、檜山は「請託」を否認、「よっしゃ」も「よしゃ」も認めなかった。

檜山は、調書で「総理は〝ああ、ああ〟といって顔を上げ、それから顔を上下に動かしながらうなずき（申し入れを）快諾された」と供述したが、法廷では「ロッキード社が献金したいということを伝えただけです」と中途半端な証言をしていた[41]。

田中と檜山は旧知の関係

公判になると、檜山は自供内容を覆した。安保検事に認めた「請託」も「現職の総理大臣に成功報酬の約束で、しかも閣僚に働きかけてなどと指図してものを頼むなどあり得ない」と否認した[42]。

しかし、被告人が公判段階で自供を翻し、否認に転じるのは珍しくない。贈賄を働きかけた檜山は、田中逮捕の責任も感じたであろう。否認に転じたのは予想通りだった。

筆者の元同僚の「田中番」記者は、田中私邸の応接室は「バタバタ慌ただしい場所で、金額を口に出して頼めるようなところではない」と、請託をなお疑問視している。

また、弁護人の木《き》村《むら》喜《き》助《すけ》も「時の現職の総理大臣のところに表敬の挨拶に行って、大勢の来客が控えている待合室の隣の、ドアが開放されている応接間でいきなり『金』の話を出して、……ものを頼んだり……する人が一体どこの世界にいるであろうか」と「不自然」さを指摘する[43]。しかし、この主張は、請託がこの場所で物理的に不可能とは言っていない。

檜山が小声で「五億」と言い、待合室の大久保には聞こえなかった。だから、檜山は田中邸を出てから五本の指を広げて、そのことを大久保に伝えた。田中は自宅での陳情を「一件当たりたった三分間で……片付けていく」という話は、秘書官らの間で語り草になっていた[44]。

さらに、検察側は冒頭陳述で、田中と檜山は、田中が大蔵大臣、檜山が副社長だった一九六四年当時から知り合いだった、と明らかにした。経営不振に陥った工具メーカー「不二越」の倒産を避けるため、田中が不二越の大株主、丸紅の当時の社長市川忍《いちかわしのぶ》に依頼して、市川が不二越社長に就任したこともあったのだ。それ以後、檜山は田中私邸も訪問。丸紅は毎年、田中の政治団体「越山会《えつざんかい》」

に寄付し、一九七二年には、それまでで最高の八〇〇万円を拠出した。田中は、財界を代表する一人として檜山を遇していた。[45] 気安く請託してもおかしくない関係だった、と言える。

「あなた、それでも人間か」

他方、大久保の公判における態度は異色だった。血筋から来るプライドか、背筋を伸ばして供述席に座り、供述内容をほぼ認めた。[46]

大久保は取り調べで、檜山が田中私邸で請託を終えて帰る途中、大久保に「五本の指を広げて『これだよ』と言った」と供述したが、法廷でも同じ証言を繰り返した。

事件発覚後、丸紅社内では、国会証言などに呼ばれたときに備えて、大久保らは答弁の「練習」をした。その際に、大久保は自分の責任は認めても「伊藤の責任まで引き受けることはないし、その気もないと言った」と供述した。社内でそんな発言をした際、伊藤と言い合いになり、煮え切らない態度の伊藤を「あなた、それでも人間か」と言い放ったこともあったという。大久保と伊藤の折り合いはよくなかったようだ。

また、田中との二回目と三回目の面談について、檜山は次のように自供した。[47]

二回目は、財界人の会合で、檜山は田中と懇談した。九月二日から予定されていた田中とヒース英首相との会談について、檜山が助言。「トライスターは……エンジンは英国のロールス・ロイス製であるから、トライスターを導入することは、英国の国際収支の改善に大いにプラスになるので、ヒース首相にこのことを強調しておくことは、英国に一つ貸しを作る」ことになる、と田中に教えたという。

三回目は、田中が全日空の若狭社長に電話し、全日空の大株主である小佐野にトライスター採用を働きかけた経緯を受けて、田中邸で面会。田中は「ロッキードの件はうまくいってるでしょう。心配はない」と述べた。

3．五億円巨額わいろの理由

代理店契約解除の恐れ

次は、田中角栄への五億円の現金授受を立証しなければならない。

コーチャンは、なぜ五億円もの巨額のわいろが必要なのか、「一億円か二億円」ではダメなのか、と尋ねたが、「成功を望むなら」と丸紅側は五億円から譲らなかった。

実は、檜山には五億円という、当時で史上最高額と言われた巨額のわいろを提供しよう、と固い決意で臨んだ深い理由があった。

その理由とみられる裏の事情を、コーチャンが嘱託尋問で証言している。

コーチャンは、檜山に丸紅との代理店契約を一部解除する可能性に言及していたのである。だから丸紅側、特に檜山社長はトライスター販売競争に負けたら契約を解除される、と恐れ、追い詰められていたようだ。

丸紅を外そうとしたコーチャン

事実、コーチャンは一時、ロッキードＬ１０１１トライスター旅客機の販売代理店から丸紅を外そうか、と考えていた。[48]

ロッキード社は、丸紅を一九五〇年代末のF104スターファイター戦闘機売り込み商戦の時から代理店として使ってきた。専門家の間で、丸紅は軍事関係で優れた商社、という評価だった。しかし、一九六八～六九年にL1011トライスター旅客機販売キャンペーンの準備のため関係者と話し合ったところ、民間航空会社向け販売には「間違った商社」と感じるようになったというのだ。どこが間違いだったか、コーチャンは言わなかった。

ロッキード社は同時に、児玉誉士夫も代理人として、長年使っていた。児玉は、ロッキード社が丸紅を代理店として使うことに反対していた。児玉は「常に彼ら（丸紅）を使ってはいけない。彼らは私にとって役に立たないと勧めて」いた、とコーチャンは嘱託尋問で証言した[49]。コーチャンは、別の商社を使う必要があるかどうか悩んでいたのだ。

ロッキード事件が起きた背景には、日本経済の高度成長で航空機需要が高まったこと、さらにロッキード社の経営悪化でトライスター機販売に社運を賭けていたこともあった。

同時に、直接的には、コーチャンの「丸紅外し」の動きがあったからだとみていい。

児玉と丸紅との競合関係も含めて、ロッキード側が丸紅との契約解除を検討していた事実は、これまであまり語られてこなかった。

真っ青になった檜山

丸紅の檜山との話し合いで、コーチャンは「丸紅との関係は軍用機に限定し」、旅客機は別の商社を使おうか、とほのめかした。その時、檜山はコーチャンが予想しない反応をした[50]。トライスター販売計画を本格化する直前のことだった。

檜山は「文字通り、真っ青になった」とコーチャンは証言している。あわててコーチャンは、「可能性を確かめたかっただけだ」と言い訳した。だが、檜山の方はこれを脅し文句、と受けとったようだ。これ以後、檜山はトライスター機販売で成功しなければ、と心理的に相当追い詰められていったに違いない。檜山はトライスター販売に力を入れ、大久保をそのために充てる、とコーチャンに約束した。代理店契約を外される事態になれば、社長としての責任も問われる恐れがあった。

コーチャンが、トライスター販売を成功させるためなら、「異常な事業手段にも訴える……もしそれが商社を替えることを意味するなら、そうもする」と、発破をかけると、檜山は「ベストを尽くそう」と約束したという。

「五億円」は大久保を通じて提案

コーチャンは、本格的な対日販売工作を陣頭指揮するため、一九七二年八月二〇日に来日。その翌日二一日に、丸紅東京支店（当時の本社は大阪）の社長応接室で檜山と面談した。

檜山はコーチャンに「田中総理大臣のような実力者に依頼して、全日空がトライスターを選定するよう働きかけてもらったらどうか」と持ちかけ、コーチャンは賛同した。[51]「工作日記」にも「8／21檜山にP・Mと会見するよう依頼した」と明記されている。

実は、八月中旬の段階で、檜山は大久保に、田中へのわいろ額について「ロッキード社側に五億円でぶつけてみる」と言っていた。[52]

だが、檜山は面と向かってコーチャンに会った二一日、なぜか自分から金額に言及することはせず、大久保に言わせた。

翌二二日、檜山は大久保に「明日、田中総理に会って頼むことにしたので、コーチャンと会って田中に贈る金額を五億円の線で打診してくれ、金は丸紅を通さない形でロッキード社がアレンジするようにしてくれ」と指示した。

「一億円か二億円」でと渋ったコーチャン

これを受けて大久保はコーチャンと面談し、「檜山が、明日、田中総理に会って頼むことにしたが……日本円で五億円を贈る約束をする必要がある」と進言した。[53]

「なぜ五億円なのか」と聞かれたので、大久保は「普通の額だ」と答えた。それでも、コーチャンは「多分われわれは、一億円か二億円なら準備出来るでしょう」と渋った。結局は、説得を受け入れ、「成功した時にのみ支払う」という条件付きで五億円をロッキード社が支払うことで合意した。[54]

わいろの金額を値切ろうとしたコーチャン。コーチャンは児玉から丸紅との関係を絶ち切るよう言われており、「丸紅に対する金銭的約束を極めて低く保つこととしていました」と、嘱託尋問で認めている。[55] コーチャンは、丸紅にはわいろの額を値切ったが、児玉には、言い値通り支払った。

檜山自身、ロッキード社と児玉、丸紅の三者のこうしたいびつな関係に薄々気が付いていた兆候がある。コーチャンは、児玉経由で田中の盟友、小佐野賢治に五億円を渡すことに同意していたが、実は檜山は、詳細はともかく、何らかの動きを知っていたようだ。

一九七九年五月一六日の公判で、大久保は田中への五億円の件で檜山から「小佐野氏に関係なしにしてほしい」と言われたという。よく分からない話だが、大久保は「(田中と小佐野を)まぜこぜにしないでくれ、という意味」にとったという。[56] 小佐野のところにも、田中絡みで児玉ルートのカネが入っているようだが、丸紅ルートの田中への五億円はそれとはまったく無関係だと檜山が言った、と大久保は受け取ったようだ。

話を戻すと、檜山が面と向かってコーチャンに田中への「五億円」を提案すれば、反対される可能性があった。同時に、ロッキード社から小佐野への支払いをめぐって、檜山が不満を口にすれば、コーチャンとの間で険悪な議論に発展することもあり得た。檜山は、田中への五億円の件を自分から言えば厄介なことになると恐れ、大久保に言わせたのではないだろうか。

シャンパンかけパーティ

販売工作は一時危機に陥ることもあったが、最終的に一〇月三〇日、全日空による最初の六機の正式発注が決定した。翌三一日、ハロウィーンの夜に滞在先のホテルオークラで祝賀パーティをしたあと、コーチャン夫妻は帰国。ロサンゼルスに到着した一一月三日夕には、ビバリーヒルズのホテルで本社主催のパーティが開かれ、シャンパンかけをして担当者らがびしょ濡れになるほどの騒ぎとなった[57]。

コーチャン社長は、トライスター機の売り込み工作で一一月三日に離日するまで、約七十日間の長期にわたり、東京に滞在した。

販売工作の成功で、喜び過ぎたのかもしれない。しかし、すべてめでたしめでたしで、ことは終わらなかった。田中角栄に対する五億円の支払いはまだ、済んでいなかったのだ。

半年以上たって催促した理由とは

最初に五億円の支払い催促があったのは、それから半年以上も過ぎた一九七三年六月頃のことだった。田中の秘書、榎本敏夫が丸紅の伊藤に電話をかけてきた。

伊藤は一九七一年頃、当時の丸紅秘書課長から榎本を紹介されたこともあって、以前から榎本と知り合いだった。

「檜山さんから、総理のところにロッキード社の献金の話があったはずですが、いつごろになるのでしょうか」との督促だった。[58]

五億円の支払いについては、丸紅側と田中側で、ちゃんと手はずが整えられていたはずだった。田中角栄は、檜山の要請を受託したあの一九七二年八月二三日、連絡役に秘書官の榎本敏夫をあてると檜山に告げ、その後、榎本自身にも「ロッキード社からの五億円を授受する場合の窓口」になるよう指示した、と検察側の冒頭陳述は明らかにしている。[59]

他方、檜山は大久保と伊藤に対して、榎本が窓口になるので、榎本との連絡役は伊藤、ロッキード社側との連絡役は大久保があたるよう指示した。

伊藤はこれを受けて、秘書課長から前年に紹介されていた、既知の榎本との関係を密にしておけば好都合と考え、八月二五日に赤坂《あかさか》の料亭「木の下」に榎本を招いて、ロッキード社の件でよろしくと依頼した。[60]

しかし、丸紅と田中側の間でその後動きはなく、半年以上たった一九七三年六月ころ、榎本が伊藤に電話して「例のロッキードのものは、どうなっているのか」と支払いを催促した。[61]

その連絡を、檜山を通じて受けた大久保は、六月後半コーチャンに電話して「今があなたの義務を果たす時ですよ」と支払いを求めた。

コーチャンは「抗議」した。トライスターの発注は「六カ月も前に受け」ており、この種の「予算は……使ってしまった」と断ったのだ。[62]

大久保がコーチャンの反応を檜山に伝えると、檜山は「それなら今後ロッキード社は日本でいっさい取引できないようにする」と激怒した。[63]このため、大久保は再度コーチャンに電話して「約束を果たさない場合は、ロッキード社は日本においてこれ以上製品を売れないことを知ってもらいたい」

と警告した。[64]

慌てたコーチャンは、会長のホートンにも伝え、田中への五億円を支払うことを決めた。

コーチャンはこうしたやりとりを、一九七六年七月六～九日にロサンゼルスで開かれた嘱託尋問で明らかにした。その頃、大久保や伊藤はすでに逮捕されていた。

支払いが遅れた原因は何だったのか。

第一に、両者は五億円をいつ支払うか、について何も決めていなかった。

コーチャンは、大久保に一九七二年一一月初め、および翌七三年初めに支払い時期を尋ねたが、大久保は「そのうち連絡する」と答えただけだった。[65] このため、すぐに五億円が田中に支払われることはなかった。月日が経つに従って、「私は、多分この約束は消えたのだろう」とコーチャンは思ったという。[66]

他方、大久保は取り調べで「心に曇りを感じる金」のことだから、なるべく触れないようにしてきたと供述したという。[67] 優柔不断で慎重な伊藤も同じで、そもそも違法なわいろの支払いに関わりたくなかったのだろう。

さらに、田中側の台所事情も影響した可能性がある。田中が五億円の件で同意した三カ月半後の一二月一〇日、衆議院総選挙が行われたが、その選挙資金の手当ては別途準備できていたので、すぐ支払うよう求めなかったというものだ。あるいは「児玉ルート」からのカネ、さらにＰＸＬ絡みのかなりの額のわいろが支払われていた可能性も否定できない。

一九八〇年一二月一〇日の公判では、五億円の「一部」が七四年七月七日の参院選に使用されたとの、榎本供述調書の存在が紹介された。この参院選に向けて必要になったので、榎本が催促した可能性もある。[68]

いずれにしても、榎本が催促していなかったら、丸紅もロッキード社もほったらかしたままで終わり、田中が受託収賄罪に問われることはなかった。

4．物証少ないカネの授受

証拠が弱い部分

捜査としては、五億円が確かに田中に支払われたことを証拠付けなければならなかった。いわゆる「ヤメ検」の弁護士から聞いた話だが、どの事件でも、証拠が弱い部分が必ずあるという。当然のことながら、裁判になると弁護側はその部分を突くことになる。

ロッキード事件では、弱い部分はまさに五億円授受に関する証拠だったようだ。いつ、どこで、だれが受け取ったか、物証が少なく、取り調べで自供を得なければならなかった。丸紅から田中側への授受に関する文書は、L資料にはなかったためだ。

裁判で、弁護側はこの部分への攻撃を強め、法廷がエキサイトする一幕もあった。

四回に分けて送金・運搬

五億円は、ロッキード社日本支社長クラッターと丸紅の大久保利春が打ち合わせて、支払い方法を決めた。支払いは四回に分け、その都度クラッターから大久保に連絡が入り、授受は当時常務の伊藤宏が担当した。

田中角栄の秘書、榎本に現金を渡すのは伊藤の任務となった[69]。

伊藤は、第一回目の現金を渡されて「ピーナッツ領収証」を、第二～四回目には「ピーシズ領収証」

をクラッターに渡した。

逮捕された伊藤宏の取り調べでは、榎本にいつどこで合計五億円を渡したか、特定することが重要な課題となった。

取り調べの基礎となったのは、丸紅の「役員行動表」と運転手の「運転日報」だった。両方の記録とも、二月と三月に警視庁が丸紅を家宅捜索した際、押収していた。だが、その記録は改ざんされていたのだ。

特捜部は、七月一九～二〇日に丸紅の総務課長と運転手、秘書課長と課員も逮捕した。伊藤や運転手らの記憶をたどりながら、運転日報を「復元」しなければならなかった。

だが、四回すべての詳細について記憶を取り戻すのは容易ではなく、記憶を「喚起」させるのに、伊藤を取り調べた松尾《まつお》邦弘《くにひろ》検事は苦労したという。それでも、伊藤とその部下らの取り調べで、次のような授受の具体的状況が明らかになった。[70]

①　1973・8・10　英国大使館裏　一億円
②　同　10・12　伊藤自宅近くの電話ボックス前　一億五〇〇〇万円
③　1974・1・21　ホテルオークラ駐車場　一億二五〇〇万円
④　同　3・1　伊藤自宅玄関　一億二五〇〇万円

現金入り段ボールを田中の秘書・榎本敏夫に渡した日は、手続き上の都合があり、一、四回目は領収証の日付の翌日。二、三回目は領収証日付と同じ日に渡している。

ここで、あらためて領収証の概要を記し、比較してみたい。

1973・8・9		100ピーナツ	一億円
同	10・12	150ピーシズ	一億五〇〇〇万円
1974・1・21		125ピーシズ	一億二五〇〇万円
同	2・28	125ピーシズ	一億二五〇〇万円

認められた検察の主張

公判で、伊藤は四回にわたる授受について、一部を除き明快に証言した。

一回目の受け渡しについては、「領収証は八月九日となっていますが、一〇日だったと思います」「英国大使館の裏でした」と、よどみなく陳述した[71]。

二回目は、領収証日付の一〇月一二日。結婚式の媒酌人を引き受けていたので、会社から家に帰り、「着替えている間に」自宅近くの九段高校横の電話ボックス付近で、運転手が段ボール箱の受け渡しをしたと自ら証言している。

三回目も、領収証の日で、榎本か伊藤のどちらかがホテルオークラへ行く予定があり、「二人がロビーで話している間に」、丸紅の運転手から榎本の運転手に渡したという。

三回目については「記憶がありませんでしたが、取り調べの結果、そう落ち着いた」と述べた。記憶をたどるのに苦労したようだ。

四回目は、領収書日付の翌日、自宅で段ボール箱を渡した、と認めた。

他方、運転手の松岡克浩は、公判で[72]一回目の授受が英国大使館裏で行われたことについて、「今はそういうことがあったとされているので、そういう気がします」と自信なさそうに答えている。

二回目に関しては、「伊藤さんの家の近くの電話ボックス付近で」榎本の車に積み替えた「ような気がする」と答えた。

三回目のホテルオークラ駐車場での引き渡しに関しては、自ら「オークラの玄関先で」とはっきり答え、相手の車は「黒のベンツ」、相手の人は「亡くなった笠原（政則）さん。そして榎本さんでした」と発言。検事が廷内を見渡し、「榎本さんが、どこにいるか分かりますか」と問うと、「あそこ」と恐る恐る被告席の榎本を指さした。

四回目の授受に関しては、「前日に段ボール箱を運び込んだことがあるか」と検事から尋ねられ、「伊藤宅には果物や酒など、いろいろな物を運んだことがあるので、分かりません」と率直に答えている。[73]

一、二、四回目についての記憶は、伊藤が鮮明で、三回目は松岡の記憶が鮮明だった。結果的に裁判所は、伊藤と松岡の証言を得て検察側の主張を概ね認めた。

筆者の愚息がラグビーの試合で脳震とうを起こした際に、脳神経外科医から「記憶にはバーコードのような濃淡がある」と聞いたことがある。二人の記憶もまだらだったが、二人の証言を合わせると、授受の全体像が確認された形になった。

しかし、それでも勝負は決まらなかった。

榎本のアリバイ工作は失敗

五億円を受け取った榎本は、逮捕後の取り調べでは四回で計五億円の授受を認めたが、裁判では否認に転じた。

弁護側は裁判で、五億円授受の事実認定に強い異議を唱えた。その根拠に使ったのは、首相首席秘書である榎本の公用車の運転手、清水孝士が付けていた運転記録用の「清水ノート」だった。
それによると、榎本は一回目の現金授受とされる時には「国会内の官房長官室」、二回目は「総理官邸内」、三回目も「総理官邸内」、四回目は「自宅から目白の田中事務所に出勤する途中」だったと主張し、弁護側は榎本にアリバイがあるとの論陣を張った。[74]
また、松岡は前の証言を翻して、「よく考えたら違っていた」と、第一回目の英国大使館裏での授受を否定し、「近くの村上開新堂へ菓子を買いに行ったから、クラブ関東へ丸紅社員を送って行った」と証言する始末。
これに対して、東京地検特捜部はアリバイ崩しのため、徹底的な再捜査を行った。[75]
その結果、村上開新堂の女主人は「夏休み中で……お菓子を売っているわけがありません」と証言し、クラブ関東の事務局長も「当日、記録によりますと……丸紅の方はお見えになっていません」と否定したことで、検察が一矢報いた。
さらに、検察は「清水ノート」を押収し、三年間にわたる清水の走行状況を調べ上げ、百人以上の参考人を聴取、清水自身も取り調べて、榎本のアリバイをすべて崩した。[76]
榎本は、「表」の政治活動をする時は清水の公用車を使い、カネの授受など「裏」の行動の際には田中邸の運転手の車を使う。検察の取り調べで供述していた通りだったのだ。

田原総一朗の田中無罪説は飛躍

テレビ・ジャーナリズムで活躍した田原総一朗も、自著で五億円授受について「四回の授受の場所と日時を特定したのは、……検察である」と、木村喜助弁護士と同様、事実上のデッチ上げ説をとっている。[77]

田原は例えば、こんな疑問を提起している。

「全てが『おぼろげ』、その場所も英国大使館裏の下り坂の路上とか、……三流スパイ映画もどきである。賄賂を渡すのに、なぜわざわざ人目につく場所を選んでいるのか[78]」

しかし、実際には、渡す側の伊藤と受け取った榎本は目立たない授受の方法を相談していた事実が、検事調書に記されている[79]。

一九八〇年二月一三日の公判では、一回目の授受の場所について「英国大使館の裏以外に提案はしませんでしたか」との検事の質問に、伊藤は「あるいは会社の近くと申し上げたかも知れません」と答えた。また、「調書では『あなたの会社の近くでは目立ちませんかと、榎本さんは賛成しませんでした』とあります」と、検察側は指摘している。

これに対して伊藤は「目立つとか、人目を避けてとかいう表現は検事さんに押しつけられた表現で、（金は）段ボールに入っていますから、そうは目立たない」と答えている。

「英国大使館のどこ」を指定したか、との質問には、伊藤は「私の家から近かったので、大使館裏の信号のある角といいました」とはっきり証言した。

伊藤は、このように自ら率直に証言したが、田原は著書で「伊藤は四回にわたる授受の場所と日時についてほとんど記憶がない[80]」と根拠のない指摘をしている。田原は、検事調書や法廷の記録、あるいは清水ノートをめぐる検察と弁護側の争いを見直したのだろうか。「田中角栄は『無罪』であるべきだった[81]」という田原の主張は、論理の飛躍である。

ハチの一刺しで大勢決着

裁判が始まって四年半後の一九八一年一〇月二八日、華やかなタイプの榎本の元妻、三恵子《みえこ》（当時三三歳）が検察側証人として出廷し、最後のハイライトとなった[82]。

事件表面化後、伊藤から自宅に毎日「午前八時前後」に「電話がかかってくるようになった」こと、「秘書官当時の日程表、メモ、書類など、家にあった」証拠を焼いたことなどを証言。事件が明るみに出て約五日後、「目白の田中邸まで車で送って」行く時、信号待ちで榎本に「報道の事実通り金を受け取ったの？」と聞くと、「軽くうなずいて肯定いたしました」と述べた。

法廷を後にして、取材の記者らに「ハチは一度刺したら死ぬと言います。私もそれだけの覚悟をしていました」と語った。これが、「ハチの一刺し」として有名な流行語になる。三恵子は事件の表面化後、協議離婚していた。

当時の日本は、今の「角栄人気」とは違い、「田中金脈」に非常に厳しい空気で、彼女の潔い生き方が支持された。

逮捕時も田中らしさ

田中角栄は、一九七六年七月二七日東京地検特捜部に逮捕され、取り調べを受けて、八月一六日に受託収賄罪と外為法違反で起訴された。地裁、高裁で懲役四年の実刑判決を受けて上告、最高裁で審理中に七十五歳で死去した。

逮捕から十七年間という長い闘いだったが、この間の田中は、取り調べでも、法廷でも完全否認で通した。総理大臣を務めたプライドを示したと言える。

逮捕時には、検事を待ち構え、その検事が何を捜査していたか頭に入れていた。角栄らしい、細心かつ緻密な対応だった。

午前六時半、田中私邸の百五十メートル手前で車を止めた特捜部検事・松田昇《まつだのぼる》は、歩いて田中邸に出向き、玄関ブザーで応対に出た書生に「田中先生にお目にかかりたい」と名刺を渡すと、応接間に通された。

約二十分後、背広姿の田中が現れた。松田が「これから地検に参りますが」と言うと、田中は「ウンウン。ところで、きみは等々力《とどろき》（児玉誉士夫の住所）担当じゃなかったかね」と言い、松田を驚かせたようだ。[83]

田中は捜査の手が自分に迫っていたことに気付き、捜査の動きを注視していた。だから、検察の捜査体制まで熟知していたのだ。

田中逮捕からちょうど半年後に始まった丸紅ルートの東京地裁では、一九八三年一〇月一二日に、次のような判決が言い渡された。

田中角栄　懲役四年、追徴金五億円
榎本敏夫　懲役一年・執行猶予三年
檜山　広　懲役二年六月
伊藤　宏　懲役二年
大久保利春　懲役二年・執行猶予四年

控訴審は一九八七年七月二九日。伊藤だけが懲役二年・執行猶予四年と刑が軽減され、あとの四人は控訴棄却の判決で、上告した。最高裁判決が出る前に、九一年一一月三〇日に大久保が、九三年一二月一六日に田中が死去。最高裁は九五年二月二二日、檜山と榎本の上告を棄却した。これで、田中の受託収賄罪が確定となった。

昭和から平成へ、まさに元号をまたぐ十八年間の長期裁判だった。

5．灰色高官としての田中角栄

リストには秘密が隠されていた

L資料で、「政府高官名」を明記された人物はあと六人いる。その中には、「灰色高官」と呼ばれた四人もいた。政治家と各人別の金額を記した「リスト」がそれである。

リストは、コーチャンが滞在先のホテルオークラ客室に置かれた電話メモ用紙に記していた。これまで、L資料の「人脈図」「工作日記」が東京地検特捜部の捜査にどれほど役立ったかを見てきた。リストも、すべてこれらの筆跡と同じであり、コーチャンが書いたものとすぐ分かったという。

その六人ともらった金額は本書二〇六～二〇七ページ掲載の「リスト」によると、橋本登美三郎・自民党幹事長七百万円、二階堂進・内閣官房長官七百万円、佐々木秀世・運輸大臣四百万円、福永一臣・自民党航空対策特別委員長四百万円、佐藤孝行・前運輸政務次官四百万円、加藤六月・運輸政務次官四百万円で、合計三千万円[84]。三〇ユニットの領収証に見合った金額だ。派閥は、橋本と二階堂が田中派の重鎮、佐々木が大平の宏池会、福永と加藤が福田派、佐藤が中曽根派だった。

しかし、このリストとユニット領収証には、多くの秘密が絡んでくることになる。

ユニット領収証

ユニット領収証が発行されたのは、次のような経緯からだ。

コーチャンの東京滞在が終幕に近づいた一九七二年一〇月二九日のこと。コーチャンはさらなるわいろの支払いを要求された。彼は、回想録でも嘱託尋問でも、その事実を明らかにしている。[85]

午前八時過ぎ、PR会社社長で児玉誉士夫の通訳でもあった福田太郎が、電話でニュースを教えてくれた。次期大型旅客機は、日本航空がボーイング機、全日空がロッキード社のトライスター機導入で決まりそうだ、とNHKテレビが報じたというのだ。

さらに、その夜一〇時か一〇時半ごろ、丸紅の大久保から電話があった。全日空の機種選定が大詰めで、「もしあなたが三つのことをすれば、トライスター機の売り込みに成功する」と言ってきた。一つ目はカネ、二つ目と三つ目は機体整備への支援策だった。

午前中のニュースと、夜の電話は関連していた。実質的には、ロッキード機に決めるからカネを出せ、という最後の要求だ。

大久保は、「急いで四十万ドル、日本円にして一億二千万円を現金で用意」してほしいと求めた。全日空社長の若狭得治に三十万ドル（九千万円）、他の六人の政治家に十万ドルを渡す、というのだ。

急ぎ、政治家の名前をメモしたが、コーチャンは前立腺炎による発熱で、朦朧《もうろう》としてドル建てと円建てを混同し、「総額六億三千万円」と誤って計算してしまった。では「そちらに向かう」と大久保は言って、夜中にホテルにやってきた。

大久保によると、橋本と二階堂に各七百万円、あとの佐々木、福永、佐藤、加藤に各四百万円の計三千万円、さらに若狭に九千万円。支払ってくれたら「二十四時間以内に確実に全日空の注文がとれる」ということだった。

コーチャンは、翌朝午前六時に日本支社長のクラッターを電話で起こし、ホテルで相談する。三千万円は午前一〇時までに「用意できる」ことが分かり、あとの九千万円は別途準備することになった。

大久保はまさに、その日一〇時に三千万円（額面は三〇ユニット）、一一月六日には九千万円（同九〇ユニット）の現金を受け取り、それぞれユニット領収証を渡した。

前者の領収証は、クラッターが現金とともに持参。10－30－72の日付にJ・W・クラッターから「ユニット30個（thirty units）を受領した」と記載された領収証に、大久保が署名した。一ユニット（単位の意味）は、ピーナツやピーシズと同様、百万円を意味する暗号である。[86]

若狭が発案したタカリ

これらのカネの支払いは、全日空が要求したものだった。NHK報道の前日、一〇月二八日の全日空役員会で、社長の若狭得治はロッキードL1011トライスターの選定を報告して決定。この決定に貢献した政治家に、カネを支払うことをひそかに決めていた。

「全日空ルート」公判の検察側冒頭陳述（一九七七年一月二一日）で、理由が明らかにされている。[87]橋本登美三郎が運輸相で、佐藤孝行が運輸政務次官だった当時に、それぞれ全日空のために尽力してくれた、と若狭は感謝していた。だから、「自らの手を汚さない」形で、丸紅かロッキード社から資金を出させ、彼らにカネを贈ろうと考えた。

役員会後、取締役経営管理室長の藤原亨一に指示をする。①橋本に五百万円程度、佐藤に二百万～三百万円など、計六人の国会議員にカネを贈る。②全日空の裏金（簿外資金）用に、ロッキード社から確定発注分六機に対して、一機当たり五万ドルをもらう（計三十万ドル＝九千万円）。これらについて、丸紅側と交渉するよう求めた。

橋本らは、日本の大型ジェット旅客機の導入を二年間延期し、「一九七四年以降」とする行政指導をした。全日空は社内対立もあり、新型機導入の動きが遅れていたので、延期のおかげで助けられたのだ。

若狭は、一〇月二九日に電話で丸紅の大久保に、トライスター採用を内定したので契約を最終的に詰めたい、と通知した。大久保はそれをコーチャンに伝えるとともに、丸紅輸送機械部副部長の松井直に電話し、全日空の藤原と接触するよう指示した。

藤原は、松井とカネの支払いに関する相談をした。橋本や佐藤ら六人に計三千万円程度、それとは別に、確定発注六機分として（一機五万ドルで）計三十万ドル（九千万円）の「裏金資金」の提供もロッキード社に要請することで話がまとまった。若狭が発案したタカリのようにも見えた。

角栄には別に一千万円

大久保から請求されて、コーチャンがメモ書きしたリストだと、橋本と二階堂が各七百万円。そのほか、佐々木、福永、佐藤、加藤の四人に各四百万円となっていた。

しかし、これらの政治家にカネが授受された時には、金額も支払い相手も変わっていた。驚いたことに、当初予定になかった田中角栄に、一千万円が渡されていた。

松井は「これまで世話になった先生方にお礼をすることになり、全日空の依頼で先生方に金を届ける役を丸紅が引き受けました」と、伊藤に報告した。

結局、松井と藤原の協議で、橋本に五百万円、佐藤に二百万円、「その他国会議員五名に計二千三百万円を贈る」（傍点筆者）ことになった、と冒頭陳述は記している。

当初、橋本と二階堂以外の「その他」の議員は四人、つまり計六人だったが、田中一人が増えて計七人になっていた。それだけではない。冒頭陳述には、「その他」議員の名前も、渡した金額も明記されていなかった。

しかし、約一年十一カ月後に、これら「その他」政治家の名前と受け取った金額が明らかにされた。一九七八年一二月二〇日に公開された検察側の「副島勲調書証拠調べ請求書」。そこに掲載された検察官調書に、これらの政治家名も記載されていたのだ。[88] この調書で、丸紅秘書課長の副島勲は、これら政治家に金を渡した様子を供述している。

東京地検特捜部は、橋本と佐藤を「受託収賄罪」で起訴した。しかし、他の五人は「単純収賄罪」の時効や「職務権限」がないため、起訴できず、冒頭陳述では名前を伏せた。

田中は、五億円の件では「受託収賄」で立件できたが、一千万円の件は「単純収賄」と判断され、時効のため立件できなかった。

副島の供述によると、あとの五人に渡した金額は佐藤二百万円（受託収賄で起訴）、福永三百万円（職務権限なし）、佐々木三百万円（単純収賄で時効）、加藤二百万円（同）、田中一千万円（同）となっている。

橋本（受託収賄で起訴）と二階堂（単純収賄で時効）には、伊藤が各五百万円を届けた。

七人の自民党政治家に対する総額三千万円の資金。当初は、六人に平均で五百万円ずつ渡す計画だったが、総額を二千万円に圧縮して、田中に渡す一千万円を作った。元は、全日空の要求でロッキード社から出させたカネだ。金権政治家と対応する紳士たちの、あざとい算術をのぞかせた一幕だった。かくして、政治家に渡す金額は何度も変わった。

田中には、すでに五億円ものカネが約束されており、通常はそれ以上必要ない、と考えるのが当然だ。だが、丸紅は田中に五億円は「ロッキード社から」だと明言しており、丸紅からの礼金はまだ払っていなかった。伊藤から田中への授受を指示された副島は、「総理に丸紅としてお礼をするのだなと思った」と供述している。[89]

ただ、全日空ルートで起訴されたのは、全日空幹部が若狭ら、「政府高官」が橋本登美三郎と佐藤孝行だけで、田中のほか、四人の「灰色高官」は起訴されなかった。このルートで不起訴となった人物らの事実関係は、法廷で確認されないまま終わっている。

全日空ルートの公判は、一九八二年一月二六日に、若狭得治ら全日空幹部六人全員に執行猶予の付いた有罪判決が言い渡された。

同年六月八日、受託収賄の罪に問われた橋本登美三郎に懲役二年六月・執行猶予三年・追徴金五〇〇万円、佐藤孝行に懲役二年・執行猶予三年・追徴金二〇〇万円の判決が下された。

高裁では三人とも控訴が棄却され、上告したが、佐藤だけは途中で取り下げて刑が確定。最高裁判決の前に橋本が一九九〇年一月一九日死去し、若狭が上告棄却の判決を受けた。

6．米国が捜査に便宜か

なぜ「リスト」と「ユニット領収証」はL資料に入っていたのか

東京地検特捜部は、全日空ルートも摘発することができた。それは、L資料の中に六人の政治家名と金額を記した「リスト」があったからだ。L資料の中には、「ユニット領収証」もあり、重要証拠となった。

ロッキード事件では、「ピーナツ」および「ピーシズ」の暗号領収証は知れ渡ったが、ユニット領収証のことはあまり知られていない。ユニット領収証はSECから米司法省を通じて東京地検に提供された資料の中から発見されたものだ。

元は、ともにロッキード社に保管されていたもので、伊藤が署名したピーナツ・ピーシズ領収証はチャーチ小委が暴露し、大久保が署名した「三〇ユニット」と「九〇ユニット」の領収証は別途、ひそかにL資料の中に入れられて日本に到着したのはなぜか。

堀田は、『「ユニット領収証』の方がより直接的に、政府高官への支払いに結びつくと判断されたため」、チャーチ小委は公表しなかった、と書いている。[90]逆に言えば、米政府は政府高官への支払いに直接結び付く書類を、あえて日本の捜査当局に提供してくれたということになる。

確かに、三〇ユニット領収証とリストを一緒に読めば、三千万円は六人の政治家にばらまく目的で、ロッキード社から丸紅に支払われたことがすぐ分かる。だが、「ピーナツ」「ピーシズ」が、田中に支払われた五億円の領収証だと書いた文書はまったくなかった。

だれがなぜ、リストとユニット領収証をL資料の中に入れる選別をしたのか。その選別には、皮肉な逆説的エピソードが隠されていた。[91]

コーチャン「メモ」の行方

この件で、筆者は六人の政府高官名を記した紙を勝手に「リスト」と名付けたが、コーチャンはそれを自分の「メモ」と呼んだ。本書一六七ページの「裏切られたコーチャン」でも紹介した、あのメモである。

ロッキード事件がチャーチ小委で発覚した後、ロッキード社が最も恐れたのは、同社の資料が公表されて「国際的な混乱を巻き起こすこと」だった。そうなれば、航空機の販売が妨げられ、経営はさらに揺らぐ。

だから、ロッキード社としては「政府高官名の公表」を防がなければならない。

チャーチ小委員長は、ロッキード社からの資料受け取りの際、政府高官名入り文書を削除することを了承した。しかし対照的に、SECは、政府高官名を含む関係資料を提出するよう、同社に求める訴えをワシントン連邦地裁に起こした。

ロッキード社は、SECの要求を退けるために「国務省の協力」を得て、「公表を禁止する保護命令」を出してもらおう、と考えた。そして、「国務省を説得するため」の材料として、「なにか有効な文書はないか」と、ロッキード社顧問弁護士がコーチャンに尋ねた。日本ではまだ事件が表面化していない、一九七五年夏から秋にかけてのことだ。

少し分かりにくいが、平たく言えば、こういうことだ。外国政府高官へのカネの支払いを示す文書も含め、大量の資料がロッキード社に保管されている。しかし、全部で五万二千ページもの資料を弁護士がチェックしている余裕はない。可能ならば、コーチャンの手元に、これが公表されたら大変な国際的混乱を招くような、そんな危険な文書はないだろうか——。

あれば、それを国務省に見せたらその衝撃度を理解されて、「公表禁止の保護命令」を出してもらえる、とロッキード社顧問弁護士は考え、コーチャンに働きかけたというのだ。

「絶対にだれにも見せない。国務省の首脳に見せるだけだ」と弁護士は約束した。[92]

コーチャンは、自宅に保管していた「日本の政府高官の名前を書いたもの」があることを思い出した。「メモにある高官名と、そこに書かれている金額を見れば、米国務省首脳は国際的に好ましくない情勢が生まれることを懸念して、ロッキード社の関係機密文書の公表を防ぐために協力してくれるだろう」と、コーチャンらは期待した。

メモのコピーは国務省に渡され、それを受けて、キッシンジャー国務長官は司法長官あてに「意見書」を提出した。意見書はさらにワシントン連邦地裁に提出され、同地裁のプラット判事は、外国政府高官関係の資料に「公表禁止の保護命令」を出した。

「これでわれわれは十分保護された」と、コーチャンらは安心したという。

キッシンジャーが捜査に便宜か

コーチャンは完全に思い違いをしていた。ロッキード社がキッシンジャーの力に期待していたのは、将来にわたって政府高官名を「公表禁止」とすることだった。

しかし、キッシンジャーはまったく違った考え方をしていた。「意見書」では、確かに政府高官名が「早まって公開される」ことに反対した。だが、それと同時に、不正な「支払い」を非難し、捜査機関の捜査に必要な文書の提供には前向きな考えを示していたのだ。

そして、微妙な文書の選択については、国務省はプラット判事の「相談」に秘密裏に応じる、と「意見書」で表明している。

日本へのL資料提供でも同じ方式がとられた。こうして「コーチャン・メモ」のコピーは、他の文書とともに、ワシントン連邦地裁の決定に従ってSECに提供され、SECから司法省を経て東京地検に渡された。だから、L資料の中にそのメモも含まれていたのである。

公表されるべきではない文書の一つ、として国務省に渡したものと同じコピーが、捜査資料として、日本側に渡っていたのだ。

まさに、逆説的な結果だった。

メモの行方に関して、コーチャンは、そのメモは「証券取引委員会（SEC）に提供された資料の中にあります。そして、私は、それらが、日本側の手に入っていると想像します」と嘱託尋問で証言した。コーチャンは、自分たちの期待が裏切られた経緯を正確にフォローしていたに違いない。[93]

その後、四月一〇日にＬ資料を含むロッキード社資料が東京地検に届いたことが報道され、六月二二日に丸紅の大久保利春、七月二日に伊藤宏、さらに同八日全日空の若狭得治を逮捕と、捜査の網が広がるに従って、コーチャンはキッシンジャーの意見書などを読み直して、真実を知ったとみられる。

日本の捜査機関に渡した資料は、国務省の「助言」で決められ、自分が書いた「コーチャン・メモ」も「人脈図」も「工作日記」も、すべて日本に渡ったと認識したはずだ。

そのメモとともに、ユニット領収証もＬ資料の中に入っていたことは注目に値する。日本の捜査に便宜を図る意図がキッシンジャーにあり、あえて日本側に提供したとしても不思議ではないだろう。

嘱託尋問に証拠原本を持参

弁護士にコピーを手渡してから約七カ月経った一九七六年七月六～九日、ロサンゼルス連邦地裁で行われた嘱託尋問。

コーチャンは、その場にあの「メモ」と「人脈図」、さらに「工作日記」の原本を持参してきた。[94]

コーチャンの嘱託尋問記録と堀田の回想録からあらためて記しておきたい。[95]

最初の記載は50Ｋ×６＝３００Ｋ、その右にＷというイニシャルが書き込まれていた。

50Ｋ×６は5万（ドル）×６機＝30万（ドル、九千万円）で、Ｗは若狭（全日空社長）のこと。３００Ｋ（30万ドル）の上にＹ90Ｍ（九千万円）と書き入れている。

次の記載は、橋本に七百万円、二階堂に七百万円、佐々木に四百万円、福永に四百万円、佐藤に四百万円、そして加藤に四百万円。

ただ、コーチャン回想録掲載のメモ[96]だけは少し違い、各政治家あての金額は、すべて50（500万円）、と六人向けの平均額になっている。しかし、回想録本文の内容と嘱託尋問での証言は一致している。実際には、これら政治家向けのカネはいずれも減額され、田中角栄向けの一千万円が捻出されたことは前述の通りだ。

恐らく、コーチャンは一九七二年当時、大久保の話を聞きながら、いくつかのバージョンのメモを記したに違いない。回想録の事実上の筆者で、当時の朝日新聞ワシントン特派員村上吉男《むらかみよしお》は、コーチャンが書いたさまざまなメモを何種類も見ている[97]。

後年、コーチャンは、事件を田中角栄逮捕にまで発展させたのはキッシンジャーの仕業、とみていたという。では、その理由は何なのか。村上は、対外不正支払いを禁止する「海外腐敗行為防止法（FCPA）」の成立を強く求めていたからだとしている。

キッシンジャーの動機に関する筆者の見方は違う。それについては、第二部で詳述する。

堀田もコーチャンを評価

アーチボルド・カール・コーチャンは、日本人には「ちゃん」の付く愛称のように聞こえて、少なくともその発音は、なじみやすかった。実際には、彼は姓の語尾に―anが付くアルメニア系のアメリカ人だった。

一九一四年にノースダコタ州に生まれ、カリフォルニア州ロングビーチで育った。スタンフォード大学・大学院で経営学と会計学を学び、四一年一月にロッキード社の子会社に入社。子会社はロッキード本社に吸収され、コーチャンは五九年まで本社のジョージア州軍用機部門で働き、六二年本社副社長、六七年社長に昇進した。ロッキード事件発覚後の七五年一〇月に副会長、事件の日本関係が公聴会で暴露され、七六年三月に役員会で副会長を解任された。退職後、ネバダ州の保養地で暮らした。二〇〇二年に妻を亡くし、自分は〇八年九十四歳で死去。息子と孫が残された。

日本人記者として抜群の英語力を駆使した村上は、コーチャンに食い込み、田中角栄逮捕後の一九七六年八月、ロサンゼルス郊外のホテルに八日間も籠もって、六〇時間を超える単独インタビューに成功した。八月二一日付朝日新聞朝刊以降、コーチャンの売り込み作戦の内容を詳しく伝え、一九七七年度日本新聞協会賞を受賞した。

村上の記事は、当時の英字紙アサヒ・イブニング・ニューズにも掲載され、国際的に広く転電されて、日本メディアとしてまれな成果をもたらし、海外の著名なジャーナリストにも引用された。日本メディアは、チャーチ小委の公聴会で立ち遅れたが、村上の奮闘は目立った。

コーチャンと間近に接したもう一人の日本人は、検事の堀田力だ。堀田は、人間としてのコーチャンを高く評価。回想録で「真面目に仕事と人生に取り組んできた人の持つ、一種の気品もある」と称えている[98]。

村上によると、コーチャンは不正支払いが総売上額の五％以下にとどまる限り「通常の手数料と考えるべきだ」と割り切っていたという。ロッキード社が全日空への売り込みに成功した二十一機のトライスターの総額は一千三百億円で、不正支払い額はその三％程度だった[99]。

しかし、児玉誉士夫に渡した金の行方は突き止められないままになっている。

第六章注

1 堀田『壁を破って』上、一五〇～一五六頁
2 同、一三五頁
3 同、一七三頁
4 同、本の帯
5 同、一四三頁
6 Hearings Before the Subcommittee on Miltinational Corporations Part 14, P370
7 同、P329
8 堀田『壁を破って』上、一四五～一四六頁
9 一九七六年二月一五日付朝日新聞四面「米上院委の公表資料」
10 Hearings Before the Subcommittee on Miltinational Corporations Part 14, PP374～375
11 東京新聞『裁かれる首相の犯罪』、第1集、六六～六八頁
12 堀田『壁を破って』上、一五五～一五六頁
13 Hearings Before the Subcommittee on Miltinational Corporations, Part14, PP370～372
14 堀田『壁を破って』上、一四六～一四七頁
15 例えば、一九七六年二月七日付朝日新聞夕刊三面に「政府当局者（ガバメント・オフィシャルズ）」とある。
16 堀田『壁を破って』上、一四七～一五四頁
17 同、一七三頁
18 同、一九三頁
19 木村喜助『田中角栄の真実～弁護人から見たロッキード事件』、弘文堂、一五～一九頁
20 堀田『壁を破って』上、一七五頁
21 同、一八八～一九九頁
22 同、一九三頁
23 同、一九五～一九七頁
24 二〇〇八年三月五日と二〇一六年九月九日にインタビュー
25 堀田『壁を破って』上、二二〇～二二一頁
26 堀田『壁を破って』下、一一〇頁
27 同、六六頁
28 第七十七回国会衆議院予算委員会議事録第十五号、昭和五十一年二月十七日
29 東京新聞『裁かれる首相の犯罪』第1集、二六～二八頁
30 堀田『壁を破って』下、一三五～一七五頁
31 坂上『ロッキード秘録』、一八九～二〇二頁
32 『日本経済新聞』昭和四七年八月二四日付二面
33 同、昭和四七年八月二九日付二面
34 同、昭和四七年一〇月一五日付二面
35 堀田『壁を破って』下、一四八頁
36 同、一七一～一七五頁
37 東京新聞『裁かれる首相の犯罪』、第1集、五四～五六頁
38 堀田『壁を破って』下、一七二頁
39 同、一七一頁
40 東京新聞特別報道部『角栄裁判全190回ハイライト』、文藝春秋、一九八三年、一五五～一五九頁
41 同、一一五～一二〇頁
42 木村喜助『田中角栄の真実』、弘文堂、二〇〇〇年、一二二～一二三頁
43 同、一三四～一三五頁
44 前野雅弥『田中角栄のふろしき』、日本経済新聞出版社、二〇一九年
45 東京新聞『裁かれる首相の犯罪』、第1集、四八～四九頁
46 東京新聞『角栄裁判全190回ハイライト』、八〇～一〇〇頁
47 東京新聞『裁かれる首相の犯罪』、第1集、五八～六〇頁
48 同、第5集、四八六～四八九頁
49 同、三七四頁
50 同、四八七～四八九頁
51 同、第1集、五三頁
52 同、五二頁
53 同、五三～五四頁
54 堀田『壁を破って』下、一二三頁
55 東京新聞『裁かれる首相の犯罪』第5集、三七二～三七七頁。発言ぶりは、堀田の回想録と嘱託尋問調書で少し違っている。
56 同、四八九頁
57 東京新聞特別報道部『角栄裁判全190回ハイライト』、九一～九二頁
コーチャン『ロッキード売り込み作戦』、二五二～二六七頁

58 堀田『壁を破って』下、一七七頁
59 東京新聞『裁かれる首相の犯罪』、第1集、五六～五七頁
60 同、五七～五八頁
61 同、六四頁
62 東京新聞『裁かれる首相の犯罪』、第5集、四五六～四五九頁
63 堀田『壁を破って』下、一四九頁
64 東京新聞『裁かれる首相の犯罪』、第5集、四五八頁
65 同、第1集、六三～六四頁
同、第5集、四五七頁。コーチャンは嘱託尋問で、大久保から「あなたに知らせます」と言われたという。
66 同、四五八頁
67 堀田『壁を破って』下、一四九頁
68 東京新聞『角栄裁判』、一六九～一七三頁
69 東京新聞『裁かれる首相の犯罪』、第1集、六六～七三頁
70 堀田『壁を破って』下、一七八～一八一頁
71 東京新聞『角栄裁判』、一三〇～一三七頁
72 同、三三～三六頁
73 同、三一～三六頁
74 同、二〇一～二〇五頁
75 山本祐司『特捜検察物語』下、八八～九九頁
76 同、九二～九四頁
77 田原総一朗『戦後最大の宰相　田中角栄』上、一二八頁
78 同、一〇一頁
79 東京新聞『裁かれる首相の犯罪』、第8集、六〇～六二頁
80 田原『戦後最大の宰相』、一四八頁
81 同、二〇〇～二〇二頁
82 東京新聞『角栄裁判』、二三〇～二四〇頁
83 産経新聞、一九九四年一二月一三日付
84 堀田『壁を破って』、一三七～一四二頁
85 コーチャン『ロッキード』、二四四～二五二頁
東京新聞『裁かれる首相の犯罪』第5集、四〇四～四一三頁
86 同、第2集、三九三頁、同、第5集、四〇三頁
87 同、第2集、三八九～三九四頁
88 同、第5集、一六八～一九四頁
89 同、一九一～一九二頁
90 堀田『壁を破って』上、一三八頁
91 コーチャン『ロッキード』、二四～三四頁
92 コーチャン『ロッキード』、二四～三四頁
93 東京新聞『裁かれる首相の犯罪』、第5集、四〇七頁
94 堀田『壁を破って』下、一一六～一一七頁
95 東京新聞『裁かれる首相の犯罪』、第5集、四〇八～四一二頁
コーチャン『ロッキード』、二五一～二五二頁
96 同、二四八頁
97 二〇一八年五月一五日、村上とインタビュー
98 堀田『壁を破って』下、七五～七六頁、一一六～一二二頁
99 村上吉男「ロッキード事件余話　私とアーチボルド・C・コーチャンのこと」、『日本記者クラブ会報』二〇一一年一一月一〇日

第二部
なぜ田中を葬ったのか

「怒《いかり》は復讐心として永続することができる。復讐心は憎みの形を取った怒である。しかし怒は永続する場合その純粋性を保つことが困難である」（三木清『人生論ノート』[1]）

序　章

「復讐」の動機

どんな陰謀も「動機」なしに企《たくら》むことはない。動機があるから企みを実行する。動機はしばしば、「怒り」から生じる。怒りは突発的なものであり、時とともに鎮まって、忘れてしまえば、雲散霧消することもあり得る。

だが、怒りは度重なると「憎しみ」となり、さらに「復讐」の動機を生む。復讐のための陰謀を企むと、「純粋性」を失い、さまざまな計略を考える。哲学者の三木清《みききよし》は、そんな人間の業《ごう》を教えてくれる。[2]

ロッキード事件をめぐって、数々の陰謀論が流布している。しかし、これまでに浮上したどの陰謀説も、動機を立証できていない。

本書は第一部で、田中角栄《たなかかくえい》を葬った実行行為を特定し、法執行機関による捜査、刑事的決着までを描いた。

だが、田中角栄はなぜ葬られたのか。ここでその理由を解明しなければならない。

長年にわたる取材で、実は田中角栄は、日中国交正常化以後、首相在任中の外交課題で繰り返しキッシンジャーらの激しい怒りの対象になっていたことが分かった。怒りは雲散霧消することなく、憎しみに深化していったとみられる。

キッシンジャーが、田中の外交に復讐していたことも分かった。その事実は、今に至るも、日本の外務省にもまったく知られていない。

キッシンジャーは何を誘導したか

ロッキード事件は、国際政治スキャンダルでもあった。英語ではこの事件は「スキャンダル」とも呼ばれている。ここでは、「事件」と「スキャンダル」を分けて考えてみたい。「事件」の方の動機、例えば贈賄の動機は立証済みであり、ここでは追及しない。

ここで探るのは、政治家としての田中を葬った、国際的な「スキャンダル」の動機である。田中が〝被害者〟となったスキャンダルに、殺人事件の捜査手法を当てはめてみたい。

殺人事件の捜査なら、①殺害の凶器、②殺害の方法、③動機について、証拠を認定することが必要不可欠となる。

①田中を葬った凶器とは、「Tanaka」もしくは「PM（首相）」などと明記した証拠文書である。②方法とは、その文書を日本側に引き渡し、刑事捜査を可能にした手続き。つまり、「キッシンジャー意見書」と日米司法当局間の文書引き渡し協定だ。文書は、意見書に基づき、米証券取引委員会（SEC）に渡され、日米協定に従い、最終的に東京地検に渡った。

その結果、東京地検による贈収賄罪事件の捜査が可能になった。キッシンジャーはその際、自ら実行行為に参画したわけではなく、補助的な役割を演じただけだった。

しかし、スキャンダルも、③動機が証拠付けられなければ成り立たない。その動機は、刑事事件の動機ではなく、田中を政治的に葬るという動機である。

既述の通り、①を含む文書を②が示す方向で、最終的に東京地検に届くよう導く役割を演じたキーマンは、事件発覚時の米国務長官ヘンリー・キッシンジャーだった。

残された課題は、キッシンジャーにどんな「動機」があったのか、なかったのかを確認することである。

キッシンジャーの田中嫌悪は「軽蔑」か

私とほぼ同じ時期に、米国政府文書を取材していた朝日新聞の奥山俊宏《おくやまとしひろ》も、キッシンジャーが田中に対して「痛烈な皮肉の言葉を浴びせた」ことを文書で読んでいた。
しかし、発見した文書の数が少なかったせいか、キッシンジャーが田中を嫌った真の理由には到達しなかったようだ。「キッシンジャーの田中への軽蔑の念が少なからず影響した」あるいは「キッシンジャーは、政策ではなく、その人格の側面から田中を蛇蝎《だかつ》のごとく嫌って……」などと、個人的な感情の問題に帰してしまっている。[3]
確かに、キッシンジャー発言には感情的な言葉が多々見られる。しかし、二人は公人同士であり、政策や外交戦略に絡む対立が出発点で、それに個人的葛藤《かっとう》が付随したのだ。対立は田中を葬ることにつながる、キッシンジャーの「動機」を示す文書記録は多数残されていた。対立は「日中国交正常化」から、日本の「中東政策」、「日ソ関係」などの外交分野に広がっていた。

エミー賞受賞者の発見

筆者は、ロッキード事件の取材を一五年前、まさに「動機」を突き止める作業から始めた。

ある刺激的な秘密文書の存在を、長年の畏友が教えてくれたのがきっかけだった。

「国家安全保障文書館《ナショナル・セキュリティ・アーカイブ》」という、民間調査機関の上級アナリストを務めるウィリアム・バー。二〇〇五年一〇月のことだ。

その前年に、彼のドキュメンタリーがＡＢＣテレビ番組「機密解除・ニクソンの中国訪問」で放映され、エミー賞ニュース・ドキュメンタリー調査部門賞を受賞していた。

彼が日本を訪れ、赤坂《あかさか》で食事をした際に、「驚くべき文書を発見した」と明かしてくれた。

その機密文書は翌二〇〇六年五月、国家安全保障文書館のホームページにアップされた。テーマは「ニクソン─フォード政権時代の秘密外交を詳述する二一〇〇件のキッシンジャー『会談録』文書」の一つだった。今も、ネット上の同じページに掲載されている。[4]

筆者をロッキード事件取材に駆り立てたこの文書は、一九七二年八月三一日付で、「トップシークレット／センシティブ／特定アイズオンリー」と指定された「会談録」だ。「アイズオンリー」とは、配布後に回収される文書で、機密度が非常に高い。

日中正常化から中東外交、日ソ関係まで

キッシンジャー大統領補佐官は、その中で、田中角栄とみられる日本人らを烈火の如く「ジャップは上前をはねやがった」と罵っている。

キッシンジャーはなぜ、そんなに怒っていたのか。「上前をはねた」とは、一体どういう意味なのか。疑問が募った。

この文書こそ、まさにキッシンジャーの激しい「怒り」を示した文書だったのだ。しかも、田中による日中国交正常化を厳しく非難した言葉だった。

この文書からスタートして、米国立公文書館やニクソン大統領図書館、フォード大統領図書館などで、田中首相在任中の米国の文書を渉猟した。長年の取材で分かったのは、キッシンジャーとニ

クソン大統領が、政治家田中の外交政策を嫌悪していたことだった。

「日中国交正常化」だけではなかった。第四次中東戦争に伴う石油ショックで、田中は日本外交の軸を「アラブ寄り」に転換し、さらに独自の日ソ外交を進めた。日ソ外交で、田中は今も知られていない復讐をされていた。

興味深いのは、田中自身を含めて、日本政府側は当時も今も、こうした米側の思考と外交をほとんど認識していないことだ。

ただ、日本の「アラブ寄り外交」への転換について、田中とキッシンジャーは激論を闘わせており、田中も米側の意向を十分理解したに違いない。

三木清ではないが、キッシンジャーの怒りは度重なり、「復讐心」を持つほどのレベルに達していったのである。

第一章　日中国交正常化に困惑した米国

はじめに

アメリカの裏側

「今太閤《いまたいこう》」と呼ばれた田中角栄は、一九七二年七月六日、内閣総理大臣に指名された。約一カ月半前の五月一五日、米国は沖縄の施政権を日本に返還したばかりで、日米関係は良好に見えた。だが、首相に就任するなり、田中は大きな課題を背負い込んだ。

それが、日中国交正常化問題である。ニクソン米大統領は二月に中国を訪問しており、日本国内では「次は日中国交正常化を」と求める世論が沸々と高まっていた。

実行力を期待された田中は、首相就任から約八十日後の九月下旬に訪中を実現し、日中国交正常化を実現した。実は、その裏でアメリカ側、特にキッシンジャーとニクソンは田中に強い不満と警戒感を募らせていた。

しかし、日本のそうそうたる研究者らによるこれまでの研究では、そんな事実はまったく明らかにされてこなかった。

外務省からの出向で田中の秘書をしていた木内昭胤《きうちあきたね》（後にフランス大使）も、米側が日中国交正常化をそれほど警戒していたことに気が付かなかったという。[5]日本側は、キッシンジャーが上海《シャンハイ》コミュニケにこだわっていたことにも気がつかなかったようだ。

学習院大学学長の井上寿一《いのうえとしかず》は二〇一五年、月刊『文藝春秋』の戦後七〇年特集で、日中国交正常化では「アメリカの外交方針と合致すること」が「クリアできました」と明記している。[6]実際は、そんな単純で簡単な話ではなかった。それが本当に事実ならば、ニクソンやキッシンジャーが舞台裏で、信じられないほどの罵詈《ばり》雑言《ぞうごん》を田中に浴びせることはなかっただろう。一体、何が起きていたのか。

口汚く日本を非難したキッシンジャー

ハワイのオアフ島ノースショアに建つクイリマ・ホテル。ここで、ハワイ時間の八月三一日午後、ニクソンと田中角栄の初の日米首脳会談が始まる予定になっていた。

ニクソンは八日前の二三日、フロリダ州マイアミビーチで行われた共和党全国大会で、同年大統領選挙での再選に向け、党の候補に指名された。この後、シカゴなどで遊説し、カリフォルニア州サンクレメンテの私邸で休養後、三〇日にハワイ入りした。[7]

大統領は三一日午前九時一〇分から、パリで開催中のベトナム和平会談をめぐる打ち合わせのため、米国の駐南ベトナム大使エルズワース・バンカーとの協議を予定していた。

バンカーは、その一時間余り前の七時五五分、キッシンジャーの自室を訪ねた。朝食をとりながらの打ち合わせである。

キッシンジャーはバンカーの顔を見るなり、ベトナムのことではなく、日本に対して凄い剣幕で非難し始めた。

裏切り者の連中の中で、ジャップたちが上前をはねやがった[8]。中国との関係正常化を急いだだけではない。彼らは建国記念日の訪中を希望した。中国はその日に日本代表団や他の外国人の訪中を望んでいない、と情報機関のレポートは伝えている。昨日、日本は鶴見外務審議官がこの問題解決のため私との面会を望んでいるとのメッセージを送ってきた。彼らはロジャーズ（国務長官）やジョンソン（国務次官）には既に話し、二人は私の周りを動き回っている。彼らはどうしようというのか、私は分からない。私は鶴見に会わないと言った[9]。（カッコ内筆者）

日本に対する、唖然とするほどの悪態だった。そこまで言って、キッシンジャー自身、目の前のバンカーには筋違いの話か、と我に返ったのだろう。「われわれの問題に戻ろう」と話を変えた、と会談録は記録している。

実は、この会談録文書を読んで、私はロッキード事件取材をスタートさせた。キッシンジャー発言は、このままでは分かりにくい。平たく言えば、次のような意味だった。

ニクソン訪中で中国の門戸を開けたら、日本は日中国交を正常化して米国の先を行った。中国の建国記念日（一〇月一日の国慶節）に日本の首相が訪中して、日中共同声明に署名することが何を意味するのか、日本は分かっているのか。午後の首脳会談を前に日本の外務審議官が釈明に来たって会わない。国務長官も国務次官もコトを収めようとしたが、一体何がしたいんだ。

英文で九行のこの発言は、このような意味なのだが、正確に理解できるまで数年を要した。キッシンジャーは、第一に、日中国交正常化に反対だった。第二に、それにもかかわらず田中角栄に面と向かって「反対」を主張しなかった。

一体、何が起きていたのか。

「国慶節に田中訪中」という情報は、事実上、田中の密使役をした竹入《たけいり》公明党委員長が訪中から帰国した八月四日、田中に伝えた。

「向こう（中国）は国慶節でも構わないと言っている。行くのは間違いないな」

と竹入が念を押すと、田中は「行く」と答えたという。[10] 事実関係が少し違うが、当時、こうした機密指定の情報を米国は入手していた。

ただ、この中で言及された鶴見清彦外務審議官（経済担当）はキッシンジャーの邪推の犠牲者にされたようだ。鶴見は「日中」ではなく、米国の対日貿易削減案をまとめるためハワイに来ていた。

1．対中国関係ですれ違う日米

アメリカは米中関係を正常化しなかった

ニクソン米大統領は一九七二年二月二一日早朝、専用機で滞在先のグアム島を出発し、初めて中国を訪問した。上海を経て、北京《ペキン》首都国際空港に到着、出迎えた周恩来《しゅうおんらい》首相の姿から熱烈歓迎の様子がうかがえた。

その日午後、ニクソンは約一時間にわたって毛沢東《もうたくとう》主席との面会も果たした。

「世界は変わった」と、世界中のメディアが伝えた。閉鎖されていた大国の開放の瞬間が、劇的に演出された。

しかし実は、ニクソン政権は国際法上では中国との関係を何も変えず、新たな約束など何一つしなかった。ただ政治的な変化を世界に見せつけるだけで、衝撃は大きかったのだ。

アメリカは「中国は一つ」とも、「台湾は中国領土の一部」とも認めず、米中関係を正常化しなかったのである。

その核心は、ニクソン訪中七日目の二月二七日に発表された、米中共同声明『上海コミュニケ』にまとめられた。キッシンジャーが心血を注いで盛り込んだ項目があるのだが、それに日本側はそれほど注目しなかった。

日本政府が驚いたのは、アメリカ側が「台湾からの米軍撤退」に言及したことだった。だが、それも米国が目標を掲げただけのことで、いつごろ撤退するかも示さず、具体的に何かを約束したわけではない。

台湾海峡「両岸」は「一つの中国」

キッシンジャーにとって、ニクソン訪中の随行は三回目の中国訪問だった。最初は、「ニクソン訪中計画」について交渉して合意した前年七月九〜一一日の秘密訪中、二回目は同一〇月だ。

キッシンジャーはマルコ・ポーロを気取って、第一回訪中にポーロⅠ、二回目にポーロⅡというコード名を付けた。中国側とは、ポーロⅡでコミュニケの草案をまとめる予定だった[11]。

しかし、台湾に関する項目はポーロⅡでは合意できず、ニクソン訪中の際も、台湾関係の項目を白紙にしたまま首脳会談に臨んだ。それでもなかなか結論は出なかった。最後は、キッシンジャーと喬冠華《きょうかんか》外務次官がほとんど二晩徹夜して、次の文章で合意した[12]。

「米国側は次のように表明した。米国は、台湾海峡の両側のすべての中国人が、中国はただ一つであり、台湾は中国の一部分であると主張していることを認識している。米国政府は、この立場に異論をとなえない。（以下下段）米国政府は、中国人自らによる台湾問題の平和的解決についての米国政府の関心を再確認する。かかる展望を念頭におき、米国政府は、台湾から全ての米国軍隊と軍事施設を撤退ないし撤去するという最終目標を確認する。当面、米国政府は、この地域の緊張が緩和するにしたがい、台湾の米国軍隊と軍事施設を漸進的に減少させるであろう[13]」（カッコ内筆者）

上段部分で米国は、「中国は一つ」と「台湾は中国の一部」とする中国側の主張に対して、米国自身の立場表明を避けることに成功した。

その代わりに、「台湾海峡の両側の中国人」、つまり、中国本土で政権を握る「中国共産党」と台湾の「国民党」は、「中国は一つ」「台湾は中国の一部」だと主張している、という現状を、米国は認識し、異論がない、と認めただけにすぎなかった。

歴史的成果と自慢

キッシンジャーは自分が考え出したこの項目を歴史的成果、と今も誇りにしている。「内戦と対立の数十年間を北京、台北、ワシントンが賛意を示す原則に綴じ込んだ」結果だとして、次のように述べているのだ。

「通常、コミュニケは棚の上の短い命である。一定の方向付けよりもムードを定めている。ニクソンの中国訪問についてまとめたコミュニケの場合は違う」[14]

そう、高らかに自慢した作品だった。

しかし、この作品はキッシンジャーのオリジナルではなかった。元は、一九五〇年代に対中交渉の計画文書の中で、国務省当局者が書き込んだ文書だった。「公正に言えば、国務省文書から採用した」ことを認めている。[15]

とは言え、これで台湾問題が最終解決できたわけではなかった。中国は今も、最終的には「統一」を主張し続けていて、米国は中国による台湾の「武力解放」を警戒している。

当時、中国は中ソ国境問題をめぐりソ連と対立。中国はソ連からの核攻撃を恐れて、米国との和解を求めていた。米国はベトナム戦争終結後、安定した東アジア体制を維持するため、中国への関与を強めようとしていた。

しかし、ニクソンはこの時点で米中関係の「正常化」など考えていなかった。この年の大統領選挙で再選され、二期目に入れば、正常化して在台米軍の撤退を実行する考えだったという。[16]

米国が中国との関係を正常化したのは一九七九年一月一日で、日本と同様に即日台湾と断交、在台米軍は撤退した。だが、同時に米国は国内法で「台湾関係法」を可決成立させ、その中で「台湾防衛」を明記している。

国際法的には何も変えず

日本政府は、こうした上海コミュニケの核心部分には、あまり注目しなかった。

日本政府が驚いたのは、同じ段落の下段、「米国政府は、台湾から全ての米国軍隊と軍事施設を撤退ないし撤去するという最終目標を確認する」という部分だった。

米軍の台湾からの撤退は日本の安全保障に関わる、と考えたからだろう。

牛場《うしば》信彦《のぶひこ》駐米大使は三月六日、キッシンジャーと会い、ニクソン訪中の結果について説明を受けた際、第一にその点を質問した。[17]

キッシンジャーの回答は明快だった。

「米軍と施設の撤退を台湾問題の平和的解決と地域の緊張緩和に注意深く結び付けている。米国は何も約束していない」

そう言われても、牛場は納得せず、「日本政府の驚き」を再び指摘し、キッシンジャーも同じ発言を繰り返した、と会談録は記している。

しかし、この部分は、キッシンジャーが言うように、米軍を撤退させると約束したわけではない。いつごろまでに撤退するか、目安もまったく示していないのだ。

「日本が追い抜く」と予測

他方、日本国内では、米中密約説も流れ、論議を呼んだ。前年の「ニクソン・ショック」の衝撃はそれほど強かった。日本は中国国連代表権問題でも米国案に賛成させられ、米国にだまされた、と感じた日本人も多かった。

そんな日本人の心理を察し、キッシンジャーは、次のような疑念を牛場に明らかにした。

日本は否応なしに、米国を追い抜いて、容赦なく中国との関係正常化に突進したいと切望する、という印象を持っている。

さらに、牛場が「日本が中国と直接に公式接触することに反対するか」と質問すると、キッシンジャーはこうも言った。

反対はしていない。しかし、日米はそのアプローチを調整すべきだ。必ずしも同じである必要はないがね。

上海コミュニケと同じような文書を採用しなくてもいいが、日米間で調整が必要だというのだ。しかし、田中政権発足直後からの日中国交正常化の素早い動向を、キッシンジャーは把握できていなかったようだ。それはなぜだろうか。

対中国関係で事前に、日米のトップ指導者が本格的に議論したことはなかった。八月末にハワイで会談した際には、日中国交正常化は既に後戻りできないところまで進んでいた。

アメリカを追い越した日中共同声明

田中角栄が決断した日中国交正常化は、米国より二歩も三歩も前に飛び出ていた。

キッシンジャーが「上前をはねやがった」というのは、まさにこのことだとみられる。米国がニクソン訪中をしたので日本は日中国交正常化ができたが、正常化はやり過ぎだというのだ。

上海コミュニケは実際、「一つの中国」も、「台湾は中国領土の一部」も認めなかった。

だが、田中が首相に就任し、九月二九日北京で合意した「日中共同声明」は2項と3項で次のように明記している。

2．日本国政府は、中華人民共和国政府が中国の唯一の合法政府であることを承認する。

3．中華人民共和国政府は、台湾が中華人民共和国の領土の不可分の一部であることを重ねて表明する。日本国政府は、この中華人民共和国政府の立場を十分理解し、尊重し、ポツダム宣言第八項に基づく立場を堅持する。

これに対し、台湾は即日、日本と断交した。

ポツダム宣言第八項は、日本の領土を本州、北海道、九州、四国その他の小島とすることを定めている。つまり、日本は台湾を領有する意図はない、と改めて確認した文章だ。

田中に日中正常化を教えた官僚

日本が決然として踏み切った日中国交正常化。田中角栄は、首相に就任してから対中政策を慌てでにわか勉強したわけではなかった。

実は、田中は約一年前から日中問題に関して、外務省中国課長の橋本恕《はしもとひろし》との勉強会を続けていた。「田中が自民党幹事長を辞める直前」、つまり、佐藤内閣の改造で田中が通産相に就任した一九七一年七月五日の少し前から勉強会は始まった。[18]突然のニクソン・ショックで「ニクソン訪中」の計画が発表されたのは同月一五日であり、その「ショック」を受けて勉強会を始めたわけでもなかった。

田中の秘書、麓邦明《ふもとくにあき》（元共同通信政治部記者）と早坂茂三《はやさかしげぞう》（元東京タイムズ紙記者）は、その際に橋本に会い、「田中に日中復交を実現させる見取り図の作成」を依頼した。

年が明けた一九七二年一月、「橋本リポート」が完成した。橋本はＮＨＫに語った。[19]

「中国との国交正常化をどのような段取りで進めていくか、国交正常化を行うにあたってどういう問題があるか、それから、日中が国交正常化に踏み出した場合、日本とアメリカの関係はどうなるか、ソ連との関係はどうなるか、他のアジア諸国にはどのような影響を及ぼすか、といったことを詳しく書きました」

では、橋本はどうすれば日中国交正常化が可能になる、と田中に伝授したのか。

「台湾の国民政府との外交関係を絶つという覚悟、つまり、一つの中国ということでないと、中国は絶対に正常化に応じませんよ」と、橋本は田中に説いたという。[20]

「一つの中国」「台湾断交」早くから決意

田中が目指した日中国交正常化の柱は、「一つの中国」を認め、「中華民国（台湾）との断交」を覚悟することだった。

米中首脳会談の直前には、田中と田中派の総参謀だった愛知揆一《あいちきいち》前外相、橋本恕、早坂が三時間にわたって徹底的に議論をして、「台湾と手を切り、日米安保体制を堅持しながら日中国交正常化を実現できる」との確信に達したという。[21]

田中周辺のこうした動きは、その時点で、米国側には知られていなかったようだ。

しかし、田中は箝口令《かんこうれい》を敷いて、持論を隠していたわけでは決してない。

ニクソン訪中で発表された「上海コミュニケ」に、当時の首相、佐藤栄作《さとうえいさく》は動かなかったが、次の首相はどうするのか、と関心が広がっていた。

三月二三日の衆院予算委員会第四分科会で、当時通産相の田中に対し、中国事情に詳しい自民党の川崎秀二《かわさきひでじ》衆院議員が質問した。[22]

「日中国交にあたっての贖罪意識というものがこの機会に明快に公にされることは大変いいことではないか。……ぜひ明快な御答弁をいただきたい」

これに答え、田中は日中国交正常化に向けた決意を述べている。

「日中国交正常化の第一番目に、たいへん御迷惑をかけました、心からおわびをしますという気持ちは、いまも将来も変わらないと思います。日中間二千年の歴史、もっともっと古いかもしれません。しかも日本文化は中国文化によって育ったということでありますし、同じ基盤に立つ東洋民族でもございますし、恩讐を越えて、新しい視野と立場と角度から日中間の国交の正常化というものをはかっていかなければならない」

このように、田中は首相就任前から日中国交正常化に取り組む決意を固めていたのだ。

田中は、この時すでに、「一つの中国」「台湾との断交」を決意していた可能性がある。公開の場ではそこまで言及していないが、橋本が残した記録から、そうみていいだろう。

2．福田は中国政策で米国と一致

沖縄返還を前倒し「福田首相」へ

ニクソン政権は、田中角栄のことをあまり知らなかった。佐藤栄作は、自分の首相在任中から福《ふく》田赳《だ》夫《たけお》を自分の後継者と紹介していたので、田中は「その他」の一人とみられていた。一九七一年七月五日発足の第三次佐藤改造内閣で福田を外相にしたのも、翌年の沖縄返還を見据え、福田を前面に押し出す人事だった。

同年九月九日からワシントンで開かれた日米貿易経済合同委員会に、通産相の田中も、外相の福田らとともに出席した。ニクソン大統領と個別に会う機会を与えられたのは、福田だけだった。福田との会談に備えて、大統領のために国務省が作成したメモのタイトルは、「福田首相とあなたの会談」（傍点筆者）と間違えて記している。米国務省内でも、「次は福田」が既定路線と受け止められていた[23]。

このメモは「彼にとって大統領との『率直で友好的な』会談の機会は……日本国内でも彼自身にとっても非常に助かること」だと指摘。「福田は佐藤が選んだ後継者であり、米国との緊密な関係に最も貢献してきた政治勢力の候補でもある」「われわれの観点からして、恐らく最も満足すべき佐藤の後継者。佐藤の後継候補の中でも基本的に最も米国に友好的」などと持ち上げている。

九月一〇日夕、ホワイトハウスで行われた福田とニクソン大統領らとの会談では、わざわざニクソンが「二人の間で個人的関係と協議を続けよう」と温かい言葉をかけた[24]。

ニクソンの訪中と、沖縄返還という重要イベントが予定された一九七二年。その年明け一月早々、佐藤はニクソンと、当時「西のホワイトハウス」と呼ばれた、カリフォルニア州サンクレメンテにあるニクソン私邸で首脳会談を行うことになった。

佐藤が「政治的に決めなければならない」のは、まず沖縄返還の日だった。年末の一二月二九日、国務省はニクソン大統領に次のようなメモを提出した[25]。返還日はいつがいいか、三つの選択肢を示している。

・七月一日は米側にとって望ましい日と表明する。この日は日本への施政権移行を円滑にする最も早い日。
・それ以前に早めると、日米当局にとって困った事態を避けることが難しくなる、と佐藤に想起させる。
・本来の目標達成に必要なら、それ以前の日で佐藤と合意を。五月一五日は可能な最も早い日程。五月三一日の方がずっといい。

佐藤としては、「沖縄返還の式典などを自分が仕切りたいと考えていた」。だから、「返還日を早くすれば、後任を福田に引き継ぐチャンスが高まる」と認識していた。

反対に、「核抜き本土並み」の公約実現のために、五月一五日までに米軍が沖縄から核兵器を撤去するのは難しいと考えられていた。

「返還が早まれば早まるほど、わが軍隊は●●●●●がますます困難になる」と三～四語を伏せ字にした部分は、返還前の核兵器撤去作業の問題に言及したものとみられる。

しかし、それでも結局は、沖縄返還の期日について柔軟な態度を示せば、「福田外相に権力を引き継ぐ佐藤の能力を高め、日米同盟が依存する自民党主流派の優位性を維持することにもなる」と、キッシンジャーは日米首脳会談の前々日、ニクソンに進言した。[26]

明らかに、アメリカは前年の二つの「ニクソン・ショック」の悪影響を引きずっていた。一九七一年七月一五日の最初のショックは「ニクソンの訪中」、二つ目は八月一五日の「ドル防衛措置」。二つとも、事前に日本側に何の説明もなく、佐藤政権を慌てさせた。

キッシンジャーは、このように日本側に配慮することによって「日米同盟の基本と緊密な関係はなお有効だ、と佐藤および日本国民に信じさせる必要がある」と助言した。

ニクソン・ショックの影

一九七二年一月六～七日、カリフォルニア州サンクレメンテのニクソン大統領私邸で行われた日米首脳会談は順調に進んだ。

二日目の七日、次のようなやりとりで、「五月一五日沖縄返還」の日取りが決まった。[27]

福田外相　ロジャーズ国務長官と沖縄返還に関する共同声明を作成した。日程は空欄になっており、両首脳で埋めていただきたい。ロジャーズ長官は五月三一日を提案した。

首相　早い日程の方が政治的に大きいプラスだ。エープリルフールだが、日本政府は四月一日の返還を望んできた。

大統領　（しかめ面で）軍隊を騙したくない。[28]

首相　六月二三日は沖縄地上戦終了の日で、本土でも沖縄でも、その日を日本の施政下で迎えたいとの願いが強い。

大統領　五月三一日はいい日だ。
首相　予算上の技術的問題を避けるためには、六月一日の方がいい。
大統領　寛大なのが私の性格だ。安保関係の高官は五月一五日を提案した。それでどうだろうか。（ここで大統領と首相が握手、取引が成立した。）

米国は福田に全幅の信頼

ニクソンとの訪中を終えたキッシンジャーは、この年、再三日本を訪れた。自民党総裁選の前月、六月には佐藤栄作に福田赳夫や田中角栄、中曽根《なかそね》康弘《やすひろ》らとも会い、総裁候補の品定めもしている。

実は、翌七月には田中訪中の地ならし役をした公明党の竹入義勝《よしかつ》委員長ともひそかに会っていた。

キッシンジャーは六月一一日、当時白金台《しろかねだい》にあった料亭「般若苑《はんにゃえん》」で中曽根、水田三喜男《みずたみきお》蔵相、小坂善太郎《こさかぜんたろう》自民党政調会長と昼食をともにした。

中曽根のことを「マイ・ステューデント（私の学生）」と呼ぶキッシンジャーだが、中曽根が何年の夏期講習に来ていたかも忘れていた。会うなり「君はいつハーバード大学に？」と問い、中曽根は「一九五三年」と答えた。

中曽根が「マイ・プロフェッサー」と呼んで質問すると、部屋は笑いに包まれた。余興のような会合になった[29]。

前日夜には、佐藤栄作の離任までひと月を切った首相官邸（現在の公邸）に招かれ、夕食を挟んで、約四時間をともに過ごした。

もちろん、佐藤の後継者のことが話題になり、佐藤が説明した[30]。

「自民党内では可能性のある候補者は二人しかいない。一人は福田外相、もう一人は田中角栄通産相だ。福田はエスタブリッシュメントで、一高から東大……。私は彼を後継者と考え、次期首相の適切なコースとして外相に任命した。……すべて福田のためだ」

「他方田中は、学校に行っていない。……政界で非常に力がある。現実的で度胸があるとの評判。この数週間で支持を高めた」

キッシンジャーが「福田がベストと考えるのか」と尋ねると、佐藤は「イエス」と答えた。だが、福田が首相になる可能性は「50／50の可能性」と答えるにとどまった。

これに対し、キッシンジャーは「田中のことは知らない。われわれは福田に全幅の信頼を置いている」と述べた。

キッシンジャーは、会う人によって言うことが異なる。相手から情報を引き出すため、へつらったともみられるが、福田なら心配はいらない、という安心感もあったのだろう。

酒が入り、宴は午後一一時に及んだ。

佐藤の密使として、沖縄返還交渉でキッシンジャーとぎりぎりの話し合いをした若泉敬《わかいずみけい》も同席していたが、何も発言しなかった。沖縄が前月正式に返還され、みんな上気していた。

キッシンジャーは、ブランデーの瓶を見つけて「最後の一撃だ。抑制が利かないかも」とつぶやいたが、翌日早朝の予定を思い出したのか、佐藤がブランデーを注ごうとすると、断った。

佐藤が退陣を表明したのは六月一七日。新聞・通信記者を追い出し、テレビカメラを前に会見する異例の事態となった。

「福田首相」は対中政策で慎重

一一日の日曜日、午前八時から外相公邸で、キッシンジャーは福田と会談した。

キッシンジャーには国家安全保障会議（NSC）の上級スタッフ、ジョン・ホルドリッジや駐日大使ロバート・インガソル、福田には法眼晋作《ほうげんしんさく》外務事務次官、吉野文六《よしのぶんろく》アメリカ局長らが同席。外相級会談のようになった。

自民党総裁選挙が最初の話題だった[31]。

キッシンジャーが「私の元学生中曽根には派閥がある。私は彼の票をコントロールできないが、明日会うので影響力を行使できる」と冗談交じりに言うと、福田は中曽根が「キャスティングボートを持っている」と認めた。

中曽根の派閥は約四十人の勢力で、四十票が動くと、最終的に中曽根派の票を得た候補はプラスとマイナスを合わせ、八十票の差を付けることになる、などと福田は説明した。

会談のほぼ半ばで、インガソルや法眼、吉野が退席した。キッシンジャー側が「人払い」を求めたとみられる。キッシンジャーはホルドリッジを残し、双方の通訳を含め、ほぼ一対一の会談となった。

会談再開の冒頭、キッシンジャーは「ホルドリッジは私と秘密の交渉をしてきた。彼のことを完全に信頼してもらっていい」と福田に紹介した。ホルドリッジを密使に使うつもりだったようだ。

そして、対中外交をめぐる協議に入る。

福田は台湾派と言われ、中国側は福田を敵対視していた。二月にニクソン訪中が実現し、日本国内では「バスに乗り遅れるな」とのムードが高まっていた。

前年七月のニクソン・ショックでニクソン訪中が発表されたが、福田外相はまだ米国追随外交を続けていた。国連総会では、一〇月に日米など二十二カ国が共同提案した「逆重要事項指定決議案」が否決され、反対に「中国招請・国府（台湾）追放案」が可決されて、中国の国連復帰が決定していた状況だ。

福田ら守旧派は対中国交に慎重で、中国側が主張する日中国交正常化交渉の条件に挙げた「復交三原則」に反対していた。

復交三原則とは、次の通りだ。

一、中華人民共和国が唯一の合法政府である（「一つの中国」）
二、台湾は中国領土の不可分の一部である
三、（台湾との）日華平和条約は破棄されねばならない

三原則は、野党と与党の一部が政府に受け入れるよう主張していた。しかし、福田は第一点について「受け入れられない」とキッシンジャーに明言した。ただ、日中交渉が始まり、正常化が実現し始めたら「受け入れる」と福田は語った。

第二点は中国と台湾が解決すべきで、第三点についても、日中交渉が始まればその時点で検討する、とだけ述べた。

これに対してキッシンジャーは、「あなたの立場を理解する。一般的には踏みとどまるのがいい。日米間の不一致は予想していない」と述べた。中台関係についても、「中国人が決めることという あなたの提案に同意する。平和的解決に障害をもたらさず、基本的な関係を変えない」と語った。福田が首相になれば、日米は対立しない、と確信したに違いない。

ニクソン訪中で合意した「上海コミュニケ」は、相互に門戸を開放して和解を演出した。だが、「一つの中国論」「台湾の地位」について、米国の立場は全く変わっていない、とキッシンジャーは確

認した。福田は、ニクソン政権とほぼ同じ立場に立っていたのだ。

3．田中を「率直」とほめる

「日米共通の台湾政策」を田中が言明

翌一二日朝、田中角栄との会談は、前日の福田と同じ時刻、午前八時からホテルオークラで行われた。初顔合わせであり、会談の雰囲気は違っていた。キッシンジャーは最初、田中を質問攻めにした。田中の対中国外交政策を探ることが、この会談の主要目的だったのだ。田中との間で密使を置くことも提案した。

キッシンジャーは、田中に向かって「あなたは非常にフランク（率直）だ」とほめた。それは、単なる第一印象だけだったようだ。

冒頭、キッシンジャーはホルドリッジを紹介し、「会談で秘密を保持するには彼が信頼できます」と言った。田中は「私には信頼できる二人の補佐官がおり、その一人を連れてきた」と応じた。[32]

「日本にとって今最大の問題は何か」とキッシンジャーに聞かれて、田中は「中国問題で党内のコンセンサスを形成することがチャレンジだ」と答える。

キッシンジャーはさらに聞いた。

「中国問題とはどんな性質の問題か」

これに田中は「台湾をどうするか、……デリケートな問題」と答え、「台湾問題で日米間の全面的な合意が必要だ」と述べた。

キッシンジャーは、国際政治学の教授らしく、「では、台湾に関して日本は自主的に行動しないという意味か」と突っ込んだ。

田中はここで、田中らしい卑近なたとえ話を使って自説を展開した。「台湾問題は米国が解決策に関与するのが論理的であり合理的でもある。夫婦げんかのように、家族の友人に問題を解決してもらうことがあるでしょう」

キッシンジャーはしつこく食い下がり、「誰が、夫、妻であり、友人なのか」と尋ねた。「良き友とは米国です。歴史的に言えば、夫婦は日本と中国です。過去四分の三世紀の間、日本と台湾は夫婦です」と、田中は答えた。

それでもキッシンジャーは引き下がらない。「あなたの見方だと台湾との関係では、日米が共通した政策をとるべきだと言うのですか。それで正しいですか」と念を押す。

せっかちな田中は、そこで相手に合わせ、「それがベストだと思う」と言ってしまった。現実には、田中は台湾問題で日米共通の政策をとらなかった。キッシンジャーは、この発言を重く受け止めたに違いない。それが後々まで響いたとみられる。

「密使」の設置に抵抗した田中

日米が共通の政策を進めるためには、秘密の外交チャンネルを作る必要がある。「誰が首相になっても、ホワイトハウスと非常に緊密な秘密の関係を作りたい」と、キッシンジャーは田中に持ちかけた。

しかし、田中はキッシンジャーの提案が理解できなかったのか、とぼけたのか。「故ロバート・ケネディが来日した時、沖縄の話をして、そのことが漏れ、メディアが騒いだ。だから私は（秘密を）厳格にする」（カッコ内筆者）と答えた。

田中はこれ以後、八月一九日の軽井沢《かるいざわ》会談、そして八月三一日のニクソンとの首脳会談と、合計三度にわたって密使を使おう、という提案に乗らなかった。

キッシンジャーは「密使外交」の名手だった。沖縄返還交渉では佐藤の密使、若泉敬との交渉で「沖縄核持ち込み密約」をまとめ、「繊維製品の対米輸出の自主規制」を約束させた。

田中政権との間でも密使を使いたい、と強く望んだキッシンジャー。六月一〇日、アメリカ大使館内の会議でも、「われわれは誰と取引すればいいのか分からない。秘密のチャンネルが分からない。彼らの方から来ないし、まったく不明瞭だ」と不満を漏らしていた[33]。

田中には断られたが、先述のように三木《み　き》武夫《たけお》首相との間では、平沢和重《ひらさわかずしげ》が密使を務め、ロッキード事件で相互に意思疎通を図っている。

外交官として田中の秘書を務めた木内昭胤は、「田中さんは正面から交渉するタイプで、密使を使わない人だ」と言った。田中は密使を禁じ手と見なしていたかもしれない。

繊維問題解決は田中の功績だが

田中が強調したのは、「決断」の意志だった。田中は「繊維問題」を解決したのは自分だという誇りがあった。

「両国が解決できないほど難しい問題はない、と私は信じる。……過去二、三年間われわれを悩ませてきた繊維問題を私が解決できたのは決断の精神があったからだ」。

繊維問題は、佐藤の密使・若泉敬とキッシンジャーの間で筋をまとめ、一九六九年一一月一九〜二一日のホワイトハウスでの日米首脳会談で、佐藤首相がニクソン大統領に繊維輸出の規制を言明することになった。

佐藤は逡巡《しゅんじゅん》したが、会談最終日に、年末までの問題解決を「大統領に約束した」。その際、佐藤は「トラスト・ミー（信じてください）」と自ら言い、手を差し伸べ握手した。[34]

しかし、佐藤は日本産繊維製品の対米輸出自主規制をどうやって実現するか、解決の方法も分からず、二年近く放置した。

若泉は「繊維密約」について責任を感じ、「悔やんでも悔やみきれない」などと後悔の言葉を自著で三回以上繰り返している。[35]

ニクソンは、佐藤の約束不履行を激怒し、二度にわたる一九七一年のニクソン・ショックで報復した。結局、佐藤は田中を通産相に起用して解決を目指し、田中は二千三百億円の繊維産業救済資金の支出を直ちに決めて、「ケリをつけた」[36]。田中には実行力があった。だが、米国側が公の場で田中の業績を称賛することはなかった。

キッシンジャーはそれを田中の口から直接聞き、「彼は日米繊維問題の解決で自分の功績を主張した。正当なことだ」とニクソンに報告している。この報告文書冒頭には、「大統領既読」のゴム印、キッシンジャーの名前の末尾には本人がイニシャルで署名していた。[37]

キッシンジャーとの関係、最初は良好

この会談で、田中とキッシンジャーの意見が対立したわけではなかった。

田中は、キッシンジャーが中国との外交を「日本の頭越しに」行ったことについて「私は、多くの人のように心配していない」と言った。なぜなら、「日本が中国とそんなチャンネルを作ることは難しいからだ。ある意味、あなたはわれわれのために行動してくれた」と礼を述べた。

田中はさらに力説した。「心から私はあなたがしたことをうれしく思い、そう言ってきた。佐藤

首相がどれほど北京に行きたくても、彼らは門戸を開こうとしない。しかし、大統領が訪中したことによって、彼らは日本との関係を円滑にしたいと考えるだろう」。

この言葉にキッシンジャーは納得し、「いくつかの点でそれは事実だ」と認めた。

田中は続けた。「私はあなたがまた北京に行き、台湾問題を解決されることを歓迎する」

他方、キッシンジャーはクールに質問を続け、「台湾問題はどのように解決したいのか」と田中に問うた。これに対して、田中は次の三点を挙げた。

・ソ連が介入できないようにする。
・中国の国内問題として解決すべき。
・中国人自身が解決するのがベスト。

また、平和的解決か、武力による解決か、との質問に、田中は「武力による解決は無効」と答え、「台湾問題は米国の手に委ねることもできる」し、平和解決のため友好国の間で作業を分担するのがいいと言った。

キッシンジャーが「基本的な外交政策では米国が主要な責任を負い、日本は経済その他の関係で手助けするとの考えに同意する」と述べると、田中は「イエス。米国が親切に残してくれた憲法下で、われわれは経済面で手伝う」と答えている。

ロッキード事件後、陰謀説絡みで話題になったソ連のチュメニ油田開発については、両者はこの会談で日米が共同開発することで、実は合意していた。

田中を侮っていたキッシンジャー

キッシンジャーは、この田中との会談を、決して不快と感じることはなかったようだ。「大臣、あなたは非常にフランク（率直）だ。あなたと話す機会をいただき感謝する」と謝辞を交わし、「これは長きにわたる関係の始まりだと思う」と述べている。

ニクソンへの報告文書に、キッシンジャーの田中批判はまったく見られない。田中は他の首相候補に比べて約十歳若い五十五歳で、「彼は活発かつ直接的で、ダイナミックな男」、日米関係でも「彼は首相として日本を反米に導くと信じる理由はない」と判断した[38]。

キッシンジャーは、田中がすでにその時点で「日中国交正常化」を目指す、と公言していたとの報告を得ていなかったようだ。あるいは「正常化」を過小評価していたかもしれない。

知っていたら、キッシンジャーは「台湾問題で日米間の全面的な合意が必要だ」と田中が明言したのに対して、もっと鋭い質問を浴びせていたかもしれない。

キッシンジャーは、田中のことを侮っていたようだ。田中は首相にはならないだろうと、高をくくっていたともみられる。また、首相になっても官僚主導で大したことはできない、と予測していたのではないか。後述するように、在日米大使館はそのようにみていた。

実は、キッシンジャーが福田には話したものの、田中には話さなかったことが少なくとも二点ある[39]。

一つは、ハワイか西海岸でのニクソンとの首脳会談の計画だ。次期首相が決まれば「夏に、新首相と大統領の首脳会談をハワイか西海岸でやれると思う」とキッシンジャーが言うと、福田は「考えておきたいですね」と答えた。

田中とのハワイでの首脳会談は、後になって田中が自民党総裁に選ばれたとの情報を得て、ニクソンの方から提案している。

もう一つは、中国側が設定した「復交三原則」の問題で、日米が対立する恐れについて話し合ったことだ。キッシンジャーはこの点について、「日米が北京へのアプローチをめぐって争うのは賢明ではない。日米を分断させるのが中国の戦略だ」と警告した。事実上、上海コミュニケの線でまとめるのが賢明、というアドバイスだ。

まさに、福田との会談は「次期首相」との密談のようだった。

4．真紀子のおかげ

真紀子はニクソン支持者

首相在任中も離任後も、対米関係で苦難が続いた田中だったが、首相に就任した当初、一時的にニクソンおよびキッシンジャーとの関係が良好だった時期がある。それは、長女真紀子《まきこ》のおかげだった。

リチャード・ニクソン大統領が田中と会って、初めて言葉を交わしたのは、一九七二年一月六～七日のこととみられる。カリフォルニア州のニクソン私邸で日米首脳会談が開かれた時だった。当時通産相の田中は、佐藤首相に随行していた。

ニクソンが抱いた第一印象は、極めてよかった。田中の長女真紀子のある行動が、田中とニクソンの関係を取り持つ縁になったのだ。

キッシンジャーは、自分のすべての電話会話を録音させ、その一問一答をタイプで打ち直させた後、録音テープを廃棄し、文書だけを保存していた。こうした記録は、キッシンジャーの本音を探る上でも非常に貴重だ。

田中が自民党総裁に選ばれる約二週間前の一九七二年六月二四日、ニクソンとキッシンジャーの電話で田中のことが話題に上った[40]。

キッシンジャーが、ホワイトハウスの記者会見室で会見を終えて自分のオフィスに戻ると、ニクソンから電話がかかってきた。会話録にすると計十六ページの長電話だった。当時の北ベトナムとの和平交渉などについて話した後、最後の方でニクソンが話題を変え、自民党総裁選について尋ねた。（ニ：ニクソン、キ：キッシンジャー）

ニ「一つ面白いことに気がついたんだが、田中が勝つチャンスがあるという話だね。福田が勝つと思っていたんだが、君の見方はどうかね」
キ「田中が勝つチャンスはすごくあると思います。私は彼についてはそんなに心配していないですよ。かなりタフなやつですから」
ニ「個人的な話なんだけど、彼は僕には非常にフレンドリーなんだ。彼の娘が一九六八年大統領選挙で私を支持してくれてね。彼がそんな話をしてくれたんだ」

古今東西を問わず、政治家にとって、最もありがたいのは支持者だ。

実は、ニクソンは大統領選挙の年を間違っていた。田中の長女真紀子がフィラデルフィアのクエーカー教系の高校に留学していたのは、ニクソンがジョン・F・ケネディに負けた一九六〇年大統領選挙の時だった。

真紀子はその時の経験を自著に記している[41]。

社会科の授業で、「両候補の主張を分析し、……どちらの候補の主張が、より目的に適《かな》うかについて度々討論した」。真紀子はケネディの理想主義的な主張よりも、ドワイト・D・アイゼンハワー大統領の下で活躍していたニクソン副大統領（当時）の方が、より現実的であるように思えた。だから、ニクソン・バッジを付けて登校していたというのだ。

電話でニクソンからそんな話を聞いて、キッシンジャーは助言した。

「田中は少しナショナリスト的でしょう。でも、あなたなら田中とうまくやれますよ。彼とは長く話しました」

キッシンジャーは、六月九〜一二日と八月一九日の訪日で田中にも会った。だが、田中への好感度は会談を重ねる毎に下降することとなる。

じゃ、ハワイで会おう

田中が自民党総裁に選ばれた七月五日にも、二人は電話で、田中について話している。ニクソンはキッシンジャーに頼みたいことがあった。[42]

ニ「ヘンリー、私から田中への個人的な祝電を出してほしいんだが」

キ「今、やっているところです」

ニ「彼の娘が……ニクソン・バッジを付けていたという話、覚えているかな。彼がサンクレメンテで私に教えてくれた」

キッシンジャーは真紀子の話をはっきり覚えていなかったが、その話を田中に伝えるのであれば、

「国務省のチャンネル外で連絡した方がいいですね」と言うと、ニクソンは少し迷った。

「彼あてに親書を書いていて、そのことにも触れたんだが、彼のリーダーシップに対しても、おめでとう、と言うわけだし」と言いかけて、「じゃ、（駐日）大使か君自身から、彼の娘が六八年に私を支持してくれたことを私が覚えている、と先方に伝えてもらうのはどうかな」（カッコ内筆者）と聞いた。

「では、大使が大統領の親書を渡す際に、そのことを伝えるようにします」とキッシンジャーが言うと、ニクソンは「大使から、娘あてにも私の個人的な伝言を伝えてもらえないかな。この新首相といい関係を築くことは重要だから」と言った。

会話はそれで終わらなかった。大統領がそれほど田中との関係を気にかけているとは思わなかったキッシンジャーは、大統領の意向を探る。

「大統領、（一一月の大統領）選挙前に田中との会談を検討されますか」（カッコ内同）

「そうだ。私は賛成だ。どこで会うかな。ハワイはどうか」

キッシンジャーは、あまりの即決ぶりに戸惑った。この年の一一月には、ニクソンが再選をかけた大統領選挙がある。共和党が正式に候補者を決定する全米共和党大会は、八月二一日から二三日までフロリダ州マイアミビーチで開催されることが決まっていた。

キ「さて、大統領は共和党大会のあと、ハワイに行かれるご計画なんでしょうか」
ニ「その通り。行けるだろう。現実問題として、ハワイで会うだけだな。ハワイに行くいい口実になる」

ニクソンは軽く、バケーション気分からハワイで日米首脳会談を考えたのか、と思わせる言い方だった。リゾート地で気楽に会う程度の会談でいい、と思ったのかもしれない。だが、キッシンジャーはこの時すでに、多少不安な気持ちになっていたと思われる。

「でも田中はそんな会談を望みますか」とキッシンジャーは聞いたが、大統領は「そうだよ。いいアイデアじゃないかな。快適な場所を見つけて。いずれにせよ、大使に対して、田中とその方向を探るよう言ってくれたまえ」と言い渡した。

米側、日中正常化の動きを知らず

その五日後の七月一〇日、ジーグラー大統領報道官からキッシンジャーに電話があった。日米首脳会談の開催について、[43]「NBCテレビが、田中の中国訪問前に大統領が田中に会う、と報道しています。大統領は田中と会う計画があるのですか？」と。

国務省から在京米大使館に公電が送られ、田中訪米の準備に入ろうとした瞬間に、早くも情報が漏れていたのだ。

キッシンジャーは「イエス」と答えた。ジーグラーが「会談場はワシントンか、それとも別のどこかか」と尋ねると、キッシンジャーは「やるとすれば、たぶんハワイだな」ともったいを付けて言った。キッシンジャーは、相手が目上と目下では、話し方が違う。

ジーグラーが要領を得られず、「（ハワイというのは）田中の訪中とは関係がないんでしょ」と聞くと、「田中が中国に行くことなんて知らないよ」とぶっきらぼうに言った。

この時点で、アメリカ側はまだ日中国交正常化への動きを詳細に把握していなかったのだ。

では、報道陣にどう説明するか。日米首脳会談開催はまだ正式に決まったわけではなく、ハワイに行く計画も未定だが、田中新政権とは緊密に連絡を取り合う、という程度の発表にとどめることが決まった。

このあと、八月三一日から九月一日まで、ハワイで日米首脳会談を行うことが正式に決まった。日本の外交当局にとっては願ってもない話だった。日本の首相が代わると、毎回外務省は米国の大統領との初顔合わせをお膳立てしなければならない。ホワイトハウスにアクセスがない場合は、非常に苦労する。この場合は、アメリカ側から提案してくれたのである。

だが、アメリカ側が田中内閣と中国のやり取りの詳細を摑んでいたら、日米首脳会談の開催がこれほどすんなり決まることはなかったかもしれない。

田中政権は「予測できない結果も」

日米首脳会談が決まると、米国務省が準備作業を始める。まずは、新首相のプロフィルだ。インガソル駐日米大使は一九七二年八月七日、八ページ・一九項目から成る田中のプロフィルを国務長官あてに送信した。

重要なポイントは次の点だ。

・田中はその背景、個性、外観から見て、戦後の首相からは明らかにかけ離れている。
・早い決断力と実行力から「コンピューター付きブルドーザー」のあだ名で呼ばれている。
・田中は米国との緊密な関係継続の重要性を公的にも私的にも強調しているが、彼の米国に対する態度は、古い世代の政治指導者に比べるとより現実的で、複雑ではなさそうだ。
・田中は本来の「日本人らしさ」や保守性を隠しているが、彼の政権は予測できない結果を招く可能性がある。[44]

日本では珍しいタイプの新首相。結果は「予測できない」、というリスクを記していた。

キッシンジャーは八月一九日、首脳会談の準備もあって来日し、軽井沢で静養中の田中と万平《まんぺい》ホテルで会った。直接、真紀子がニクソンを支持していたのかと確かめた。[45]

「大統領の話だと、あなたのお嬢さんは一九六八年の大統領選挙でニクソン・バッジを付けていたのですか」

頭の回転が速い田中は、すぐ答えた。

「ジャーマンタウン・フレンズ・スクールに留学していた時、父親が自民党なもんだから、ニクソン・バッジを付けていました」

「ハワイの日米首脳会談で大統領はこの話をしますよ」

しかし、田中は初めての日米首脳会談をハワイで行うことに、多少のひっかかりを感じていたようだ。首都ワシントンではなく、リゾート地のハワイとは、軽くみられているかと思ったのかもしれない。

「私はワシントン訪問も期待していますよ。昨年九月はあなたとワシントンで会ったし、今年一月には大統領とサンクレメンテで会った。これほど何度も訪米することはいいことだ。もっと、毎月でも訪問して」と田中が言うと、キッシンジャーは笑った。

真紀子がニクソン・バッジを付けていたおかげで、ニクソンはハワイでの首脳会談をすぐ決めた。両首脳の関係は、ほほえましいエピソードで始まったとも言える。

これ以後、会う度に田中とニクソンおよびキッシンジャーとの関係は険悪となり、田中が首相在任中に改善されることはなかった。

5．田中外交、素早い実行力

首相談話で「日中国交正常化急ぐ」

田中角栄は、キッシンジャーとの会談からひと月も経たないうちに、首相に就任する。七月五日の自民党臨時党大会で、総裁選挙が行われ、田中が勝利した。

第一回投票では、田中角栄一五六票、福田赳夫一五〇票、大平正芳《おおひらまさよし》一〇一票、三木武夫六九票。いずれも過半数の二三九票に達せず、直ちに決選投票に入り、田中二八二票、福田一九〇票、無効四票という結果になった。田中が第一回投票から一位になり、決選で大差を付けたのは、予想外ではあった。

前から二列目の席に座り、当選とともに立ち上がって右手を上げた田中。斜め前の席に座った前総裁の佐藤栄作が、右後ろの田中を見上げて「大丈夫か」と言わんばかりに、怪訝《けげん》そうな表情をしたのが印象的だった。

翌日、臨時国会が招集され、田中が内閣総理大臣に指名された。総理大臣として発表した談話で、外交分野では次のように述べた[46]。

「中華人民共和国との国交正常化を急ぎ、激動する世界情勢の中にあって、平和外交を強力に推進してまいります」

これ以後、田中は九月下旬の訪中に向けて一瀉千里《いっしゃせんり》のごとく突き進んだ。その素早い実行力が田中の魅力だった。日米間の舞台裏では、これ以後、神経質なやりとりが始まる。

田中は日中関係はおろか、外交では特に識見などない、と米国側はみていた。

六月にキッシンジャーと会談した時、田中はあえて、こうした構想を明らかにしなかった。台湾問題では、田中は「日米間の全面的な合意が必要」だし、日米が共通した台湾政策をとるのが「ベストだと思う」と述べていた。だが、現実には日米間で協議する前に、日本は独自の模索を進めていたのだ。

米、田中外交は「外務省頼み」と予測

実は、この時点で日米間の政策の違いはすでに鮮明になっていた。

しかし、アメリカ側はそのことに気付くのが遅れた。日本側も、アメリカより中国側、さらに世論への対応に目が向いていた。

国務省のエリクソン日本部長は七月七日、キッシンジャー補佐官に、日本の新内閣の暫定的評価、政策への影響などを報告するメモを配布した[47]。

それによると、田中内閣は政策面で「スタイルは確かに違うだろうが、田中が根本的に違った政策を取ると信じる理由はほとんどない」と、〝変化なし〟を予測していた。

外交面でも「田中は北京政府との和解を求める佐藤の政策を拡大するためにできることはすべてやる」とだけ述べている。佐藤政権の政策から外れて、新たに独自の対中外交を切り開くことはない、とみていたのだ。

約一カ月前の在日米大使館の見方から、ほとんど変わっていなかった。

ただ一点違うのは、「北京は田中を受け入れ可能とみるだろうとの報道がある」との記述があるだけだ。しかし、大使館がその報道内容を詳しく再調査したわけではなかった。

福田や田中と会ったキッシンジャーの六月の訪日。実はその際、両者らに会う前に、キッシンジャーは在日米大使館内の会議室で、公使級以上の幹部を集めて、放談会のような会議を開催していた。大使館側五人、キッシンジャーとその部下五人の会議である。[48]

ベテランの知日派、政務担当公使ウィリアム・シャーマンがキッシンジャーとのやりとりの中で発言した。

「田中が首相になれば、官僚が外交政策を行う」

つまり、田中独自の外交など予想していなかったのだ。シャーマンは繰り返して「最初は外務省に頼る。言い換えれば、変化はない」と言い切った。

総裁選について、シャーマンは「私は福田だと思う」と言うと、キッシンジャーは「なぜ福田が勝つのか」と質問した。「日本の社会文化的パターンが機能するからだ。田中は若すぎる」とシャーマンは答えた。総裁選に勝つのは福田だし、田中が勝ったとしても、外交は官僚任せ。それなら心配は要らない、それが大使館の想定だった。

外務省主流は日中正常化に反対か

実はそんな認識自体が間違っていた。田中の対中外交のブレーン、橋本恕が振り返る。

「当時は外務省は中国との国交正常化に反対だった。法眼晋作事務次官以下ね。当時の外務省も、自民党も……佐藤栄作首相自身もそうだったのだが、とにかく大陸を支配する……中華人民共和国政府と国交を持たないのは非常に不自然であり、おかしい……。ただし台湾の国民政府とは（外交関係を）切らない……。要するに『二つの中国』なんですよ。それでは絶対に中国は正常化に応じるハズがない」[49]

田中は外務省主流派ではなく、中国課長の橋本を頼りにしていた。当時アジア局のトップは吉田健三局長だったが、局長を差し置いて、政治家との関係も橋本が「全部仕切っていた」と、当時の条約課長、栗山尚一《くりやまたかかず》（後に外務事務次官、駐米大使）は回想している[50]。

米国大使館に最も近い外務省の人脈は、「アメリカン・スクール」と呼ばれる知米派外交官のグループ、つまり主流派だった。だから、大使館は「日中正常化はない」と思い込んでいた可能性がある。アジア局中国課の微妙な動きを探知できていなかったようだ。

米政府、田中の対中政策を見誤る

キッシンジャーがニクソン大統領あてに提出した七月一五日付メモは、次のような動きを記している。

・田中は「対中関係の早期正常化」を約束したが、二国間関係は一方通行ではないと指摘した。

・法眼晋作外務事務次官が七月六日、マーシャル・グリーン国務次官補に対中交渉での日本の立場は以前に認識したより強まったと述べた。（日本は台湾との非外交関係を断絶せず、日米安保関係に対する中国からの圧力に譲歩しないと法眼は発言した）（傍点筆者）

・大平正芳外相は、台湾との関係を考慮して、現実的でバランスが取れた対中国交正常化をすべきだと発言している。

こうした情報から、田中内閣の外交政策は「継続性」を示唆しているとみていた、というのだ。しかし、その見方は甘かった。

いずれにせよ、アメリカは明らかに田中の対中政策を深刻視していなかった。[51]

上記の傍点部分の法眼発言、「台湾との非外交関係を断絶せず」とは、逆に言えば、外交関係を断絶するという意味である。

キッシンジャーは、当時はまだ先入観にとらわれていて、このような疑問を突き詰めて調べさせる意識がなかったとしか考えられない。

6．正常化めぐり日米折衝

法眼次官、日中国交正常化を対米通告

実は、法眼は前記の大統領あてメモの日付の前日、日本時間で七月一五日に、ロバート・インガソル駐日米大使と都内のホテルでひそかに会い、日中国交正常化に臨む日本の「基本方針」を伝えていた。[52]

この法眼・インガソル会談は、日本が目指す日中国交正常化に関する、初の本格的な日米協議となった。協議にあたって、田中内閣は米国との緊密な協力と同盟関係を継続する、と法眼は明確に表明した。

田中内閣は、三日後の七月一八日、衆議院で「台湾の帰属」に関する質問主意書に対して答弁書を公表する予定になっていた。それに先立って、米国側に内容を伝えたわけだ。

この質問主意書は民社党委員長、春日一幸《かすがいっこう》が出したもので、政府は「日中国交正常化」を着実に進め、台湾の帰属などについては、日中が合意できる「具体案」を検討する、と答えるにとどまった。[53]

日中国交正常化交渉の方針として、法眼が明らかにしたのは次の三点だった。

Ａ．日本政府は日中交渉開始の条件として、中華人民共和国が「中国を代表する唯一の合法政府」であると表明する。

Ｂ．従って、日中交渉が成功の結果になれば、中華民国（台湾）政府との公式の外交関係は「当然のこととして」終結する。

Ｃ．しかし、台湾との経済関係および「実質的な交流」は続く。

ＡＢＣの三点、と指摘したのは、インガソル大使が国務長官に送付したトップシークレットの外交電報だったが、日本側の外務省文書は、第一項でＡＢＣのすべてに言及。第二項で「台湾の帰属問題」に関して、日本側の考え方を明らかにした。

法眼は、台湾について次の二点を指摘し、米側の見解を問うた。

（イ）日本は、台湾を自国領土とする中国の主張にどう対応すべきか。英国は大使交換の合意に際し、中国側の主張をacknowledging（認知する）とし、中国側は「承認」と、それぞれの国内向けに言葉を使い分け、争点化を回避した。しかし、こうした「言葉の操作」は双方が漢字を使う日中間ではできない。

（ロ）中国側が、台湾問題を中国の国内問題として、台湾防衛のため在日米軍基地の使用を拒否すべきだと要求した場合、日本側は応じられないとの態度を明確にする。

当時の日本では、日中国交正常化ではこうした点が最も難しい問題とみられていた。このため、法眼は外務省条約局がまとめた文書をインガソルに手渡し、米国側が見解を示すよう求めたのだ。米国側は一週間後に回答した。

インガソルは、この日の法眼の態度を「率直かつ真剣な意見表明」と高く評価した。

特筆すべき法眼次官の外交

法眼は「反共」として知られ、日中国交正常化に反対、と伝えられていた。だが、彼は田中政権になって変わった。

インガソルに会った時、「首相の直接の指示で」面会を求めた、と述べている。彼は、首相の指示を受け、日中国交の推進派になっていた[54]。実は、それだけではなかった。

日本にとっては「中共よりソ連の方がはるかに大きい脅威で……中共のソ連に対する立場を強化してやるべき」だと、法眼はインガソルに述べた。外務省は当時、中国を中共と呼んでいた。中国の立場を強くして、ソ連と対抗させるという意味だったのだろう。法眼の長男も外交官だったが、ソ連側のハニートラップの罠にかかり、自殺したと言われる。法眼は反ソの意識が強かったようだ。

では、なぜ日中国交正常化を進めるのか。米国は外交関係がなくても政府間の話し合いが可能だが、「アメリカの方式はわが国にとっては不可能」だから、国交を正常化して日中の外交関係を基盤にして、「アジアの平和、安全」に役立てたいとインガソルに強調した。

この法眼・インガソル会談について、日中国交正常化の経緯を丹念に追った井上正也《いのうえまさや》著『日中国交正常化の政治史』は「急速に中国へ傾斜していく田中政権の動きに懸念を強めていた米国政府を安堵《あんど》させた」とみた[55]。

しかし、この時点で米国が安堵した事実はない。実際には、法眼が幕を開けて日米の「心理ドラマ」が始まったばかりだった。これ以後、中国側が突然日本に対して譲歩したり、キッシンジャーが激怒したり、と事態は揺れ動くのだ。

ただ、インガソルが法眼の説明を前向きに捉えたのは事実で、法眼のことを「われわれの真の友人」と記している。法眼は「日米同盟関係が両国の国益およびこの地域の平和にとって必要な基盤であることを確信している」と、インガソルは公電で国務長官に伝えた。

法眼の外交は特筆すべきだった。彼の外交を受けて、米国は「日中国交正常化」に、正面切って反対するのを控えた。米国務省は、日中国交正常化に「理解」を示すほかなかったのである。

ポイントになったのは、法眼の発言の次のような点だった。

①日米同盟の重要性を基礎にした外交を再確認した。
②日中国交正常化を求める世論が日に日に強まり、最善の努力を怠たれば、内閣の存続も困難になる、と情勢の切迫化を伝えた。
③徹底した秘密外交を印象付け、ホテルの個室でのインガソルとの会談を自分のスタッフにも伝えていなかった。

④外務省条約局が作成した文書を米側に手渡したが、その文書を「トップシークレット」に指定するよう米側に求めた。

⑤日中交渉に絡み、日米安保条約の「極東条項」（一九六〇年）や佐藤・ニクソン共同声明の「台湾条項」（一九六九年）について米政府高官が発言しないよう求めた。

「極東条項」は、日米安保条約が適用される範囲を極東と定めていること。「台湾条項」は、台湾に対する米国の防衛義務に関して、日本にとっても台湾の平和と安全の維持が重要、と日本が認めたことを指す。

法眼の要請に米国側は真剣に対応した。

③と④を受けて、インガソルはこの電報の配布先を「最小限に限定」するよう国務長官に要請。米国務省はこれ以後、日中国交正常化に関する外交文書を「トップシークレット」に指定したことが確認できた。

しかし、⑤について米側は注文を付けた。

公の場で日中交渉への批判を控えた米国

法眼の問い合わせに、ロジャーズ国務長官は一週間後の七月二二日、インガソル大使にトップシークレットの外交電報で回答を寄せた[56]。

米側がまず指摘したのは、日米の間では「状況が異なること」だった。ニクソン訪中で合意した「上海コミュニケ」では、米国は「台湾と外交関係を断絶しておらず、台湾防衛公約も放棄しなかった」。米国は「法的な問題を議論しなかった」というのだ。

だから、日本側から「極東条項」や「台湾条項」との関連について質問されたことに、米国側から「コメントすべきことはあまりない」と、回答を拒否した。

また、極東条項や台湾条項について米政府高官が公に発言することを避けてほしい、との法眼の⑤の要請に対しては「日本政府が同じことをすれば」米国も沈黙を保つ、と条件を付けた。日本が黙れば米国も黙るというのだ。

さらに、二つの条項について「日本との信頼できる効果的な安保取り決めは、米国政府と国民にとっても主要な課題」だ、といずれも堅持するようクギを刺してもいる。

かくして、キッシンジャーが日本に対して繰り返し「情報漏れ」を非難してきた手前もあって、米国側は日中国交正常化交渉について公の場で批判することは避けることになったようだ。

日本にひどい中傷

他方、舞台裏で米国は台湾側から何度も、日中国交正常化の動きを抑えてほしいと要請されていた。台湾の駐米大使、沈剣虹が七月二五日、最初に動いた。本国からの指示を受けてキッシンジャーと会い、米国は日中国交正常化の動きを「遅らせる方法があるのか」と尋ねている。[57]

これに対してキッシンジャーは、日本には対中外交で「米国と別行動を取らないように」とアドバイスしてある、と答えた。六月に訪日した際、佐藤栄作、福田赳夫、田中角栄らにそう言ったというのだ。

田中は首相になる前、まさに「日本は米国と歩調を合わせる」と言っていたが、今では「対中関係をどうするか、予測できない」とキッシンジャーは戸惑いの表情を見せた。

次は、八月二四日朝。沈はキッシンジャーとフロリダ州キービスケーンで会った。[58] 前夜、ニクソンの再選出馬を正式に決めた、近くのマイアミビーチでの共和党全国大会に、二人とも来ていた。

五日前の八月一九日には、キッシンジャーは軽井沢で田中と会談していた。

田中と「台湾について話したのか」と沈が尋ねると、キッシンジャーは「明らかに日本はあなたの国と断絶するが、日米安保条約を改定するかどうかは明らかではない」と述べた。

そして、日米安保条約を改定すれば、「日本は米国との関係全体をリスクにさらすだろう」と大げさに言った。さらに「日本は米国との対立を仕掛けたいのだろうが、私は彼らを満足させない」と述べた。

日本は安保改定など考えてもいないし、米国との対立も想定していなかった。キッシンジャーは明らかに、意図的に日本を中傷していた。台湾の手前、あえて誇張したような発言ではない。こんな会話を聞けば、誰でもキッシンジャーはよほどの日本嫌い、と思うだろう。

沈が「自民党内でも、台湾との断交については議論がある」と持ちかけると、キッシンジャーは「六月には彼らは、米国の承認なしに断交しないと言っていた」と語った。田中がそう述べたとは言わなかったが、田中はそれに近い発言をしていた。

結局、「あなたは何もできないのか?」と沈が聞くと、キッシンジャーは質問をそらして、「ただ日本は商業的関係は続けたいと考えている」と答えた。そこで、沈は「日本はケーキを取って、食べたいのだ。貿易収支は日本の方が常に黒字だから」と言った。

「ケーキを食べる」は英語の口語的慣用句。キッシンジャーも、ハワイで日米首脳会談が始まる日の朝、同じ言葉を使って日本を非難した。日本は「やりたい放題」だという意味だろう。

中国と台湾に真逆の発言

キッシンジャーが「ハワイではできることをやる」と沈に言うと、沈は「共同声明がどんな内容になっても、どうか日本が米国の全面的支持を得ているとは見えないようにしてください」と依頼した。そこが、まさに米国にとって頭の痛いところだった。

台湾は別ルートでも、米国側に働きかけていた。インテリジェンスのルートである。元米中央情報局（CIA）台北支局長で、当時は国務省の情報機関「情報調査局（INR）」の局長、レイ・クライン。彼に、蔣介石《しょうかいせき》総統の長男で当時行政院長（首相）の蔣経国《けいこく》が八月一日、日本の政策への懸念を示した書簡を渡した。[59]次のような内容の書簡の抜粋は一一日、キッシンジャーに届けられた。

「日本の中国承認は連鎖反応を起こし、アジア諸国が追随するだろう。それにより、中国はアジア各国に潜入し、政権を転覆させる。……台湾の外交的孤立が早まり、台湾とアジアとの経済的関係が縮小する」

だから、日中国交正常化を止めてほしい、という強い要請だった。

他方、キッシンジャーは中国側には、まったく逆の角度からの話をした。

九月八日、ワシントンで中国の国連大使、黄華《こうか》（後に外相）と会談した際、日中国交正常化について次のように述べた。[60]

「日中国交正常化を妨害しないというのが米国の立場だ。田中首相らの訪中を遅らせるよう求めてもいない」

7. 中国が突然、軟化した

「復交三原則」の看板下ろす

田中内閣が七月七日に発足すると、日中間の動きが急に慌ただしくなった。

三日後の七月一〇日、周恩来の密命を帯びた上海舞劇団が来日する。その団長、孫平化《そんへいか》は舞劇団の幹部ではなく、中日友好協会副秘書長で、周から田中へのメッセージを託されていた。孫は同二二日、大平外相と非公式に会談し、周からのメッセージを伝えた[61]。

京都でも、舞劇団一行を迎えたレセプションが行われた。当時通信社の京都支局記者だった筆者は、孫に接近して質問を試みたが、警護の係員に阻まれたものだ。日中国交正常化を求める世論は強まり、日中友好ムードは高揚していた。

駐米大使、牛場信彦は一時帰国して、この間の動向をつぶさにフォローし、大平正芳外相や法眼次官ら外務省高官から情報を聞き取って、ワシントンに帰任する。

牛場は、こうした情報を伝えて米側の反応を探るため、二六日に、前駐日大使で米政府きっての知日派アレクシス・ジョンソン国務次官と会談した。同時に東京では、法眼次官がインガソル大使に会い、同日に同内容の情報が米日の両首都で米側に報告された[62]。

大平と孫、さらに中日備忘録貿易弁事処の蕭向前《しょうこうぜん》首席代表との会合には、法眼次官ら外務省幹部らも出席した。牛場は、手書きのメモを見ながらその会合のもようを説明した。

孫は、周から託されたメッセージとして、次のような提案を伝えてきた。

A. 田中首相の北京訪問を歓迎する。北京滞在中、田中を困らせることはない。
B. 中国は日本に謝罪を要求しない。ただ過去を忘れ、未来のみを見つめる。
C. 中国は日本に正常化交渉の前提条件として掲げてきた復交三原則の受諾を主張しない。
中国側はこれらの原則は「当然」と考え、いつかの時点で解決すべきものと感じている。

驚くべき中国の方針転換だった。あれほど強硬に、国交正常化交渉の前提条件として復交三原則の受け入れを主張していた中国が、もはやそんな要求をしない、というのだ。

国交正常化は世論

それが事実なら、日本が「中国は一つ」と認めず、「台湾との断交」に踏み切らなくても、中国は日本との交渉に応じる。国交を正常化しなければ中国との交渉ができない、と思われていた条件を中国自らが簡単に下ろしたのである。中国側は、田中なら相手にできると判断したとみられた。

それならば、日本は国交正常化に踏み切らなくてもいい、と米国政府は考えただろう。

しかし、日本側の思考回路は違っていた。キッシンジャーは日中国交正常化を「裏切り」と怒るが、日本側はそんなことを夢にも考えていなかった。

日本として、最も重要なのは、日中国交正常化を求める世論に答えることだった。日本側は「これで日中国交正常化を求める世論の圧力に対応できる、と判断した」というのだ。[63]だから、孫が「田中の中国訪問招請について満足か」と尋ねると、大平は「注意深く対応」して田中の訪中を受諾しなかった。孫は落胆したとみられる。

大平は慎重姿勢の理由として、次の二点を挙げた。

第一に自民党の承認を得る必要がある。
第二に同盟諸国と立場を調整する必要がある。

そして、孫ら一行が帰国の途に就く前の八月一二日に回答する、と答えるにとどまった。田中内閣にとっては、日中国交正常化は規定路線であり、その中身、つまり台湾問題などを日中共同声明の中でどのように表現するかといった、具体的な肉付け作業を進めていた。このため、日本側は中国側にもすっきりした回答を示さなかったとみられる。

日中正常化への不満を隠した国務次官

牛場によると、大平は復交三原則に関してとり得る政策は、次の三点だと指摘した。

A．日本は中華人民共和国を中国の唯一の合法政府と認めることができる。
B．台湾が中国の領土かどうかについては、日本は「理解し尊重する」としか言えない。（牛場は、英語では「留意する」の意味だと述べた）日本は中国の立場を公然と受け入れることはできない。
C．日華平和条約は日中国交正常化とともに効力を失うが、日本は当初から無効とする中国の主張は受け入れられない。

中国がこうした日本の立場を受け入れれば、田中の訪中はかなり早く実現し、日中国交正常化の宣言を予想でき、台湾承認の撤回を明確にすることになる、と大平は考えている。そう、牛場は説明した。

しかし、中国が日本の立場を認めなければ、大平は田中に訪中を進言せず、交渉は長期化、正常化は無期限延期されることになる、というのだ。

日本側がとりわけ腐心したのは日米安保条約の維持であり、中国側には干渉させない、と大平が強調したことだった。

こうした牛場の報告を聞いて、ジョンソン国務次官は日本が「非常に系統的にものごとを進めていることに満足し、感謝した」と、駐日大使に宛てた公電は記している。

これで米国側が日中国交正常化に賛同し、支持してくれたと日本側が考えたとしたら、早とちりとしか言いようがない。「満足し、感謝した」というのは、決して日中国交正常化の中身のことではない。ジョンソンは、正常化への不満をあえて露わにしなかったのだ。

ジョンソンは続けて牛場に対し、インガソルと法眼が米国側の「法的アプローチ」について意見交換したことに触れ、「われわれは中国に法的立場からではなく、政治的立場からアプローチしている」と述べた。米国のやり方は違う、と日米間の違いに言及し、正常化を事実上批判したのだ。

なぜ中国は前向きに

米国政府は、大平正芳と孫平化が行った会談内容を、米国家安全保障会議（NSC）で分析した。[64]
その結論は、日本と中国の関係は「攻守所を変える」新たな段階に入った、ということだった。

攻守所を変えるとは、形勢が急変、それまでの攻撃側が守備側に、守備側が攻撃側に立場を変え、関係が逆転したという意味だ。

田中政権以前、日中国交正常化をめぐっては、日本側がむしろ攻める側で、中国側は守りに徹していた。

佐藤前内閣の時代、自民党幹事長の保利茂《ほりしげる》は、一九七一年一一月に訪中した美濃部亮吉《みのべりようきち》東京都知事に国交関係正常化を求める周恩来宛の書簡を託したことがあった。周はその際、書簡の受け取りさえ拒否した。周は、佐藤を相手にもしなかった。

だが、今度はまったく逆に、中国側が復交三原則を前提条件から外してでも、「日本との国交正常化交渉を開始する、と積極的」になった、とNSCはみた。

では、なぜ中国は変わったのか。NSCスタッフ、ジョン・ホールドリッジがキッシンジャーに提出したメモには、次のような理由が推測されている。

・信頼されない佐藤前首相が辞任、中国は今、田中が強力で人気のある指導者として、当分の間、付き合わなければならない。
・中国は田中が対中政策を形勢する段階で、リベラルな三木の影響力が低下する前に、田中に対応した方が有利、と考えた。
・九月開始予定の日本とソ連の平和条約交渉の前に、国交正常化交渉を始めたい。
・毛沢東、周恩来、その他鄧小平ら中国指導者は、国内で何らかの政治的問題を抱えており、交渉の早期開始が有益となる。
・中国が急ぐ理由は、日本の技術と資本をすぐに必要とするからだ、と牛場はジョンソンに言った。

周恩来が「台湾」で密約を提案

七月二五日、ニクソン大統領に届けられた米中央情報局（ＣＩＡ）の「大統領日報」は、大平と中国政府代表との会談は「これまでで最も意味がある」もので、両国の接触の「定例化」を視野に入れている、と報告した。[65] この日報では、前週に訪中した佐々木更三《さ さ き こうぞう》社会党委員長を通じて、周恩来首相が田中を非公式に招請したこと、さらに「田中は、今年末か来年初めの総選挙前に、間違いなく中国を訪問したいと考えている」と指摘した。

しかし、その前に公明党の竹入委員長が「和製キッシンジャー」の役割をするとは、ＣＩＡにもまったく想定外のことだったようだ。

竹入は、まさにこの日、七月二五日に香港《ホンコン》に向けて羽田《はねだ》を飛び立った。周との会談は、七月二七〜二九日までの三日間で、連日行った。竹入は克明な一問一答のメモを付けていて、自ら公表している。[66]

訪中前、竹入は田中にも大平にも会ったが、政府は竹入に中国側との仲介を頼む意志はなかった。竹入は「極めて親しい友人だと一筆、書いて欲しい」と田中に頼んだが、「できない。代理と受け止められる」と拒否された。[67]

しかし、周の方から「あなたは田中首相の伝言を持ってきているのです」と発言され、竹入も否定できる雰囲気ではなかったという。周は竹入を特使とみて、発言していた。

会談は、事実上「国交正常化の共同声明」に向けての中国側草案をめぐる交渉のようになり、周は共同声明に盛り込む八項目、台湾に関する「黙約事項」を提案した。

共同声明案は「日中戦争状態の終結」「日本は中華人民共和国を唯一の合法政府と認める」などを盛り込み、日米安保条約や日華条約には触れず、中国から日本への賠償請求を放棄していた。

黙約事項とは秘密取り決めのことで、周は次の事項を入れる意向を示した。[68]

・台湾は中国の領土であり、台湾解放は中国の内政問題
・日本と台湾が双方の大使館、領事館を撤去する

当時は、こんな密約提案は伝えられていない。

竹入は八月三日に帰国。翌四日、首相官邸で田中と大平に会談記録を手渡し、五日、田中とホテルで会談。田中は中国側とのやり取りを確認し「分かった。中国に行く」と約束した。

訪中の時期について、キッシンジャーは、一〇月一日の「国慶節」と重なることを警戒していた。しかし、竹入と周の会談録を見ると、双方が国慶節にこだわった事実はなく、周はただ、国慶節と重なっても「さしつかえありません」と言っただけだった。

いずれにしても、キッシンジャーはこうしたやり取りの詳細を入手しておらず、日米首脳会談を前に、詳しい情報を得るため、八月一九日に再訪日し、田中と会談することになった。

キッシンジャーが警戒したのは、「黙約事項」だったようだ。その情報は、田中との再会談の前日八月一八日に、ホワイトハウスから伝えられた。[69]

筆者は、この電文をCIAの情報公開サイトCRESTで入手した。「日本の外務省高官から在京米大使館のオフィサーに伝えられた情報」としており、CIA情報とみられる。

しかし、結局はこんな密約は日中間で結ばれなかった。

8．本音を隠したアメリカ

煮え切らない態度

米国は、本音では日本と中国の国交正常化に反対だった。反対であれば、はっきりと反対を主張するのが、いつもの米国だ。事実、米国は戦後、日本に対して平然と、イエスあるいはノーを突き付けてきた。

しかし、日中国交正常化の問題について、公式的には、米国は終始、煮え切らない態度を示した。そんな分かりにくい米国の政策をめぐる記述を、筆者はいくつもの米国機密文書で確認することができた。

このような時、誰か外交の天才でもいたならば、相互理解でその後も協力し合う解決策が見つかったかもしれない。しかし、ニクソンにもキッシンジャーにも日本側にも妙案はなく、最後は田中の悲劇を生む結果となった。

一体何が起きていたのか。

米国の本音は「上海コミュニケの線」

米国の本音を最も端的に示すとみられる次のような文章が、田中・ニクソン首脳会談に向けて作成された、「大統領用―アイズ・オンリー（田中との会談）」と書かれた文書の束の中にあった。[70] 国家安全保障会議（ＮＳＣ）で作成した文書とみられる。

大統領の立場

われわれが日本側から聞きたいのはもっと適格な日本の立場だ。われわれは日本側に、われわれが台湾の地位に関し、上海コミュニケで中国側と決めたことを試すべきだと主張してきた―台湾問題を法律的な技術論ではなく、政治的条件で取引することだ。われわれが知る限り、日本はこの目的を達成するために意味論の方式を検討していない。日本はそれを始めるべきだ。

上海コミュニケは、「一つの中国」も、「台湾は中国領土の一部」も認めなかった。

その上で、「米国政府は、台湾から全ての米国軍隊と軍事施設を撤退ないし撤去するという最終目標を確認する」という、具体性を欠く「最終目標」を掲げて、政治的に中国に歩み寄る態度を示しただけだった。

しかし、米国側が正面切って、日本側に「上海コミュニケ」を「試すべきだ」と明確に主張したことを示す文書は見つかっていない。

ただ、田中とニクソンの首脳会談の前に、大統領に提出した説明文書で、何カ所か「上海コミュニケ」の線で中国との交渉をまとめるよう提案している。

もう一つの文書は、国務長官が大統領に提出した「問題と議論の要点」の「日本―中国」という文書で、次のように記している。[71]

米国の立場

・われわれは田中の対中アプローチを理解している。中国は前進を望んでおり、日本は交渉上強い立場にある。しかしながら、日本は対中関係樹立の代償として台湾との国交を断絶せよとの中国の要求を受け入れる用意があることが明らかだ。

われわれが大統領に進言すること

・日本がさまざまな安保条約上の義務を履行する米国の能力を制限する措置を取らないよう期待を表明する。

・中国とともに発表する共同声明で、上海コミュニケの線に沿って、日本が米国との緊密な関係に最高の価値を置き、その関係を維持、強化すると表明するよう提案する。（傍点筆者）

ここで「われわれ」というのは、国務省のことだ。他方、NSC作成文書の「われわれ」は、NSCのキッシンジャーらのことで、両者を比較すると、国務省文書の方が穏やかで、NSC文書の方が日本に対して「べきだ」と指摘するなど、厳しいことが分かる。日中国交正常化をめぐって、日本に理解を示す国務省とキッシンジャーは見解を異にしていた。その事実は、他の文書にも垣間《かいま》見《み》られる。

キッシンジャー「日中」で田中に質問せず

かくして、ハワイでの日米首脳会談が迫り、キッシンジャーは八月一九日に再度訪日して、田中、大平と会談、首脳会談の準備協議を行うことになった。

NSCは、田中・キッシンジャー会談に向けて次のような文書を作成していた。

あなたは田中に対して、日中国交正常化の計画を取り上げることになるだろう。そして可能なら、台湾防衛に関し、米軍基地の機能を制限し、日米安保条約を弱める可能性がある措置を避けるよう指摘したい。

米国は、そのような想定で動いていた[72]。

キッシンジャーはこの日、東京からヘリコプターで約四十五分間、田中が滞在中の軽井沢を訪問し、万平ホテルで午前九時二〇分から約三時間会談した[73]。

その会談録を読むと、キッシンジャーは田中に対して、日中国交正常化について日本側に質問していないことが分かる。

娘の真紀子が一九六〇年大統領選の際、米国に留学していて、ニクソン候補のバッジを付けていた話から始め、日米関係全般、日本の政治情勢について意見を交換している。

日中関係と並ぶもう一つのテーマ、貿易問題では、田中は米国の対日貿易赤字を「三〇億ドル以下に抑える」と約束した。

ただ、会談が終わりに近づいた午後〇時一五分ごろ、キッシンジャーが「首相と五分間内密な話がしたい」と隣室に移動し、田中と密談しており、その時に日中国交正常化について記録に残したくない話をした可能性がある。

大平は米国の「心配」に気付く

キッシンジャーはこの後東京に戻り、午後三時から外務省で大平正芳外相と会談した[74]。

大平は、キッシンジャーが高く評価する政治家で、二人の話しぶりは滑らかだった。

「私は対中政策を話し合うためここにいると新聞が書いている。新聞を失望させたくない」と言って、キッシンジャーは大平に「来月、日本の対中政策はどう展開するとみているか」と尋ねた。

大平は日本の世論について触れ、「日本の世論は変化の決断を支持している。田中新内閣の登場で国民の鬱積《うっせき》した感情、不満が突然吹き出した」と説明した。

そして、米側の見解に関して「中国問題では日本は行き過ぎで早すぎる、と米国が心配し始めたことはあまり驚くことではない。日本が急ぎすぎたつもりはない。わが政府がわれわれの手でこの問題を決着させる時が来た。今は関連する基本的問題を深く検討中」で、田中訪中の時期は来月中と述べた。

さすが大平。「米国が心配し始めた」ことに気付いていた。

日米同盟に関連して、「この問題では日米関係などに傷を付けないよう気をつけている」と述べ、米国への配慮を示した。

これに対して、キッシンジャーは「わが政府内には、日本が過度に急ぎすぎ、との意見を述べる者はいない」と述べた。会談録はそれに続けて、カッコ付きで「(大平は微笑んだ)」と記している。会談録をまとめたスタッフは、それこそエスプリが利いていた。大平はキッシンジャーのウソに気付いていたかもしれない。

この会談でも、キッシンジャーは日中国交正常化の問題をしっかり論議せず、日本側に苦言を呈したわけでもなかった。

日中正常化に反対できなかった真の理由

キッシンジャーは田中と大平との会談を終えた八月一九日、その日のうちに大統領へ訪日報告を提出した。[75]

それによると、田中も大平も、「田中訪中の日程や内容について、口が堅かった」。実質的に、日本では「早期の正常化でコンセンサスができていた」と、キッシンジャーは大統領に報告した。

しかし、日中国交正常化の問題を、なぜもっと突っ込んで議論しなかったのか。その間の裏事情について、次のように記している。

　私は、われわれが日本の対中政策と対米経済関係を尊重して、現状を受け入れるべきだと信じる。中国については、日本は正面突破を決意している。そのペースを遅らせようとする試みは、日本が米国のそうした行為を中国側と日本国民にリークする結果にしかならない。

日中国交正常化に向けて邁進《まいしん》する日本。それを米国が遅らせようとしている、との情報が中国に伝われば、どうなるか。

ニクソン政権の対中戦略、ひいては当時のソ連も含めた米国の世界戦略が露呈してしまう、ということなのだろう。

では、日米首脳会談で、米国は日中国交正常化をどのように扱えばいいのか。

キッシンジャーは、結局日本のやるように任せるしかない、と大統領に報告している。元々、日本は「上海コミュニケを試すべき」[76]だし、日中国交正常化は遅らせた方がいい、と彼は考えていた。だが、米国がそんなことを要求したら日本は情報を漏らして逆効果になる、と恐れたのだ。

米国は、相手国の戦略を打ち破るため、米国のシンクタンクや他の同盟国に、相手側が困る情報を漏らし、優位に立つ手法を使ったりすることが往々にしてある。しかし、情報を漏らすこと自体、法眼に先手を打たれて、やれなくなった。

当時、大統領の直属機関だった米広報文化交流局（ＵＳＩＡ）は、この年の三月と六月に日本国内で世論調査を行っていた。その大まかな結果が、上記の大統領あてメモと同じファイルに入っていた[77]。

取り組むべき課題の優先順位では、一位が日中国交正常化で、対米経済関係は二位。日米安保条約が有益か否かについては四八％対三九％、安保条約見直しへの賛否は四二％対二九％、米国への好感度は一九六〇年の六二％から七二年は二九％まで落ち込み、米国にとって不利な数字が並んでいた。前年の「ニクソン・ショック」もなお日本人の心に影を落としていた。

国務省はどうか。ウィリアム・ロジャーズ国務長官は、八月一八日付で大統領に提出したメモで、より積極的に「日本の対中国交正常化に困難をもたらすべきではない」と指摘した[78]。

キッシンジャーがジャップと怒った心情

さらに、「田中が日本の対中政策で米国に制約を課せられた、との印象を与えると、田中に災難をもたらす」と強調した。国務省は、田中が総選挙を控えていることを意識していた。

日米首脳会談の前々日八月二九日にキッシンジャーが提出したメモには、首脳会談に向けて四つの目標を掲げている[79]。

1. 日米同盟の再確認
2. 日中国交正常化が、米国の台湾、韓国に対する防衛公約の履行を妨げないことを確認する
3. 一九七二年度末までに米国の対日貿易赤字を三〇億ドルに削減する
4. 日米関係を成熟かつ緊密にする

日中国交正常化については、「日本のプロセスは不可逆的であり、日本に対して『遅らせる』よう求めることはよくない」との結論を出した。

上海コミュニケを自分の業績と誇るキッシンジャー個人にとって、敗北となった。首脳会談当日の朝、キッシンジャーが「ジャップ」に激高した背景には、そんな事情が隠されていた。

9．史上最も奇妙な日米首脳会談

対日感情をむき出しにした米閣僚たち

日米首脳会談前日、ハワイに乗り込む大統領専用機の機中で、首脳会談に臨む主要な高官がニクソン大統領を囲んで作戦を練った[80]。

大統領は、ロジャーズ国務長官に「最も重要な会話は君と大平の話だな。田中は自分の仕事についてあまり知らない。大平は外交ではもっと経験がある」と言い、田中を見下した。

田中政権発足から二カ月も経たないうちに、大統領の田中観は期待値が下がっていたのだ。

ロジャーズ国務長官は「牛場大使には、日本の対中国アプローチを遅らせるようなことはハワイでは起きないと伝えた。台湾防衛に在日米軍基地を使用する能力が干渉を受けない限り、日本の決定に反対したり督励したりする立場にはないからです」と言うと、大統領は「同意する」と答えた。

大統領が「米国が日本とトラブル、といった話は克服すべきだね」と語ると、ロジャーズは「われわれも『ショック』のことを言い続けるのは非常にまずい」と受けた。前年のニクソン・ショックで日米関係が揺らぎ、今に至った嫌な記憶を忘れたかったようだ。

同時に、ロジャーズは「日本が日中国交正常化であまり話をしないのは屈辱的だ」とも述べ、感情を露わにした。

キッシンジャーが「全体的に田中と大平には好ましく対応したいが、台湾問題ではタフに言うべきだ」と言うと、大統領もそれに同意した。

その際、キッシンジャーは「田中が軽井沢で安保条約の修正を望む」と言ったと発言した。だが、田中がそんなことを口にするはずもなく、密談の際に誤解が生じたかもしれない。

日米首脳会談は「日中」で堂々めぐり

田中とニクソンの初めての日米首脳会談。ハワイのオアフ島北部ノースショアにある、クイリマホテルの大統領用スイートルームがその舞台となった。

八月三一日午後一時、ニクソン大統領はホテルの玄関で田中らを出迎え、六階の会談場に向かった。

主要テーマは、日米貿易不均衡と日中国交正常化。その他にベトナム戦争、朝鮮半島を含むアジア情勢なども議題に挙げられていた。

だが、そうした話題が出ても、その度ごとにまた日中問題に逆戻りし、ニクソンらは田中に質問を投げかける。

二日間計四回、のべ四時間四十五分の会談は、日中関係をめぐって、堂々めぐりの様相を呈した。[81]

ニクソンが最初に田中に提案したのは、首脳間の「個人的通信チャンネル」の設置だった。佐藤前政権時代にキッシンジャーと秘密交渉を重ねた密使、若泉敬（京都産業大学教授）のような相手を日本は続けて置いてくれないか、と考えていた。

「貴総理との間にも同様のチャンネルをもちたいと考えている」と大統領は求めた。米側の英文会談録は、田中が「完全に合意した」と記している。だが田中は、何度言われても本心では密使には関心がなかったようで、密使を使った記録はない。

日中関係では、「正常化」と「台湾問題」が議論の中心だった。しかし、いずれの問題でも、ニクソンとキッシンジャーの質問は婉曲《えんきょく》的で、恐らく田中も大平も、米側の意図が読めず、困ったのではないだろうか。

田中の訪中についてニクソンが尋ねた。

「日米の政策が同一である必要はないが、対中政策をめぐって争わないことが最も重要だ。日米間で敵対心が生じるのは許さない」。しかし、田中も大平も、この質問にはピンと来なかったに違いない。日本側は元々、アメリカに対する敵対心などまったくないからだ。

田中はこれに対して、「日中国交回復により外交関係再開で日米関係が不利益を蒙《こうむ》ってはならない。日中国交の恢復《かいふく》は最終的には米国の利益とつながりうる」と答えた。そして、国交回復は「大きい流れでせき止めてはいけない」と原則論で応じている。

しかし、ニクソンも粘った。「首相にどうすべきか言うつもりはない」と言いながらも、「北京でもモスクワでも共産圏の指導者に対応するには、経験に基づくと、何らかの原則に留意すべきだ」として、「彼らは現実的である」と強調した。

そして、「日本は経済力を高く評価されているのだから、嘆願者として関係を求める必要はない」と語った。日本側は強気で交渉すべきであり、中国側の要求に沿って「正常化」する必要はない、とニクソンは「嘆願者（supplicant）」というややきつい言葉を使って、挑発したつもりだったかもしれない。

田中は、落ち着いて「相互主義」を強調し、「日本は北京の敷いたレールに乗って国交を回復するのではない。……先方の言いなりには決してならぬ」と反論した。

他方、大平はロジャーズ国務長官との外相会談で、「米国は中国との関係改善、日本は関係正常化」と日米の対中政策が違ってしまったことを認めながら、「米国との関係を傷つけずに困難な問題に取り組む」と約束している。これに対して、国務長官は「日本が決断したことに、米国が承認あるいは非承認とするような立場にはない」と言明した。

結局、最初から腰が引けていた米国は、日本側の立場を崩せなかった。

毒にも薬にもならない共同発表

台湾問題で、ニクソンは中国側と、「上海コミュニケで、台湾問題について合意しないことで合意した。経済面では台湾支援でできることは何でもする」と約束した。

田中は、二日目の会談の最後の方で、次のように台湾問題に言及した。

「日本としては台湾との経済的交流は続けていきたいが、日台間の国交関係は消滅せざるをえないと考える。従って米国が日本の立場を理解して、日台間の友好関係ができる限り継続されるよう、支援をお願いしたい」

この言葉に、ニクソンとキッシンジャーは憮然《ぶぜん》としたのではないか。ニクソンは冷ややかに答えた。

「問題はこの三カ国がゲームをプレーできるかどうかだ。米国だけでなく、台湾も」

これに対して、田中は「台湾は必ず参加すると思う」と言ってのけた。

結局、台湾問題で米国が最も懸念していたことは会談で出なかった。つまり、台湾有事の際、米軍の在日米軍基地からの出撃を日本が認めるかどうかだ。米国側は日本側にその確約を求めず、日本側からも言及しなかった。

実は、この首脳会談で、当時の米国の世界戦略上最も重要な課題について質問したのは、田中だった。

「米国は中国との国交回復を指向しているのか、それとも上海コミュニケの線に沿って、当面外交関係のないままの接触を拡大していくつもりなのか」

ニクソンは聞かれたくない質問、と思ったに違いない。だが、ニクソンは「後者だ」と答え、「中国は台湾と関係を持つ国とは関係を持たないからだ。米国は台湾を支持している」と型どおりの回答をした。続けて「しかしながら、米国は（中国と）公式の外交関係がなくてもいかにして健全な関係を持つか、あらゆる手段を探る」と答えている。

米国側にとっては、この首脳会談がメディアにどう報道されるかも大きい問題だった。

キッシンジャーは、「大統領と首相はこの主題（中国関係）では一般論を議論した」と報道陣に説明する、と言うと、大統領は質問が出たら「中国問題は議論された。どちらの国も自国の国益に基づいて関係を発展させる、と答えれば有益だ」と述べた。

結局、首脳会談後の共同発表は、田中の訪中について「アジアにおける緊張緩和への傾向の促進に資することとなることをともに希望した」と、毒にも薬にもならない文章を記しただけで終わった。

逆に言えば、日本は自主外交推進で押し切ったとも言える。外務省は、これで日中国交正常化が承認されたと考えただろう。

しかし、ニクソンとキッシンジャーの心は煮えくり返っていたに違いない。会談前の八月三一日朝、キッシンジャーは既に激烈な怒りの発言をしていた。会談の内容からみて、会談後はさらに怒りを募らせたとみられる。

この日米首脳会談は、心理ドラマのようだった。

事程左様《ことほどさよう》に、米国は日中国交正常化への対応で苦衷した。こうした舞台裏の事実は、今に至って、ようやく明らかになった。

ところが、日本側は米国政府内の苦衷を理解するに至らなかった。先述したように、田中の秘書の木内昭胤は、米国側が本心では日本が上海コミュニケの線に追従するよう求めていたことに気付かなかったという[82]。

日本の著名な研究者らの研究でも、これまで明らかにされていない。

日中国交正常化に関して、最も詳しい業績である井上正也著『日中国交正常化の政治史』（名古屋大学出版会）のほか、石井明《いしいあきら》ら編『記録と考証　日中国交正常化・日中平和友好条約締結交渉』（岩波書店）、服部龍二《はっとりりゅうじ》著『日中国交正常化』（中公新書）はいずれも、日中正常化をめぐる日米関係のもつれに気付いていない。

ニクソンとキッシンジャーは、田中との初の日米首脳会談を終えて、田中に対する警戒感をさらに強めた。それが、四年後に発覚するロッキード事件とどう関わるのか。田中とキッシンジャーの闘いが始まった。

キッシンジャーが復讐へ

長期化したベトナム戦争で疲弊した米国は、ベトナム和平を進めて、米軍を撤退させ、二月のニクソン訪中で米中関係を開いて、ベトナム戦後の東アジア情勢の安定化に努める。

ニクソン訪中は同時に、核戦力でも米軍を追い抜こうとしていたソ連に対する牽制《けんせい》になる。さらに、そのソ連とは、五月に第一次戦略兵器制限条約（ＳＡＬＴＩ）に調印した。

しかし、米国は米軍の台湾駐留を続け、米中関係を正常化する戦略をまだ日程に上げていなかった。中国を世界戦略の駒として使うが、主導権を握らせる意図は当然なかったのだ。

そこへ、経済発展著しい日本の田中政権が日中関係を正常化すれば、中国に外交の主導権を握られる可能性が出てくる、とキッシンジャーは恐れたに違いない。

キッシンジャーは田中らに、中国をめぐって「日米が競争するべきでない」と繰り返し説いていた。日米が争って中国に秋波を送れば、中国側に選択権が生じ、日米が中国側から指図される恐れが出てくる。

一九七三年三月七日に、米国家安全保障会議（ＮＳＣ）が発出した「米国の対日政策」と題する「国家安全保障検討メモ（ＮＳＳＭ）一七二号」は、まさにその点を憂慮していた。このメモは「中国に対する米国の政策と日本の政策をどのようにして両立させるべきか」という課題を掲げたのである。[83]

案の定、一九七四年にキッシンジャーは、中国副首相・鄧小平《とうしょうへい》から、米中関係も正常化をと持ちかけられ、困った状況に直面した。

中国が米国に「日本方式」を要求

日中国交正常化によって、キッシンジャーは、いたく自尊心を傷つけられたに違いない。

それから二年余り経った一九七四年一一月二六日、キッシンジャーは北京の人民大会堂で鄧小平と会談する。フォード大統領の訪日、訪韓、訪ソに同行したあと、彼は北京に立ち寄った。[84]

キッシンジャーは前年、国務長官にも就任し、大統領首席補佐官のドナルド・ラムズフェルド（後の国防長官）や北京の連絡事務所長ジョージ・ブッシュ（後の大統領、父）らが会談に同席した。

七度目となったキッシンジャーのこの訪中に「田中首相辞任」のニュースがぶつかった。

しかし、この日の鄧との会談のテーマは日本の次期首相ではなく、中国と米国の国交正常化の問題へと進む。鄧は、次のように持ちかけた。関係部分の会話記録は次の通り。（キ：キッシンジャー）

鄧「国交正常化問題に関するわれわれの見解だが、博士や他のアメリカの友人たちは『日本方式』をご存じのことと思う。……現実にはわれわれはずっと前からわれわれの意見を表明している。それが日本方式だ」

キ「いつも言われるのは、日本が米国のまねをするということだ。今度あなたは、われわれに日本のまねをするよう強要している。これは新しいスタイルだ。しかし、われわれは基本原則を受け入れることはできる。しかし、われわれには日本にはない特殊な状況がある。……日本モデルの枠組みで、あなたの原則と一致し、われわれの必要性に関する率直な話をして、目標に到達する何らかの方式を見いだせるかどうか検討するべきだ」

鄧「詳細については小グループで検討できるでしょう」

米中関係発展の方法といった話から、鄧は「日本方式」を提案し、キッシンジャーは慌てた。But（しかし）を二度続けて口にしたところをみると、不意を突かれ、米国の論理をどう立てるか、焦った様子がうかがえる。

二年前、日本はキッシンジャーが手塩にかけた「上海コミュニケ」ではなく、「日中正常化」の道を選択した。

その時から、いずれ中国側は米国に米中国交正常化を求めてくる、とキッシンジャーは恐れていた。危惧していたことがまさに起き、プライドが傷つけられたと感じたことだろう。

米側の苦慮に日本は無頓着

アメリカ側がこんな苦しい状況に置かれていることを、日本側は知らず、無頓着だった。例えば、自民党事務局の外交安保政策担当者は次のように記している。

「日中国交正常化は七二年九月の田中首相の訪中で実現したが、アメリカの米中国交正常化はカーター大統領の七九年一月であった。この原因は、アメリカと日本の台湾問題への対応の相違でもあった[85]」

まず、米国が対中国交正常化で日本より六年半も遅れたことを、米国にとってネガティブにとらえている。その原因は、日本の台湾問題への対応が早かったからだ、という認識だ。

自民党総裁の田中角栄は、首相就任の約一カ月後に、党の長老の一人椎名《しいな》悦三郎《えつさぶろう》を副総裁に任命し、「台湾特使」も依頼していた。

自民党内は、岸信介《きしのぶすけ》元首相、佐藤栄作前首相、福田赳夫ら台湾派が根強い力を維持していて、議論が沸騰。九月八日の総務会で正常化の「基本方針」を決めた。[86] 日中の正常化は認めるが、日本と台湾については「従来の関係」の継続を配慮すべきだ、という方針だ。

椎名は訪台し、九月一八日から蔣経国首相ら台湾要人と会談した。椎名は、大平外相が台湾の駐日大使に、日中正常化後には日本と台湾の「平和条約は消滅する」と発言したことなど、厳しい質問を投げかけられた。

これに対して、椎名は田中首相の「ハラはまだ決まっていないと思う」などとその場しのぎの発言をした。[87]

結局、田中らは一週間後の二五日から訪中し、二九日に日中国交正常化を明記した共同声明に調印。大平はその後の記者会見で日台平和条約は「終了」と言明し、台湾と即日断交した。

それでも、年末の一二月一日には日台の民間交流を継続する「交流協会」が設立され、二六日には日台交流民間協定に調印した。

プライドの高いキッシンジャーは、怒り心頭に発していたに違いない。

米側の立場からすると、田中はこれ以後、一九七三年も難問を米側に突き付ける形となり、関係は悪くなっていった。

扉、序章、第一章注

1 三木清『人生論ノート』、新潮文庫、一九五四年、五五頁、送り仮名などは原文のママ
2 同、五一～五七頁
3 奥山『秘密解除』、二七八～二七九頁
4 National Security Archive Publishes Digitized Set of 2,100 Henry Kissinger "Memcons" Recounting the Secret Diplomacy of the Nixon-Ford Era, https://nsarchive2.gwu.edu/NSAEBB/NSAEBB193/　二〇一九年七月八日アクセス
5 二〇二〇年一月二九日インタビュー
6 井上寿一「外務官僚を魅了」『文藝春秋』二〇一五年一月号、一八五～二八七頁
7 NL, Presidential Daily Diary, August 16-31, 1972,
8 この原文は……the Japs take the cake.直訳すれば、ジャップたちが「ケーキを食べる」だが、口語的には「一位になった」「ひどく図々しい」といった意味で使われる。
9 National Security Archive Electronic Briefing Book No. 193 https://nsarchive2.gwu.edu/NSAEBB/NSAEBB193
10 石井明ら編『記録と考証　日中国交正常化・日中平和友好条約締結交渉』、岩波書店、二〇〇三年、二〇五～二〇六頁
11 Henry Kissinger, On China, Penguin Books, 2011, P267～273
12 Henry Kissinger, White House Years, Little, Brown And Company, 1979, P1075
13 外務省『わが外交の近況（外交青書）』一六号、五二五～五二八頁(外務省仮訳)
14 Kissinger, On China, PP267～273
15 Kissinger, White House Years, P783
16 Kissinger, On China, P271
17 NA, Nixon Presidential Materials Project, National Security Council Files, Henry A. Kissinger Office Files, Country Files - Far East, Box 102, Memorandum of Conversation, Participants: Mr. Nobuhiko Ushiba, Mr. Ryohei Murata, Mr. Henry A. Kissinger, Mr. John Froebe, March 6, 1972, Subject: The President's China Trip
18 早坂茂三『政治家　田中角栄』、集英社文庫、一九九三年、四〇一～四〇二頁
19 NHK取材班『周恩来の決断』、日本放送出版協会、一九九三年、六八頁
20 橋本恕氏に聞く『日中国交正常化交渉』、公益財団法人大平正芳記念財団、『去華就実』聞き書き二〇〇〇　http://www.ohira.or.jp/cd/book/kyokashuujitsu/ky_09.pdf　二〇一九年八月二三日アクセス
21 早坂『政治家　田中角栄』、四〇二頁
22 第六十八回国会衆議院予算委員会第四分科会議録第四号、昭和四十七年三月二十三日（木曜日）
23 NA, RG59, General Records of the Department of State, Subject Numerical Files 1970-73, Political & Defense, POL Japan-US, Box2407, Secretary of State, September 9, 1971 Memorandum for the President, Subject: Your Meeting with Prime Minister Fukuda, Friday, September 10, 1971
24 NA, Nixon Presidential Materials Staff, National Security Council (NSC) Files, Presidential /HAK Memcons, Box1025, The White House, Memorandum of Conversation, Participant: Mr. Takeo Fukuda, Foreign Minister of Japan, The President, September 10, 1971, 7:30 p.m.
25 NA, Nixon Presidential Materials Staff, NSC Files VIP Visits, Box 925, December 29, 1971, Memorandum for the President, Subject: Meeting with Sato
26 同Box 925, January 4, 1972, Memorandum For: The President, From: Henry A. Kissinger Subject: Your Meeting with Japanese Prime Minister in San Clemente
27 同Box 925, January 7, 1972, Memorandum for the President's File, From: James Wickel (Interpreter), American Embassy Tokyo, Subject: Meeting with Eisaku Sato, Japanese Prime Minister, on Friday, January 7, 1972 at 11:00 a.m. at San Clemente
28 「騙す」の原文はここではfool
29 NA, Nixon Presidential Materials Project, National Security Councilo Files, Henry A. Kissinger Office Files, HAK Trip Files, Box 22, Yasuhiro Nakasone, Mikio Mizuta, Zentaro Kosaka, Dr. Henry A. Kissinger, Date & Time: Sunday, June 11, 1972, 12:15-2:15, Place: Hannyaen Restaurant
30 同、Prime Minister Eisaku Sato, Professor Kei Wakaizumi, Chester Ito,

Interpreter, Dr. Henry A. Kissinger, Winston Lord, Place Prime Minister Sato's Residence, Saturday, June 10, 1972, 7:05 pm - 10:55 pm

31 同、Box 22, Memorandum of Conversation, Participants: Henry A. Kissinger, John H. Holdridge, Robert S. Ingersoll, Takeo Fukuda, Minister of Foreign Affairs, June 11, 1972, 8:00 a.m. Mr Fukuda's Official Residence, Subject: Mr. Kissinger's Discussion of U.S.-Japan Political and Economic Relations

32 同、Box 22, Memorandum of Conversation, Participants:　Henry A. Kissinger, John H. Holdrdge, Kakuei Tanaka, Minister of Ingernational Trade and Industry, Mr. Itoh, Mr. Tanaka's Private Secretary, June 12, 1972, 8:00 a.m. , Subject: Mr. Kissinger's Discussion of U.S.-Japan Political and Economic Relations with Mr. Tanaka

33 National Security Archive, The White House, Memorandum of Conversation Participants: Ambassador Robert Ingersoll, Richard Sneider, Saturday, June 10, 1972, 10:05 - 11:25 a.m. Place: Conference Room, U.S. Embassy, Tokyo William Burr氏より寄贈

34 春名幹男『仮面の日米同盟』、文春新書、二〇一五年、一四二～一四五頁

35 若泉敬『他策ナカリシヲ信ゼムト欲ス』文藝春秋、一九九四年、二九八頁、四五七頁、四五九頁

36 春名『仮面の日米同盟』、一三八～一六三頁

37 NA, Nixon Presidential Materials Project, National Security Council Files, Henry A. Kissinger Office Files, HAK Trip Files, Information June 19, 1972, Memorandum For: The President, From: Henry A. Kissinger Subject: My Trip to Japan

38 同

39 同、Box 22, Memorandum of Conversation, Participants: Henry A. Kissinger, Takeo Fukuda, June 11, 1972, 8:00 a.m. Mr Fukuda's Official Residence,

40 NL, Henry Kissinger Telephone Conversation Transcripts(以後Telcon), Chronological File, Box14, The President/Mr. Kissinger, 12:25 p.m. June 24, 1972

41 田中真紀子『父と私』、日刊工業新聞社、二〇一七年、二八六～二八八頁

42 NL, TELCON (San Clement)Box15 President/Kissinger, 11:42 a.m.-7/5/72

43 同、TELCON/San Clemente, Kissinger/Ziegler, 10:10 a.m., July 10, 1972

44 NA, RG59, General Records of the Department of State, Subject Name Files, 1970-73, Political & Defense, Box 2406. R 070905Z AUG 72 FM AMEMBASSY TOKYO TO SECSTATE WASHDC SUBJ: Honolulu Summit Background Paper VI--Tanaka the Man

45 NA, Nixon Presidential Materials, NSC Files, Presidential/HAK Memcons, Box 1026, Memorandum of Conversation, Participants: Prime Minister Kakuei Tanaka, Dr. Henry A. Kissinger, Saturday, August 19, 1972 9:20 a.m. - 12:25 p.m., Place: Mampei Hotel, Sakura-No-Ma Room, Karuizawa, Nagano Prefecture

46 早坂茂三『政治家　田中角栄』、四〇六～四〇七頁

47 NA, RG59 General Records of the Department of State, Subject Numerical File 1970-73, Political & Defense POL Japan- US, Box 2405, July 7, 1972 Memorandum For Mr. Henry Kissinger Subject: New Japanese Government, EA/J: RAEricson

48 National Security Archive,The White House, Memorandum of Conversation,Participants: Ambassador Robert Ingersoll, Richard Sneider, DCM, William Sherman, Political Officer, Lester Edmond, Economic/Commercial Officer, Alan Carter, Public Affairs Officer, Dr. Henry A. Kissinger, Saturday, June 10, 1972, U.S. Embassy, Tokyo

49 橋本恕氏に聞く『日中国交正常化交渉』二〇〇八年三月八日、ウィリアム・バー氏寄贈

50 栗山尚一『外交証言録　沖縄返還・日中国交正常化・日米「密約」』、岩波書店、二〇一〇年、一二六～一二七頁

51 Department of State, FRUS, 1969-1976, Volume XIX Part2, Japan, 1969-1972, PP449～451, 123. Memorandum From the President's Assistant for National Security Affairs (Kissinger) to President Nixon

52 ProQuest(National Security Archive), RG59, POL CHICOM-Japan, Jul. 15, 1972, FM AMEMBASSY TOKYO, TO SECSTATE, SUBJ: Japan's Plans for Normalization of Relations With PRC

53 外務省外交史料館2013-3315日米要人会談「法眼次官、インガソール駐日大使会談録」昭和四七年七月一五日
衆議院質問主意書第69回国会臨時会、台湾の帰属および台湾条項の消滅等に関する質問主意書

54 栗山尚一『外交証言録』、二二六～二二七頁
55 井上正也『日中国交正常化の政治史』、名古屋大学出版会、二〇一〇年、四九八～五〇〇頁
56 ProQuest, RG59, POL CHICOM-Japan, 221707Z Jul 72, Rogers SUBJECT: Japan's Plans for Normalization of Relations With PRC
57 FRUS, Vol. XVII China 1969-1972, PP1023～1026
58 同、PP1048～1052
59 同、P1049
60 National Security Archive, The White House, Memorandum of Conversation, Participants: Ambassador Huang Hua, PRC Mission to the UN, Henry A. Kissinger, Date And Time: Friday, September 8, 1972, 6:15 - 7.20 p.m. Place: New York City
61 服部龍二『日中国交正常化』、中公新書、二〇一一年、七一～七三頁。
井上正也『日中国交正常化の政治史』、五〇三～五〇四頁
62 NA, Nixon Presidential Materials Project, National Security Council (NSC) Files, Henry A. Kissinger Office Files,Country Files- Far East Box 102, Department of State 272017Z JUL 72 FM: SECSTATE WASHDC TO: AMEMBASSY TOKYO SUBJ: Japan/PRC Relations: NIXON/TANAKA Meeting
63 同
64 CREST, National Security Council, July 29, 1972, Memorandum for : Mr. Kissinger, From: John H. Holdridge, Subject: Japan and PRC Appear to Reverse Roles in Pursuing Normalizing Relations
65 CREST, The President's Daily Brief, 25 July 1972
66 石井明『記録と考証』、三二～四二頁
67 同、一九七～二一〇頁
68 同、三三三～三三四頁
69 CREST, TOP SECRET 180122Z AUG 72, FROM: SITUATION ROOM TO: PETER RODMAN FOR DR. KISSINGER, SUBJECT: RECENT DEVELOPMENTS IN SINO-JAPANESE RELATIONS AFFECTING THE NORMALIZATION NEGOTIATIONS
70 NA, Nixon Presidential Materials, National Security Council (NSC) Files, VIP Visits, Japan Visits of Prime Minister, Box 926,For the President - Eyes Only II China Policy, Your Position
71 NA, RG59, General Recorfds of the Department of State, Executive Secretariat, Briefing Books, 1958～1976, Box 166, Department of State, Briefing Paper, Issues and Talking Point, Box 166
72 NA, National Presidenntial Materials Stuff, VIP Visits Box926, Japan Visits of Prime Minister, Memorandum For : Henry A. Kissinger From: John H. Holdridge, Subject: Your Meetings with Tanaka and Ohira
73 同、Box 926, Memorandum of Conversation, Participants: Prime Minister Kakuei Tanaka etc. Dr. Henry A. Kissinger, etc. Saturday, August 19, 1972 Mampei Hotel
74 同、Box926, Memorandum of Conversation, Participants: Dr. Henry A. Kissinger, etc. Foreign Minister Ohira, Saturday , August 19, 1972 3:00 - 4:15 p.m. The Foreign Ministry , Tokyo, Japan
75 NA, Nixon Presidential Materials Project, National Security Council Files, Henry A. Kissinger Office Files, Country Files - Far East, Box102, August 19, 1972, Memorandum For: The President, From: Henry A. Kissinger Subject: Highlights of my Second Visit to Japan
76 NA, Nixon Presidential Materials Stuff, National Security Council Files, Box926, VIP visits For the President - Eyes Only (Re: Tanaka Meeting)
77 同、Japanese Public Opinion Related to U.S. Policy Interests in Asia
78 FRUS, 1969-1976 Volume XIX Part 2 Japan, 1969-1972, Department of State, PP454-455, Memorandum From Secretary of State Rogers to President Nixon
79 同、PP461～465
80 同、PP466～472
81 FRUS, Volume XIX Part 2 Japan, 1969-1972, PP473～496
外務省情報公開第01748号、平成二八年九月二三日、行政文書の開示請求に係わる決定について（通知）日米首脳会談（第一回会談）記録一九七二年八月三一日、同第一回合同会談記録、同日、同（第二回会談）記録、一九七二年九月一日
82 二〇二〇年一月二九日インタビュー
83 FRUS, 1969-1976, Volume E-12, Documents on East and Southeast Asia, 1973-1976, Document 169. National Security Study Memorandum 172
84 ProQuest(National Security Archive), The White House, Memorandum of Conversation, Participants: Teng Hsiao-p'ing, Vice Premier of the State

Council, People's Republic of China, Ch'iao Kuan-hua, Minister of Foreign Affairs, etc. Dr Henry A. Kissinger, Secretary of State, etc. Tuesday, November 26, 1974, 10:20 - 11:02, Great Hall of the People, Subject: Introductory Tour d'Horizon: Japan: Bilateral Relations and Normalization

85 田村重信ら『日華断交と日中国交正常化』、南窓社、二〇〇〇年、四頁

86 同、三二頁

87 同、五八～六一頁

第二章　北方領土で米ソが密約

はじめに

大きく揺らぐ日米関係

田中角栄は首相就任時に、次のような外交戦略を立てた。

「まずアメリカとの関係を固め、その上で日中の国交正常化という一大偉業をなしとげ、西欧の雄である仏、英、西独との誼《よしみ》を強固にした上で、最も厄介なソ連との関係の改善を図ろうとするものであった[1]」

田中首相秘書官を務めた木内昭胤（元駐仏大使）は、そう記している。

しかし、最初に固めておくべき「アメリカとの関係」がぎくしゃくし、田中外交は根底から揺らぎ始めていた。

ニクソンもキッシンジャーも、田中の日中国交正常化にいら立ち、強い態度に出始める。しかし、日本側は米国側が強い不満を抱いていたことも理解していなかった。

高度経済成長を成し遂げて以後、日本が初めて直面した日米関係の試練だった。

田中角栄とニクソンの二度目の首脳会談は、史上最悪の大荒れ首脳会談になった。そこでは、大統領自身が前代未聞の侮辱発言をするなど、大波乱が起きた。今まで知られていなかったことだ。

さらに、田中が前進を期待して臨んだ日ソ首脳会談。キッシンジャーが事前に日本を裏切る仕掛けをしたため、成果を出せないまま終わる。そんな動きがあったこと自体、日本政府はまったく知らなかった。

また、第四次中東戦争に伴う石油ショックで窮迫した日本をアメリカは支援しようとせず、日本は「親アラブ外交」を選択、中東外交をめぐり日米は正面からぶつかった。

1．大荒れの日米首脳会談

「彼らは私を辱めた」

一九七二年は、米国大統領選挙の年だった。

ニクソンは一一月に再選され、翌年一月二〇日、二期目の宣誓就任式に臨んだ。その式典に、佐藤栄作前首相が「国賓待遇」で招かれた。就任式の夜の舞踏会で、佐藤はニクソン夫人とダンスもした。[2] 佐藤は喜んだ。

前首相をこれほどもてなしたのはなぜか。

佐藤は、「核密約」など三つもの密約を交わしながらも沖縄返還を実現した。そのうちニクソン個人が最も重視したのは「繊維」の密約だった。しかし、佐藤は日本産繊維製品の対米輸出を自主規制する密約を実行せず、ニクソンは一九七一年夏、「ニクソン・ショック」で日本に報復した。[3]

佐藤はあまりの悔しさに涙したという実話がある。「ニクソン訪中」発表の五日後、同年七月二〇日に来日したオーストラリア野党労働党党首、ゴフ・ホイットラムとの会談で、佐藤は「彼ら（アメリカ政府）が求めたことは何でもやったが、彼らは私を辱めた」と語り、「政界の團十郎《だんじゆうろう》」と呼ばれた佐藤の目から涙があふれたという。[4]

ただ、佐藤がニクソン外交に楯突くことはなかった。佐藤はニクソン訪中を称賛し、国連総会の中国加盟問題でも米国の方針に従って、反対し続けた。佐藤は、米国の大戦略の枠内でしっかり〝忠勤〟に励んだのである。

しかし、田中が首相に就任して日中国交正常化を断行すると、ニクソンは田中をひどく憎み、しこりを残した。ニクソンは二期目の政権発足にあたって、前首相の佐藤を厚遇し、田中に見せつけたように見えた。

「日本は良き同盟国ではない」

一九七三年一月三一日、ニクソンは佐藤のために、秘書の楠田實《くすだみのる》や外務省高官らもホワイトハウスに招き、夕食会を開いた。[5]

佐藤をもてなす合間の同日夕、ニクソンは午後五時前から一時間余り、前財務長官のジョン・コナリーらと懇談した。コナリーはジョン・F・ケネディ大統領暗殺時にテキサス州知事で、ケネディの前の助手席に座っていて、重傷を負った人物として知られている。ニクソンは、野党民主党員の彼を財務長官に抜擢《ばつてき》。前年の大統領選挙で、コナリーはニクソンを支持する民主党員票の掘り起こしに協力した。

そのコナリーとの懇談の席で、ニクソンは田中のことを、次のように非難した。[6]

コナリー「いま佐藤が来ていますか」
ニクソン「彼は日本で今も尊敬され、われわれの友人だ。彼が首相の時、現在の田中首相の時よりずっとうまくやれていた。田中は非常に生意気で強硬だ。佐藤は岸と同じように米国を助けてくれた」

それから約半月後の一九七三年二月一六日、ニクソン大統領は閣僚らと国際貿易・通貨問題を議論した。その際、ニクソンは日本経済に対する強い不信感をぶちまけている。

「日本の大商社がすべて政府と共同所有されていることはみんな知っている」
「基本的な問題は、貿易分野で日本が良きパートナーではないことだ」
「田中に関して言えば、日本は良き同盟国ではない」[7]

以上、一九七三年一月と二月のニクソンの生の発言を紹介した。いずれも、国務省歴史室が地域・年代別に発行する「米国の外交関係（ＦＲＵＳ）」シリーズの「一九七三〜一九七六年東・東南アジア編」「日本」の項に、掲載されていた。

原典は、両方とも録音テープだった。ニクソン大統領はホワイトハウスでの会話を録音していたので、今も録音テープが残されている。

上記二件の発言は、国務省歴史室の「ヒストリアン（歴史記録者）」が重要性に注目してＦＲＵＳに収録したものだ。日本関係のＦＲＵＳで生の声を記録したものは珍しい。これらの大統領の発言が、米国の対日外交の重要な部分を成すとみて、取り上げたのである。

しかし、その内容はひどい。日本には国が保有する大手商社などない。比喩《ひゆ》的な言い方かもしれないが、感情的な発言には驚く。

日米関係見直しを二度指示した大統領

ニクソン政権は、日本に対してどう対応すべきか、分からなくなっていたようだ。

田中政権の日中国交正常化は米国側にしこりを残した。対日外交は何とかならんか、という気持ちになったのだろう。

ニクソン政権は「対日政策」の見直しを指示する、同じテーマの「国家安全保障検討メモ（NSSM）」を一九七一年四月一五日、さらに約二年後の七三年三月七日、と続けて発出した。

前者（NSSM122「対日政策」[8]）では、「日本の国際的役割に関する日本の態度変化」「米中関係の展開の影響」など、国際環境の変化をテーマにしていた。

後者（NSSM172「米国の対日政策」[9]）では、「対日関係をめぐる米国の基本的国益の特定」「向こう五年間の日本の関心と目標の特定」といった基本的な課題に関心が移っている。大統領は日米関係の基本を見直そうとしていた。

同年三月二七日、愛知揆一蔵相とジョージ・シュルツ財務長官の会談が、ホワイトハウスのキッシンジャーの部屋で行われた。その会談の途中でニクソンが顔を出し、心にもないことを口にした。

「あなたに知ってもらいたいのは、私が良き日米関係に意を強くしたということだ。米国と欧州の協議は多々あるが、日本が加わらないと取引はできないことを知ってほしい。日米は二大経済大国で、対等だ。日本を外した米欧の取り決めなどない」[10]

続けて、同席したキッシンジャーに「首相の訪米の時間はとれるよね」と尋ねた。キッシンジャーはこれに、「イエス。八月初めです」と答えると、「いいことだ。首相と天皇にも会いたい。そして来年は私が日本を訪問する」とニクソンは言っている。

翌年、自分がウォーターゲート事件で辞任し、思い通りに訪日は実現しなかった。

ニクソンは、五月一二日には、訪米した大平正芳外相と大統領執務室で会った。大平は田中より先に、ホワイトハウスで大統領を表敬訪問する栄誉に浴した。大平への米国側の期待が強いことを態度で示したのだ。

二度目の首脳会談へ日米がさや当て

この頃、双方は七月三一日〜八月一日に設定された、田中とニクソンの二回目の首脳会談の準備作業にとりかかっていた。

両首脳にとって悩みは、大統領も首相も支持率が低下していたことだ。ニクソンはウォーターゲート事件、田中は金権政治が問題にされ、両者は人気回復策で悩んでいた。

当時、日米間の主要課題は、①対中国政策の調整と、②日米貿易不均衡だった。しかし、①は既に「主要な論点」ではなく、②は「解決への道筋が付けられたよう」に見えた。

だから、キッシンジャーはニクソンに「相互に関心がある多国間問題での協力」について、次のような協議をするよう提案した。[11]

・日本の経済力に比例した役割を地域および世界で演じるよう求める。
・日本はエネルギー問題で、日本の協力が重要とされる地域で建設的に取り組む。
・新しい分野で米国とともに同盟関係への新たな日本の関心を創出する。

「こうした議題は、ＣＩＡの報告によれば、田中が好む」と付記されている。

ゴルフも散策も中止

二度目の田中との会談に向け、ニクソンは手ぐすね引いていたとみられる。田中に意見してやる、と意気込んでいたのだろう。

第一に、両首脳は一緒にゴルフする計画だったが、理由もなく止めた。

前年、一九七二年のハワイでの首脳会談の際、ロジャーズ国務長官は、次にワシントンで会う時は大平と「一緒にゴルフしないか」と話していた。今回、大平からインガソル駐日大使を通じて「プレーのお招きをいただけたら大平も田中も大変ありがたい」と提案した。

だから、首脳同士のゴルフも「同意されるなら、（会談前日の）七月三〇日でアレンジする」とロジャーズはニクソンに伝えた。[12]

しかし、この計画について、キッシンジャーの部下は、七月一八日付のキッシンジャーあてメモで「先月日本側から提案があったが、あきらめた」と連絡。キッシンジャーも、大統領あてメモで「ゴルフの可能性はない」と伝えた。[13]ニクソンが断ったとみられる。

第二に、八月一日の会談終了後に、ホワイトハウスの「ローズガーデンを両首脳が散策し、二人で共同声明を発表。宇宙中継で日本のテレビにライブ映像を送信する」という日本側提案の演出も、同じ憂き目に遭った。

日本の提案は会談前日の七月三〇日、キッシンジャーに伝えられた[14]。しかし、当日の「大統領日誌」によると、「大統領は別れのあいさつをして、三分後に執務室に戻った」。米国側は、会談開始予定を三〇分繰り上げて午前九時半とし、テレビの宇宙中継はやるが、両首脳による共同声明発表には応じなかったのだ[15]。

対日貿易赤字の削減を評価せず

日米首脳会談前、課題とされていたのは二つ。第一に米国の対日貿易赤字削減、第二に対中関係で異なる日米の政策をいかにして両立させるか、だった。第二点、日米の対中政策の相違は、まだ問題化していなかった。

米国の対日貿易赤字は前年の約四〇億ドルの半分以下に削減されることが確実となっていたので、ニクソンが高く評価して当然だった。

だが、会談一日目、七月三一日のニクソンは上から目線で、傲慢な話し方が目立つ[16]。

田中は「一九七三年上半期、日本の対米輸出額は前年同期比八％しか増加せず、逆に米国からの輸入額は四九％増加して、日本の貿易黒字額は約一二億ドルに大幅削減となった。日本政府の景気刺激策で内需が拡大し、達成した」と成果を明らかにした。

しかし、ニクソンはこれに対し、労をねぎらうわけでもなく、「日米のような高度に発達した先進国は競争の運命にある。……こうした競争が激しい政治的対決に発展しないようにすべきだ」と将来の日米対決に警告した。

その上で、ニクソンは「首相は『コンピューター付きブルドーザー』と呼ばれている。どれほど難しくても首相のような指導者は、危機回避に貢献してくれる」と期待感も示している。

日本人は「裸で立っているピグミー」か

その後、ニクソンは次のように、計三回、日本をアフリカの「ピグミー族」にたとえる差別的な発言をした。

ニクソン「自分の基本的な見方だと、経済大国は政治的なピグミーにとどまることができないということだ。それは自然の法則に反する。経済大国は政治的ピグミーにとどまれない……首相は日本が将来歩むべき道をどう考えるのか」

田中「すべての日本国民は米国が過去四半世紀、日本に与えた援助に感謝している。それによって、日本は全面的敗北から復興するまれな成果を挙げた。日本国民の基本的な願いは、米国と緊密に協議し、永久に自由諸国とともに地位を維持することだ」

ニクソン「中国、ソ連、日本、米国を見ると、一つの事実が際立っている。日本は近隣諸国の中でソ連などとは対照的に、経済大国ながら軍事的かつ政治的にはピグミーとして裸で立っている。……現在の安保関係の取り決めは、それら諸国が熟れたスモモのような日本を見ても、むしり取ろうと思わないよう、最良の保障となっている」

田中「大統領の見方と同感です。米国と日本の固い結合が他のあらゆる関係にとっても重要です。それなしに日本は中国と国交正常化できなかった」（傍点筆者）

田中はニクソンから「ピグミー」と侮辱されても、反発することなく、戦後米国から受けた支援に感謝し、安保条約のおかげで日本は守られていると認めた。そして、日米安保があったから日中国交正常化ができた、とも主張した。論理的には、のれんに腕押しのような反論だ。

では、「五年後の世界」はどうなるか。ニクソンは「日米安保条約が廃棄され、日本で支持されなくなったら、多くのアメリカ人は喜んで出て行く。韓国から米軍も撤退する」と言った。言うことを聞かなければ米軍を撤退させる、というカードをここで見せた[17]。

それにしても、日本と日本人に対して、これほど侮辱的な言葉を使った米大統領がいただろうか。日本側の会談記録はどうなっているのか。外務省に情報公開請求して入手した[18]。

外務省の会談記録では、ピグミーを訳さず「政治的な小人《こびと》（political pygmy）」とカッコ付き、あるいはカッコなしで英文のまま記していた。

「田中総理・ニクソン大統領会談の模様」と題する一九七三年八月二三日付九ページの文書は、こうした刺激的な発言を省いていた。この会談が外交問題化しないよう配慮した形だ。

「ピグミー」は、『リーダーズ英和辞典』（研究社）によると、「アフリカ赤道森林地帯の矮小黒人種」とある。それが転じて「こびと」「知力の劣った人」という意味もあるとしていて、差別的に使用され得る言葉であることが分かる。

「悪魔に乾杯」と言ったニクソン

ニクソンの荒っぽい発言はそれにとどまらなかった。同日夜の公式夕食会で、乾杯の際に、ニクソンはもっとひどい醜態をさらけ出している。

あきれるほどの不規則発言をしてしまって米政府高官を慌てさせ、後になって発言が日本側に勘付かれてしまっていないか、とキッシンジャーが通訳に確認を求めた。通訳がまとめたメモが残されていた。[19]

アメリカ大使館の通訳、ジェームズ・ウィッケルがまとめたメモは、「注」として、次のような経緯を説明している。

> 大統領は投げやりな様子で、低い声でブツブツ言いながら、「あなたは自分が望めば誰を祝して乾杯してもいい……やりたければ、悪魔に乾杯してもいいんだよ」と言った。田中首相は、通訳してもらいたいとウィッケルの方を向いたので、ウィッケルは「誰でも、望む人を祝して乾杯をしてもかまわない」と訳した。しかし、外務省の通訳、沼田はやり取り全体を聞いていたようで、田中首相の耳元でささやいた……ウィッケルが聞き取れた唯一の単語は「悪魔」だった。田中首相が一連の言葉と翻訳をどのように受け止めたかは分からない。（……は原文の通り。傍点は筆者）

メモから想像すると、夕食会で、ニクソンと田中は誰を祝して乾杯すべきか、と短い会話を交わしていた。ニクソンが外交儀礼上、日本の国家元首とされる天皇陛下の健康を祝して乾杯すべきだと言い、田中は「私は大統領の健康を祝して乾杯したい」と話した。しかし、ニクソンは脱線して「悪魔に乾杯してもいいんだよ」と言ったようだ。

一ページのこの文書、「七月三一日ホワイトハウス」、キッシンジャーあて。「シークレット、センシティブ（機微）、アイズオンリー」と、最高ランクに次ぐ機密に指定されている。キッシンジャーは、日本側に本当の発言を気付かれていたら大変だと考え、具体的な経緯をウィッケルに報告させたのだ。[20]

「沼田」とあるのは、田中、福田、大平の歴代三首相らの英語通訳を務めた外務省の沼田《ぬまた》貞昭《さだあき》（後にカナダ大使）のこと。筆者は沼田の知己を得ていたので、二〇〇九年、沼田と駐日米大使公邸のレセプションで偶然会った機会に、このことを確かめようとしたが、「覚えていない」と確認を拒否された。

当時の田中の秘書、木内昭胤は「ピグミー」の件も「悪魔に乾杯」の件も「まったく記憶がない」、としている。[21]

こうした事実は、ニクソン回想録で確認されていた。一九七八年に出版された回想録で、ニクソン自身がこの舌禍事件を認めていたのだ。

田中に対する失礼な発言は「三カ月にわたりウォーターゲート事件による業務の停止で、国内問題、国際問題で議会の仕事はほとんど止まった。この状況への私の怒りは、七月の田中首相との公式夕食会での私の乾杯スピーチの際に突出した」と白状している。[22]

原因は、ウォーターゲート事件で追及され、イライラしていたからだった。田中はそんな怒りをぶつけるのに便利なサンドバッグだったようだ。古い友人の国務省元高官によると、ニクソンは泥酔していたとみられている。

2．日本に譲歩せず、で米ソ密約

北方領土問題、実際は後退

田中のソ連訪問は、これまでの研究では成果があったとされてきた。

「ソ連のブレジネフ書記長に対し北方四島の返還が戦後なお未解決の問題であることを確認させた」ことが「実績」、と秘書の早坂は指摘している。[23] 北方領土交渉の歴史的経緯を記した力作『証言　北方領土交渉』（中央公論新社）も、田中が「成果を挙げた」と記している。[24]

なぜ領土問題を「確認させた」だけで実績と言えるのか。ソ連は一九六一年以降、「領土問題は解決済み」と交渉に応じなかったからだ。だから、それを原点にすれば、前進に見える。

だが、一九五六年の日ソ共同宣言では、日ソ平和条約締結後に歯舞《はぼまい》島、色丹《しこたん》島の二島を返還することで両国は合意していたのだ。「二島」にも「四島」にも言及しない合意は前進ではなく、後退と呼ぶべきだった。

日ソ首脳会談前、ソ連側も進展を示唆していたが、なぜ後退してしまったのか。

実は、田中が外交的成果を出すのを阻止するため、キッシンジャーがひそかにソ連側に働きかけ、ソ連も同意して、北方領土問題が進展を阻まれていた事実が米外交機密文書から明らかになった。

米ソが結託し、仕組まれた前代未聞の外交劇だったのである。これまでまったく知られていなかった。日本の外務省も知らなかった。

ソ連側は当初、打開への気配

田中は、北方領土返還に向けて、交渉を前進させたい、とソ連訪問に相当の期待を持っていた。一九七三年九月二六日～一〇月一〇日の約二週間にわたって、田中はフランス、英国、西ドイツの西欧三カ国に続き、ソ連を訪問した。

ブレジネフ書記長は前年一二月二一日、ソ連邦結成五十周年記念集会の演説で、日本側に期待を持たせる演説をしていた。翌年の日ソ交渉で「第二次世界大戦後残された諸問題を解決し」、平和条約を結ぶ構えを示したというのだ。

「諸問題」には北方領土問題も含まれる、と日本側は解釈した。それならば、領土問題は前進が図れると考え、田中は翌年三月六日、駐ソ大使を通じて書記長に親書を送り、自らの訪ソ実現へと行動を起こした。

日ソ関係は動く、と米国も前年から予測していた。米国家安全保障会議（NSC）スタッフで、論客としても知られた、ヘルムート・ソンネンフェルトとウィリアム・ハイランドは、一九七二年四月七日「日ソ関係」と題する情報レポートを提出した。[25]

ソ連が日本に「経済的なワナ」を仕掛けている、というのがこのレポートの論点だった。

中ソ関係の破綻で、日本がアジアでソ連の最大の貿易相手国となった。ソ連は日本を誘い出すため、極東部で開発可能な天然資源で「誘惑」しようとしている、というのだ。

それは、チュメニ油田からナホトカまでのパイプラインで、年間二千五百万〜四千万トンの石油を輸送するプロジェクトで、総額四十億ドル。日本は大型融資とパイプライン建設を担うため、専門家が翌五月初めに訪ソして可能性を探った。

「米中和解と沖縄返還で、ソ連には後退感」があった。こうした情勢を背景に、グロムイコ外相は一九七二年一月に訪日、日ソ平和条約交渉を開始することで一致した。

日本の立場は強い

牛場駐米大使は、五月三日に行われたアレクシス・ジョンソン米国務次官との会談で、アンドレイ・グロムイコ外相の訪日結果について説明した。

グロムイコは、日本が自主的な外交政策を取るよう求め、日中国交正常化は認めるが、「反ソ包囲網」には反対すると述べたという。
こうした外交攻勢について、ジョンソン国務次官は「中ソとも日本に気に入られようとして争っており、日本は強い立場にある」との見方を示した。[26]
その後、曲折もあったが、一九七三年一〇月の田中訪ソが決まる。
米国側も表向き、日本の北方領土返還要求を後押ししていたかのように見えた。その二カ月前の田中・ニクソン首脳会談に向けて大統領のために準備された文書では、日ソ交渉について、次のような日米対話を提案している。[27]

・田中首相に日ソ関係の現状評価および一〇月の田中訪ソの展望を質問する。
・田中がこの問題を取り上げたら、日本の北方領土返還要求への支持を再確認する。

米国ははっきりと、ソ連に対する日本の北方領土返還要求を支持する方向を示していたのだ。しかし、これはスタッフが準備した文書だった。

首脳会談では、田中が北方領土問題に触れたものの、ニクソンは日本の領土返還要求に明確な支持を表明しなかった。

第一日目、七月三一日の会談が半ばを過ぎたころ、田中は次のように発言した。[28]

田中「ソ連軍事力は中国への脅威と同様、日本にも脅威となっている。……ソ連との平和条約は簡単ではない。国後《くなしり》、択捉《えとろふ》、歯舞、色丹の四島返還が日ソ平和条約調印の前提条件になっているからだ」

ニクソン「これは単純なことだ。首相はブレジネフ書記長と会談する際に、ソ連は四島返還について、米国が沖縄返還の際に取ったのと同じ立場を示すべきだと主張するだけでいい。沖縄返還を良き前例として使える。四島は戦略的価値がないが、他の領土問題の前例となるから、ソ連に困難をもたらす」（中略……は筆者）

ニクソンのこの言葉は、外交交渉上のアドバイスであり、日本の要求を支持するという意思表明ではなかった。日本は、米国が日本に沖縄を返還したのと同じように、北方領土返還を要求すればソ連側は困り、交渉上有利な立場に立てるという想定である。

「ダレスの恫喝」とは違う

冷戦時代、ソ連と米国は、北方領土と沖縄をめぐって、綱引きをしていた。

米国は、ソ連が二島でも返還すれば、日本国民の間で、米国に沖縄返還を求める世論が高まることを恐れていた。米国は、軍事基地としての沖縄を手放す意思はなかったのだ。

だから、米国はソ連の二島返還と日ソ平和条約締結の動きを警戒し続けた。

一九五六年、「ダレスの恫喝《どうかつ》」と呼ばれる事件が起きたのは、まさに日ソ両国がそんな動きを示した時のことだった。

役者は、日本側が米艦ミズーリ号上であの「降伏文書」に調印した重光葵《しげみつまもる》外相、米側はジョン・フォスター・ダレス国務長官だった。

重光は歯舞、色丹の二島に加えて国後、択捉の返還も求める「四島返還論」だった。だが、日ソ外相レベルのモスクワ交渉が行われていた一九五六年八月九日夜、「重光葵が豹変した[29]」。重光は突然、「二島返還論」に転換、ソ連は二島を返還して、日ソ平和条約を締結しようとしたのだ。

翌日、重光はフルシチョフ共産党第一書記と会談、その後に「ソ連案をのんで調印」すると言い出した。

風雲急を告げる中、八月一九日に重光がダレスと駐英米国大使公邸で会談すると、ダレスは次のような見解を一方的に通告した。[30]

千島《ちしま》列島と琉球《りゅうきゅう》諸島は降伏条件で同じ扱いを受けた。米国は対日平和条約調印で、琉球諸島の潜在主権は日本に残る、と合意したが、平和条約で日本がソ連にベターな条件を認めた場合、米国は同じ条件を要求できることになっている。つまり、日本がソ連に千島列島への完全な主権を認めた場合、米国は琉球諸島に対する主権を保持する権利があるとみなす。


つまり、歯舞・色丹の二島返還の場合、千島列島の一部とみなされる国後・択捉にソ連の主権を認めることになる。それなら、米国は沖縄本島を含む琉球諸島を主権下に置き、アメリカの領土とするぞ、という脅しである。

日本はこの強硬姿勢に屈した形で、結局は領土問題を先送りにした。「日ソ共同宣言」には、戦争状態の終結や外交関係の回復などを盛り込むことで合意。鳩山一郎《はとやまいちろう》首相が、ニコライ・ブルガーニン首相とともに署名した。

キ補佐官が求めた密約にソ連が同意

「ダレスの恫喝」に日本側の反発は強かった。ダレスの恫喝も、キッシンジャーの工作も、日ソの北方領土返還合意に対してネガティブな米国の外交戦略、という点では同じだ。

ただ、ダレスはその後、北方領土問題に関する「覚書」を公表するなど、一定の外交政策上の手続きを整えた。[31]正面からの外交だった。

しかし、キッシンジャーが田中・ブレジネフの日ソ首脳会談に先立って仕組んだのは、正面切った外交ではなく、陰険な秘密の工作だ。田中の日中国交正常化などに対する報復、とも解釈できる。

キッシンジャーも部下のソンネンフェルトも、戦後の冷戦構造を法的に継続させる戦略を維持していた。だから、田中外交が、日中国交正常化に続いて、北方領土返還で冷戦構造を崩すのは時期尚早、と危険視していたとみられる。

そんな立場から、日本に対して譲歩するな、とキッシンジャーがソ連側に要求した。

キッシンジャーがそれをドブルイニン駐米ソ連大使に提案したのは、大荒れとなった田中とニクソンの二度目の日米首脳会談の直後。恐らく、八月二日のことだとみられる。

そして、密約が成立したのは、二週間後の一九七三年八月一六日だった。この日、ホワイトハウス一階のマップルームに、キッシンジャーは、アナトリー・ドブルイニン駐米ソ連大使を迎え、ランチ会談を行った。[32]

第二次世界大戦中、フランクリン・ルーズベルト大統領が壁に大きい地図を掛けて、戦況を見直し、作戦を練ったこの部屋。今は小会議用に使われている。

キッシンジャーと同大使は、互いに知り尽くした、関係のいいカウンターパートで、ほぼ週一回のランチ会談を続けていた。

「日本に気に入られるため、米ソ両国が競争すれば、日本の民族主義的傾向を刺激して、誤った方向に導く。米国としては、日本に反ソ政策を押し付けないので、ソ連側からの見返りを期待したい」

このようにキッシンジャーは提案した。その考えに、ソ連側も同意した。

約一カ月半後の田中訪ソの際に焦点となる北方領土問題で、ソ連は譲歩しないでほしい、とするキッシンジャーの要求だった。

これに対して、ブレジネフ・ソ連共産党書記長から回答が寄せられ、ドブルイニンはそれをキッシンジャーの前で読んだ。回答は次の六項目から成っていた。

1. ソ連は日米関係の重要性を評価し、それを弱体化させたり、在日米軍の駐留の変更をもたらしたりする努力はしない。
2. この精神で田中との会談を行い、ソ連は会談後に結果を米国に報告する。
3. ソ連は米国が千島列島の帰属をめぐる争いに関与していないことを評価する。ソ連が四島に関して譲歩することは問題外だ。しかし二島についてはソ連は何らかのことを行う。（傍点筆者）
4. ソ連はシベリアにおける日米協力を促進するため全力を尽くす。
5. ソ連は、日本が経済力に見合った軍事的責務を担うことをますます懸念している。
6. ソ連は日本が国連安保理常任理事国になることに反対。

日本にまったく譲歩しなかったソ連側の事情

約一カ月半後の一〇月八〜一〇日にモスクワで開かれた日ソ首脳会談。その際、ソ連は北方領土問題では、傍点部分のように「譲歩しない」、と約束した。キッシンジャーの説得を受け入れた形だ。しかし、このソ連側回答では、「四島返還は問題外」としながら、「二島返還」について何らかの同意をする可能性を残していた。

米ソ間のやりとりと実際の日ソ首脳会談の結論には、違いがあったのだ。

田中とブレジネフの首脳会談後に発表された共同声明は、第一項で、北方領土に関して「未解決の諸問題を解決して平和条約を締結する」と言及しただけだった。これだけでは「未解決の諸問題」に北方領土問題が含まれているとは言い難い。

会談で、田中はブレジネフに向かって「『未解決の問題』の中に四つの島が入っていることを確認されるか」と「指を四本突き付けて」問うた。ブレジネフはそれに「私は知っている」とだけ答えたが、田中がさらに「はっきりと確認願いたい」とねじ込むと、ブレジネフは「ダー（はい）」と答えたという[33]。

しかし、口頭でのやり取りは双方が記録していなければ、法的には無効だ。ブレジネフはまったく譲歩しなかった、というより後退した。二島返還問題も記録されなかったからだ。

日本側は、ブレジネフが口頭で確認したことを重視し、それが定説、としている。

それにしても、ブレジネフが対米回答以上に強硬な態度を日本側に示したのはなぜか。

ニクソン政権は、対中傾斜を強める一方、ソ連との「デタント（緊張緩和）」政策を取り続け、ニクソン訪中の三カ月後に第一次米ソ戦略兵器制限条約（ＳＡＬＴⅠ）に調印している。

キッシンジャーはドブルイニンと親交を保ち、ニクソン訪中の前後も、日本とは比較にならないほど詳しい説明をドブルイニンにしていた。こうした緊密な米ソ関係を重視し、米国の誤解を避けるため、はっきりとした形で対日強硬姿勢を貫いたとみていい。

ソ連側は上記の2で、日ソ首脳会談終了後に米国へ会談結果を「報告」すると約束した。

実際、日ソ首脳会談の二週間後の一〇月二四日、三ページの書簡を米側に渡している。[34]「秘密情報を交換する確定した精神に従って、ニクソン大統領に追加的情報を提供する」と明記している。

書簡の日付は、日ソ首脳会談から二週間後と遅れた。第四次中東戦争の勃発と重なったこと、イスラエルによる停戦合意破りで「核危機」を招いたため、遅れたようだ。

この「報告」によると、ソ連側は「田中が北方領土問題で示した立場は合意の基礎とはならなかった」と指摘した。具体性を欠く記述だが、田中の提案には不満だったので、ソ連は譲歩しなかった、と受け取れる。

この「密約」は、米ソ双方に、ひそかに約束したとの認識が明らかにあった。しかし、当面の日ソ首脳会談に向けた約束であって、後々の世代まで引き継がれる性格の約束、とは双方とも考えていなかったのではないか。

密約成立から一週間後の八月二三日午後二時五二分、キッシンジャーとドブルイニンは電話会談をした。この中で、ドブルイニンは「ブレジネフ（書記長）とグロムイコ（外相）はあなたとの間で確立された秘密で有益なコンタクトを評価している」と述べており、ソ連側が日ソ首脳会談に関する米ソの密約を評価していることが確認できる。[35]

ソ連側は冷淡な態度

米国は、田中訪ソでは「具体的な進展はほとんどなかった」と判断した。[36]

米国務省の国務長官あて説明文書によると、田中ら日本代表団は、最初にブレジネフがランチの席に姿を見せなかったことに「憤慨した」という。ブレジネフは、さらに田中を歓迎するボリショイバレエの公演も欠席した。「中東危機を理由にいくつかの予定が遅れた」とされている。ソ連側が日本代表団にあえて冷淡な態度を示した裏には、米国との密約があった、とみていい。

それだけではなく、ブレジネフは北方領土問題で「傲慢とは言わないまでも、頑固」な態度で臨み、日本に関する情勢を把握していないことに日本側はあきれた、としている。

ただ、田中との首脳会談三回に計七時間を費やしたことに、日本代表団は満足した。しかし、本題の領土問題では、「未解決の諸問題」以上にめぼしい前進はまったくなかった。田中は領土問題を強く訴えたが、ソ連側は二島返還の意図をにおわすこともなかった。

日本側は、北方領土問題をめぐる「米ソ密約」のことなど、まったく知る由もなかった。

田中に同行した木内昭胤は「ブレジネフが田中との会談でよそよそしく、心ここになし、という態度を見せた」ことに失望していた。

それは、恐らく田中訪ソの直前に勃発した第四次中東戦争で「ソ連も気が気ではなかったのだろう」と思っていたという[37]。

3．米戦略にノーと言った角栄

石油ショックで顔が歪んだ角栄

キッシンジャーは一九七三年九月二二日、大統領補佐官在職のまま、国務長官に就任した。異例の補佐官と長官の兼任はこれ以後、二年間余り続いた。キッシンジャーは翌年八月に辞任したニクソン、そして次のフォード両大統領の政権で、文字通り、米国の外交・安保を一人で牛耳ることになった。

翌一〇月には第四次中東戦争が勃発、それに伴う石油ショック対策、さらに中東政策全般をめぐり、世界は大混乱に陥った。

資源小国の日本経済は、大きく揺らいだ。文字通りの「油断」で、戦後最悪の経済危機となる。田中はストレスに耐えかねて顔が引きつった。苦衷に歪んだ首相の顔を見て国民は危機を悟り、浮き足立つ。トイレットペーパーが不足するとの流言飛語で、スーパーは長蛇の列でごった返した。

通産相の中曽根康弘が「将来、紙不足の事態も予想される」と、紙を節約するよう国民運動を呼び掛けていたことから、パニックを引き起こしたとも言われる。[38]

田中は、日本の中東外交を「親アラブ」に転換することを決めようとしていた。しかし、米国は日本の政策転換に強く反対した。

キッシンジャーは翌一一月に来日し、田中の説得に努めた。ところが、田中は頑としてこれに従わず、二人の立場は、正面から衝突した。田中に対するキッシンジャーの怒りは、不可逆的な憎しみに転化していった。

キッシンジャーは国務長官就任後、局長級以上の高官を集めた「スタッフ会議」を定期的に開催。会議で、キッシンジャーはしばしば田中を酷い言葉で罵った。田中が無惨に見下され、侮られた生々しい記録が残されている。

田中政権は危機に、とCIA予測

日本は一九七三年一一月二二日、中東政策を「親アラブ」へと大きく転換した。[39]

二階堂進《にかいどうすすむ》官房長官が発表した新政策は、次のような内容から成っている。

・武力による領土獲得および占領に反対
・一九六七年中東戦争による全占領地からのイスラエル軍の撤退
・パレスチナ人の正当な権利の尊重

米国は、その三週間前から日本の中東政策転換を予測していた。

同月一日、安川壮《やすかわたけし》駐米大使はキッシンジャーと会談した。

安川はその中で、日本政府はアラブ諸国側から強いプレッシャーを受けている、と認めている。「米国の危機打開への努力を損ねたくない」し、何か重要な行動に出る際には、その前に米国と協議する、と約束した。

だが、キッシンジャーは「決めるのは日本自身だ」と突き放した言い方をした[40]。

翌二日付で、米中央情報局（ＣＩＡ）が国務・国防両省と協力してまとめた情報分析文書は、一一月末に「アラブ諸国による石油供給量削減が、日本国民に深刻な影響を与え、恐らく田中政権を危機にさらす」と指摘。このため、日本政府は「大きい政治的決断を迫られる」と予測した[41]。

アラブ産油国の最初の生産量削減で、日本は石油消費量の約九％、一日当たり五〇万バレルの供給不足となる。これを受けて、国際石油メジャーは日本に対して、対日石油供給量の削減を通告。日本の輸入量の約一〇％を担っていたガルフ石油は、一〇月一日に遡って供給量を三五％削減することになった。

当時、「日本には通常の消費量の約六週間分のストックしかない」とＣＩＡはみていた。

このため、先に拒否したアラブ諸国からの開発プロジェクト提案を日本側から再オファーし、エジプトの負債への返済条件を緩和するなどの対策を取ったが、なお不十分で、中曽根康弘通産相や田中首相自身のアラブ諸国訪問が検討されている、とCIAは報告した。

大平はキッシンジャーを理解

第四次中東戦争の停戦が成立すると、キッシンジャーは一一月五〜一六日、中東、東アジア諸国を歴訪した。東京には一四日、北京から到着、さっそく大平正芳外相と会談した。

大平は、米側に特別に頼みたいことがあった。アラブ産油国から日本への石油輸出量が削減されるため、在日米軍への石油供給が危ぶまれる状況だったのだ。在日米軍の年間消費量は当時、約九〇万トンあった。

何らかの方法で、「メジャー各社」から在日米軍向けに石油を融通してもらえないか、とキッシンジャーに頼んだ。

これに対し、キッシンジャーは調査を約束し、「可能なら自分が一六日に日本を発つ前に回答するように」と国務省に伝達した[42]。

キッシンジャーは自分の名前で、先にこの問題を国務省に連絡する公電を打った。大平は、キッシンジャーが日本で唯一、気に入った閣僚であり、細かな配慮がうかがえた。

二人の会談は順調に進んだ[43]。

大平は冒頭、キッシンジャーの中東外交を「超人的」と称賛し、日本の立場を説明した。

アラブ諸国側は、イスラエルに対して「経済制裁」あるいは「外交関係断絶」を、と日本に要求したが、大平は石油供給を目の前にぶら下げられても「基本的な外交政策を簡単には変更しない」

と約束した。

これに意を強くしたキッシンジャーは「日本がアラブ諸国の脅しに屈して、……イスラエルを罰することになれば、終わりなき追加的脅しに譲歩する過程を歩むことになる。それは日本の真の国益とはならない」と強調した。

大平が「結果的に、アラブ側のプレッシャーがどうあろうと、日本は米国の戦略に従うことが中東和平の早期解決……と長官は言われるのですね」と言うと、キッシンジャーは「私の見解をうまくまとめてくれた」と高く評価した。

この日米外相会談で、問題解決の糸口は見つからなかった。ただ、キッシンジャーは田中と違って、大平とは対話ができると確信したに違いない。

「アラブの要求に屈服するな」

キッシンジャーは翌日、首相官邸に田中を訪ねた。田中はキッシンジャーの長官就任とノーベル平和賞受賞に祝辞を述べて、尋ねた[44]。

「受賞のためオスロにはいつ行くのか」

キッシンジャーの返事はそっけなかった。

「ノーベル賞は外交活動のピークと重なるので駐ノルウェー米大使が受け取り、自分は後でスピーチするために行く」

田中は「一面では、中東危機は米国より日本への影響の方が大きい。日本が中東の石油に依存しているからだ」と述べ、日本の経済的窮状を次のように説明した。

「日本の石油消費量は年三億一千万キロリットル。その八〇％は中東からの輸入で、うち四〇％はアラブ諸国から。アラブ諸国は二〇％の輸出削減を日本に通告、さらに三〇％と拡大した。日本は一一月二〇日までに国内消費の一〇％削減を実行しなければならない……多くの緊急対策を検討中だが……日本政府が早急に行動しなければ〝パニック〟は広がる」

そして、「長官のアドバイスがほしい。長官が『心配するな。米国には大量の石油がある』と言ってくれたらうれしい」とおどけて言った。これに対してキッシンジャーが返したのは、次のような警告の言葉だった。

「米国に大量の石油があるわけではないが、日本の問題を緩和する方策について日本と協議する意思がある。……総理の言葉には、アラブの要求に屈することを示唆する意味合いがある」

（傍点筆者）

「アラブに譲歩すれば日米は対立する」

キッシンジャーは、日本が政策変更に踏み切ることを既に知っていて、まずはアラブの要求に応じないよう警告したのだ。

せっかちな田中は、早くもここで日本の政策変更について言及し、「日本が声明を出しても、米国はアラブ諸国に対する政策を変更しないですよね」と言った。

これに長官は真顔で怒ったようだった。次のように、アラブに譲歩すれば日米対立に発展する、という強烈なパンチだった。

「変更しなければならないのはアラブの方だ。日本がアラブに譲歩すれば彼らは彼らの要求を繰り返す。その過程で日本とアメリカの対立が表面化する」（同）

しかし、田中も粘る。

「直近の問題として石油の問題がある。何もしないことは自分の首を絞めることになる。生産に直ちに影響が出る。日本政府はあらゆる可能な措置を尽くさなければならない。さもなければ、国民は満足しない……同時に、最大限可能な限り、米国の戦略・対アラブ政策に干渉しない」（同）

米国の戦略の邪魔はしないと言っても、長官は次のように述べ、引き下がらなかった。

「日本が（政策変更の）宣言をすれば、長期的問題への影響が悪化し、政治的解決への抵抗が大きくなる」（カッコ内筆者）

これにも田中は「長官の指摘は理解できるし、日本がどんな声明を出しても、日本の対米基本姿勢は変わらない」と繰り返し、双方の立場は交わりそうになかった。

田中とキッシンジャーの論争は平行線

両者は同じような問題を、角度を変えながら議論し続けたが、平行線をたどった。

ただ、田中が次のように得意の数字を出して経済問題に言及すると、経済オンチのキッシンジャーは対抗できなかった。


「一一月二〇日〜一二月三一日の間、電力を一〇％削減しなければならない。それで、ＧＮＰ成長率は半減する。翌年一月一日〜三月三一日の電力削減は一五〜二〇％、ＧＮＰ成長率はマイナス五・五％……中東紛争を終結させる米国の努力に干渉しない原則を日本は守るが、他方日本はアラブに対して可能な限り一定のジェスチャーを示すという立場だ」（傍点筆者）

「三月末に石油備蓄量は絶対的な少量となる。米国がいくぶん調整してくれると事態は違う。日本に４０００万〜５０００万キロリットル提供してもらえると、七四年上半期は切り抜けられる」（同）

これに、キッシンジャーは答えなかった。

経済が苦手な長官でも、日本に石油を提供してくれという要求は分かったはずだが、口を噤《つぐ》み、ノーの姿勢を示した。そして、経済界出身のインガソル駐日大使は「あまりいない人材だから」国務省に帰すと述べている。インガソルは、国務次官補を経て副長官に昇進した。

米国に「ノー」は吉田茂以来

キッシンジャーは、あえて田中の面前で、前日の大平外相との会談を振り返って見せた。

「外相の提案は建設的だった……会談では理解と満足が示された。米国は日本の問題を理解し、同情している。日本は米国の戦略に助力すれば、中東問題の現実的解決が得られ、恩恵を受ける」（同）

しかし田中は、米国の戦略に協力すれば中東問題が解決できると言われても、理解できなかったに違いない。「同情するなら、油をくれ」と言いたかったかもしれない。

キッシンジャーは、田中と大平の意見不一致を指摘し、「米国の戦略」に従うよう、攻め立てた。ただ、同席していた大平は沈黙したままで、田中も動じなかった。

田中はあくまで、石油緊急対策要綱と新中東政策の発表にこだわっていたのだ。

これに対して、キッシンジャーは「われわれの唯一の対応は忍耐」だと自重を求めた。

最後に、キッシンジャーは「日本がいま声明を出すと効果は無駄になる……問題はタイミングだ。日本の状況緩和について、検討してみたい」とも述べた。だが、田中は聞く耳を持たなかった。

翌一六日、田中政権は石油緊急対策要綱を明らかにした。そして一週間後の二二日に「親アラブ」への中東政策の変更を発表した。

米国の戦略に乗っても、日本に石油が供給される保証はなかった。日本経済を預かる最高責任者として、田中が石油の確保を最優先したことは決して責められない。

戦後の日米外交で、日本側が「ノー」と言って自主外交を貫いた例は非常に少ない。

一九五〇年六月、吉田茂《よしだしげる》首相はダレス国務長官が求めた「再軍備」に、事実上「ノー」と言ったことが知られている。

一九九四年二月、細川護熙《ほそかわもりひろ》首相は「日米包括経済協議」でクリントン大統領と折り合うことができず、「ノー」を言った。当時、筆者はワシントンにいて、栗山尚一駐米大使が「吉田茂以来のノー」と論評したのを覚えている。

しかし、田中角栄もノーと言っていたことはあまり言及されていない。その上、首相がアメリカ側と前述のような激論を闘わせたのは初めてだとみられる。米外交文書の記録から見ると、対立は決定的だった。

日本への石油供給検討した形跡なし

田中は、キッシンジャーの要求をはねのけて、米国の戦略に従わず、「親アラブの中東政策」を発表、自主外交を貫いたのである。

しかし、外交の基本に立ち帰って考えると、日本が発表した新政策には、「パレスチナ人の権利尊重」など、当然の主張も含まれ、決して間違ってはいなかった。

他方、キッシンジャーはホロコースト（ユダヤ人虐殺）で親類十三人の命を奪われ、「イスラエルを裏切ることなどできない」と公言した人物であり[45]、必ずしも客観的な立場に立っていたとは言えなかった。

ただ、田中は外相経験がなく、こうした外交論議で訴える力は十分ではなかった。

新しい中東政策を発表する三日前の一九日、安川壮駐米大使はその内容を説明するため、キッシンジャーと会う。

キッシンジャーは開口一番、「週刊誌タイムとニューヨーク・タイムズ紙を読んで当惑した」と怒った。田中らとの会談で、自分は「日本が直面する経済問題に無関心だと書かれた」。日本政府からメディアへのリークで、「冷血」な人物とされた、ともキッシンジャーは怒っている。本当は「実際に言ったことの反対だった」とこぼした。[46]

しかし、会談録を見る限り、報道は間違ってはいない。反対に、キッシンジャーが日本経済の行方を懸念し、石油不足の窮状を「緩和」する方策を検討した形跡はなかった。

日本は政策発表にとどまらず、三木武夫副総理を特使として、アラブ諸国に派遣した。三木は一二月一〇日、サウジアラビア、エジプト、クウェート、カタール、アラブ首長国連邦、シリア、イラク、イランの八カ国を歴訪。日本の新中東政策を説明し、各国ごとにプロジェクト支援の円借款を提示した。

そのかいあって、一二月二五日のクリスマスに、ＯＡＰＥＣ石油相会議は日本を「友好国」と宣言、日本への必要量の石油供給を決めて、一件落着となった。

当時の田中の秘書、木内昭胤によると、大平外相は日米対立を招いた石油問題にケリを付ける形で、法眼晋作事務次官を一九七四年二月一九日付で解任したという。

日本と別れる？

当時の外交の舞台裏を知る上で、貴重な資料が米国には残されている。キッシンジャーが国務長官に就任して以後、在任中頻繁に開催した、局長級以上の「スタッフ会議」の記録がひとつ。そして、ニクソン大統領らとの電話での会話記録「TELCON」からも本音をうかがい知ることができる。

キッシンジャーは、巧みに本音と建て前を使い分けた。例えば、上記の田中との会談。終了前に、キッシンジャーは「米国政府は総理が緊密な関係維持のためにして来たすべてのことを評価しており、日米関係がこれほど良い関係だったことはないと感じている」と、歯の浮くような発言をした。

しかし、これはまったくの外交辞令で無視してもいい。

日本政府は米国政府に、石油供給をめぐって助力を要請していたが、舞台裏でばっさり、キッシンジャーは「ノー」のひと言で拒否していた。

一〇月二四日の国務省スタッフ会議[47]。

アーサー・ハメル国務副次官補が「あなたのお気に入りの国から石油関係で―」とおどけて言いかけると、キッシンジャーは「どの国だ」と尋ねた。日本がキッシンジャーのお気に入りの国でないことは国務省内に知られており、冗談はよせという調子だった。

ハメルは少し戸惑い、あらためて発言した。「日本です。既に発表されている計画が実行されると、二二％の削減になります」

続けて、「今日の午後、日本から人が来てわれわれの石油を分けてほしいと。われわれはやれるとは思いません」と言うと、キッシンジャーは「ノー」とだけ言った。

キッシンジャーは「私が本当に検討したいのはマリに対して何かできないかということだ」と言った。日本は問題外。アフリカのマリなら考えてもいい、という回答だった。ハメルが「日本はわずか三週間という短期間の備蓄しかありませんが」と言っても、キッシンジャーはまともに検討しようともしなかった。これが同盟国間で起きた歴史の真実である。

キッシンジャーと田中との会談の四日後、一一月一九日のスタッフ会議では、もっと厳しい言葉が飛び出した。この会議で、キッシンジャーは中東・アジア歴訪の報告をした[48]。

日本については「エネルギー危機に圧倒され、米国から離れるなんてことをよくも考えたな……。日本がアラブ寄りの発表をしても、われわれはそんなことで圧力を受けないことを明確にする。そい、い、い、い、い、い、の限りではわれわれは日本から別れる。日本はイスラエルとの経済関係断絶、最終的に外交関係断絶へ向かう」（傍点筆者）。

この「日本から別れる」には、「その限りでは」という条件が付いており、中東外交で日本は別の道を行く、という意味だ。

結果論から言えば、キッシンジャーの想定は間違っていた。やはり彼が強く懸念していたのは、イスラエルへの悪影響だったのだ。

4．田中辞任を喜んだキッシンジャー

問題化した金権選挙

田中政権は石油供給を確保したが、日本は経済の健全性を取り戻せなかった。田中の支持率が反転・上昇することもなかった。

「日本列島改造計画」を目玉にした公共投資の増加、減税など、積極的経済政策をとったのが原因で「狂乱物価」を招き、国民の不満が高まった[49]。消費者物価は一九七二年の五・二％から七三年一六・一％、七四年二一・八％と急上昇した。

一九七四年七月、参院選挙が行われ、自民党は大幅に議席を減らす。無所属議員らを公認して過半数をようやく維持したが、野党との差七議席の「保革伯仲」となった。

この参院選直後、副総理三木武夫は、田中の金権選挙を批判して辞任、福田赳夫蔵相と保利茂行政管理庁長官も後を追って田中内閣を去り、「三角大福中」の挙党体制が崩れる。

参院選では「十当七落・五当三落」、つまり全国区（現在の比例区）では十億円、地方区では五億円が当選に必要と言われ、金権選挙が問題化した[50]。

そして、この年の一一月、田中は首相を辞任した。その舞台裏で、キッシンジャーは田中の転落を喜んで受け止めていた。

国務省情報機関「田中政権転落」と分析

国務省には、情報調査局（ＩＮＲ）という情報機関がある。約三百人の小組織でも、適確な分析は米政府の他の情報機関より定評がある。

ＩＮＲは、田中政権発足後十カ月足らずの一九七三年四月一一日付で「日本―田中に何が起きたか？」と題する六ページの分析文書をまとめた。党内でも「田中は、三年の自民党総裁任期を全うできない」との観測がされるようになったというのだ。[51]

政権発足直後には六〇％を超えていた田中の支持率は、一九七二年一一月に五七・二％、七三年二月には三七・二％に落ち込んだ。その間、自民党の支持率も三六・七％から二八・八％と下落していた。

「コンピューター付きブルドーザー」と呼ばれた田中だが、「かなり深刻な政治的トラブル」に巻き込まれていた。

田中の著書『日本列島改造論』に基づく開発計画で「環境汚染の悪化や不動産投機の激化」が指摘された。物価の高騰が深刻で、社会保障や福祉政策への不安も強まった。

一九七二年末の衆院総選挙が「失望的な結果」に終わったのが「曲がり角」になり、七四年の参院選は「過半数割れの恐れがあり、辞任もしくは自民党指導部の大幅改造への圧力」が増す、とＩＮＲは予測している。

また、「過去の不透明なカネの取引が明るみに出て、深刻な傷手を負い、遅かれ早かれ転落する可能性」と金脈問題にも言及していた。

田中が「ウソつきの世界記録」

参院選挙後の七月一〇日、国務省で開かれたスタッフ会議で、国務副次官補ディック・スナイダー（元駐日公使）が報告した[52]。

「主たる敗者は田中個人です」とスナイダーが言うと、キッシンジャーは「来年の田中再選はない。あるいはそれより前に辞めさせられる」と応じた。

田中を嫌っていたキッシンジャーとそのスタッフは、気が緩み、口が軽くなったようだ。

「来年に向けて、自民党内は田中と福田赳夫の間の争いとなる」とスナイダーは指摘。

キッシンジャーが「代わりは福田で、大平ではないな」と言うと、スナイダーは「大平は日中航空協定でひどく傷ついた。自民党内の親台湾派の不満を買った」と答えた。

「彼は私のお気に入りだ」とキッシンジャーが言うと、スナイダーは「長官が望まれるなら、われわれは大平のために運動しますよ」とおだてる一方、「福田が選ばれたら、二、三年で大平が後を継ぐでしょう。長官のもう一人のお気に入りの中曽根を抜いて――」と、ハーバード大学の夏期講習でキッシンジャーに教わった中曽根の名前を出した。

すると、キッシンジャーは意外にも「あいつは畜生だ。彼は日本を軍国主義化する」と中曽根を厳しく批判した。キッシンジャーは中曽根を評価せず、警戒していた。中曽根自身が聞いていたらがっかりしただろう。

そこで、田中の将来にかかわる話題になった。スナイダーが「田中は復活する可能性もあります」と言うと、キッシンジャーは「田中は戻れない」と根拠を示さず願望を露《あらわ》にした。

インガソルは長官の発言を多少和らげ、「彼はカネを操る。それが彼の強みです。そもそも自民党総裁の座はカネで買った」と語った。彼らは、田中が辞めてもカムバックする可能性を懸念していた。

キッシンジャーが「彼は無能だ」と発言したのに対しても、インガソルは「政治的には」と言葉を補っている。

「この参院選挙ではカネが彼の傷として残った。一億ドル以上使った。世界記録です」とスナイダーが言った。これに対し、キッシンジャーは「私の経験だと、彼はウソつきの世界記録を持っている。私は彼が真実の言葉を発するのを聞いたことがない。彼の記録は破れない。努力しなくても、理由もなくウソをつく」と徹底的に罵った。

田中に関する話題はそこで終わる。キッシンジャーのきつい言葉に、面と向かって異論を唱える高官はいなかった。

しかし、約一カ月後の八月八日、先に辞任したのは彼ら自身の大統領、ニクソンだった。彼はウォーターゲート事件で度々ウソをつき、命取りになった。

外人記者クラブの悶着はＣＩＡの陰謀か

田中の辞意表明は、その三カ月以上先の一一月二六日になる。

田中とニクソンの辞任には、共通点がある。二人とも、ジャーナリストの調査報道で追い詰められたのだ。ワシントン・ポスト紙の記者、ボブ・ウッドワードとカール・バーンスタインらがニクソンを約二年間、徹底追及した。

田中は、一〇月一〇日発売の月刊『文藝春秋』に掲載された立花隆《たちばなたかし》の「田中角栄研究―その金脈と人脈」が退陣劇の口火となった。

立花の記事は最初から話題になっていたが、政権首脳・自民党幹部は無視し、政局になるまで多少時間がかかった。

公式の場で最初に問題にしたのは、同月二二日朝の参議院大蔵委員会でされた、社会党の寺田熊《てらだくま》雄《お》議員らの質問だった。立花の「たいへん詳細な精力的な論述」に関連して、田中の関連企業「室町産業であるとか新星企業……のような何か特殊な法人を利用し」莫大な利益を得たと追及し、田中の委員会出席を求めた。[53]

さらに同日、外国特派員協会（外人記者クラブ）で行われた田中との昼食会見で、ひと悶着があった。金脈問題に関する質問に、田中は回答をはぐらかして、まともに答えず、怒って途中退席し、かえって問題を大きくしたのだ。翌日に各紙が大きく報道、田中政権を揺るがす政局に発展した。

そんなこともあって、この外人記者クラブでの出来事については、「ＣＩＡ陰謀説」が取り沙汰されてきた。

元外務省国際情報局長、孫崎享《まごさきうける》は「不可解な現象」と陰謀の疑いを指摘している。「アメリカ人記者を中心に……質問が集中した」「新聞も取り上げないような話題に、五名もの記者が次々金脈問題で質問をしたのは実に不思議」だと言うのだ。[54]

しかし、何も不可解でも不思議でもなかった。これほどの騒ぎになれば、記者たちは次々と質問をするからだ。

筆者は外人記者クラブのメンバーなので、クラブに残された資料を調べた。確かに、アメリカ人記者に、ニクソン辞任で気負った気配が感じられたのは事実だ。

だが、最初に「田中金脈問題」を取り上げたのは、当時の同クラブ副会長、ベラ・エリアスだった。当時エリアスは、社会主義国の国営「ハンガリー通信」の東京支局長で、記者会見の司会を務め、開会あいさつをしている。エリアスがＣＩＡのエージェントだったとでも言うのだろうか。

エリアスは田中および同行の列席者を紹介した直後に、「田中さん個人および金融問題については、近刊の『文藝春秋』を読めば、十分過ぎるほどでしょう」と述べると、会場にはどよめきのような笑いが起きた。[55]この雰囲気が、当時の報道界の心理を物語っている。

立花のスクープ報道以後、メディアは金脈問題の報道の機会を待っていた。今は『週刊文春』の「文春砲」が出ると、ネットも一般メディアも直ちに後追いに努める。しかし、当時は雑誌が取り上げても、沽券《こけん》にかかわると考えていたせいか、新聞、テレビはすぐに反応しなかったのだ。

エリアスの言葉を契機に、会見の流れができてしまい、田中追及の質問が相次いだのであり、陰謀と呼べるような展開ではなかった。そして、翌日付の朝刊以降、新聞は正面切って金脈問題を報道、国会でも参院大蔵委、衆院法務委で金脈問題の追及が始まる。

田中は抵抗した。一〇月二八日からのニュージーランド、オーストラリア、ビルマ（現ミャンマー）歴訪を予定通りこなし、一一月一一日には自民党役員人事と内閣改造を強行した。だが、田中追及の動きは止まなかった。

訪日中止しなくても田中は辞任

問題は、田中辞任危機の中で、一一月一八日からフォード大統領が来日する予定が決まっていたことだった。米国政府は、大統領訪日が予定通り可能かどうか、日本の政局を注視した。

一〇月下旬から一一月中旬に至るまで、米国が得た日本の政局情報は、外交公電やＣＩＡ情報としてワシントンに伝えられた。いずれも「田中はフォード来日中は辞任しない」という点で一致していた。

一〇月二七日付で、ホジソン駐日大使が国務長官に送った公電も[56]「田中退陣を予想するうわさで混乱しているが、フォード訪日前の辞任の可能性は事実上ゼロ」と報告している。

フォード訪日五日前の一一月一三日付のＣＩＡ「大統領日報」も、カネの問題は弁解しても効果がなく、「田中辞任はフォード訪日終了直後」と報告した。[57]

同月一一日に行われた国務省スタッフ会議では、田中辞任を歓迎する発言が相次いだ。[58]次官補のハビブが「大統領の訪問後、田中が辞任するのはいい態度だ」と発言。話が次期首相に及ぶと、キッシンジャーは「椎名とは聞いたことがない」と尋ねた。これに、ハビブは「椎名は六〇年代初めに首相だった」などと事実誤認の回答をした。

米国立公文書館所蔵のこの文書の「椎名」の上に、「Ikeda?」と手書きの書き込みがあった。故池田《いけだ》元首相と混同したかもしれない。自民党副総裁・椎名の名前は彼らの頭になかった。

ハビブが「この時点で訪日をキャンセルしたいのであれば、それが大きい政治的一歩になる」と話すと、キッシンジャーは「政府崩壊になるかもしれんな」と発言、会議室で「笑い」が起きた。これを受けて、ハビブは「それほどのことは求めていない。もはや既成事実だ」と言った。大統領が訪日を中止しなくても、田中は辞めるという意味だが、同時に彼らが田中辞任を期待していたことが分かる。

さらに、ハビブが「彼が辞めてもわれわれの周りで涙を流す者はいない」と言うと、キッシンジャーは「ウソつきだから。日本の基準でも」と、また田中をウソつき呼ばわりした。

外交儀礼に反するキッシンジャー

しかし、フォード離日後に田中が辞めるにしても、フォード訪日に備えて、日米双方とも首脳会談の準備を進めなければならない。

フォード訪日に向け、先に行動を起こしていたのは田中だった。史上初めて日本を訪問する現職の米大統領は、ニクソン辞任で昇格したジェラルド・フォード前副大統領だった。

田中はたまたま、九月にメキシコ、ブラジルとカナダを歴訪する予定があり、ブラジルからカナダに向かう途中、ワシントンに立ち寄った。

その田中に、キッシンジャーは出会い頭の一撃を食らわす[59]。

ホワイトハウスで、フォードが「ようこそ」、田中が「ありがとう」と言い、フォードの一一月訪日前に「会っておきたかったので来た」と訪米目的を説明すると、キッシンジャーが割って入って、言った。


「大統領、日本のプレスには驚きます。東京で三十人の民間人を相手にオフレコのブリーフィングをしたら、次の日その一問一答が新聞に出ていたんですから」


通常、こんな問題を両国首脳の初対面の冒頭に閣僚が口にするのは、外交儀礼上も失礼だった。大統領になってわずか一カ月半のフォードに、田中にはこんな風に処遇してもかまわない、と示した可能性がある。

その後、フォードは、二人を取りなすような形で「よく来てくれました。東京での再会を楽しみにしています」と言うと、田中は「大統領就任を熱列にお祝いします」と話した。この後、両首脳は貿易やエネルギー問題、国際金融問題などをめぐって簡単に現状を語り合い、会談を終えた。

車寄せまで歩いて行く際、田中は大統領に「訪日の際はゴルフに招きたい」と言うと、大統領は「お受けします」と答え、側近に「スケジュールの調整を」と言い渡した。

フォードは元々議会人。下院議員として院内総務も務め、スピロ・アグニュー元副大統領が辞任後、副大統領に就任し、大統領の辞任で選挙の洗礼を受けないまま頂点に立った。田中とは議員同士で気が合ったように見えた。

キッシンジャーが演出

日米首脳会談に向けた準備は、一一月一一日午前、各省庁の代表を集めた「上級再検討グループ（ＳＲＧ）」で話し合われた。[60]

この席で、ハビブは田中辞任について「失うものはない。大平がなればいい」と上司キッシンジャーの意を体して言った。

キッシンジャーは、会談の方式について「双方の代表団が出席するグループで行い、田中だけとの一対一の会談をしないのがベストだ」と主張した。木村俊夫《きむらとしお》外相や大平正芳蔵相も入れた内容のある会談が望ましく、田中との一対一の会談は意味がないというのだ。

キッシンジャーは、同月一五日に、フォードを含めた閣僚に対するブリーフィングで、「日本人はコンセンサスでものごとを決めるので、大統領を前にしても公約したりしない。大統領が雰囲気作りをすれば、そこから決定がなされる」と説明した。[61] フォードが田中に尋ねたり、要請したりして、田中からはかばかしい回答がなくてもかまわない、という説明だった。

大統領は「新米」の役者で、自分が演出して仕切るという意図が見えた。

実際、一九、二〇日に行われた日米首脳会談は、田中に木村らを含めて日本側は七人、米側は六人が出席している。ただ、大平は加わらなかった。東京・迎賓館で行われた初めての日米首脳会談だったが、田中の辞任前の会談だったこともあり、成果は乏しかった。

田中のカムバックを警戒したキ長官

会談後に発表された日米共同声明は、一部を除いて「作文」だった。結語で「現職のアメリカ合衆国大統領による初めての日本国訪問は、両国間の親善の歴史に新たな一頁を加えるものである」と記した。それだけだった。

田中はフォード来日を起死回生の転機にしようとしたが、まったく効果はなかった。

一八〜二四日まで一週間にわたった日本、韓国、ソ連の歴訪。フォードにとって最も重要だったのは、最後の訪問地ウラジオストクでの米ソ第二次戦略兵器制限条約（SALTⅡ）の「枠組み合意」という、大仕事だった。

予想通り、田中はフォードが帰国した後の二六日、閣議で辞意を表明した。

その日午前一〇時二〇分、フォードと別行動をとったキッシンジャーは、北京の人民大会堂で鄧小平副首相との会談に臨んだ。[62]

会談開始から約五分後、鄧が「今、田中が辞任とのニュースを受け取った」と知らせた。キッシンジャーはこれに対して言った。

「昨夜（中国）外相に、今日朝に田中が辞任すると伝えた。次期首相候補たちが話し合い決着へ向け、急ぎ協議するだろう。大平が最有力の後継候補だが、そうでない場合、椎名が後継者になる」

キッシンジャーは「大平は個人的に私の良き友人だ。大平には満足している。福田は支持しない」と言うと、鄧は「われわれも似た意見だ」と述べた。二人で大平をほめ合った形だ。鄧が「大平は政策を遂行する際、田中より決然と実行する」と述べると、キッシンジャーは「田中より経験があり、あらゆる可能性から見て、大平が首相になる」と断定的に言った。福田について、鄧は「福田はソ連と近い」と意外な情報を口にしたが、根拠は示さなかった。

米国は当時、自民党中枢にそれほど良い情報源を持っていなかったことがこの発言から読み取れる。椎名の裁定結果は、米国の想定外だった。大平でもなく、椎名自身でもなく、党内最左派小派閥の三木武夫だったのだ。

一二月一日の「椎名裁定」に、日本でも誰もが驚いた。四日の自民党両院議員総会は、全会一致で三木を総裁に選出。三木は九日召集の臨時国会で首班指名され、早々と組閣を済ませた。

三木を知らなかったキッシンジャーは、三日の「スタッフ会議」で、ハビブに「三木について教えてくれ」と報告を求めた[63]。

ハビブは「三木は小派閥の老兵です。六七歳、『ミスター・クリーン』と呼ばれています。政策的には外交面で自民党の政策と基本的に同じ。「親米」として知られていて、カリフォルニアの大学で学んだ。田中内閣とは、金権選挙を批判して決別しています」と説明。

三木がなぜ選ばれたか、についてハビブは「実は自民党は分裂の危機にあった。田中を盟友とする大平も、反田中派連合が付く福田も選ばれず、派閥次元の政治を嫌う三木が妥協として選ばれた」と述べた。

キッシンジャーは、これ以後の田中の動静も気になっていた。翌一九七五年三月二八日、一時帰国中の駐日大使ジェームズ・ホジソンや、ハビブらを国務長官室に集めて、日本政治の動向を聞いた際、田中について尋ねている。

「彼はカムバックするチャンスがあるか」

これにホジソンは「非常に疑わしい」とだけ答えた[64]。キッシンジャーは田中のカムバックを本当に恐れていた。

5.「アメリカの虎の尾」は幻だった

幅を利かせてきた陰謀論

田中角栄は「日本独自の資源供給ルートの確立」を目指していた。石油ショックに襲われる前からの田中の政策である。

エネルギーの安定的確保のため、大手石油企業（メジャー）の支配から独立し、供給源を多角化する必要性を、田中は痛感していた[65]。一九七三年の欧州歴訪、一九七四年の東南アジア歴訪および中南米歴訪も、日本独自の資源供給ルートを確立するための「資源外交」がテーマだった。

ロッキード事件は、そんな資源外交で「アメリカの虎の尾を踏んだ」（田原総一朗《たはらそういちろう》）ために起きた[66]、とする陰謀論が、これまで幅を利かせてきた。つまり、そんな田中の意欲的な資源外交が嫌われ、失脚したという考え方だ。

しかし、本当に、田中の資源外交をぶっ壊す国際的謀略はあったのか。そんな疑問に対して、証拠を示した回答が提示されたことは、これまでまったくない。

実は、同年一一月のフォード訪日の直前、アメリカ政府は田中の資源外交の経緯を秘密文書にまとめていた。その中に、陰謀論の真贋《しんがん》を決する明白な事実が明記されていた。

田中はその五カ月前、ホワイトハウスに「シベリア開発」に関する覚書を提出し、日米協力の推進を重ねて提案していたのだ。これらの文書から「虎の尾」の真相が浮かび上がった。

謀略論の源泉になった論文

日本では、ロッキード事件をめぐって、長らく陰謀論や謀略論が満開の様相を呈してきた。これに対し、政治学者の新川敏光《しんかわとしみつ》が斬新な見方を提起している。

新川によれば、どの謀略論の源泉も「若き日の田原総一朗による『アメリカの虎の尾を踏んだ田中角栄』に辿《たど》り着く[67]」というのだ。

この田原論文は、今日に至るまで繰り返し引用され、再生産されてきた。それには理由がある。この論文は、さまざまな陰謀説を満載していて、刺激的に面白い読み物だからだ。

その内容を読み返してみよう。陰謀説の情報に丸数字を付けると①〜⑬にまでなった。最初に情報源として登場するのは「丸紅の中堅社員K氏」で、次のような疑問を挙げた。

①児玉誉士夫《こだまよしお》がロッキード社と交わした契約書は一九六九年で為替が固定相場制の時代で、一ドル＝三六〇円なのに、契約書の円換算が一ドル＝三〇〇円というのはおかしい。

②児玉の領収証印が古いタイプで、米国西海岸の日本語新聞社の活字から米国で作られたものらしい。

③米企業が外国人に支払ったコンサルタント料はニクソンらへの献金に還流したようだ。

④ロッキード事件は、ロックフェラー財閥など東部のエスタブリッシュメント対メロン財閥を中心にした新興勢力の内ゲバが起き、ニクソンを血祭りにあげたのが第一幕で、現在は第二幕目が展開されているという。

⑤チャーチ議員がインタビューで「日本こそは国がらみの多国籍企業であり、この超大企業の暴走はアメリカの国益を損ねる危険性がある」などと力説したという。

⑥キッシンジャーは田中の資源政策を〝反ユダヤ的行為〟と決めつけ、チャーチのスポンサーであるロックフェラーは田中角栄の資料を密かに集めさせた形跡があるという。

⑦『文藝春秋』の「田中金脈研究」の元資料が英文だったと言うルポライターがいる。

以上の情報は、いずれも伝聞だ。中でも、⑥のチャーチ情報はＫ氏が親しい新聞記者から聞いたというのだが、その情報源が不明としている。情報源が存在するかどうかさえ、怪しいのだ。

別の情報源は、次のような情報を伝えた。

⑧田中の秘書をしていた通産省課長、小《こ》長啓一《ながけいいち》（後に通産事務次官）によると、田中は資源外交で、英国では北海油田開発への参加、西ドイツでは資源開発協力の委員会設置を提案、ソ連ではチュメニ油田の開発を提案した。

⑨アジア経済研究所の今川瑛一《いまがわえいいち》によると、田中が強引な資源外交でアメリカの神経を逆なでしたのは「無神経」すぎたという。

⑩田中派の渡部恒三《わたなべこうぞう》衆院議員は、一九七四年一月の田中のインドネシア訪問時の「反日暴動」について、ＣＩＡの関与を暗示した。また『金脈研究』のネタ本はＫＣＩＡ（韓国中央情報局）

から出たという話もあると言った。
⑪田中は辞任の二カ月前から、カナダでトルドー首相（父）と「オイルシェールやウラン資源の共同開発」、オーストラリアのホイットラム首相とウラン濃縮・再処理に至る核燃料サイクル共同開発について話し合った。
⑫しかし、アメリカがオーストラリアに横やりを入れ、ホイットラム政権は崩壊、次の政権はウラン探査から手を引いた。
⑬田中はオーストラリアに旅立つ直前の一〇月二二日に外人記者クラブで金脈問題を追及され、結局退陣した。

論文の最後、結論部分で、田中が金脈問題を追及されて辞任した裏にはアメリカの圧力があったかのような書き方をしている。

チャーチからキッシンジャー、ロックフェラーに至るまでが、日本相手に陰謀を企《たくら》んでいたような百花繚乱《りょうらん》の陰謀説。田原はいずれの情報も大問題としている。しかし、実際は些細な問題か、確認不可能な伝聞情報だった。

田原の根拠に疑問

ともかく、田原論文はうわさ程度の話も含め、真贋を吟味せず、証拠のない陰謀話を連ねている。結論的には、田中はウラン資源の確保に動いたため、金脈問題を追及され、辞任したとする仕立てのようだ。

田原は後年、この論文について次のような説明をしている。

> 田中角栄はオイルメジャー依存からの脱却を図って、積極的な資源外交を展開した。そのことがアメリカに睨《にら》まれて、アメリカ発の『ロッキード爆弾』に直撃された、という問題提起であった。[68]（傍点筆者）

この田原論文は、月刊誌『中央公論』の一九七六年七月号に掲載されており、その発売日は前月の六月一〇日。七月二七日の田中逮捕の約一カ月半前のことなのに、記憶違いか。傍点部のように既に「『ロッキード爆弾』に直撃された」ことになっている。直撃つまり逮捕とすれば、逮捕は四十七日後のことだった。

田中の秘書、早坂茂三も田中に関する回想録の中で「（昭和）五十一年七月、彼（田中）が逮捕された直後、田原総一朗が『中央公論』に発表した……論文」と間違って書いている。[69]

ただ、田原は「ロッキード事件では、田中角栄、中曽根康弘といった、いわゆる〝自立派〟がたたかれている」あるいは、「ロッキード事件は……田中金脈事件につづく第二幕」とも書いており、田中逮捕を予測して書いた、ということなのだろうか。

いずれにせよ、論文発売後に、東京地検特捜部は丸紅および全日空の首脳、さらに田中の逮捕と続いて大混乱した。その後、田原の言う「アメリカの虎の尾」は時流に乗り、いわば共同幻想のような形で、現在に至っている。同じような問題意識の本も出版されている。[70]

田中がアメリカ政府、またはエネルギー資本の逆鱗《げきりん》に触れたのが事実であれば、その首謀者や動機、証拠についても取材してしかりだが、そんな記述は見当たらない。

そんなこともあって、立花隆はこの論文を「ガセネタ」と断じている。[71]

田原は石原慎太郎《いしはらしんたろう》との共著で「ジャカルタの反日暴動は、実はアメリカが仕掛けたのだ、といわれている」と言い、石原は「田中氏が資源問題でアメリカの『虎の尾』を踏んでしまったというのは、まさにおっしゃる通りです[72]」と返している。新川はこれを「憶測が、周知の事実のように語られている」と批判した[73]。

田中自身は、早坂の著書の中で「わたしの資源外交に対して、アメリカのメジャーからいろんな横ヤリがあるだろうとはわかっていたが、それはしょうがない」と語ったとしている。しかし、石油メジャーの、どの会社の誰が航空機産業のロッキード事件で田中を陥れる工作をしたのか。業種を超えて、そんなことは現実にはあり得るとは思えない。

シベリア開発は「日米協力」が条件

田中角栄が首相在任中、エネルギー源の自立に向けて奔走したのは事実だ。しかし田中が、ソ連の油田開発についても、ウラン濃縮事業についても、アメリカ側に共同開発や出資を提案し、協力を求めていたことはあまり知られていない。

田中は、キッシンジャーやニクソンとの会談でも、米国との共同開発を提案していた。だが、米国との協議が進展しないため、一九七四年五月一一日付で大統領あての「シベリア開発協力」に関する覚書（メモランダム）を正式に提出した[74]。

その中で、田中はシベリアの石油・天然ガス開発では「日米協力が不可欠」との条件を明記した。その理由は、第一に「戦略物資」であること、第二に大規模プロジェクトであり巨額の資金を必要とすることを挙げている。

田中は前年、一九七三年一〇月の訪ソでブレジネフ書記長とこの問題を協議し、日ソ共同声明で、米国の参加を念頭に「第三国の参加を排除しない」と明記した。

覚書によると、当時日ソ間で交渉中だったのは、チュメニ石油開発、ヤクーツク天然ガス開発、ヤクーツク・コークス開発、サハリン大陸棚石油・天然ガス探鉱などだ。

これらの計画のうち、交渉が不調だったチュメニ石油開発を除き、他のプロジェクトでは「日ソ交渉はかなり進展した」と報告している。ソ連側は、「エネルギー危機はソ連側にとって有利との判断」から、態度を前向きに変化させたとみられた。

しかし、日本政府は「米国の参加」を前提条件に掲げており、特に「ヤクーツク天然ガスおよびサハリン大陸棚探査の成功は米国の参加にかかっている」との立場だった。「日米協力は政治的立場からも、対ソ交渉戦術の上からも望ましい」というのが、日本側の考え方で、米国の参加に向けて「ニクソン大統領の支援」を強く要請した。

ニクソンも、田中への返書で「日米共同参加が望ましいことを承知している」と答え、「米民間企業および銀行の参加を促進するため、法的権限を適切に行使する」と記している。

このように、シベリアの資源開発については、日米政府間に対立はなかった。田中覚書とニクソン返書は、当時キッシンジャーの副官で、翌一九七五年に後任の大統領補佐官となるブレント・スコウクロフトに配布され、最終的に次の大統領フォードに引き継がれた。

米ソのシベリア開発協力で日本が役割

かくして、エネルギー開発の問題は、日米間で特に対立もなく、初めて東京で開かれる田中とフォードの日米首脳会談に持ち込まれる運びとなっていた。

その状況は、一九七四年一一月四日にハビブ国務次官補（東アジア太平洋省庁間グループ議長）からスコウクロフト副補佐官に提出された「メモ」に詳述されている。[75]

メモによると、シベリア資源開発では、日本はヤクーツク天然ガス探査の日米協力を優先させている。このプロジェクトの概要は、次の通りだ。

・二段階で進め、最初の二年間で商業的に採掘可能な埋蔵量を確認し、鉱区を決定する。
・総額約二億五〇〇〇万ドルで、日本輸出入銀行が一億一〇〇〇万ドル、米輸銀が四九五〇万ドル融資の見通し。
・開発段階ではパイプラインおよび液化プラント関連港湾設備、タンカーの建造で推定総額五〇億ドル。
・ソ連側は一九八〇年代初めから二五年間、日量一〇億立方フィートの輸出で債務を返済する計画。

日本の輸銀とソ連側は、一九七四年三月二二日に融資協定に調印したが、その実施は米輸銀と民間銀行の参加が条件とされた。

このメモは、「ソ連側が、米国との長期的協力事業、特にシベリアのエネルギー開発の成功を米国との経済デタント（緊張緩和）の主要部分とみている」と指摘。冷戦時代に米ソ関係を安定化させるモデル事業だったのだ。

他方、米政府側もニクソンとロジャーズ（前国務長官）、さらにキッシンジャーは、米民間企業が商業的に可能と判断すればシベリア開発プロジェクトに共同参加する、と日本側に伝えていた。参加を希望する米民間企業側も特定されていた。

田中が提案したプロジェクトが米国の「逆鱗に触れた」、という事実はまったくない。逆に、日本は「デタント」という米ソ戦略の「ニカワ役」を演じていたのだった。

まさに、田中はフォード訪日の際に、「ヤクーツク探査段階への米国の参加決定がもたらされると期待していた」という。しかし、残念ながらその決定が伝達されることはなく、直後に田中は辞任、シベリア・プロジェクトは結実しなかった。なぜか？

フォード訪日の直前、一一月一一日にホワイトハウスで行われた上級検討グループ会議で、ウィリアム・エバリー通商代表がその理由を明らかにした[76]。米国の「議会がソ連とのエネルギー合意は議会で承認されなければならないと主張している」というのだ。

キッシンジャーは、これに「上院は何をやっているのか分かっているのか」と怒り、「問題は日本側に（輸銀融資について）回答できないことだ」とぼやいた。しかし、議会の抵抗でどうすることもできなかった。

結局、「大統領はこの問題を話し合うべきではないとの考えだ。議会が通すまで待つほかない」とキッシンジャーはあきらめている。

米国は田中のウラン濃縮政策も支持

田中が、ウラン濃縮事業への参加を積極的に進めたことについても、田原はアメリカが警戒したと指摘している。しかし、現実はまったく逆だった。ウラン濃縮事業への日本の参加を先に提案したのは、アメリカ側だったのだ。

その事実を、ニクソン大統領図書館所蔵の国務省文書が詳述している[77]。

ハビブ次官補がスコウクロフト大統領副補佐官に提出した、「対日政策見直し」文書の「米国のウラン濃縮施設への日本の参加と米国のウラン濃縮への日本のアクセス」と題する項目で、そのことが明記されている。

それによると、米国の「目標」は「他の西欧諸国と同様、日本に対しても信頼できる濃縮ウラン供給国であるべきだ」と明言。米国の次期濃縮ウラン施設への日本の参加についても、「日本の資本投資の恩恵を得るため」歓迎するとしている。

それまでの米国ウラン濃縮政策の経緯は、次の通りだ。

・一九七一年七月、米政府は米国のガス遠心分離技術を米国外に建設された多国間所有の工場に提供する用意があると表明。
・一九七一年一一月、日本は多国間濃縮工場の今後の検討作業に参加する意思を表明。
・一九七二年ハワイでの田中とニクソンの日米首脳会談で、米国のガス遠心分離工場建設と日本の財政支援参加の可能性について、日米が合同作業グループの設置で合意。

結論として、日本の財政支援を得て、米国の民間濃縮工場開発を支援する政策は、米国と日本の目標に合致すると評価された。

このように、田中のウラン濃縮拡大政策はアメリカも支持しており、そのためにアメリカの「虎の尾を踏んだ」ことは到底考えられない。かくして、田中が自らの積極的なエネルギー開発戦略ゆえに、陰謀で政治的に葬られた、とみるのは正しくない。

ただ、米政府内では、日本が核拡散防止条約（ＮＰＴ）を当時未批准だったことを問題視する向きがあったのは事実だ。日本が国会でＮＰＴを批准承認したのは、一九七六年五月になったため、事業開始は大幅に遅れていた。

以上の事実から、田中の積極的な「資源外交」が米国の虎の尾を踏んだ、とする**陰謀説4「資源外交説」**も根拠なしと判明した。

これで**陰謀説1「誤配説」**から、**陰謀説2「ニクソンの陰謀」**、**陰謀説3「三木の陰謀」**、陰謀説4まで否定された。残るは**陰謀説5「キッシンジャーの陰謀」**だけとなった。[78]

第二章注

1 財団法人田中角栄記念館編『私の中の田中角栄』、海竜社、一九九八年、八七頁

2 佐藤栄作『佐藤榮作日記第五巻』、朝日新聞社、一九九七年、二八〇～二九四頁

3 春名『仮面の日米同盟』、一二七～一六九頁

4 John Welfield, An Empire in Eclipse, The Athlone Press, 1988, P295

5 NL President Richard Nixon's Diary, January 31, 1973

6 FRUS, 1969-76, Volume E-12, Documents on East and Southeast Asia, 1973-1976, Document 167. Conversation Between President Nixon and John B. Connally, Washington, January 31, 1973

7 同、Document 168

8 Federation of American Scientists, Presidential Directives and Executive Orders, Nixon NSSM 122,Policy Toward Japan, https://fas.org/irp/offdocs/nssm-nixon/nssm_122.pdf 二〇一九年一一月二六日アクセス

9 FRUS, 1969-76, Volume E-12, Document 169. National Security Study Memorandum 172, March 7, 1973

10 同、Document 171. Memorandum of Conversation, Washington March 27, 1973

11 NA, Nixon Presidential Materials Stuff, National Security Council Institutional ("H")Files, Study Memorandums(1969-1974), National Security Memorandums, NSSM-172 (2 of 3), Box H-197、Memorandum For: The President, From: Henry A. Kissinger, Subject: Japanese Prime Minister Tanaka's Visit: The Question of Focus

12 NA, Nixon Presidential Materials Stuff, National Security Council (NSC) Files, VIP Visits, Japan PM Tanaka Visit July 31, 1973 (1 of 3) to (3 of 3), Box 927, Secretary of State, June 7, 1973, Memorandum For The President, Subject: Possible Golf Match with Japanese Prime Minister Tanaka and Foreign Minister Ohira

13 同、National Security Council, July 18, 1973, Memorandum For : Mr. Kissinger From: John A. Froebe, JR. Subject: Proposed Schedule for U.S. Visit by Japanese Prime Minister Tanaka

14 同、National Security Council, Urgent Action, July 30, 1973, Memorandum For: Mr. Kissinger From: John A. Froebe, Subject: Prime Minister Tanaka Request

15 President Richar Nixon's Daily Diary, August 1, Nixon Library, https://www.nixonlibrary.gov/sites/default/files/virtuallibrary/documents/PDD/1973/105%20August%201-15%201973.pdf 二〇一九年一一月二

六日アクセス
16 FRUS, 1969-1976, Volume E-12, Documents On East And Southeast Asia, 1973-1976, Document 179. Memorandum of Conversation, Washington, July 31, 1973, 11 a.m.
17 同
18 外務省情報公開第00014令和二年四月二日、開示請求番号2019-00903
19 NA, Nixon Presidential Materials Stuff, National Security Council (NSC) Files, VIP Visits, Japan PM Tanaka Visit July 31, 1973 (1 of 3), Box 927, Secret Sensitive Eyes Only- Henry Kissinger, July 31, 1973 The White House, Subject: Remark Before / President's Toast, James J. Wickel, American Embassy - Tokyo August 4, 1973
20 同、NSC Files, VIP Visits, Japan PM Tanaka Visit July 31, 1973, Box 927, Secret Sensitive, Eyes Only - Henry Kissinger, July 31, 1973, the White House
21 二〇二〇年一月二九日インタビュー
22 Richard Nixon, The Memoirs of Richard Nixon, Touchstone Books, 1978, P. 906
23 早坂『政治家　田中角栄』、三六〇頁
24 本田良一『証言　北方領土交渉』、中央公論新社、二〇一六年、六一頁
25 NA, Nixon Presidential Materials Project, NSC Files, Henry A. Kissinger Office Files, HAK Trip Files, Box 21, Memorandum For Mr. Kissinger, From : Helmut Sonnenfeld / William Hyland
26 NA, RG59 General Records of the Department of State, Subject Name Files, 1970-1973, Political & Defense, Box 2410, Memorandum of Conversation, Date: May 3, 1972, subject: Soviet -Japanese Relations, Participants: Nobuhiko Ushiba, U. Alexis Johnson
27 NA, Nixon Presidential Materials Stuff, NSC Files, VIP Visit July 31, 1973, Box 927, Recommended Talking Points, Soviet Union
28 NA, Nixon Presidential Materials Stuff, NSC Files, VIP Visits, Japan PM Tanaka Visit July 31, 1973 (1 of 3), Box 927, Memorandum of Conversation, Participants: Kakuei Tanaka, etc., The President, Henry Kissinger, James Wickel, July 31, 1973, 11:00, The White House
29 本田『証言　北方領土交渉』、三五～三七頁
30 FRUS, 1955-1957, Japan, Volume XXIII,Part 1, Document 89
31 同、Document 101 Editorial Note, Document 102
32 NL, National Security Council Files, Presidential/HAK Memcons, Box1027,The White House, Memorandum for: The President, From: Henry Kissinger, Subject: My Meeting With Dobrynin, August 16, 1973,
同、Memorandum of Conversation,: Anatoliy Dobrynin, Dr. Henry Kissinger, Date and Time: Thursday, August 16,1973 1:00p.m.,Place: The Map Room, The White House
33 本田『証言　北方領土交渉』、六〇～六一頁
34 NL, National Security Council Files Box 1027 書簡に表題はなく、右上部欄外にDelivered to HAK by D5:00pm, 10/24/73の手書きの書き込みがある。HAKはヘンリー・A・キッシンジャー、Dはドブルイニンとみられる。
35 NL, Kissinger Telcons, Anatoli Dobrynin File, Box 28, 2:52 p.m.-8/23/73
36 NA, RG59 General Records of the Department of State, Executive Secretariat Briefing Books, 1958-1976, Box 180, The Secretary's Bilateral Meetings, Tokyo November 1973, Japan's Relations with the Soviet Union
37 二〇二〇年一月二九日インタビュー
38 早坂『政治家　田中角栄』、三五一頁
39 同、三四九頁
40 FRUS, 1969-1976, Volume E-12, Documents on East and Southeast Asia, 1973-1976, Document # 182, Editorial Note
41 CREST, CIA/OCI/Brief 065-73, 2 November 1973
42 NA, Nixon Presidential Materials Stuff, NSC Files, Henry Kissinger Office Files, Box 40, O 141740Z Nov 73 FM AMEMBASSY TOKYO TO SECSTATE, SUBJ: JAPANESE OIL
43 NA, RG59, Records of Henry Kissinger, 1973-77, Box 2, Department of State, Memorandum of Conversation, Date: 3:30 p.m. November 14, 1973, Foreign Ministry, Subject: Middle East Situation and Prospect Participants: Masayoshi Ohira, Secretary Henry A. Kissinger etc.
44 NA, RG59, General Records of the Department of State, Subject Numerical Files 1970-73, Political & Defense, Pol Japan-US, Box 2408, Memorandum of Conversation, November 15, 1973, Subject: Secretary's Call on Prime Minister
45 Walter Isaacson, Kissinger A Biography,Simon & Schuster, 1992, P562

46 NA, RG59, General Records of the Department of State, Box 2408 November 19, 1973, Subject: Proposed Japanese Statement on Middle East Situation, Participants: Ambassador Takeshi Yasukawa, Secretary Henry A. Kissinger etc.
47 同、Office of the Secretary of State, Transcripts of Secretary of State Henry Kissinger's Staff Meeting, Box 1, October 24
48 同、November 19, 1973, 12:05
49 伊藤『自民党戦国史』上、一〇八～一〇九頁
50 保阪正康『田中角栄の昭和』、朝日新聞出版、三一二～三一四頁
51 NA, RG59, General Record of the Department of State, Subject Numerical Files, 1970-73, Political & Defense, Box 2405
52 NA, RG59, General Records of the Department of State, Office of the Secretary of State, Transcript of Secretary of State Henry Kissinger's Staff Meeting, Box 4, July 10, 1974
53 参議院大蔵委員会、第七十三回国会。昭和四十九年十月二十二日（火曜日）
54 孫崎『アメリカに潰された政治家たち』、八六～八七頁
55 The Foreign Correspondents' Club of Japan, "No. 1 Shimbun" October 15, 1996および録音テープなど
56 NA, AAD, RG59, O271005Z OCT 74, FM AMEMBASSY TO SECSTATE WASHDC NIACT IMMEDIATE 5557 SUBJ: Status of Tanaka Government
57 CREST, The President's Daily Brief, November 13, 1974
58 NA, RG59, Transcript of Secretary of State Henry Kissinger's Staff Meeting, Box 5, November 11, 1974
59 FL, Gerald Ford Papers, National Security Adviser, Memoranda of Conversations, 1973-1977, Box 6, September 21, 1974, Ford, Kissinger, Japanese Prime Minister Tanaka
60 FRUS, 1969-1976, Volume E-12, Documents on East and Southeast Asia, 1973 Document #197 Minutes of Senior Group Meeting, Washington, November 11, 1974
61 FL, Gerald Ford Papers, National security Adviser, Memoranda of Conversations 1973-1977, Box 7, November 15, 1974, Cabinet Meeting
62 ProQuest, National Security Archive, White House, Memorandum of Conversation, Participants: Teng Hsiao-ping, Dr. Henry Kissinger etc, Tuesday, November 26, 1974, 10:20-11:20 a.m., Great Hall of the People, Peking Subject: Introductory Tour d'Horizon: Japan; Bilateral Relations and Normalization
63 NA, RG59, Transcript of Secretary of State Henry Kissinger's Staff Meeting, Box 5, December 3, 1974
64 FRUS, 1969-1976, Volume E-12, Documents on East and Southeast Asia, 1973-1976, #201 Memorandum of Conversation, Washington, March 28, 1975
65 早坂『田中角栄』、三六二～三九二頁
66 田原総一朗「アメリカの虎の尾を踏んだ田中角栄」、『月刊「中央公論」』、中央公論社、一九七六年七月号、一六〇～一八〇頁
67 新川敏光『田中角栄』、ミネルヴァ書房、二〇一八年、二二九～二三五頁
68 http://www.the-journal.jp/contents/tahara/mb/post_117.html 二〇二〇年一月一七日アクセス、「オイルメジャー」は大手石油資本のこと。
69 早坂『田中角栄回想録』、二二九～二三〇頁
70 例えば、山岡淳一郎『田中角栄　封じられた資源戦略』、草思社、二〇〇九年
71 立花隆『「田中眞紀子」研究』、文藝春秋、二〇〇二年、三〇八～三〇九頁
72 石原・田原『勝つ日本』、三八～四〇頁
73 新川『田中角栄』、二三一～二三二頁
74 FL, National Security Adviser, Presidential Country Files, For East Asia and the Pacific, Box 6, Japan(1), June 19, 1974, Memorandum for Major General Brent Scowcroft, The White House, Subject : Japanese Memorandum to the President on Siberian Development
75 NL, National Security Council ("H") Files Miscellaneus Institutional Files of the Nixon Administration, NSC Subject Files, Box H-310, Department of State, November 4, 1974, Memorandum for Lieutenant General Brent Scowcroft, The White House
76 FRUS, 1969-1976, Volume E-12, Documents on East and Southeast Asia, 1973-1976, #197. Minutes of Senior Group Meeting, Washington, November 11, 1974, 11:06 a.m.
77 NL, NSC Subject Files, Box H-310, Department of State, November 4,

1974, Memorandum for Lieutenant General Brent Scowcroft
78　石井一『冤罪』、一一八〜一一九頁など

第三章　田中文書を渡した真意

はじめに

なぜ蛇蝎の如く田中を嫌ったか

「正義と混乱か、不正義と秩序か、どちらかを選ばなければならない時、私は常に後者を選択する」（ヘンリー・キッシンジャー）[1]

キッシンジャーが米政府を代表して相手にした日本の首相は、佐藤栄作、田中角栄、三木武夫の三人だった。このうち、彼が蛇蝎の如く嫌い、悪態をついたのは田中だけだった。

佐藤も三木も、アメリカ政府を困らせたことはある。佐藤は、沖縄返還の見返りに約束した繊維輸出自主規制の「密約」をなかなか実行せず、キッシンジャーのボスであるニクソンを怒らせ、「ニクソン・ショック」を招く結果になった。

三木は、「三木おろし」に対抗して、穏健野党を取り込んだ連立政権を密かに提案し、米国を困らせた。しかし、キッシンジャーが佐藤や三木を政治的に葬ることはなかった。

だが、田中だけがそんな目に遭った。その真意を深掘りしていきたい。

キッシンジャー陰謀説を解く

これまで五件の陰謀説について調べてきた。うち、陰謀説1〜4については、いずれも「陰謀はなかった」とする結論を出した。

残されたのは、陰謀説5「キッシンジャー陰謀説」の真偽の解明である。

本書第一部で、キッシンジャーが「秘密兵器」を使い、「Tanaka」の名前入りロッキード社資料をSECに提出させ、さらに東京地検に渡す仕掛けを設けた事実を明らかにした。

つまり、キッシンジャーが秘密兵器を使用しなければ、田中が刑事訴追されることはなかった、という事実である。

次いで第二部で、キッシンジャーには田中を政治的に葬る動機があったことを明らかにした。田中は「日中国交正常化」を断行し、「第四次中東戦争」後に日本外交を「親アラブ」に転換した。そのことによって、キッシンジャーが田中に激しい憎悪感を抱いたことを記した。

日本では、元ハーバード大学教授で、学識豊かな元国務長官として尊敬を集めるキッシンジャー。そのキッシンジャーは、田中をひどく憎悪したからといって、田中を政治的に葬る行動に踏み切るような人物だったのだろうか。

本章では、日本では実像が知られていないキッシンジャーの性格と行動、戦略的意図について分析しておきたい。

1．キッシンジャーと三木がスクラム

周到な三木の密使外交

田中角栄は、キッシンジャーと三木にとって、共通の政敵だった。

田中も三木も日米関係を最重要視していた。しかし、米国へのアプローチの仕方は二人の間で大きく違っていたのだ。

三木は米国への留学経験もあり、米国との人的ネットワーク作りで一日の長があった。だから、念入りに元密使からアドバイスを受け、巧みに密使を使った。しかし、田中は密使を置く気などまったくなく、自分の本音を非公式に米国側に伝えるすべがなかった。

ロッキード事件で、その差が鮮明になったといえる。

三木は、首相として一九七五年の最初の訪米を周到に準備した。まず、密使を派遣した。

日本で、外交の密使として最もよく知られている人物は、沖縄返還交渉の舞台裏で活躍した京都産業大学教授、若泉敬である。一九六九年当時、若い政治学者だった彼は佐藤栄作首相とヘンリー・キッシンジャー大統領補佐官の間を奔走し、「有事の際の沖縄への核兵器再持ち込み」「繊維製品の対米輸出自主規制」といった密約をまとめ、沖縄返還妥結の黒衣《くろこ》役を演じた。

一般的には知られていなかったが、三木はその若泉と親交があった。三木と若泉は、若泉の妻が三木と同窓の明治大学出身で、弁護士をしていた関係で知り合ったのだ。若泉からも、防衛問題で助言を得ていた。三木は自民党内の最左派かつ小派閥の領袖だったが、右から左まで人脈は多岐にわたっていたのである。

三木と若泉夫妻は一緒に食事したり、若泉夫人が三木の選挙の弁士をしたりもした。[2]

三木は一九七五年八月に、首相になって初めて訪米し、フォード大統領と首脳会談を行う直前、若泉を通じてキッシンジャーとの接点を探った。当時、キッシンジャーは国務長官と大統領補佐官を兼務していて、フォード政権の外交安保を牛耳っていた。

若泉が直接頼んだのは、当時国家安全保障会議（NSC）スタッフ、ピーター・ロッドマンだ。ロッドマンはキッシンジャーの忠実な部下だった。

七月八日付でロッドマンがキッシンジャーに渡したメモが簡潔に用件を伝えている。[3・4]

ジャパン・タイムズとNHKテレビの中立的な政治コラムニスト、平沢和重が七月二五日に三木訪米準備のためワシントンを訪問する。彼は三十年間にわたり三木の信頼する盟友で、若泉を通じて、あなたとの面会を求めてきた。平沢は、これは三木の願望だと書いています。

若泉は、三木が平沢の助言を頼りにしている、と信じています。平沢は『フォーリン・アフェアーズ』の次号に論文を書いています。彼が書き、話す英語はうまい。

彼はあなたと秘密裏に二五日以後に、ホワイトハウスかどこかで三十分面会したいとのことです。

しかし、双方の日程が合わず、平沢とキッシンジャーの秘密会談は実現しなかったようで、その代わりに、平沢はニューヨークからロッドマンに電話をかけた。同月二五日付で、ロッドマンはキッシンジャーにあてて、次のような電話会話に関する「メモ」を記している。

三木は先にキッシンジャーが日米関係に関する演説で日本を「永遠の友」と言及したことに感銘を受け、日米は「特別な関係」と考えるべきだと主張。同年八月五日の日米首脳会談は「より自由で、個人的で、広範にわたり、官僚的でない」ものに、と要請した。このため共同声明は「より簡潔で温かく、哲学的なものに」と提案した。

そして、三木は「官僚を信用していないので、まず私的なルートで提案し、同意を得たら外相に伝え、通常のルートで提案させる」意向だというのだ。

ロッドマンはキッシンジャーに対し、上記のアイデアに「同意されるなら、若泉に連絡し、ハビブ次官補にも伝えます」と提案した。

これに対し、キッシンジャーは「承認」の欄にＨＫのイニシャルで署名。[5]三木が要請した線で首脳会談を進めることになった。こうして、若泉の紹介で、平沢が三木の密使の役割を担うのだ。

キッシンジャーは秘密主義で、取り巻きの部下しか信用しない。後に国務長官となるローレンス・イーグルバーガー、国家安全保障担当大統領補佐官となるブレント・スコウクロフト、中国大使となるウィンストン・ロードらが側近だった。ロッドマンは、その中でも最も若いスタッフで、後にブッシュ（子）政権で国防次官補を務める。

平沢はかくして、若泉からキッシンジャーに近いロッドマンを紹介してもらい、キッシンジャーにたどり着くことができた。その結果、三木とフォードの初の首脳会談も想定通りうまくいく。

そもそも、沖縄返還交渉での若泉との共同作業はキッシンジャーにとって成功体験だった。他方、三木も平沢も、人脈をたどって事前に意志を通じ合っておく外交が巧みだった。

田中の場合は、一九七二年に首相として初めて一対一でキッシンジャーと会談した時、「密使」

を置きたいとのキッシンジャーの提案を蹴ったのが躓《つまず》きの始まりだった。「田中さんは密使を使う考えはまったくなかった。自分が直接やればいいと思っていた」と、当時秘書官だった木内昭胤（後に駐仏大使）は言う。

対照的に三木は密使をロッキード事件で生かした。

「平沢密使」に期待

三木側近の通訳兼ブレーン、國弘正雄《くにひろまさお》は、三木が学生時代にロサンゼルスで知り合った三人の「生涯の盟友」、そのトップに平沢を挙げている。あとの二人は、後の共同通信社長、福島慎太郎《ふくしましんたろう》と後のノルウェー大使、島内敏郎である。[6]

当時、平沢はNHK解説委員で「お茶の間の外交評論家」として広く知られていた。一九六四年東京オリンピック招致のため国際オリンピック委員会（IOC）総会で行った、簡潔かつ的確なスピーチが有名になった。

二〇一九年のNHK大河ドラマ『いだてん』の第一回に、星野源《ほしのげん》演じる平沢が登場している。持ち時間が一時間あったのに、スピーチはNHK解説と同じ十五分で、「今こそオリンピックをアジアで」と東京五輪開催の意義を強調して、招致に成功した。[7]

戦前は外交官で、真珠湾攻撃直前までニューヨーク領事として情報工作を担当していた。開戦後は、中南米に情報ネットワークを開設するため、アルゼンチンに移動しようとして身柄を拘束され、一時期カナダ・ノバスコシアのハリファックスで、英国の米州防諜機関「英安全保障調整局（BSC）」の取り調べを受けた上、文書や現金四万ドルを没収されるという暗い過去も背負っている。[8]

彼は、開戦前に寺崎英成《てらさきひでなり》らと情報工作で動いたインテリジェンスの世界の人間だった。

ロッドマンからキッシンジャーあてメモにあったように、平沢は一九七五年一〇月号の米外交誌『フォーリン・アフェアーズ』への寄稿で、北方領土の「二島（国後、択捉）凍結論」を主張して注目された。

三木は、一九五七年の岸信介首相訪米の際に、平沢が先行して「地ならし」をしたことを知っていた。平沢は自分の密使としてうってつけの人物、と三木は考えたのだろう。[9]

高官名を「少し前に知らせて」

ロッキード事件表面化後、三木はフォード大統領に事件資料の提供を要請する親書を送ったが、返書がなかなか来ず、焦った。

返書が首相官邸に届くのは一九七六年三月一二日だが、三木はその到着を待ちきれず、密使・平沢をワシントンに派遣、大統領側の様子を探ることにした。

平沢がキッシンジャーと直接会ったのは、三月五日。ロッドマンが同席した。会談録は、米国立公文書館に保管されている。[10]

平沢は、この席でロッキード事件をめぐる日本国内の情勢を説明したあと、本題に入った。三ページの会談記録のうち、平沢が核心に切り込んだ部分は以下の通りだ。（平：平沢、キ：キッシンジャー）

平「可能であれば、少し前に知らせてもらえれば彼（三木）は喜ぶでしょう。ただ文書の引き渡しはまだ時期尚早ですね」（カッコ内筆者）

キ「その通りだ。われわれは文書を法的プロセスで扱う。いずれかの時点で日本は司法関係者を派遣し、アメリカの司法関係者と協力することになる。注意深く慎重に進める」

キッシンジャーはそう答えた。しかし、平沢はそれでも引き下がらない。

「三木は、文書を受け取ったら直ちに公開するのか、との質問を受けている。条件が付いていなければ、彼は公開するでしょう」

平沢がそう言うと、キッシンジャーは反論している。

「資料引き渡しの唯一の条件は、日本が秘密にするとの合意をすることだ」

こう断言したうえで、キッシンジャーは微妙なことに言及した。

「われわれは首相あるいは自民党にダメージを与えたくない。……われわれの関係も傷つけたくないし、日米関係にとって非常に重要な人々が誤って非難されることも避けたい」

アメリカ政府が心配しているのは自民党政権の維持であり、だから政府高官名を「公開しない」という建前なのだ。

そこで、キッシンジャーはロッドマンにフォード大統領から三木首相への返書案を持って来させて、読み直す。「厳格な秘密保持を条件とする」ことを強調して書き直すようロッドマンに指示し、平沢には「返書は来週お渡しする」と言った。

両者の話はこれで終わった。会談は、午後四時から四時三〇分の約三十分間だった。

平沢は、事前に三木に文書を渡してくれませんか、と頼んだのだが、キッシンジャーの態度は硬かった。文書は日本の検察にしか渡せない、直ちに公開なんてことはできない、と固く断ったのだ。

平沢の足跡を消す工作

実は、この平沢の密使行動に対して、「横やり」が前日に入っていた。平沢・キッシンジャー会談に待ったをかけたのは、何と、三木の次男、三木格《かく》だ。格は、当時ワシントンのジョンズ・ホプキンズ大学高等国際問題研究大学院（ＳＡＩＳ）に留学中で、国務省と三木の間を結ぶ「信頼できるチャンネル」として、国務省は彼を重宝していた[11]。

格は平沢・キッシンジャー会談前日の夜、国務省の日本語通訳、ジェームズ・ウィッケルに電話し、「父は平沢和重に、ロッキード事件に関与したとみられる日本政府高官名を探るよう指示していない」と言ったという。

ウィッケルと三木格の会話録のこの部分には、下線が引かれていた[12]。国立公文書館で見られる文書には、このような生々しい手書きの痕跡が残されていて興味深い。

格は「父は平沢をそんなに信頼できるとは考えていない」「父は年末までにはどんな名前も明らかにすべきではないと主張している。選挙は遅くとも一〇月までに行われ、公表すれば選挙に大きい影響を与えるからだ」と述べた、と電話の会話録は書いている。

父である首相の密使、平沢の行動をほぼ全面的に否定した形だ。

ウィッケルは日本人女性を妻に持ち、大統領の日本語通訳としても活躍した外交官で、格とは親しかったようだ。

しかし、この格の話、三木首相の本心なのかどうか。にわかには信じがたい。三木が平沢を信頼していることはよく知られていたからだ。もし、三木が平沢を本当に信頼していないのであれば、前年の平沢とキッシンジャーの会談の際にそう伝えていただろう。

キッシンジャーにも、三木の息子からのこのメッセージは伝えられたが、キッシンジャーはそれに構わず、平沢と会い、密談した。キッシンジャーは恐らく、若泉から紹介された密使として平沢の価値を高く評価していたに違いない。

それにしても、三木はなぜこんなメッセージを息子経由で国務省に発信したのか。

山一証券勤務の後、大興電子通信の役員をしていた三木格に、二〇一六年秋、電話で尋ねたが、格は詳しいことには言及せず、「密使は秘密だから密使なのです」とだけ言った。

何せ、深謀遠慮の三木だ。万が一、三木が「田中角栄」の名前が入った文書の事前入手を図っていたことがばれると、手厳しい反発を食らう。密使としての「足跡」を消し、平沢が勝手に動いたことにしたとみられる。格が私に言った意味深長な言葉からもそう受け取れた。

田中・中曽根の連座「教えて」

政府高官名が書き込まれたロッキード事件資料。東京地検特捜部はそれを、米司法省から受け取ることが確定した[13]。このため一九七六年四月五日以降、資料を受け取る検事二人、検察事務官二人をワシントンに派遣した。

三木の首相権限外で進められたこうした手続き。三木は政府高官名を確認できていなかった。

三木は急ぎ平沢に指示し、再びキッシンジャーと接触させた。

平沢は四月五日、ニューヨークからロッドマンに電話して、三木首相からのメッセージを読み上げた。ロッドマンは翌日、電話内容を二ページの文書にしてキッシンジャーに伝えている。[14]

三木はこの中で、ロッキード事件にCIAが関与していたとの米国報道が、日本では政治的に利用され、日米関係を毒していると懸念を表明している。早く解決しなければ、「修復できない害を日米同盟に及ぼす」とも警告した。

このため、三木がキッシンジャーに求めたのは次の二点だった。

第一に、「(a)前首相、(b)現職閣僚の誰か、あるいは(c)与党幹事長がロッキード事件に連座しているかどうか」教えてほしい、という質問だった。「首相は事前に知らなければならない」とまで言い切っている。

明らかに(a)は田中角栄、(c)は中曽根康弘のことだった。この二人について、三木は目星を付けていたに違いない。しかし、アメリカの「お墨付き」が必要だった。

当時の首相経験者および次期首相候補は「三角大福中」と呼ばれた。いずれも派閥の領袖で、三は三木、角は田中角栄、大は大平正芳(蔵相)、福は福田赳夫(副総理兼経済企画庁長官)、中は中曽根康弘(自民党幹事長)の五人。

ロッキード事件では、田中の連座は徹底追及となるが、中曽根が連座していたら、三木の戦い方は変わってくる。

現職閣僚の中で、福田や大平が連座していた可能性は小さかった。ただ閣僚が連座していたら、首相は任命責任を問われる。

三木は政局をにらみ、注目の「政府高官」を(a)(b)(c)に分けて、米側に情報提供を依頼したのである。

三木は、こんなクイズのような質問をあえて米国務長官に突き付けた。

三木はどう言えばキッシンジャーの目を引くか、熟考したのだろう。ロッキード事件にＣＩＡも関与しているとの米国の報道を材料に使って、「日米関係を毒している」と問題の深刻化を訴え、その上で事件と政局を絡めてキッシンジャーの意図を探った。

野党協力で解散も計画

第二点で、「三木おろし」の動きが強まり、三木としては野党との連立も考えている、と腹案を明らかにし、次のように反応を探った。

「これらの質問に対する回答次第によっては、首相は内閣や党幹部からも独立した形で、前例のない選択を決断する可能性があります」

さらに、決断の目的は「政治危機を決着させ、多党制民主主義を強化し、日米友好協力関係を守るため」（傍点筆者）だと付け加えた。

衆院は年末に任期切れとなる。だから、三木は解散を考えていた。ロッキード社からカネをもらった政府高官の名前を教えてもらい、何らかの形で公表して国民の審判を仰ぐ覚悟だったに違いない。その場合、「多党制民主主義」と言及したことから見て、三木は、日米安保体制を支持する穏健派野党勢力と合流して解散に臨む腹案がある、と強い決意を示したのだ。

「政府高官」に関するそんな重要情報は「国務長官のご決断次第だが」、米政府閣僚の来日を求めるか、日本の閣僚を米国に派遣して受け取りたい。「いずれにしても、首相はその情報を個人として」安全管理します、と約束した。[15]

キッシンジャーが「断固」却下

このように、三木は極秘の腹案をあからさまにしてまで、協力を求めたのだが、キッシンジャーは冷静だった。平然と三木の要請を断り、返答案を書くよう指示した。

ロッドマンがまとめた返答案の文書から、キッシンジャーの強い意志が読み取れる。

ロッドマンが作成した原案では、「キッシンジャーは三木の心配を理解している」としながらも、「入手可能な情報からみて、われわれは首相の疑問に答える立場にない」と、三木の要請を拒否した。

つまり、捜査資料は米国の司法省を通じて日本側に渡すので、国務省からは渡せないというのだ。

しかし、キッシンジャーはロッドマン作の原案を生ぬるいと考えたようで、自らペンをとって、余白に次のように書き込んでいる。[16]

国務省はこれらの記録文書へのアクセスがない。確定したすべての手続きを覆すことなくアクセスを得られないだろう。

この部分、平たく言えば、国務省に文書はない、日米司法当局間の取り決めを覆さない限り、文書は入手できないので、国務省は三木には情報提供できない、ときっぱり拒否したのである。

また、三木の要請を拒否した裏で、アメリカ政府は自民党政権の崩壊、というもっと重大な可能性も危惧していた。

国務省も三木の連立案にノー

平沢から伝えられた三木の提案についてキッシンジャーは、国務省内で検討を加えさせていた。

その検討結果は、東アジア太平洋担当国務次官補フィリップ・ハビブと国務省法律顧問モンロー・リーが、二日後の四月八日、連名でキッシンジャーに提出した三ページのメモに記されている。[17]

やはり、最大の関心事は（a）（b）（c）三種の政府高官名の扱いだった。

国務省のメモは、三種類の高官がロッキード事件への「連座の可能性が高い三人に正確に当てはまる」と指摘、「三木はわれわれが彼らの無罪証明を出せないことを認識しているはずだ」と、要請に応じない態度を示した。

そして、①国務省には文書がないこと、②先にロッキード社顧問弁護士から得た情報は不完全なこと、③証券取引委員会（SEC）や司法省に文書閲覧を依頼することは可能だが、国務省の行動が疑問視される可能性がある。また文書が五万ページと大量であるため、政治家個人の連座を簡単には判断できない――と困難な実情を説明している。

そして、法的に「三木の要請を断るべきだ」と指摘している。

野党との連立案についても、「三木は、長期にわたって政治力を維持できないのは確実」だと不安視し、次のように指摘した。

もっと深刻なことは、米国が二十年間以上も提携相手としてきた保守派や自民党に与える影響だ。福田や大平、中曽根は、米国が三木を支援する明確な目的で新たなやり方に同意したことを知れば、米国に対して苦々しく思うだろう。日本の現在の政治構造の解体を奨励することが米国の国益かどうか重大な疑問がある。三木の弱点からみて、まったく賢明ではない。引っかき回すと、重大な代償を支払うことになる。

だから、「三木に対しては基本的に否定的な返答をすることを強く推奨する」とキッシンジャーに伝えた。ロッドマンを通じて、密使の平沢にこの結論は伝えられたようだ。

かくして、自民党支持がアメリカの国益、とする政策を固く維持した。国務省は自民党の保守的な主流派と、相互に依存し合う「義理」のような関係にあったのだ。もっと深読みすれば、「田中訴追」後、ポスト三木の受け皿として、国務省は福田らをつなぎ止めておかなければならないと考えたのだろう。

結局、三木は密使を使って、田中角栄の名前が明記された文書を得ようとしたが、失敗に終わった。しかし、だからといって、米国はそれ以後三木を相手にしない、ということにはならなかった。むしろ、率直な本音のやりとりをした結果、三木を評価したようにも見える。

CIAとの関連で理解示した三木

五月七日には、三木はホジソン駐日大使を官邸に招いて、七十分間にわたり、ロッキード事件対策について話し合った[18]。

大きい問題は二点あった。一つはロッキード事件の展開状況、二つ目はCIAが事件に関与していたという米国の報道である。

三木は、ロッキード事件について、「田中金脈問題との関連である」と断定した。これで、三木は田中のロッキード事件連座を認識した、と米国側は受け止めた。

田中金脈問題が「まだ明白に決着がついていない」ところへ、また「これと関連を有するような事件」が起きたため、「国民の不満が一段と高まった」と三木は強調した。さらに、「右翼が関係していた」ことも国民は不満に思った、と児玉誉士夫の関与を非難している。

三木は事件対策の目標として、①民主的過程を壊さないこと、②日米関係に悪影響を与えないこと――を挙げ、ホジソンも同意した。

次は、CIAの問題だ。ロッキード事件にCIAが関わっていたとする報道が米国で相次ぎ、日本国内で問題化して、日本政府が米側に問い合わせをする事態になっていた。

大使は、日本政府の照会に対して「米側としては満足な回答を与えることができず、……日米関係に害を及ぼさないとも限らない」と懸念を表明した。

日本側の照会に対して、米側が「ノーコメント」の立場をとっていることに、三木は「ノーコメントは肯定を含み得るのであり、場合によっては肯定に近いことを意味する場合すらある」と指摘した。この発言は、「ノーコメント」だと誤解されますよ、むしろはっきりと否定すべきです、と言ったのと同じだ。事実上「巨悪」追及の扉を閉ざしてもいい、という三木の意見表明だった。

三木本来の立場からすれば、CIAの問題は非難すべきところだが、今は追及しない考えを示した。こうしたキッシンジャーの信頼を得るための巧妙な外交は、若いころの米国留学に加えて、外交も経験して培われたようだ。

田中訴追とCIA不問で三木と米が一致

三木の発言を国務省は重視した。三木が事実上、田中のロッキード事件連座を認め、CIA絡みの問題を明確に否定するよう米国側に求めたからだ。

これで、〈田中訴追＋「巨悪」隠し〉で三木と米側が一致したことが確認された。

三木・ホジソン会談から一週間後、五月一四日の国務長官スタッフ会議で、三木発言について、次のような会話が交わされている。[19]

ハビブがギリシャの故事にたとえて言った。

「三木は自分のためになることを得た。三木は田中のような指導者の頭上にダモクレスの剣をぶら下がらせている」

ハビブは、三木がロッキード事件は「田中金脈問題との関連である」と断定的に言った、とのホジソン大使からの公電を読んでいた。だから、「ダモクレスの剣」のように、田中に危険が迫っていると言及したのだろう。

これに、キッシンジャーが続けた。

「ロッキード社の文書に何があるか彼（三木）は知っているから」（カッコ内筆者）

すると、ハビブはそれに同意するように、「彼（三木）は田中を捕まえられるとみている。他方、自民党の有力者たちは三木がロッキード捜査に前向きすぎるから、三木を政権から引きずり降ろそうとしている」と言った。

一面で痛快なこの議論、実は極めて意味深長だった。この会話で重要なのは、Tanaka の名前がロッキード文書の中にあることを三木が知っている、また三木が知っていることをアメリカは知っている、とキッシンジャーが言ったことだ。キッシンジャーも当然、田中の名前がロッキード文書の中にあることを知っていた。キッシンジャーが、ロッキード文書が証券取引委員会（SEC）に引き渡された際、そしてSECから司法省をへて東京地検に渡された際にも、田中の名前が入った文書を渡すことを長官の裁量で認めていたからこそ知り得た事実だ。

田中逮捕は東京地検の捜査次第だが、このやり取りからみて、三木もキッシンジャーも、捜査当局による田中訴追に肯定的で、田中逮捕に向けてスクラムを組んだことになる。

2．望めないほどの奇跡的な結果

米国は冷静な分析

「三木おろし」で三木は窮地に陥っていたが、米国政府は事態を冷静に分析していた。

五月六日付でホジソン駐日大使が国務長官あてに送付した別の秘密公電は、次のような分析を伝えている。[20]

ロッキード事件から派生した動きで、
・田中前首相の影響力が過去三カ月間で顕著に低下した。
・その結果、三木の後継首相に福田副総理がほとんど確実視されるに至った。
・大平蔵相は福田支持に向かおうとしている。
・田中自身は、福田に首相候補になるよう懇願したと伝えられる。
・これらの結果、三木の立場は基本的に脆弱《ぜいじゃく》になった。

しかし、こうした動向にもかかわらず、「三木首相を解任する方法で合意がない」のが現実だった。

いくつかのシナリオが考えられるが、確かな方法はなく、結局、三木が総選挙まで命脈を保つ可能性は「以前より大」と米大使館は予測している。その予測は正しかった。

このようにして、三木は、田中逮捕前の「三木おろし」のヤマ場を乗り切っていった。米国側は、自民党が分裂することなく、田中逮捕が実行されるまで見届ける構えのようだった。

しかし田中逮捕後も、「三木おろし」の風は止まなかった。反三木陣営は、八月一九日には二七人が参加した「挙党体制確立協議会（挙党協）」、二六日には「党議実現推進委員会（党議実現委）」の発足、と続く。それにも三木は堪え、田中逮捕を挟んで半年以上、政権を維持した。

「ミラクルだった」

田中角栄が逮捕されて約五週間後の九月二日、ホジソンは、ホワイトハウスを訪れ、スコウクロフト補佐官に報告をした[21]。

「本当に奇跡（ミラクル）だった」


ロッキード事件の結末を、ホジソンはスコウクロフトにそう伝えた。いろいろあったが、「われわれは強くなった」とも言っている。

「奇跡」とは宗教的な言葉で、常識では起こりえない、願ってもない結果のことだ。

ロッキード事件では、アメリカ側の国益を守り、日米同盟関係を傷付けないこと。つまり、インテリジェンスの機密情報などが暴露されるようなことがあってはならない。また、自民党が分裂するような事態も避けたい。

だからと言って、小物の政治家逮捕で終われば、「日米の結託で真実隠し」といった捜査中の批判をかわすのが難しくなる。

だから、米国にとって望ましくない大物政治家が逮捕されれば、それに越したことはない。ホジソンはロッキード社の元副社長から政権入りした。同社のインテリジェンスが絡んだ情報が漏れなかったことも重要だった。

そうした願いすべてが実現されたら、それこそ奇跡だ。「奇跡」という言葉には、そうした思いが込められていたのだろう。この一言で、米国政府の胸の内を覗けた気がする。

「大魚」を捕まえた

ホジソンは続けて、三木をほめて言った。

「三木のお手柄だった。三木はロッキード事件では一貫して、米国との良好な関係を維持するという基本原則で行動した」


それでは、どんな手柄だったのか。

「大きい魚が暴かれ、米国が非協力的だという非難が正しくないことが示される」結果になった、と明らかにした。

この言葉が、最も意味深長だった。「大きい魚」とはもちろん、田中角栄のことである。つまり、田中のような大物が逮捕された。その結果、アメリカが日本の捜査に協力的でなかったとは言わせない、と胸を張ったのだ。

事実、当時の日本国民は一時、日米両国が「ロッキード隠し」に動いたとの、漠然とした不信感を抱いていた。だが、田中逮捕の結果、充満していた不満がガス抜きされた。

「一か八かの危険な時期だった。満足している」と、スコウクロフトも同意した。

ここで「一か八か」の英語は dicey。名詞の dice はサイコロで、dicey は丁か半かどちらが出るか分からない、という意味だ。

危険な賭けだった。田中逮捕で自民党が分裂したり、政権維持ができなくなったりする事態も想定していた、ということだろう。

ホジソンは外相の宮沢喜一への賛辞も付け加えた。「宮沢も非常に有能だ」とホジソンが言うと、スコウクロフトも「彼はすばらしい」と答えた。

「危機」の際はほとんど毎日、大使邸と外相邸の電話で情報交換をし合った。「われわれしか知らない外相の私的な電話番号」があった。携帯電話がない当時、それは本当に貴重なことだった。

スコウクロフトは「宮沢はヘンリー（キッシンジャー）のウィット（機知、知性）にも合わせられる」とほめた。キッシンジャーと対立した、学業を修めていない田中角栄のことを暗に皮肉った発言だ。

スコウクロフトとイーグルバーガー（後の国務長官）の二人はともに、キッシンジャーの側近中の側近だった。ブッシュ（父）政権でもスコウクロフトは大統領補佐官として同じ職務に就き、イーグルバーガーは国務副長官から、一時的だったが、職業外交官として初めてトップの国務長官になった。

キッシンジャーはブッシュ（父）を嫌っていたが、彼の最側近の二人が、ブッシュ政権の要として政権に戻ったのは皮肉だ。ブッシュ（父）は二〇一八年九四歳で、イーグルバーガーは一一年八〇歳で、スコウクロフトは二〇年九十五歳で、いずれも死去した。キッシンジャーは二〇年六月現在で九十七歳を過ぎた。

国家安全保障問題担当の大統領補佐官は大別して、戦略家と調整型に分けられる。キッシンジャーは、カーター政権のズビグニュー・ブレジンスキとともに戦略の大家とされ、スコウクロフトは誠実な調整型の代表として知られる。スコウクロフトは後に、ブッシュ大統領（子）が踏み切ったイラク戦争に敢然と反対する筋の強さも見せた。

ロッキード事件捜査は終わった。あとは、揺れ動いた日本の政治をどう建て直すか。米国政府も「日本の政治的危機がどの方向へ向かうのか」「自民党内の争いの結末」を懸念していた。「自民党が結束を取り戻せたら、ロッキード事件の最悪の時期は終わる」。慎重なスコウクロフトはそう指摘している。

自民党内の情勢は流動的だった。

しかし、党内情勢は変わった。ホジソンによると、「田中が投獄されて、百人の議員を自由にした。そのうち三分の二が福田（赳夫）支持に向かった。かくして福田の力が強まり、三木と闘って、最終的に三木を追い出せるようになった」というのだ。派閥を越えた流動性が見られる、ということだろう。

では、政権の変わり目はいつ頃になるのか。ホジソンは一二月初め頃、臨時国会の会期末、との予測をスコウクロフトに伝えている。[22]結果的に、その通りになった。年末に衆院議員の任期が切れて、総選挙が行われ、自民党は敗北、三木は責任を取って辞任し、後継首相に福田が就いた。

かくして、この事件でアメリカと肩を組み、田中を訴追し、巨悪の追及を見送って、去って行った三木。だから、アメリカにとって「三木が好き」（八六頁）で、ロッキード事件は「奇跡」的な結末と高く評価されたのである。

3．キッシンジャーの「意図」

ロッキード事件、前期・後期

本書では、ロッキード事件を二期に分けて追及してきた。要点をおさらいしておきたい。

前期は、一九七二〜一九七四年まで。田中の首相在任中の出来事を中心に、本書では、第二部で取り上げた。キッシンジャーは、この間に大統領補佐官から国務長官兼務（一九七三年九月）となった。田中角栄とは「日中国交正常化」や日本の「親アラブ外交」への転換などで対立。田中の訪ソ前には、密かに北方領土問題で「譲歩するな」とソ連側を説得し、田中が成果を出すことを阻止した。

後期は、本書の第一部で取り上げた。一九七五年六月一〇日、ロッキード事件が発覚、翌一九七六年二月四日に同事件の日本関係分が表面化して、七月二七日に田中角栄が逮捕された。

田中をひどく憎悪

キッシンジャーは、前期で対立した田中を憎悪した。その体験を受けて、後期で田中の将来の「カムバック」を阻止するため、キッシンジャーは田中の刑事訴追が可能になる状況を整えた、という物語になる。

いくつもの米政府文書でキッシンジャーはその本音を語っている。

何度もキッシンジャーとの会談に同席した木内昭胤に、そんな事実をどう受け止めていたか尋ねた。[23]

「キッシンジャーは本当に田中を憎んでいましたか」との問いに、木内は「そう思います」とはっきり肯定した。そして「あれだけの策士はいないからね」とあきれたような、感心したような言い方をした。

木内は事件後、駐仏大使などを歴任している。九〇歳を超えていたが、矍鑠《かくしゃく》としていた。

確かに、キッシンジャーは田中に対して「憎しみ」を抱いていた。では、ロッキード事件発覚後にどんな「工作」をしたのか。

証拠は「意見書」

まず、キッシンジャーが田中を政治的に葬ることを想定して工作した証拠を再点検しておきたい。

証拠は、先述したように、キッシンジャーが記した「意見書」である。

一九七五年一一月二八日付でこれを司法長官に提出、一二月一八日のワシントン連邦地裁決定に、その内容が取り込まれた[24]。

この意見書は元々、ロッキード社が前国務長官ウィリアム・ロジャーズの弁護士事務所を通じてキッシンジャーに依頼したものだ。ロッキード社は、政府高官名が公開されると「国際的な混乱を巻き起こす」と恐れた。キッシンジャーはそれに同意し、意見書に「外国政府高官の名前と国名が第三者に早まって公開されると、米国の外交関係にダメージを与える」と明記した。

だから、意見書は、政府高官名の「非公開」を求めたものと理解されてきた。しかし、それは意見書が主張した一面に過ぎない。

実際には、巧みな仕掛けが隠されていた。まさに、「秘密兵器」と呼ぶべき仕掛けだ。

キッシンジャーの複雑で精緻な陰謀

秘密兵器とは、判事に対する国務省の「助言」の権限だった。外交問題で専門知識のない判事に対して、国務省が助言する。それによって、ロッキード社資料が「米国の外交関係にダメージを与える」かどうか、国務省の判断で文書を選択できることになったのだ。

同時に、国務省は不正な支払いをした「米国企業を、正当な法執行措置から保護しない」との立場も主張して、犯罪が絡むとみられる文書のSECへの提出も求めた。

また判事の決定で、SECから法執行機関への資料提供も認められた。かくして、法執行機関が捜査して、逮捕・起訴された場合、情報が公開されることになったのである。

意見書の日付は一九七五年一一月二八日。この時日本では、まだ事件は表面化しておらず、東京地検特捜部は動いていなかった。

翌一九七六年二月に、日本で事件が表面化。翌月、日米司法当局間の取り決めで、日本の法執行機関が資料提供を受け取ることで合意。再度国務省が承認して、SECから米司法省を通じ、東京地検に文書が渡された。

資料は四月一〇日に東京地検に到着。その中に、「Tanaka」ないしは「PM（首相）」などと記した文書が確かに入っていた[25]。

意見書では「国務省担当官は、ロッキード社から秘密の支払いを受けたとみられる友好国政府高官の名前を含む文書のうち、提出命令が出ているいくつかの文書を検査した」とも明らかにしており、「Tanaka」などと書かれた文書をチェックした上で、キッシンジャーが意見書をしたためた可能性が大きい。

よって、キッシンジャーは、田中が結果的に訴追されることになってもかまわない、と判断して意見書を書いたとみていい。

しかしながら、国務長官の意見書提出と日本への引き渡しの承認に関して、キッシンジャーの意図や理由を説明した文書はまだ発見されていない。

そのため、キッシンジャーが、田中が捜査対象となることを想定して意見書を書き、関係文書の日本への引き渡しも承認したかどうか、完全に証明できたとは言えない。

だから、キッシンジャー自身が、意見書と田中の逮捕・起訴は無関係、と主張することは十分あり得る。そもそも、訴追の是非は日本の検察庁が決めたことである。

疑惑は濃厚

しかし、状況証拠と疑惑は多々ある。

第一の疑惑は、なぜ意見書をあれほど複雑かつ緻密なものにする必要があったのか、だ。そもそも、ロッキード社顧問弁護士は「情報保護」だけを求めていた。あえて国務省の「助言」を入れ、「法執行」の必要性にも言及した周到な意見書に、情報工作に慣れたキッシンジャーらしさを感じる。

インテリジェンスの世界には、「プロージブル・デナイアビリティ（plausible deniability）」という言葉がある。情報機関は、秘密工作を行う際に、あらかじめ「まことしやかに（plausible）」否定できるストーリーを準備する。工作がバレた時に、そのストーリーを説明して弁解するのだ。スパイが捕まった時、ジャーナリストや研究者だと言い訳する話もそうだ。

この意見書にも、随所にそうした仕掛けが見られる。違法な支払いを「正当な法執行措置から保護しない」という部分がそうだ。だから政府高官名入り文書を提出させた、と居直ることができるように備えている。

第二点は、前駐日大使で知日派の国務副長官インガソルの突然の辞任だ。彼はフォード大統領に辞任挨拶をした際、大統領に辞任を惜しまれ、「複雑な気持ちです」と答えている。さらに、ロッキード事件が日本に及ぼす悪影響について、司法手続きで情報が「表面化せず、資料が缶詰めにされれば[26]」と述べた。政府高官名などの情報が公開されなければ問題にならない、というかすかな期待である。

事件の発覚後、インガソルはこの問題で省内の意見のとりまとめ役をしていたが、日米間の司法協力をめぐり国務省内の対立があり、司法省を含めた省庁間協議が一週間先送りされた。その間に国務省が決定を出し、出張中の東アジア担当次官補ハビブに決定を伝える秘密公電を送付したのは、インガソルではなくキッシンジャーの最側近、イーグルバーガーだった[27]。

インガソルは「Tanaka」文書などの対日提供で自民党の分裂などが起きることを恐れて反対したが、キッシンジャーが反対を押し切った可能性が大である。

第三点は、ロッキード事件では、西ドイツのフランツ・シュトラウス元国防相やオランダ女王の夫君ベルンハルト殿下らの名前も出たが、刑事訴追を免れた。日本では、米国に情報公開を求める国民世論が高まったのを受けて、キッシンジャーが日本への資料提供を決めた可能性が大きい。

キッシンジャー陰謀説の可能性は濃厚である。次に、彼のパーソナリティを掘り下げ、どのような人物か分析しておきたい。

4. キッシンジャーの数々の秘密工作

田中を嫌い、大平には感謝

キッシンジャーは日本のことを理解せず、田中角栄には強い不信感を抱いた。

一九八二年に出版された回想録で、彼は「最初に公職に就いた時、主要国で日本ほど理解し難い国はなかった」と書いている。[28]

では、八年間の在職中に理解は深まったか。いや「日本の特異なキャラクターは理解できなかった」として、理解できない問題点を並べている。

田中については、発言を「信頼性がない」と信用していなかった。石油ショックの際、田中は「速射のスタッカートで」石油輸入量の数字や日本の工業生産への影響などを説明。これに対してキッシンジャーは「米国の戦略」を解説し、米国の政策を損ねると反論したが、結局田中が「親アラブ外交」を発表した経緯を抽象的に記述した。回想録の出版はあれから九年。しかしまだ田中には、恨み骨髄のようだった。

対照的に、大平正芳については温かい言葉で振り返っている。一九七二年六月の夕食会で初めて会い「言葉少なく、驚くほど礼儀正しいことに印象付けられ」、それ以後友情が強まった。「大平は日本のことについて辛抱強く教えてくれた」「常に約束した以上のことを実行してくれた」「一人でもアメリカとの連帯を主張した」など、信じられないほどの感謝の言葉を連ねている。[29]

大平と田中は盟友だったが、大平がキッシンジャーに対して田中のことを弁護したり庇《かば》ったりする機会はなかったようだ。大平・キッシンジャー関係は、ただ大平の「人徳」と言うほかないだろう。

他方三木のことは、回想録でまったく触れていない。不合格の評価ではないが、個人として特に印象に残ることはなかったのだろう。

佐藤のことは、別の回想録で高く評価している。一九七二年六月、佐藤の辞意表明前に来日したのは「佐藤の性格を高く称賛するため」だった、と明らかにし、その際に「偉大なリーダーとして彼への尊敬を示した」と書いている。「内面の強さと知恵、尊厳を体現していた」と、最上級のほめ言葉を送っている。[30] 一九七三年にノーベル平和賞を受賞したキッシンジャーは翌年の同賞候補に佐藤を推薦し、それが実現した。

正義より秩序

キッシンジャーは、どのような人物で、どんな性格で、どんな戦略思考だったか。

本章の冒頭で紹介したように、彼は「正義と混乱」より「不正義と秩序」を重視する人物である。ここで新たな視点から、彼の人となりと言動を分析したい。その結果、日本では知られていなかった真実が見えてくるだろう。

彼がニクソン大統領補佐官に抜擢された舞台裏では、彼はまるで「二重スパイ」のような暗躍でニクソンの信頼を得ていた。チリ・クーデターの裏では、苛烈な秘密工作を展開した。

こうした事実を分析し、その上で、キッシンジャーは確かに、意図して田中を政治的に葬るような人物だったか、判断したい。

すれ違った問題意識

キッシンジャーは、庶民的な田中とはまったく肌合いの違う人間だった。

二人とも、強い上昇志向と自己顕示欲を持つ点は共通していた。しかし、キッシンジャーが違うのは、盗聴やだまし討ち、裏切りといった「禁じ手」を使って、ライバルや邪魔者を押しのける強引な人物だったことだ。

キッシンジャーは、一九二三年ドイツ生まれのユダヤ系。ナチスの迫害が厳しくなり、一五歳の時に一家でドイツを逃れ、米国に移住して帰化、米陸軍に召集され、終戦をドイツで迎えた。彼ら一族の中で、ナチスに虐殺された人は十二人に上ったという[31]。戦後、ハーバード大学で学び博士号を取得、同大学教授を経て大統領補佐官となった。

田中は一九一八年、新潟県柏崎《かしわざき》近くの二田《ふただ》村で生まれた。父はかつて「博労《ばくろう》」と呼ばれた牛馬を売り買いする商人で、儲かれば大金を手にし、逆に大損もするバクチのような仕事だった。田中が後年、「金脈問題」で巨額の金を作り、気前よく金を配ったのは、父親の影響かもしれない。高等小学校卒業後、海軍兵学校への進学を希望したが、父の商売の失敗や母の病気で断念した。上京して土建会社の「小僧」を振り出しに、自分で事業を興した。徴兵で満州《まんしゅう》に配置されたが、肺炎にかかり、三年で除隊。戦後、二回目の総選挙で初当選して政治家となった[32]。

進学できなかった田中は「大学の教壇から抽象的想像力、体系的思考を学ぶ機会はなかった[33]」。彼を支えたのは経験則であり、外交に必要な「理念」を磨く機会はなかったのだ。

政治家として総仕上げに掲げた「日本列島改造論」は、新潟の発展を阻んだ大雪と闘う土木工事の構想が出発点だった。

落選した戦後初の総選挙で、田中は新潟・群馬県境の「三国峠を切り崩し……そうすれば日本海の季節風は太平洋側に抜けて、越後に雪は降らなくなる」と演説した。[34] 田中は日本を豊かにするための政治を優先させた。

キッシンジャーは違う。ナチスに翻弄され、米軍兵としてナチスの終焉《しゅうえん》まで戦い、ハーバード大学で歴史と政治学を学んだ。鋭い国際感覚は少年期から身に付けていた。

田中が、福田赳夫と同じように佐藤栄作に将来を期待され、外相に任命されるチャンスがあれば、キッシンジャーにも少しは対応できたかもしれない。だが、二人の問題意識はすれ違ったまま、交わることはなかった。

秘密工作と外交の現場

日本では、キッシンジャーという人物を、学識経験と外交安保分野における華々しい活躍という面からしか見ていないようだ。

ハーバード大学教授から、外交安保の現場に転じ、ベトナム和平でノーベル平和賞を受賞、米中国交の扉を開け、ソ連と初の核軍備管理条約SALT（戦略兵器制限条約）を締結して、緊張緩和を進めた。

しかし、彼の経歴をつぶさに点検すると、まったく違う顔が見えてくる。一九七三年にノーベル平和賞を受賞した時、ノーベル賞委員会が発表した経歴の中に、大学院生の時から学術研究と同時に米政府機関のコンサルタントをしていた事実が記載されている。[35]

一九五二年「心理戦略委員会（PSB）」、五五年「工作調整委員会（OCB）」、五九〜六〇年統合参謀本部兵器システム評価グループ、六一〜六二年国家安全保障会議（NSC）、六一〜六八年軍備管理軍縮局（ACDA）、六五〜六八年国務省。

重要ポストながら書かれていないのは、一九六八年の米大統領選挙共和党予備選で、ニクソンの政敵ネルソン・ロックフェラー候補（ニューヨーク州知事）の非公式な外交顧問をしていたことだ。そして、彼は翌一九六九年一月二〇日からニクソン大統領の補佐官（国家安全保障問題担当）に就任した。大学院生の時代から国務長官に至るまで、ほぼ間断なく政府の仕事に関与していたことになる。

主要な分野は、情報（インテリジェンス）と核戦略、ベトナム戦争だった。

実は、PSBもOCBも、米中央情報局（CIA）が世界各地で展開した秘密工作を審議した機関だ。彼は何よりもインテリジェンスの世界で、情報工作に長けた専門家だった。彼を、広い意味でインテリジェンス・オフィサーもしくはスパイと呼んでもおかしくない。

ウラジーミル・プーチン・ロシア大統領が、若い頃に初めて彼と会った際の話が面白い。「実はインテリジェンスの仕事をしていた」と打ち明けたプーチンに対して、キッシンジャーは「まともな人はインテリジェンスの仕事から始める。私もそうだった」と自己紹介している。[36]

実際、彼は一九四三～四六年に米陸軍兵として、ドイツに駐留し、最後は「防諜部隊（CIC）」第九七〇分遣隊の軍曹となっている。CICは占領期の日本でも、危険な情報工作を展開していた。彼の分遣隊は、東欧から逃走したナチス協力者をリクルートして、対ソ連情報工作に利用する工作に従事していた。[37]

国務省コンサルタントとしては、ベトナム戦争の評価が主たる仕事だった。何度も現地へ足を運び、当時現地で勤務していたダニエル・エルズバーグ（ランド研究所）からブリーフィングを受けて、戦地を視察した。[38]

エルズバーグは、後に機密文書「ペンタゴン・ペーパーズ」をニューヨーク・タイムズ紙にリーク。全文が紙面に掲載され、ベトナム戦争反対運動をさらに盛り上げた。二人はハーバード時代からの研究仲間だったのだ。

キッシンジャーは決して反戦派ではなく、ベトナム戦争の続行を支持していた。だが、当時のジョンソン政権幹部らとの私的な会話では「われわれは勝てそうにない」と漏らしていた。真実を伝えながら、政府には嫌われないよう細心の注意を払っていたようだ。

パリ会談の機密情報をニクソンに漏洩

キッシンジャーが国務省コンサルタントの立場を利用する好機が到来した。一九六八年の米大統領選挙である。

大統領候補の指名争いをする共和党予備選挙で、キッシンジャーはネルソン・ロックフェラー（ニューヨーク州知事）の非公式な外交顧問をしていた。当時はニクソンをひどく嫌い、「ニクソンは大統領候補の中で最も危険」と相手にしないほどだった。[39]

しかし、八月の共和党全国大会でニクソンが指名を獲得して、ロックフェラーが敗れると、彼は素早く変身した。ジョンソン政権内の情報源を裏切って、貴重な情報を入手し、ニクソン陣営に通報、ニクソン大統領当選に貢献したのだ。高く評価されたキッシンジャーは、大統領補佐官に抜擢された。

本選挙でニクソンの対抗馬となったのは、ジョンソン民主党政権の副大統領ヒューバート・ハンフリーだった。リンドン・ジョンソン大統領は、ベトナム戦争で行き詰まり、再選出馬を断念していた。

選挙戦では、一一月五日の投票日に向けて、ハンフリーを支持するジョンソンがベトナム戦争でどんな策に打って出るか、が注目された。

共和党大会から二、三週間後、ニクソン選対本部で外交顧問をしていた旧知のリチャード・アレン（後にレーガン大統領補佐官）からキッシンジャーに電話があった。ニクソン選対に入らないかという勧誘だった[40]。

キッシンジャーはそれを断って間もなく、今度は自分からアレンに電話、「ジョンソン政権の（北ベトナムとの）パリ会談代表団に接触できる方法がある」と持ちかけた。この提案は直ちにニクソンに伝えられ、喜ばれる。

当時、キッシンジャーは国務省コンサルタントで、パリ会談本交渉の開始条件をめぐり、独自の案を提案して交渉の進展に貢献していた。

パリ会談代表のアベレル・ハリマン大使（元駐ソ大使）の副官ダニエル・デービッドソンや、副代表のサイラス・バンス（後の国務長官）も友人で、ロバート・マクナマラ国防長官やジョンソン大統領にまでキッシンジャーの評判が伝わっていた。

投票日まで二カ月の段階で、ハンフリーはニクソンに一四ポイントもの差を付けられており、和平会談で思い切った提案をする必要に迫られる。ジョンソン政権が決めたのは、北ベトナムに対する空爆（北爆）の停止と、南ベトナムおよび民族解放戦線が参加した本会談の開催だった。

キッシンジャーはパリとワシントンを往復、こうした動きを察知し、アレンに伝え、アレンは選対本部長のジョン・ミッチェル（後に司法長官）を通じてニクソンに連絡した。

この間、ジョンソン政権の関係者には口先で「ハンフリー支持」を巧言、実際にハンフリー候補にも接近しようとして、手紙を書いたこともあった。

一〇月九日のパリ和平会談で、米国と北ベトナムは北爆の停止と和平会談への南ベトナムの参加で基本合意。その後、和平会談に民族解放戦線代表も参加することが決まった。

ジョンソン大統領が一〇月三一日にこの提案を発表する十二時間前、キッシンジャーはアレンに最後の連絡をしたという。

しかし、一一月二日、先に会談への参加を内諾していた南ベトナムのグエン・バン・チュー大統領は、突然「会談不参加」を発表。ジョンソン提案はぶちこわしとなり、三日後の大統領選挙でハンフリーは敗れた。

キッシンジャーからの情報を得たニクソン陣営は、密かにチュー大統領に働きかけて、会談不参加への同意を得ていた。ジョンソンは「ニクソン陣営の意図的妨害工作」と非難し、連邦捜査局（FBI）とCIAに捜査を命じたが、後の祭りだった。

ミッチェル選対本部長は「キッシンジャーとの直接的連係」が選挙運動の最重要機密の一つだったと高く評価。選挙後の一一月二六日、ニクソンはキッシンジャーと会い、国家安全保障問題担当補佐官をオファーした。

以上は、「ミライ事件」や「アブグレイブ刑務所虐待事件」のすっぱ抜きで有名なシーモア・ハーシュが明らかにした。その後、アレンもニクソン自身もこの裏話を認めている。

ニクソンとフォードの政権で計八年。キッシンジャーは歴史に残る仕事をした。しかし、一九六八年大統領選挙で「二重スパイ」のようにして動いて得た地位でやれた仕事だったのだ。

補佐官の座をキッシンジャーに奪われたアレンは、「国家安全保障をもて遊ぶのは非常に危険」だと厳しく批判している。また、ハリマンは「裏切り行為」と非難した。ハンフリー陣営には「二股かけるヤツ」と罵る者もいた。多くの関係者に恨みを残した。

部下を疑い、平気で盗聴

米国で、キッシンジャーはしばしば「道徳規準を持たない（amoral）」人物だと評される。普遍的人権などの価値は外交政策で何の役にも立たない、と信じているというのだ。[41]

彼の博士論文のタイトルは「回復された世界平和―メッテルニヒ、カースルレー、そして平和の問題一八一二～二二年」。「会議は踊る」と言われたウィーン会議だ。オーストリアの外相メッテルニヒと英国外相カースルレーに焦点を当てている。

論文に関する議論で、彼が発した言葉が、ゲーテを引用したとされる「正義と混乱か、不正義と秩序か、どちらかを選ばなければならない時、私は常に後者を選択する」という言葉だった。[42] 秩序維持のため、あえて不正義も押し通す人物。手段を選ばず目的を達するタイプだ。

キッシンジャーは、沖縄返還交渉に絡んで、部下の電話を盗聴させる問題を起こしている。

ある時、沖縄返還交渉をめぐる機密情報が新聞に漏れたことがあった。キッシンジャーは、国家安全保障会議（NSC）で部下だったモートン・ハルペリンとディック・スナイダーがリークしたと疑って、ニクソンの承認を得て、FBIに彼らの自宅電話まで盗聴させたというのだ。[43]

ハルペリンはハーバード時代からの仲間だったが、容赦なかった。

きっかけは、正式交渉が開始された一九六九年六月三日付ニューヨーク・タイムズ紙一面に「米国は沖縄から核兵器を撤去する計画といわれる」との見出しで掲載されたスクープ報道だった。

キッシンジャーは、翌日FBIでエドガー・フーバー長官と会い、この記事の筆者、ヘドリック・スミス記者の自宅を盗聴するよう依頼する。ハルペリンに対する盗聴は、既に五月九日から始まっていた。「米国がB52爆撃機でカンボジアを爆撃」との同紙記事へのリークでも、ハルペリンは疑われていたのだ。

スミスに対する盗聴は八月三一日で打ち切られたが、ハルペリンは一九七一年二月まで約二十一カ月間も盗聴されていた。

結局、機密漏洩《ろうえい》の証拠など見つからなかったが、ハルペリンは九月に辞任。スナイダーも職場環境に嫌気が差して、九月に駐日公使への異動となった。

キッシンジャーは猜疑《さいぎ》心が強く、当時はハルペリンの機密漏洩を疑っていた。しかし、盗聴工作の表面化後、ハルペリンがキッシンジャーらを相手取り、違法な盗聴に対する損害賠償を求めて起こした裁判では、キッシンジャーは一九七六年に「ハルペリンは安全保障上のリスクとは判断していなかった」としらを切っている。田中を「ウソつき」と罵ったが、自分の方が御しがたいウソつきだった[44]。

ハルペリンは元々リベラルで、若い頃はともかく、キッシンジャーとは年々そりが合わなくなっていった。

アジェンデ・チリ社会主義政権を打倒

キッシンジャーは政権入り後も、各種のインテリジェンス工作を強引に展開した。その中で最も典型的なのは、南米チリで歴史上初めて自由選挙で政権に就いた社会主義者の大統領に対し、監督のような立場でＣＩＡによる秘密工作を主導したことだ[45]。

一九七〇年九月、チリ大統領選挙で左派人民連合代表のサルバドル・アジェンデ社会党党首が得票率約三六％で一位になった。翌月の決選投票でアジェンデは勝利、正式に大統領に就任したが、その前にニクソンがＣＩＡのリチャード・ヘルムズ長官に決選投票を阻止する工作を指示した。キッシンジャーは九月一二日、ヘルムズと電話で話している。

「一四日に40委員会を招集した。チリが転落しないようにしよう」とキッシンジャーが持ちかけると、ヘルムズは「私はあなたとともにいる」と支持を表明した[46]。40委員会は、CIAによる秘密工作を決定するため、国務省、国防総省、CIA幹部らとキッシンジャーらが協議する場だった。

そこに、キッシンジャーの部下が提出した文書で、深刻な問題点が指摘された[47]。

この秘密工作について、「米国自体の原則と基本的政策に違反する」「通常はこうした工作はやめる」「アジェンデは米国の脅威か？」などと警告されたのだ。しかし、キッシンジャーはそんな警告を無視した。

翌一五日、キッシンジャーは大統領を入れた会議で「一千万ドル（当時の為替レートで三十六億円）を準備」などとする計画を決めた[48]。

CIAは、チリ軍部の三グループにクーデターの実行を働き掛け、催涙ガス弾や自動小銃、弾薬などを提供。軍の政治介入に反対のルネ・シュナイダー陸軍司令官を誘拐し、アジェンデ派の仕業と見せかけ、それを口実に軍がクーデターを起こす、というシナリオだった。

しかし、一グループが同司令官を殺害してしまったため、工作は失敗、中止となった。

結局、一〇月の決選投票ではアジェンデが圧勝。それ以後、米国はアジェンデ政権打倒を目指す長期的な秘密工作を展開した。

一一月五日付大統領あてメモは、次のように警戒している[49]。

・チリはソ連社会主義圏の一部となり、中南米へのソ連・キューバ勢力拡大の入り口となる恐れがある。

・チリのマルクス主義政権成功は世界の他地域、特にイタリアへの前例となる恐れがある。

アジェンデ政権は急進的な農地改革を進め、米国系の銅山や銀行などを全面国有化し、社会主義化を目指した。これに対し米国は、①アジェンデ連立政権を弱体化させる政治工作、②チリ軍部との接触拡大、③チリ経済封鎖――などの秘密工作を進めた。その結果、チリ経済が悪化、国内情勢は混乱した。

一九七三年九月一一日、陸海空三軍と警察が軍事評議会を結成してクーデターを起こし、その際に、アジェンデ大統領は死亡した。その後、前政権関係者ら数百人が殺害されたと言われる。

この後、軍事評議会議長に選出されたアウグスト・ピノチェト陸軍司令官が大統領に就任、軍事独裁は約十五年間続いた。

アジェンデ政権の崩壊は日本でも報道されたが、クーデターの裏に、キッシンジャーが主導した秘密工作があったことは伝えられていなかった。

キッシンジャーが議長で、国務省、国防総省、CIA幹部らが集まった九月一三日の「ワシントン特別行動グループ会議」で「CIAの関与を否定すること」を申し合わせている[50]。

キッシンジャーが、チリやベトナム、カンボジアなどで行った工作については、「戦争犯罪」と追及するグループがある。二〇〇二年四月、キッシンジャーがロンドンのアルバート・ホールで開かれた英経営者協会主催講演会で講演した際、「キッシンジャー、戦争犯罪人」と書かれたプラカードを掲げたデモ隊が押し掛けた、とニュースで伝えられた。キッシンジャー追及の動きは、各地で起きていた。

情報公開に抵抗したキッシンジャー

キッシンジャーは、インテリジェンスが絡んだ情報の公開に強く反対していた。その点では、政権内でも最強硬派に属していた。

実は一九七五～七六年当時、その主戦場は上院の「情報活動に関する政府工作調査特別委員会」（現在の上院情報特別委員会）だった。フランク・チャーチはその委員長としても、問題を起こした情報活動を暴き、重要文書を公開した。

キッシンジャーは、チャーチ委の活動に不信感を露わにし、頑固に抵抗した。国防長官のジェームズ・シュレシンジャー、ＣＩＡのウィリアム・コルビーらと対策会議を行った時、次のように発言している。[51]

「世界中で最も傷つくのはＣＩＡだ……チャーチはＣＩＡが何もすべきでないと証明したいのだ」

チャーチらはフォード大統領に、関係文書の公開を要請するため、一九七五年三月五日にホワイトハウスを訪問することになった。

その前日、チャーチらとの会議用メモが大統領に提出された。その中には、チャーチ委に対する次のような警戒感が示されている。[52]

・わが国のインテリジェンス能力がミステリーに包まれ、恐れられる存在と認識されることが重要だ。

・情報開示は破滅的だ。われわれの成功は将来、敵に対抗手段を教えることになる。失敗は無能力をさらけ出す。

これが、キッシンジャーの本音だった。

だから、ロッキード事件でも、米戦略の障害とみた田中関係の文書は出すが、インテリジェンスが絡んだ情報は出さない。そんな立場が浮き彫りにされていた。

チャーチらとの会談で、フォードもキッシンジャーも情報公開に協力する態度を見せず、問題点ばかりを突き付けた。[53] しかし、当時の上院は野党民主党が多数派で、情報公開要求を拒否できず、CIAは関係文書を提供、チャーチ委はCIAによるカストロ・キューバ首相暗殺未遂などの事実を公表した。

キッシンジャーは、一九七五年五月一五日国家安全保障会議（NSC）で、チャーチ委での議論に関して「大統領の暗殺命令を禁止する法律は愚行であり、国家的屈辱だ」と述べている。[54] 彼は大統領からの外国要人暗殺命令を躊躇《ちゅうちょ》なく是とする人物だったのだ。

5．田中はキッシンジャー戦略の障害

米中関係の改善を主張したのはニクソンが先だった

キッシンジャーは、ニクソンの訪中で、戦略家としての成功を世界に印象付けた。

しかし、先に米中関係の改善を主張していたのはニクソンだ。ニクソンは、一九六七年一〇月号の外交誌『フォーリン・アフェアーズ』に寄稿した「ベトナム後のアジア」と題する論文で、「十

億の民を孤立させておく場所はない」「中国が変化するまで世界は平和ではあり得ない」と関係改善を提案した。[55]

ニクソンは翌一九六八年大統領選挙に勝利して、最初にキッシンジャーに会った際、この論文を読むよう指示した。[56]

キッシンジャーは、先述したように一九六八年大統領選挙の共和党予備選ではネルソン・ロックフェラー候補の外交顧問を務めていた。その際、「中ソ両共産主義国との三角関係で、最終的に両国との関係を改善する」という世界戦略を、ロックフェラーのためにまとめている。[57]キッシンジャー一流のバランス外交である。

ニクソン政権で、キッシンジャーはこの戦略的枠組み構築に乗り出した。一九七二年二月、ニクソンの初めての訪中、そして五月には訪ソして、第一次戦略兵器制限条約（SALTⅠ）に調印した。ソ連とは「デタント（緊張緩和）」の動きである。

米中ソ世界戦略の構図

訪中の直前、キッシンジャーはニクソンに対中・ソ外交の「核心」を伝授した。二人が中国本土に足を踏み入れた一九七二年二月二一日の一週間前、二月一四日のことだ。大統領執務室で約二時間にわたり打ち合わせして、キッシンジャーは次のように語った。

「歴史上のある期間、彼ら（中国人）はロシア人よりも恐ろしいと私は思う。二十年後、あなたの後継者があなたのように賢明であれば、ロシア側に傾斜して中国と対抗すると私は思う。向こう十五年間、われわれは中国に傾斜してロシアと対抗しなければならない。われわれはこうした力のバランスのゲームをまったく無感情のまま演じなければならない。今現在は、中国がロシアを矯正し、規律を課してくれることを必要とする」[58]（カッコ内筆者）

彼は、フォード大統領にも同じことを説いている。ニクソンがウォーターゲート事件で大統領を辞任し、フォードが後継大統領に就任。一九七四年十一月に日本、韓国、ロシア極東・ウラジオストクを歴訪する直前、大統領執務室での事前協議で次のように述べた。

「中国はわれわれが好きだからわれわれの側にいるわけではない。彼らは冷血でわれわれを利用している。これから十年間われわれは中国を支持すべきだが、その後われわれはソ連に近づくことになろう[59]」

ニクソンからフォードに代わり、「親中」の期間が十五年間から十年間短縮されたが、大きい意味はないとみられる。

当時の中ソ関係は、深刻なまでに悪化していた。一九六九年には、中ソ国境を流れるアムール川（黒竜江《こくりゅうこう》）の支流ウスリー川の中州（ダマンスキー島、中国名・珍宝島《ちんぽうとう》）で軍事衝突が起き、中国は核兵器を使った全面戦争への展開を恐れるほどの危険な状態だった。

ソ連は世界規模の「オケアン」海軍大演習を展開、戦略核戦力はピークに達していた。他方、中国は長期化した「鎖国」で国力は低下していた。

キッシンジャーは、当時のこのような勢力図と中ソの敵対関係を利用した。だが、「相争う二国のうち一国を他の一国に対して『利用している』という印象を避けるべきだ」と、配慮の必要性も強調している。[60]
だから、一九七一年七月一五日夜に電撃的な「ニクソン訪中」を発表したが、半日前の同日午前九時に、ソ連の駐米大使アナトリー・ドブルイニンにこの予定を伝えていた。[61] 訪中直後にも、キッシンジャー自身が同大使に米中会談について詳しく説明している。
日本はキッシンジャーが描く米中ソの戦略的構図の枠外だった。

田中の日中正常化で阻まれた米戦略

米中ソのバランス外交戦略は、キッシンジャーの思惑通りには進展しなかった。

最初にキッシンジャーを激怒させたのは、田中による「日中国交正常化」だ。

キッシンジャーは、ニクソン訪中で発表した「上海コミュニケ」で、「一つの中国」を先延ばしにすることに成功した。当面、上海コミュニケを盾に年数を経過させ、状況に応じてソ連に軸足を移す局面を想定していたとみられる。

しかし、日中国交正常化のせいで、コトはそのように進まなかった。

鄧小平から、「日本方式」の国交正常化を米国も採用するよう促され、キッシンジャーは困惑させられた。[62] キッシンジャーが政権を去った後ではあるが、カーター民主党政権が一九七九年、米中国交を正常化した。

二つ目の計算外は、ソ連・東欧圏の崩壊だ。キッシンジャーはプーチンに会った際、「ソ連はそんなに早く東欧を放棄すべきではないと私は思った。われわれは世界のバランスを非常に急激に変化させている。それは望ましくない結果を迎える……人々はソ連がなくなり、すべて正常だと言う。それはあり得ない……ゴルバチョフがなぜそんなことをしたか私は分からない」と語ったという。[63]

キッシンジャーは、田中の日中国交正常化のせいで、自分が描いた戦略構想が妨害された、と田中を憎む感情を持ったに違いない。

一九七四年三月に訪ソするのに先だって、キッシンジャーは同月一一日、ジェームズ・シュレシンジャー国防長官ら、国防総省の文民および軍幹部と事前の協議を行った。

その席上、次のように語っている。[64]

「中国はアジアにおける米国の目に見えるプレゼンスを望んでいる……日本はまったく急にコースを変える。われわれは、日本の民主主義が一九四五年以降、永久的な現象になったとみることはできない。力のバランスが維持される限り、日本はOKだろう。もしバランスが変化すれば、日本は一夜にして変わる」

「太平洋における米軍の配備と米軍の全体的な力は日本を隊列に維持するために不可欠だ」

米軍が太平洋に強大な軍事力を維持しているのは、日本が急に変化して軍事力を強化するのを防ぐためにある。米軍が日本の軍事力を瓶の中に閉じ込める。いわゆる、米軍の「瓶のふた論」をキッシンジャーもとっていた。

それでは「日本の防衛力はどうですか」とウィリアム・クレメンツ国防副長官が尋ねると、キッシンジャーは次のように答えた。

「米国が世界で支配的な力を維持する限りは日本の防衛力維持を望む。日本は中国を少し懸念している……日本は十年以内に核武装すると思う。われわれは日本との同盟関係を維持する間

は、他国を怖がらせるため日本を使うべきだ」（傍点筆者）

日本国民の間で平和主義が根強いことを、キッシンジャーは理解していなかった。日本が十年で核武装するとの予測は間違っていた。

日本訪問直前の同年一一月一六日、大統領執務室でフォードと事前の打ち合わせをした時も、キッシンジャーは「日本の方がずっと危険です。歴史的に見て、一貫して日本は永久的な連帯を続けたことがない」と言っている。[65]

「われわれがやった」

米政府機密文書を読むと、キッシンジャーは自分がしてきたことを、大統領には平気で、ぽろっと漏らすことがある。

チリ軍事クーデター五日後の九月一六日、ニクソンは電話でキッシンジャーに尋ねた。

「今回、われわれの関与が示されたか」

これに対して、キッシンジャーは答えた。

「われわれはやっていない。彼らを助けたという意味です。可能な限り条件を整備した」

クーデターには直接的に関与していない。正確にはクーデターを実行した勢力を支援したという意味だが、同時に、彼は「アイゼンハワー時代なら、われわれはヒーローになるでしょう」と言った。[66] アイゼンハワー政権は、世界各地で秘密工作を展開していた。

キッシンジャーは、ロッキード事件の始末が終わった後、同じような言葉を残している。一九七六年一二月五日、日本では自民党が大敗、保守系無所属八人を追加公認して、ようやく過半数を確保した。

その直後、キッシンジャーがフォードに語った次の言葉は、内容は違うが、言い方がチリ・クーデター後と似た部分がある。（キ：キッシンジャー、フ：フォード）

キ「（日本の選挙結果に言及して）われわれがそれをやった。フランク・チャーチも誇りとすべきだ」（カッコ内原文）

フ「それは本当にロッキードだったのか」

キ「そうです。今後は徐々に右と左の両極化が進むでしょう」[67]

選挙で自民党が負けたのは、田中逮捕に至ったロッキード事件で、自分たちが「それをやった」からだというのだ。米国の関与を認めた、と言っても過言ではない。

米国の大統領選挙でフォードが負けて約一カ月後。翌年一月二〇日にカーター次期大統領が就任し、ホワイトハウスを明け渡す。そんな時に、選挙に負けた政権トップが交わした力が抜けた会話だった。

佐藤を辞めさせる？

別の場面だが、米国側が一九七一年、日本の首相の辞任を招く恐れがある、最後通牒《つうちょう》的な内容の大統領書簡を出したことがある。

佐藤栄作首相は一九六九年一一月、ニクソン大統領と首脳会談を行い、沖縄返還で基本合意した際、繊維製品の対米輸出を自主規制すると約束した。

しかし、翌々年一九七一年になっても実行されず、日本繊維産業連盟が三月八日、一方的に対米繊維輸出を自主規制する独自の案を発表した。これを、米国野党民主党の大物ウィルバー・ミルズ下院歳入委員長が支持すると発表。保利茂官房長官は、これにより日米政府間の交渉は「継続する必要がなくなった」と、政府間交渉を打ち切る方針を明らかにした。

これにニクソンは激怒し、「ジャップの裏切り」と悔しがった[68]。そして、キッシンジャーや国務次官のアレクシス・ジョンソンらに佐藤宛書簡の作成を指示。三月一一日、キッシンジャーとジョンソンが、その最終文案について電話で打ち合わせた時の会話録である[69]。（ジ：ジョンソン、キ：キッシンジャー）

ジ「これは実質的に最後通牒です。私は彼が辞任する、と賭けます」

キ「この文案はわれわれの最初の原案よりも厳しい。コナリー（財務長官）、フラニガン（国際経済担当大統領補佐官）と大統領が（修正を）やった」（カッコ内筆者）

キ「われわれはばかばかしい繊維問題で日本の首相に辞めてほしいのか？」

ジ「まったく美しくない」

キ「大統領は単語を削除しなければならない。十五分以内に大統領と接触する」

これは、首相の辞任を招くかもしれない大統領書簡の内容について、キッシンジャーらが相談した記録である。恐らく、厳しすぎると思われた単語を削除して、書簡はアーミン・マイヤー駐日大使が三月一二日、首相官邸に持参した。

それでも、書簡は儀礼的な挨拶も省き、冒頭でいきなり「私は繊維問題の経緯に失望と懸念を隠すことができない」から始まる強硬な内容だった。[70] しかし、粘り強い佐藤は辞任しなかった。辞めたのは一年以上後のことだ。

四カ月後の七月一五日に「ニクソンの来年訪中」を発表したニクソン・ショック。その際にも、同じような議論があった。

佐藤への事前連絡は、最初「ジョンソンを日本に派遣して知らせる」予定だった。キッシンジャーの副官アレグザンダー・ヘイグは、いったんジョンソンに電話でワシントン郊外のアンドルーズ空軍基地（当時）に行くよう連絡したが、直後にキャンセルになったという。[71]

日本での事前説明を止めたのは、ニクソンだったとみられている。

これらの経緯から見ると、キッシンジャーがあの「意見書」を出した時にも、国務省内でそれなりの議論をした可能性は十分ある。

目白を三回訪ねたキッシンジャー

田中を尊敬していた石井一《いしいはじめ》元自治相は、キッシンジャーが退任後、田中の東京・目白《めじろ》の私邸を三回も訪問したことを明らかにした。[72]

一回目は一九七八年七月二四日、二回目が八一年七月二四日、三回目が八五年一月三日という。その都度、石井は田中に「キッシンジャーとはロッキードの話、しましたか」と尋ねたが、田中は「一切しないよ」「何も言わないよ」と答えた。

ただ、三回目のキッシンジャー来訪の五十二日後、一九八五年二月二四日、田中は砂防会館の田中事務所で面会した弁護士に「これはキッシンジャーにやられた。アメリカでもいいから、どこでもいいから調べてきてくれ」と言ったという。[73]

キッシンジャーは、三回目の来訪の際、田中に何かを確信させることを言ったのかどうか、すべて闇の中である。

田中はその三日後に脳梗塞で倒れ、話すのが不自由になった。このため、キッシンジャーがしたことについて詳しく説明する可能性は永遠になくなってしまった。

キッシンジャー来訪の理由について、石井は「一人の天才を日本の政治から葬った、キッシンジャーの良心の呵責」がそうさせた、と書いている。

しかし、多々記したように、キッシンジャーはそんなタイプの人間ではない。人を背後から斬っても、心にわだかまりを残すような人間ではなかった。

田中邸を訪問したのは恐らく、田中がどこまで知っていたのかを探るためではないか。ちょうど「現場に戻る犯人」のような心理状態で。

田中真紀子はなぜか、回想録にキッシンジャー来訪のことを記していない。ただ、ニクソンは「ある日の午後、目白台の拙宅へ父を訪ねて来られた」と書いている。[74]

両元首脳は、通訳を入れて三人で一時間会談。真紀子はニクソンを見送って「お父さん、ロッキード事件のことはなんと言っていたの？」と問いかけたが、「そんなこと言えません」と言われたという。やはり、ニクソンも、田中が事件のことをどれだけ把握しているのか、様子を見に来たとみていい。

ニクソンもキッシンジャーも、田中に日本および東アジア情勢を聞くためにわざわざ目白へ赴くことは考えられない。田中の在任中、あれほど田中を嫌っていた二人だ。

特に、キッシンジャーは日本で自分の関与が具体的に知られていなかったので、平気で来訪することができたのだろう。本書が広く読まれて、キッシンジャーが日本訪問を躊躇するほどになれば、日本人の情報収集能力が見直されることになるかもしれない。

これで、アメリカはロッキード事件の幕を下ろしてしまった。暴かれたのは、ごく一部、旅客機トライスターの対日売り込み工作が絡んだ贈収賄事件だけだった。それも含めて、キッシンジャーによる陰謀の疑いは濃厚だ。

第三章注

1 Walter Isaacson, Kissingeer, Simon & Schuser, 1992, P76
2 岩野『三木武夫秘書回顧録』、七四頁
3 FL, National Security Advisor. Staff Assistant Peter W. Rodman Files Box 2, Memorandum For: Secretary Kissinger, subject: Confidant of Miki Wants to See You
4 FRUS, 1969-1976, Volume E-12, Documents on East And Southeast Asia, 1973-1976, 204.Memorandum From Peter Rodman of the National Security Council Staff to Secretary of State Kissinger, Washington, July 25, 1975.
5 同
6 國弘『操守ある保守政治家　三木武夫』、一三六～一三八頁
7 https://taigadrama-info.com/hirasawakazusige　二〇一九年一月八日アクセス
8 春名『秘密のファイル』上、一一〇～一一二頁
British Security Coordination, The Secret History of British Intelligence in the Americas, 1940-1945, Fromm International New York, 1999, PP400～401
9 岩野『三木武夫秘書回顧録』、一九〇頁
10 NA, RG59, Records of Henry Kissinger 1973～1977, Box16,
11 同、RG59, Box24, March 5, 1976, Mr. Secretary
12 同、RG59, Department of State, Memorandum of Conversation, March 4, 1976, Message from Prime Minister Miki
13 堀田『壁を破って』上、一三三頁
14 FL, National Security Advisor, Presidential Country Files, For East Asia and the Pacific, Country File: Japan, Box10
15 同
16 同、National Security Advisor, Presidential Country Files, Japan, Box10
17 NA, RG59, Records of Henry Kissinger, 1973-1977, Box 20, April 8, 1976, To: The Secretary, From: EA - Philip Habib, L - Monroe Leigh, Proposed Handling of Miki Message from His Confidential Adviser Hirasawa
18 FL, National Security Advisor. Presidential Country Files for East Asia and the Pacific, 1974-77, Box 8- country File Japan, R0609157 MAY 76 FM AMEMBASSY TOKYO, TO SECSTATE WASHDC 8961 SUBJECT: LOCKHEED: PRIME MINISTER'S COMMENTS ON SPECIAL ENVOY AND DIET DELEGATION, 外務省開示文書、件名：三木総理・ホドソン大使会談、開示請求番号2016-00214
19 NA, RG59, General Records of the Department of State, Office of the Secretary of State, Transcripts of Secretary of State Henry Kissinger's Staff Meeting, Box 10 May 14, 1976
20 NA, AAD, OR 061015Z MAY 76, FM AMEMBASSY TOKYO TO SECSTATE WASHDC IMMEDIATE 8965 SUBJ: MIKI NOW VULNERABLE

21 FL, Gerald R. Ford Papers, National Security Advisor, Memorandum of Conversations, Participants: James D. Hodgson, Brent Scowcroft, John Taylor, September 2, 1975, 2:00p.m. The White House, Subject: Developments in Japan（注）原文の年次は間違いで、1976が正しい。
22 FL, National Security Advisor, Presidential Country Files For East Asia and the Pacific, Box 7 folder "Japan(13)", Memorandum for: Brent Scowcroft, From: William Gleysteen, Subject: Call on You by Ambassador Hodgson
23 二〇二〇年一月二九日、インタビュー
24 NA, RG21, District Courts of the United States for the District of Columbia, MISC No. 0189, Box 11, The Secretary of State, November 28, 1975, Dear Mr. Attorney General
25 堀田『壁を破って』上、一二九〜一四三頁
26 FL, National Security Adviser. Memoranda of Conversations, 1973-1977 March 25, 1976, Participants: President Ford, Amb. Robert Ingersoll, Retiring Deputy Secretary of State, Brent Scowcroft
27 NA, RG59, AAD, O221756Z FEB 76 ZFF4, FM SECSTATE WASHDC, TO AMEMBASSY WELLINGTON IMMEDIATE, FOR HABIB ONLY, SUBJECT: BRIEFING MEMORANDUM-JAPANESE CONCERN ABOUT LOCKHEED DISCLOSURES
28 Henry A. Kissinger, Years of Upheaval, Little, Brown and Company, 1982, PP735〜741
29 同、PP741〜745
30 同、White House Years, Little, Brown and Company, 1979, P327
31 Greg Grandin, Kissinger's Shadow, Metropolitan Books, 2015, P8
32 日本経済新聞社『私の履歴書』第三十八集、一九六七年、七一〜一〇七頁
33 早野透『田中角栄』、一一頁
34 同、六九〜七一頁
35 https://www.nobelprize.org/prizes/peace/1973/kissinger/biographical/
36 Vladimir Putin, First Person, Hutchinson, 2000, PP80〜81
37 Seymour Hersh, The Price of Power, Summit Books, 1983, PP26〜27
38 Grandin, Kissinger's Shadow, P33〜35
39 同、P42
40 同、PP36〜52
Seymour Hersh, The Price of Power, P11〜24,
Walter Isaacson, Kissinger, PP129〜156
Nixon, The Memoirs of Richard Nixon, PP323〜324
Miller Center of Public Affairs, Ronald Reagan Oral History Project, Interview With Richard Allen
41 Grandin, Kissinger's Shadow, P37
42 Isaacson, Kissinger, P76
43 Hersh, The Price of Power, PP83〜107, FRUS, 1969-1976, Volume II, Organization and Management of U.S. Foreign Policy, 1969-1972 PP105-107など
44 Hersh, The Price of Power, P97
45 National Security Archive, Kissinger and Chile: The Declassified Record, https://nsarchive2.gwu.edu/NSAEBB/NSAEBB437/　二〇一九年一一月二七日アクセス
46 同、Telcon, Helms/Kissinger, 12:00 noon 9/12/70
47 同、September 14, 1970, Memorandum for Dr. Kissinger, Subject: Chile — 40 Committee Meeting
48 同、Meeting With President, on Chile at 1525 Sept 15, '70
49 同、The White House, November 5, 1970, Memorandum for the President, From: Henry Kissinger
50 同、Washington Special Actions Group Meeting, September 13, 1973 Time and Place: 10:10 a.m.-10:45 a.m., White House Situation Room Subject: Chile
51 FL, Gerald Ford Papers, National Security Files, Memoranda of Conversations, Box 9, White House, Thursday, February 20, 1975, Subject: Investigation of Allegations of CIA Domestic Activities
52 同、Gerald Ford Papers, President's Handwriting File, National Security Series, Box 30, folder, "Intelligence", Presidential Meeting With Senators Frank Church and John Tower
53 同、National Security Adviser, Memoranda of Conversations, 1973-1977, March 5, 1975, Subject: Congressional Investigation of CIA
54 同、Gerald Ford Papers, Kissinger-Scowcroft Files, NSC Minutes Series, Box 1, May 15, 1975
55 Richard Nixon, Asia After Viet Nam, Foreign Affairs, October 1967

56 Nixon, Memoirs of Richard Nixon, PP340～341
57 Isaacson, Kissinger, PP125～126
58 FRUS, 1969-1972 Volume XVII, China1969-1972, PP661～663
59 FL, National Security Adviser, Memoranda of Conversations, 1973-1977, Box 7, November 16, 1974- Ford, Kissinger
60 Henry Kissinger, White House Years, P712
61 Anatoly Dobrynin, In Confidence, Times Books, 1995, PP226～228
62 National Security Archive, The White House, Memorandum of Conversation, Participants: Teng Hsiao-p'ing, Dr Henry A. Kissinger, etc. Tuesday, November 26, 1974, 10:20～11:02
63 Putin, First Person, PP80～81
64 FL, National Security Adviser, Memorandum of conversation, monday, March 11, 1974, Kissinger Trip to the Soviet Union
65 同、Memorandum of Conversation, President Ford, Henry Kissinger, Brent Scowcroft, November 16, 1974,
66 同、Telcon: 9/16/73(Home)11:50 Mr.Kissinger/ The President
67 同、National Security Adviser, Memoranda of Conversations, 1973-1977, Memorandum of Conversation Participants: President Ford, Dr. Henry Kissinger, Brent Scowcroft, Sat., December 4, 1976 Oval Office 日本の衆院総選挙は12月5日であり、この文書の日付は12月6日の間違いとみられる。
68 Michael Schaller, Altered States, Oxford University Press, 1997, P224
69 TELECON, ALex Johnson 3/11/71 米民間調査機関「国家安全保障文書館（National Security Archive）」から寄贈を受けた。
70 春名『仮面の日米同盟』、一四八～一五一頁
71 同、一五二～一五四頁
72 石井一『冤罪』、一一八～一一九、一三〇～一三三頁
73 同、四～五頁
74 田中真紀子『父と私』、二八六～二八八頁

第三部
巨悪の正体

「日本の政治経済の背後で動く闇の部分に一本光が入ったことは間違いない……ただ、闇はまだ残ってるし……そこは悔しい[1]」（堀田力）

序　章

事件に絡むインテリジェンスの世界

ロッキード事件は旅客機販売の商戦で起きた。ロッキード社はマクダネル・ダグラス社（ＭＤ）を抑えて全日空から受注を獲得し、勝利した。だが、ロッキード社から五億円のわいろを受け取り、「巨悪」とされた田中角栄《たなかかくえい》がロッキード社を勝たせた最大の功労者というわけではなかった。

ロッキード社が危うくダグラス社に敗北しそうになった「最大の危機」で、ロッキード社のために大きく貢献したキーマンは、実は当時の通産相、中曽根康弘《なかそねやすひろ》（後に首相）だった。ロッキード社元副会長カール・コーチャンが、回想録と嘱託尋問での証言でその事実を如実に語っている。

激しい商戦の舞台裏では、「インテリジェンス」が微妙に絡んだ人脈が力を発揮していた。窮地《こ》に陥ったロッキード社のために、形成を逆転させるよう中曽根に依頼したのは戦後日本の黒幕、児玉誉士夫《だまよしお》だ。児玉は米中央情報局（ＣＩＡ）の協力者だった。

ロッキード事件が表面化した直後、中曽根は大胆にも、アメリカ大使館員に事件を「もみ消す」よう求めた。その大使館員はＣＩＡ工作員だった疑いが濃厚だ。

なぜ事件にＣＩＡが絡んでいたのか。第三部では、岸信介《きしのぶすけ》元首相や児玉ら、戦後の「敗戦処理」から「経済発展」に至る日本の舞台裏で暗躍した政界と闇世界の紳士たちがＣＩＡとどのようにかかわっていたのか、探っていきたい。

「反共の砦」の人脈と金脈

ロッキード事件はまさに、残された課題の方が大きかった。児玉誉士夫《こだまよしお》から先に広がる闇を暴くことができなかったからだ。その闇に棲《す》む「本当の巨悪」は、ロッキード社、丸紅から田中角栄や全日空とつながったルートとは比較にならないほど巨額の金が動いた。

田中の起訴から一カ月足らず、米上院外交委員会多国籍企業小委員会（チャーチ小委）で、ダグラス・グラマン事件発覚の導火線となる証言が出た。この事件では、岸や米国の大物フィクサー、ハリー・カーンらが関与していた。

カーンらは、占領下の民主化を打ち止めにして、経済復興を優先し、日本を「反共の砦」とする「逆コース」を演出した人脈を形成していた。一九四八（昭和二三）年一二月二三日に東條英機らA級戦犯七人が絞首刑に処され、その翌日に釈放された一九人の戦犯容疑者の中に児玉と岸はいた。岸をアメリカに紹介したのが、当時のニューズウィーク誌外信部長、カーンだった。彼は何よりも利権に聡《さと》かった。

彼らは日本経済の発展に伴い、防衛力を強化した日本に米国製軍用機を売り込む利権に群がり、日米の人脈と金脈を形成した。これは、日米安保関係の土台に巣食った構造汚職だったのだ。その構造が暴かれなければ、「ロッキード」と「ダグラス・グラマン」の二つの事件が解明されたとは言えない。

日米間の戦後最大のビッグイベント、「安保条約改定」と「沖縄返還」。いずれも「密約」なしに日米は合意できなかった。それを為したのが、岸と佐藤栄作の兄弟首相だったという事実がそこに重なっている。

第一章　児玉の先に広がる闇

はじめに

舞台裏で何が起きていたか

新型の広胴型ジェット旅客機をめぐる売り込み競争は、激しかった。だが、田中が一時二股をかけ、MD支持に傾き、全日空社長の若狭《わかさ》得治《とくじ》にMDのDC10を「検討してほしい」と持ちかけていたことは、あまり知られていない。

ロッキードかMDか、という機種決定の最終段階で、政府は田中に五億円を約束した丸紅ではなく、ライバルの三井物産にいったん軍配を上げたが、ロッキード社がパニックに陥って猛反撃、決定を覆すひと幕もあった。

一体、舞台裏で何が起きていたのか。

暗闘の主役は、大物右翼の児玉誉士夫と田中角栄。そこに、この二人と親密だった政商・小佐野《おさの》賢治《けんじ》や当時の通産相、中曽根康弘が加勢し、巨額のカネが乱舞したとみられる。

本章では、児玉が「闇世界の紳士」らを使って、全日空社長を「M資金」の罠に仕掛けるなど、汚い工作に手を染めた実態も描いていきたい。児玉が作・演出した秘密工作が、日本への新型旅客機売り込み商戦を異常なほど熾烈《しれつ》な争いに発展させた。

戦中は旧日本海軍向けに金属など軍需物資を調達する「児玉機関」を率い、戦後は政界の黒幕として強力な影響力を行使した児玉。彼は、ＣＩＡの協力者としても暗躍した。しかし、これほどの「巨悪」がそれ相当の刑事責任を追及されることがなかったのは、なぜなのか。

1．児玉に「大盤振る舞い」

児玉の「先」は尋ねなかった

ロサンゼルス連邦地裁で行われた、ロッキード社元副会長コーチャンらに対する嘱託尋問。重要証拠である事件関係者の「人脈図」と「工作日記」、そして灰色高官を含む政治家名と金額を記した「リスト」。実は、これらの証拠文書を書いたのは、事件の張本人コーチャン自身だった。彼はこれらの原本を法廷に持ち込み、事件の詳細を証言した。

この事件には、三つのルートがあった。そのうち「丸紅ルート」と「全日空ルート」の二つについて、彼は可能な限り語ったとみていいだろう。

しかし、もう一つの「児玉ルート」については、ほとんど何も語らなかった。児玉から先の闇の世界を誰も明らかにしなかった。

チャーチ小委員会公聴会で、こんな場面があった。チャーチ小委員長はコーチャンを問い詰めた。

「児玉はフィクサーで、あなたは目標を達成するため彼に七〇〇万ドル（当時の為替レートで約二一億円）を支払った……。彼はカネをどのように使い、何をしたのか、あなたは尋ねなかったのか」

この質問に、コーチャンは当然のことのように、児玉に「カネをどのように使うのか、尋ねなかった」とチャーチに答えた。[2]

ここで、既述の重要ファクトをおさらいしておきたい。ロッキード社が残していた事件関係資料は全部で約五万二〇〇〇ページ、このうち二八六〇ページが東京地検に渡された。しかし、公明党議員が米証券取引委員会（SEC）で得た情報だと、日本関係の文書は約六〇〇〇ページあったという。つまり、約六〇〇〇ページから二八六〇ページを引いた、約三一四〇ページに未確認情報が記載されている可能性がある。

コーチャンは、二八六〇ページ分の情報について語った。だが、「知らない」「分かりません」を繰り返したのは、三一四〇ページに書かれていたことではないか。

三一四〇ページの中に、児玉関係の情報が書き込まれていた可能性を捨て去ることはできない。

「丸投げ」したあざとい販売戦略

ただ、チャーチが「児玉は七〇〇万ドル（約二一億円）のうちいくらか、小佐野に支払ったのか」と詳細を具体的に聞くと、コーチャンは回答に戸惑っている。次のように、動揺した様子で、少し言い淀み、最後に肯定した。

「それははっきりしません。そうなったかもしれません。そう信じます。イエス。二人は協力していましたから」

翻訳で二行のこの発言、最初と最後ではまったく逆のことを言っているのだ。

二人とは、児玉と小佐野のことだ。コーチャンは「小佐野氏の協力」を得る目的で、児玉に五億円を約束していた。[3] 否定すれば、「偽証」に問われるかもしれないと恐れたのだろう。結局は、イエスと言った。児玉は小佐野に分け前を渡していたのだ。しかし、児玉から政治家へのカネの支払いには言及しなかった。

このやりとりから透けて見えたのは、豊富な資金を児玉に「丸投げ」したことにした、ロッキード社の販売工作だった。コーチャンは、児玉がロッキード機の販売工作で違法行為をしても、目をつむり、知らなかったこととして通すという、あざとい戦略だったのである。

丸投げして、包括的にコンサルタント手数料として払えば、それでも「児玉への支払いも必要経費に含まれ、税控除の対象」になったのだ。[4]

コーチャンの児玉に対する態度と、丸紅に対する態度は、まったく違っていた。

丸紅の檜山《ひやま》は、コーチャンから「代理店契約」を解除されることを恐れていたこともあって、「田中角栄に五億円」と大胆な策を持ち出した。そのとたん、コーチャンは及び腰になった。コーチャンは、丸紅ルートで違法なわいろを支払うことを想定していなかったとみられる。

コーチャンは、児玉に丸投げした工作に関しては口を噤《つぐ》んだが、対照的に丸紅ルートについては、誠実に証言した。恐らく、事前の相談で、発言を仕分ける作戦を決めていたに違いない。しかし、企業は巨額の支出をコンサルタントに任せきりにすることはない。納得できる理由・使途を確認しないまま、支出することはない。

尊大なアメリカ人

児玉と日常的に接触していたロッキード社側の人物は日本支社長J・W・クラッターだった。

クラッターは、尊大なタイプのアメリカ人のようだ。一九三九年にロッキード社へ入社。五八年に子会社のロッキード・エアクラフト・インターナショナル社に移って、七二年初めから三年間ロッキード・エアクラフト・アジア社社長として東京に勤務、事件表面化後の七六年二月末、引退した。[5]

彼の丸紅側のカウンターパートだった大久保《おおくぼ》利春《としはる》は、一九七九年七月二五日の公判で、クラッターの性格に言及している。かつて進駐軍要員だった、ロッキード社広報担当のアル・エリオットと同様、クラッターは「日本人に対し……見下す」ような態度で、コーチャンからも「金銭面」で信用されていなかった、と述べた。さらに、「児玉から年平均三百万円」という「かんばしくない」カネを受け取ってもいたというのだ。[6]

実は、クラッターは対日販売工作を暴いた一九七六年二月四日からのチャーチ小委員会公聴会の前週、一月二八日に来日して、帝国ホテルに投宿、翌二九日に児玉に対する八〇〇〇万円の最後の報酬を手渡していた。

クラッターは児玉の通訳、福田《ふくだ》太《た》郎《ろう》を通じて現金の授受を連絡、児玉の秘書太刀《たち》川恒夫《かわつねお》がホテルの部屋にクラッターを訪ね、ホテルのメモ用紙二枚に「T・T」とサインしてボストンバッグに現金を詰めて、帰ったという。[7]

もちろん、クラッターはその時すでに、チャーチ小委の公聴会の予定と予想される内容を知っていたが、太刀川には一切伝えなかった。

クラッターが、米国から国際電話で福田に、事件の情報が公開されると知らせたのは、公聴会初日の米国時間二月四日のことだった。

「チャーチ委員会に証人として呼ばれたが、同委員会では資料を公表すると言っているので児玉の名前も出る。児玉にその旨連絡してほしい」

これが、ロッキード社のためにさんざん汚い工作を続けた、大物黒幕に対する最後の連絡だった。児玉は福田からその旨を聞いて驚愕《きょうがく》し、「こうなった以上税金分は、ロッキード社が負担すべきだ」と不満をぶちまけ、領収証に押捺したゴム印や丸印、ロッキード社関係資料を焼却処分したという。[8]

ＩＤ社はペーパーカンパニー

もう一つの正体不明は「ＩＤ社」。その存在はロッキード事件が表面化した際、第一報で伝えられた。だが、同社の代表シグ・片山は一体どんな人物か、と国会でも関心が高まった。

片山は、一九七六年六月二日の衆院ロッキード問題調査特別委員会と、七七年一〇月五日の公判に出て証言。ニセの領収証八通に署名し、その「謝礼」として、約七万二二五〇ドル（当時約二〇〇〇万円）をロッキード社側から受け取ったことを認めた。[9]

一九二五年八月二四日にロサンゼルスで生まれた日系二世の片山。両親は鹿児島県出身で、本来はシゲトモ・片山だが、アメリカ人には発音しにくい。「旅券の関係」もあって「シグと……短くしてあります」と通訳を通じて国会証言した。ハイスクールを卒業して陸軍に入隊し、戦後、連合国軍総司令部（ＧＨＱ）経済科学局に勤務。カリフォルニア大学で二年間学んだあと、日米間で鉄の輸出入の仕事に従事し、五八年頃「ユナイテッド・スチール」という会社を設立した。

グレーのスーツに包んだ「一メートル八〇の堂々たる体格、流ちょうな英語、頭の回転の早さで世界をまたにもうけ話を追うタイプ」と、東京新聞の司法記者は記している。

では、ＩＤの正体とは何か。片山は「一九七三年七月にケイマンアイランド（島）において設立……社員は（自分だけ）一名であります」と証言した。「インドネシアで鉱業」の仕事などと挙げたが、実体は「ペーパーカンパニー」だったのだ。

議員らは、片山がサインしたロッキード社あて領収証のコピーを手にして質問。片山は、一九七四年に「香港のマンダリンホテルの一室」で、「長年私の友人であったエリオット氏」の要請で「ロッキード社の内部の経理上のためにサインしてほしいと……言われ」たと説明した。

サインしたのは、領収証一〇～一一通など。名目を「技術援助、市場開拓費」としており、コンサルタント契約書への署名が必要になったという。謝礼は、片山が最初「十万ドルを要求した」が、エリオットが「五万ドル」と主張。中をとって七万五〇〇〇ドルで妥協し、銀行手数料や為替差損を引いて、最終的に約七万二二五〇ドルとなった。

片山の「正業」であるユナイテッド・スチールはその後、自動販売機や飲料販売も扱い始め、一九九九年に飲料会社「ジャパン・ビバレッジ」と改名、二〇一五年サントリーの系列に入って現在に至るようだ。

シグ・片山を資金洗浄のアクターに起用したことによって、ロッキード社日本支社のエリオットや支配人の鬼俊良、さらに児玉の秘書兼通訳、福田太郎らの人脈が浮かび上がった。片山は、一九五〇年代のＦＸ商戦で活躍して、同社役員に出世したジョン・ハルとも知り合っていた。こうした人脈については後述する。

小佐野に一声で五億、角栄には渋々五億

児玉も丸紅も、ロッキード社との関係が始まったのは一九五八年前後のことだ。チャーチが公聴会で明らかにしたところによると、ロッキード社が日本向け大型機販売商戦に参戦して以降、特に児玉への支払い額が大幅に増えた。

ロッキード側は、L1011トライスター機の売り込みを成功させるには「秘密コンサルタントとして実績があり、かつ政財界に勢力をもつ児玉の援助が是非とも必要」だと考えた。

コーチャンは一九六九年、クラッターを通じて同機の売り込みへの協力を児玉に要請。児玉はこれに対して、コンサルタント報酬の増額を要求した。同年四月、コーチャンは来日して児玉と面談、児玉の日本の政財界における幅広い接触状況を再確認して、報酬の増額を承認した。[10] その時、コーチャンは少なくとも児玉の活動の概要を聞いたに違いない。

コーチャンは、さらに国際興業の社主、小佐野賢治が「日本における三つの航空会社の全ての取締役」をしていて、「田中角栄と昵懇《じっこん》の間柄」であることを知り、小佐野の支援も得る必要があるとして、小佐野との接触を児玉に依頼した。当時の日本の航空三社とは、日本航空、全日空、東亜国内航空である。

コーチャンは小佐野との面識を得た後、一九七二年八月二二日に、福田およびクラッターとともに児玉に会い、小佐野の支援を得たいと要請。児玉は「小佐野の援助を受けるには五億円が必要であるとの意見を述べた」。これに対し、コーチャンは二つ返事で「追加報酬に上乗せすることを約した」という。[11]

その日には、すでにコーチャンは丸紅の大久保利春からも、田中角栄に五億円を、と要請されていた。この時、コーチャンは田中向けについては「一億円か二億円なら出来るでしょう[12]」と、最初

は冷ややかな態度を示した。だが、最終的にはその要請に応じている。

首を切られても悔いない友人関係

明らかにコーチャンは、児玉の工作の方を重視していた。コーチャン自身、小佐野を通じて、田中にそのうち何億円か渡されることを想定したのではないか。田中は丸紅ルートに加えて、児玉ルートからも巨額のカネを受け取っていた可能性は排除できないのだ。

あの人脈図でも、小佐野と田中は↓と↑の双方向の矢印で結ばれており、児玉から小佐野に渡された五億円を、小佐野は田中と分け合った可能性も十分あり得るだろう。「やっぱり、児玉のカネは田中へ流れているかもしれんな」と、ある検事が語ったという話もある。[13]

「刎頸《ふんけい》の友」と呼ばれた国際興業社主、小佐野賢治と田中角栄の関係。刎頸の友とは、「首を切られても悔いないほどの、生死を共にする親しい」友（岩波国語辞典）という意味である。

小佐野は、昭和六（一九三一）年山梨県の高等小学校卒業後に上京、自動車部品販売の店や会社で働き、戦後に国際興業を設立した。事業拡大で利益を上げ、日本航空、全日空、東亜国内航空の航空三社の大株主となり、三社の取締役などに就任、強い影響力を持った。

田中も小佐野も若くして苦労し、高等教育を受けていなかったが、戦後の混乱期に事業を拡大した。小佐野は一九五〇年、長岡鉄道（現在の越後交通。現会長は田中真紀子《まきこ》）のバス部門拡充への協力を機に、田中角栄との親交を深めたといわれる。

田中角栄が一九六二年から三年間蔵相を務めた際、「旧虎《とら》ノ門《もん》公園跡地」の国有地（約三七〇〇平方メートル）を小佐野が実質的な経営者になっていた会社に安く払い下げ、小佐野が七億円の利益を得たといわれる。この事件で、二人が批判を受けたこともあった。[14]

児玉への支払いが2／3

では、ロッキード社から児玉への金の「入り」はどれほどだったか。

ロッキード社が日本に置いた「代理人（エージェント）」は、①丸紅＝公式の代理店、②ＩＤ社＝ロッキード社代表が極東で行った支払いに対して領収書を発行する「ダミー会社」。偽装支払い先は「日本政府高官」および「日本の航空会社（複数）」、③児玉誉士夫＝Ａ級戦犯容疑者——の三つ、とチャーチ小委の首席法律顧問、ジェローム・レビンソンは回想録に書いている。[15]

これらの代理人に支払った「手数料」（一ドル＝三〇〇円で計算）はチャーチ小委公聴会議事録[16]によると、児玉誉士夫が一九七五年まで七〇八万五〇〇〇ドル（約二一億二五五〇万円）、丸紅が同年まで三二二万三〇〇〇ドル（約九億六六九〇万円）、ＩＤ社が一九七三～七五年に二一五万ドル（約六億四五〇〇万円）となっている。

単純合計額は三十七億円余り。しかし、ＩＤ社受け取り分はほとんどが丸紅と重なるため、判明した実質合計額は約三十一億円とみられる。そのうち、児玉が受け取ったのは三分の二強と圧倒的に多かった。

旅客機の総額は推定七億ドル（当時の為替レートで約二一〇〇億円以上）といわれ、児玉はその約一％を受け取った計算になる。

丸紅は、政府高官（田中角栄ら）に渡したわいろに加えて、公式の代理店として受け取った報酬を含む。ＩＤ社あて支払いは、丸紅ルート、全日空ルートの資金の偽領収証を作成した分を引くと、実質的にＩＤ社に渡ったカネは「謝礼」の約二〇〇〇万円だったとみられる。

これらはチャーチ小委の公聴会に関する第一報で伝えられた情報だが、児玉と丸紅については、支払いの開始年が不明だとして？を付けており、正確な金額の総額ではなかった。

児玉は一九七二年ごろまで「契約書等は一切作成しないで秘密コンサルタントとして活動」することを要求しており、契約書は交わしていなかった。カネもすべて現金しか受け取らなかった。

しかし、一九七三年二月ごろ、ロッキード社会計監査委員会から、児玉に対する巨額の支払いを契約書にするよう指示され、ロッキード社は児玉を説得して契約書作成の同意を得た。[17]

その結果、「追加報酬」が驚くべき巨額に膨らんだ。合意した契約書は、次のような内容だ。

①年間コンサルタント料五〇〇〇万円

②トライスター機を最初に販売した場合

・同型機第三～六号機の注文を受けた時、

一二億二〇〇〇万円

・第七～一五号機の注文を受けた時、

一機に付き一二万ドル（三六〇〇万円）

・第一六号機以降の注文では、

一機に付き六万ドル（一八〇〇万円）

この結果、一九七二年までのコンサルタント報酬プラス追加報酬は、合計一四億二〇〇〇万円となった。

加えて、一九七三年七月ごろ、次のような修正契約にも合意している。

①日本の第二の航空会社に対するトライスター機売り込みが成功した場合の追加報酬（三～五

機の確定注文で一五億円）

②大韓航空に対するトライスター機売り込みが成功した場合の追加報酬（二〜六機確定注文で一〇億円）

③日本政府に対するＰ３Ｃ対潜哨戒機《しょうかいき》の売り込みに成功した場合の追加報酬（五〇機以上の確定注文で総額二五億円）

さらに、次の支払いで合意した。

・一九七三年一一月頃の修正契約で
コンサルタント報酬を年六〇〇〇万円増額

・一九七五年二月頃の修正契約で
韓国政府に対するロッキードＦ１０４Ｓ戦闘機の売り込みに成功した場合（一〇〇機以上の確定注文で五億円）

その結果、いずれの売り込みにも成功した場合、一九七二年までの支払いを含めて、児玉への支払い合計は、約七〇億円にも上る異常な大盤振る舞いになる見通しだった。

ただ、現実に児玉にどれほどの額が支払われたかは不明だ。チャーチ小委の集計では、児玉への資金供給は約二一億円となっているが、児玉が得た現金を何に使ったか、その内訳は明らかではない。児玉の脱税と外為法違反は、違法なカネの入金の確認により立証されたが、カネの「出」は今に至るも明らかではない。

この中で、児玉絡みで最も注目すべきは、すぐ前の③だ。P3C対潜哨戒機の売り込みに成功した場合、五〇機以上の確定注文で、総額二五億円の追加報酬を払うというのだ。児玉をなぜこれほどまでに厚遇したのか、その理由ははっきりしていた。

ここで注意すべきは、旅客機と軍用機では原資がまったく違う、ということだ。P3Cのような軍用機は、原資が政府予算であり、国民の税金が児玉に報酬として支払われることになる。明るみに出たら、日米安保体制は大きく揺らぐ。だから、アメリカ政府はこうした情報を隠すことに懸命になっていた。

2．世界三大黒幕の一人児玉とCIA

ベルンハルトとカショギ

児玉は、ロッキード社が売り込み工作のため、世界中に構築したネットワークの「三大黒幕」の一人だった。

児玉以外の大物とは、オランダの王子ベルンハルト（ユリアナ女王の夫君）とサウジアラビアの武器商人アドナン・カショギの二人である。その中で、「児玉は通俗的ドラマの役者のようだった」と、著名な英ジャーナリスト、アンソニー・サンプソンは書いている。[18]

ベルンハルトは、オランダのロッキード社製F104スターファイター戦闘機輸入などで影響力を行使して、ロッキード社から約一一〇万ドル（当時約三億円）を受け取ったとされた。本人は「自分はそんな問題を超えた存在」と取材を拒否し、刑事責任は追及されなかったが、ロッキード社に「手数料」を要求する書簡が公開されて、事件への関与は否定できず、世界自然保護基金（WWF）

総裁など公的な役職からすべて退いた。二〇〇四年に九十三歳で死亡している。
カショギはロッキードだけでなく、複数の米国軍需企業の国際的取引に関与して巨額の富を築き、一九八〇年代初めには、資産総額四十億ドル（同約一兆円）とも言われた。ニクソンとの関係が緊密で、ロッキード社は六四年から代理人として使っていた。武器取引で刑事訴追されたことはないが、フィリピンの故マルコス元大統領の資産隠しで逮捕され、裁判で無罪判決を受ける。二〇一七年六月六日、パーキンソン病の合併症で死亡した。[19]
これら世界的「黒幕」の中で、ロッキード社から最も巨額の手数料を提示されていたのは、児玉のようだ。政財界にネットワークを張りめぐらした児玉。コーチャンは、彼の黒幕としての実力を高く評価していた。

日本海軍のための児玉機関

児玉は大物右翼で、戦前に中国へ進出し、外務省および陸軍参謀本部の嘱託として、汪兆銘《おうちょうめい》傀儡《かいらい》政権の樹立工作に関わった。さらに、海軍の軍需物資を調達する「児玉機関」を上海《シャンハイ》に設立。終戦直前に児玉機関の資産をひそかに日本に空輸して、帰国。戦後、「戦犯容疑者」として巣鴨刑務所に三年間近く拘留されたが、米情報機関との関係を開拓し、黒幕稼業で稼いだ。情報機関で言う「秘密工作」さながらの手法で、闇世界の紳士たちを使い、汚い手を凝らしてロッキード社のために働いたのだ。

児玉は、一九一一年（明治四四年）福島県に生まれた。十二歳の時に家を出て上京。赤尾《あかお》敏《びん》や黒《こく》竜会《りゅうかい》の内田《うちだ》良平《りょうへい》ら、右翼の大物との関係を深め、右翼テロ活動にも手を染めた。

児玉が秘密工作や情報工作に開眼したのは、一九三七年（昭和一二年）のこと。当時の外務省情報部長、河相《かわい》達夫《たつお》から「ぜひ中国大陸へいって、……あちらの実情というものを、じっくりたしかめてくる必要がある」と言われ、必要な費用を出してもらって、その年に中国大陸に渡ってからのことだった。[20]外務省や陸軍参謀本部の嘱託として、汪兆銘の傀儡政権樹立工作にも関わった。

真珠湾攻撃の直前に、先輩格の国粋大衆党、笹川良一《ささかわりょういち》総裁に紹介され、会った海軍航空本部の山《やま》県《がた》正郷《せいごう》中将から頼まれて、児玉は上海に「児玉機関」を設置した。海軍のために軍需物資を調達する機関である。[21]

児玉機関は発足時の資金が一五〇万円だったが、それから二年後には、従業員二〇〇〇人を擁するまでに成長した。海軍が惜しみなく予算を充て、児玉機関は拡大していった。

児玉は敗戦直前、ひそかに帰国し、一九四五（昭和二〇）年八月一五日の玉音放送の二日後に成立した東久邇《ひがしくに》内閣で、「内閣参与」に就任する。しかし、同内閣は二カ月ももたず総辞職。翌四六年一月、児玉はA級戦犯容疑者として逮捕され、巣鴨刑務所に約三年間収容された。

一九四八年一二月二三日、東條英機らA級戦犯七人は絞首刑に処せられたが、児玉は岸信介（後に首相）、笹川良一ら大物戦犯容疑者計十八人とともに翌日、釈放された。

釈放された児玉や笹川ら「戦犯容疑者」は免罪され、アメリカに利用されることになる。

終戦後、アメリカは当初、日本改造に乗り出し、「民主化」を推し進めた。しかし、平和への模索は新たな冷戦への序曲にすぎなかった。一九四六年チャーチル英国首相の「鉄のカーテン」演説、四七年トルーマン米国大統領の「トルーマン・ドクトリン」と「ソ連封じ込め」政策、四九年の中華人民共和国成立、五〇年朝鮮戦争の勃発と続き、東西冷戦が激化すると、アメリカは政策を一八〇度転換、日本を「逆コース」にはめ込んだ。

戦争犯罪の追及をやめ、日本経済を復興させて、日本を「反共の砦」にする戦略である。

米公文書館の児玉ファイル

その後の児玉の黒幕としての活躍ぶりは、ロッキード事件の表面化まで続いた。その源泉は、一体どこにあったのか。

筆者は一九九〇年代、ワシントン郊外の米国立公文書館で「児玉ファイル」を発見して以後、児玉取材を深めてきた。[22]

一九四五年一一月一三日付で、ジェームズ・バーンズ米国務長官は、連合国軍最高司令官（SCAP）政治顧問ジョージ・アチソンあてに送った秘密文書で、こう書いている。

「児玉機関の長だった児玉は八月に東京に戻った後、内閣参与になった。……朝日新聞が提供した飛行機で巨額の金を持って東京に戻ったと言われる」

児玉が朝日新聞社機で貴金属や宝石を持ち帰ったという話は、日本の情報通の間では「定説」として語られてきた。児玉機関で働いていた盟友の岩田幸雄は、「終戦の前日に、金の延べ棒やプラチナ、ダイヤモンド、ヒスイなどを朝日新聞の社機に載せて日本に運んだ」と、作家の岩川隆《いしかわたかし》に証言している。[23]

戦後、児玉が黒幕として、舞台裏で隠然たる影響力を行使した力の源泉は第一に、児玉機関が蓄積した巨額の富だったのだ。

鳩山一郎に七〇〇〇万円

連合国軍総司令部（GHQ）のインテリジェンス機関、防諜部隊（CIC）は児玉を「極めて危険な人物」として、徹底的に調査した。

終戦の時点での「児玉機関」の財務試算表が児玉ファイルに収められていた。その総額は、四四七億一四七六万三五一七円四二銭。現在の価値に換算すれば、優に兆の単位になるだろう。繰越金は一五億一〇三九万六四二一円四二銭、となっている。

児玉機関は、一九四三～四四年に出した巨額の剰余金で、日本国内の鉱山にも投資していた。京都府船井《ふない》郡や山梨県のタングステン鉱山、島根県や福岡県のモリブデン鉱山などが挙げられている。さらに、各地で不動産も所有した。

児玉機関の資産は、元はと言えば、国家予算から出ている。これらの資産は国に返還されるべきものだった。

児玉自身が明らかにしたところでは、児玉は、東久邇内閣の米内光政《よないみつまさ》海軍相に会い、児玉機関の資産を全部「海軍で収納していただくように」と申し出た。しかし、米内からは「それを受け取る海軍は、……なくなった。……なにか国のためになることに使ってもらいたい」と指示されたという。[24]これは児玉が言ったことであり、真実かどうか確認できない。結果から見ると、カネは児玉が自分の影響力を強めるために使ったと言えるだろう。

その数日後、当時の政界の黒幕、辻嘉六《つじかろく》が児玉を訪ねて来て、「それほど大きなカネを、おいそれと出し《ママ》手もあるまい。そこでなんとか……再建工作の資金として使わせてはもらえんだろうか」と熱く語ったという。

辻は戦前、台湾総督の児玉源太郎《こだまげんたろう》大将の私設秘書を振り出しに、政友会系の黒幕として隠然たる影響力を持っていた。児玉は、国家主義運動の旗頭の一人、岩田富美夫《いわたふみお》の紹介で会ったことがあった。辻と岩田は二・二六事件に連座した北一輝《きたいっき》と親交があり、盟友関係にあった。

辻は「政党の再建、政党の中心人物として……一番に適当」なのは鳩山一郎《はとやまいちろう》（後に首相、鳩山由《ゆ》紀《き》夫《お》元首相は孫）と考え、鳩山が創設の準備を進めていた「自由党」に資金援助をさせようとしていたのだ。

辻は児玉を連れて、当時鳩山が住んでいた東京・麻布《あざぶ》永坂《ながさか》の石橋正二郎《いしばししょうじろう》邸を訪ねた。ブリヂストンの創業者である石橋の長女安子《やすこ》は、鳩山の長男威《い》一郎《いちろう》に嫁いでいた。この石橋邸は、その後米国が接収、現在は駐日米国公使公邸として使われている。筆者は取材で何度も招かれたことがあるが、確かに都心の豪邸である。

しかし、鳩山一郎は慎重だった。「きみの好意は、ほんとうに有難い。しかしきみが、これだけのことをしてくれるについては、なにか特別の条件があるとおもう。……だが、その条件によっては、ぼくとしてはきみの、折角の好意を受けられぬかもしれん」と尋ねた。

そこで児玉が即座に「ただひとつ、如何なる圧迫があろうと、ぜったい天皇制を護持してください」と言うと、鳩山は涙があふれ「それは絶対、そうせねばならない」と答えた。

『鳩山一郎・薫《かおる》日記』によると、辻と児玉が一緒に鳩山を訪ねたのは、一〇月二三日の「中食《ママ》」の際と一一月二日の夜の二回。後者の機会に、資金提供の話をしたとみられる。[25]

一週間後の九日に日比谷《ひびや》公会堂で結成式をした自由党に、資金が寄付されたに違いない。その金額は五〇〇〇万円とも七〇〇〇万円とも言われたが、児玉自身はジャーナリストの大森実《おおもりみのる》に「当時のカネで七千万です」と語っている。大森が「今だと何千億になりますな」と言うと、児玉は「それはもちろんです。それとダイヤモンドですね」と返した。ダイヤモンドも寄贈したらしい。[26]

戦時中、国民が供出したダイヤモンドは含まれていなかったのだろうか。

このあと、児玉は「A級戦犯容疑者」として逮捕され、巣鴨拘置所に収容されたが、その前に「児玉機関」の残存資産を辻に預け、辻はそれを自宅庭に埋めた、とみられている。[27] 鳩山への政治献金後も、相当の資産を残していたのは確実だ。

児玉が巣鴨から釈放された一九四八年一二月二四日、ちょうどその日に辻の葬儀が築地《つきじ》本願寺《ほんがんじ》で営まれ、鳩山も列席した。鳩山は三日前、辻の臨終の際も、家族からの電話で辻の自宅を訪れており、辻と関係が良かった。[28]

「キングメーカー」児玉と米情報機関

岸信介政権時代の一九五八〜五九年に、「警察官職務執行法（警職法）」改正をめぐって政局が混乱した際には、児玉は次期首相を決める「キングメーカー」として登場した。

一九五九年一月一六日、帝国ホテルに岸と弟の佐藤栄作、大野伴睦《おおのばんぼく》、河野一郎《こうのいちろう》の派閥領袖が集まり、児玉が永田雅一《ながたまさいち》大映社長、萩原吉太郎《はぎわらきちたろう》北炭社長とともに立会人となったのだ。

その場で、「岸の後継首相に大野伴睦」、その代わり「当面の政局の混乱を回避する」ことで事態を収拾、同月二四日の自民党大会で岸は総裁に再選され、政権を維持する。[29]

翌年の安保騒動で岸首相は辞任、次期首相は大野ではなく池田勇人《いけだはやと》になったが、児玉は首相人事にかかわる大物黒幕になっていた。

その裏で、児玉とアメリカとの関係はますます緊密になっていった。東西冷戦の悪化で、アメリカの対日戦略は「逆コース」をたどり、日本を反共の砦とする方向に変化、児玉のチャンスは広がった。

ＣＩＣは占領当初、児玉を「極めて危険な人物」とみていた。しかし、一九四九年一二月五日付のＣＩＣ秘密メモは、次のように児玉観を一八〇度転換している。

「彼は恐らく、共産主義反対という点において誠実である。他方彼の記録は、ヤクザ的性格を示している。疑いなく、彼は（日本政府）高官と接触があり、重要な情報へのアクセスを持っている」

児玉は、これで「反共」と「重要な情報へのアクセス」という切り札を得る。ただ、この時点では米情報機関はまだ警戒もしていた。

「しかし、彼は危険であり、あらゆる種類の悪辣《あくらつ》な取引が出来る陰謀家だ。彼には、経験豊かなエージェントだけが最大限の注意を払って接近すべきだ」

だが、翌一九五〇年になると米情報機関は児玉を積極的に利用しようとし始めた。同年三月三一日付で「合同特殊工作委員会（ＪＳＯＢ）」に配布された児玉の個人ファイルは、児玉への好意をはっきりと示している。

「児玉の強みは、非常に任侠《にんきよう》的な点。私欲のない愛国者。全面的に反共産主義。若者の指導に深い関心あり。カネには非常に無関心」

「児玉の弱点は、感情的な男であること。……悪い友だちから逃れられないので、簡単にだまされやすい」

かつて「危険」とされた人物の性格分析が、ここまで変化した。

JSOBとは、当時GHQの情報機関以外に、CIAなど他の情報機関の代表も入れて構成された、情報工作の調整組織だ。

こうして、米国の各情報機関は競い合って、児玉から情報を入手しようとした。

CIAの協力者に

この児玉ファイルには「フランク大佐を通じて、彼は空軍と関係を持ち、国務省の情報エージェントとも知り合った」とある。

ここで「空軍」とあるのは、空軍情報部に違いない。また「国務省の情報エージェント」とあるのは、CIAのことを指している可能性が十分ある。というのは、この時期、国務省とCIAは組織的にねじれた関係にあり、CIA本部の秘密工作部門「政策調整部」（OPC）は、一時的に、組織としては国務省の管轄下に置かれていたからだ。

筆者はワシントンに常駐していた一九九〇年代、日本在勤経験があるCIAの元幹部に「児玉はCIAの協力者だっただろう？」と質問したことがある。その元幹部は声を発しなかったが、黙ってうなずいた。もはや隠しても無駄だ、と言わんばかりの表情だった。

アメリカの情報協力者としての児玉の価値は、東西冷戦の深刻化とともに高まった。

児玉は元共産党幹部、佐野学《さのまなぶ》や鍋山貞親《なべやまさだちか》から、反共財界人、さらに元陸軍大佐の辻政信《つじまさのぶ》、元陸軍中将の根本博《ねもとひろし》ら、元軍人らから成るネットワークを形成して情報収集活動を進めた、と一九五二年四月一五日付のGHQ参謀第二部（G2）児玉文書は説明している。

児玉関係ファイルで言及されたフランク大佐とは、児玉の回想録『風雲』に「フランク・オニールという大佐相当官の検事」として、紹介されている。オニールは、旧児玉機関があった土地での実情調査を終えて、一九四八年一一月初めに帰任し、「何ひとつきみに訊くことはない。きみの部下からは、一人も戦犯は出ていない」と言い、たばこを差し出して、取り調べが終わったという。[30]『風雲』のグラビアには、児玉の釈放後、床の間の掛け軸の前でにこやかに握手し合う児玉とフランク・オニール検事の写真も掲載されている。[31]そこに、オニールの取り調べの様子が紹介されている。オニールは取り調べの通訳をした福田太郎に「自分はこの二年間、多くの日本人を調べてきたが、始めて本当の日本人に出会った。この男だけは、何としても助けたい」と漏らした。児玉の出所後、オニールと児玉の友情はさらに深まり、交友は続いたという。

3．政府決定を覆す児玉の術

第一次ＦＸ商戦で児玉が得意のパターン

ロッキード社が日本に進出して、児玉誉士夫と出会ったのは、必然的だったと言えるかもしれない。日本で売り込み作戦を展開する上で、児玉はロッキード社が最も必要とするタイプの人物だったからだ。

ロッキード社が、最初に激烈な売り込み作戦で日本に乗り込んだのは軍用機だった。一九五七～五九年の第一次・次期戦闘機（ＦＸ）商戦である。ＦＸとは、Fighter-Experimental の略。Experimental は「実験段階」の意味で、現実には「次世代」の武器、ということになる。この場合、日本の航空自衛隊の次期主力戦闘機導入計画のことで、ＦＸという名称の航空機があるわけではない。

次いで、児玉が暗躍したのは、海上自衛隊の次期対潜哨戒機（ＰＸＬ）の調達計画、さらに旅客機、Ｌ１０１１トライスターだ。

第一次ＦＸ商戦で、ロッキード社のライバルはグラマン社とノースロップ社だった。

ニューヨーク・マンハッタンの東に伸びるロングアイランドに本拠を置くグラマンはＦ11スーパータイガー、ハリウッドに本社があるノースロップはＮ１５６、そして、ロッキードはＦ１０４スターファイター、と三機が争っていた。

商戦は、既にグラマン社のＦ11スーパータイガーの改造型となるＧ98が有利に展開、ロッキード社のＦ１０４スターファイターは出遅れ、不利な状況に置かれていた。ロッキード社は児玉の持つ政府人脈を必要としていたのだ。

一九五七年の年末、当時のロッキード社のロバート・グロス会長は日本のＦＸ商戦に本格参入するため、販売戦略に長け、国際部門を率いていたジョン・ハルという幹部社員を東京に派遣する。彼は終戦後の日本事情にも詳しく、日本がアメリカからの技術およびノウハウの習得に期待していたことを知っていた。課題は日本の権力構造にいかにして食い込むか、だった。[32]

そこから、児玉が得意とするパターンが展開された。ライバル機が優勢で、既に選定が決まっていても、政府内部に働きかけて「白紙撤回」させ、再検討させた上で、ロッキード機の調達を逆転決定させる、というシナリオだ。一九五〇年代末の第一次ＦＸ商戦で、最初のそんなドラマが見られた。

福田の紹介で児玉と契約

ハルに与えられた使命は、まさに「グラマン優位」を覆すことだった。東京に到着するとすぐ、ロッキード社のオフィスを東京に開設した。

ハルが最初に頼りにしたのは、在京アメリカ大使館内で勤務する米空軍の駐在武官だった。米空軍は、既にロッキード社のＦ１０４を主力戦闘機に採用していた。他方、ライバルのグラマン社のＦ11は米海軍の空母艦載機に採用されていた。

ハルはまず、空軍の駐在武官から、日本における売り込み作戦に役立つ必要な情報を得たに違いない。東京到着から約一カ月後の一九五八年一月末までに、彼は「フィクサーや黒幕のグループ」へのアクセスを図る体制を築いた[33]。

彼が最初に雇い入れたスタッフはユタ州ソルトレークシティ生まれの日系人、福田太郎だった。福田を雇えば、児玉との関係構築は容易になる、と考えたのは明らかだ。

彼は戦前、カリフォルニア州の短大を卒業して来日。在外邦人子弟の教育のために作られた「早稲田国際学院」で学んだあと、電信電話および放送局も運営する国策会社「満州電電」に就職した[34]。終戦後、連合国軍総司令部（ＧＨＱ）で通訳として採用され、フランク・オニール検事の児玉誉士夫取り調べに立ち会った[35]。

福田太郎と児玉の関係はその後も続いた。児玉が一九四八年一二月に出所した後、福田は児玉の支援を得てＰＲ会社「福田渉外事務所」を立ち上げた。福田はその会社を通じて児玉の子分のような関係となり、英語通訳を務める。

福田の紹介で児玉と初めて会ったハルは、一九五八年二月、児玉を秘密のコンサルタントとして雇った。

米空軍とCIAの親和性

ロッキード社が福田太郎に紹介された児玉と契約した第一の理由は、児玉がすでに米空軍情報部などの情報機関と関係を持っていたからだとみられる。児玉自身もフランク・オニール検事を通じて、空軍情報部およびCIAと関係を築いていた。

他方、ロッキード社は超音速偵察機U2やSR71など、高度な技術を駆使した開発部門で空軍およびCIAと緊密な関係を維持してきた。この開発部門には「スカンク・ワークス」というコード名が付けられていた。「スカンク」とはアメリカ大陸に生息する、臭いガスを発する動物だ。米国を長距離ドライブすると、スカンクの死体に出くわすことがよくある。思わず鼻をつまむほど、本当に臭い[36]。

空軍とCIAは、ともに一九四七年の「国家安全保障法」に基づいて創設された若い組織で、互いに協力し合ってきた。空軍およびCIAと緊密だった児玉を、ロッキード社は違和感なく受け入れただろう。

児玉は福田をロッキード社との交渉の場に立ち会わせた。その後、ロッキード社のコーチャンも福田を助手のようにして使った。福田は事件の表面化後、病床で東京地検特捜部の取り調べを受けた後、一九七六年六月一〇日、病死した。後に東京都知事となる猪瀬《いのせ》直樹《なおき》は、児玉と福田の関係について、児玉を「黒幕」で、福田を「黒子」だったと表現している[37]。

ロッキード事件が表面化して三日後の一九七六年二月八日に、福田は入院して、肝硬変で死ぬ六月一〇日までの間に五十九回取り調べを受け、三十五通の調書を取られた。福田は捜査に協力的だったようだ[38]。福田は策士ではなく、ただの黒子であったから、東京地検特捜部の病床での尋問にあっさり口を割ったのかもしれない。

グラマン機を追い落とす

児玉がロッキード社の代理人となった一九五八年当時の首相は、児玉に近い岸信介だった。さらに河野一郎、大野伴睦、鳩山一郎ら大物政治家との人脈を児玉は築いていた。

防衛庁が四月五日、次期主力戦闘機にグラマンF11を選定したことに対して、最初に声を挙げたのは、河野一郎だった。当時自民党総務会長の河野は八月一四日、左藤義詮《さとうぎせん》防衛庁長官に会い、次期戦闘機の選定では、ロッキード機とグラマン機を「再調査」するよう申し入れた。

八月二二日には衆議院決算委員会で、グラマン機を次期戦闘機に決定したことに、これを疑問視する意見が続出する。[39]

最初に発言したのは新聞記者出身の山田長司《やまだちょうじ》社会党議員。「防衛庁の佐薙毅《さなぎさだむ》航空幕僚長はグラマンを有利にしてロッキードを不利に導くため……種々策動を続け」ているなどと非難、決算委は関係者の証人喚問を求めた。

証人喚問は、河野一郎のほか、川島正次郎《かわしましょうじろう》自民党幹事長、左藤、佐薙、広岡謙二《ひろおかけんじ》国防会議事務局長らを呼び、翌年三月まで六回にわたって開かれた。証人喚問では、防衛庁によるグラマン内定の経緯は最後まで突き止められなかった。[40]

最後に、一九五九年三月二六日の決算委では、当時「怪物」的な事件屋として知られた森脇将光《もりわきまさみつ》が証人として出席、自分がまとめた「森脇メモ」を手に、防衛庁の不可解な決定過程を追及し、結局、決算委員会での調査は紛糾したまま終わる。

こうした経緯を経て、岸首相を議長とする国防会議は一九五九年六月一五日の会議で、グラマン機選定を白紙撤回することを決めた。

これを受けて、航空幕僚長の源田実《げんだみのる》を団長とする調査団が同年八月八日から十月二六日まで訪米、異例の二カ月半にわたる現地調査を行った。その際、旧日本海軍戦闘機パイロットの源田が自らロッキードF104の操縦桿《かん》を握って試乗、報告書を提出した。

結局、一一月六日の国防会議は、F104を日本向けに改装した型を採用すると決定。グラマンつぶしに成功、ロッキードが勝利した。完成機および三菱重工のライセンス生産で計二三〇機が調達された。

この商戦、実は衆院決算委員長、田中彰治《たなかしょうじ》が巧みに委員会の審議を紛糾させたのがポイントだったようだ。児玉はうまく田中を使ったに違いない。

「政界のマッチポンプ」と呼ばれた田中彰治は決算委を舞台に、しばしば森脇将光の「森脇メモ」を利用して、政財界の癒着などを追及、舞台裏では当事者を脅して金品をせしめることもあったという。最後は、恐喝事件や詐欺事件で逮捕され、東京地裁で懲役四年の実刑判決を受けて控訴中に病死した。

ハルは日本での売り込みに成功して、一九六〇年代末には、ロッキード社の販売担当役員に出世した。

4. 児玉と闇世界の紳士たち

出遅れたロッキードの秘策

次は一九六九年、ロッキード社が社運を賭けて開発した初のジェット旅客機、L1011トライスターの全日空への売り込みに向け、児玉の秘密工作が始まった。

問題は、ライバル社、マクダネル・ダグラス（MD）に全日空がDC10三機分の機内調理設備を発注していた事実が判明、商談が進展していることだった。ロッキード社としては全日空の新型機導入を遅らせようとした。コーチャンが児玉に調査を依頼したところ、児玉は早速秘密工作に着手。金融会社の資金問題で逮捕された元代議士やニセの大蔵省銀行局長、大物総会屋ら、闇世界の紳士たちを次から次へと登場させた〝活劇〟が展開された。

全日空社長の大庭《おおば》哲夫《てつお》が不可解な金融事件に巻き込まれていたことが日本中に知れ渡ったのは、その事件の約七年後、一九七六年二月五日にロッキード事件が表面化して約三週間たった、三月一日のことだ。大庭はこの日、衆議院予算委員会に証人として喚問され、証言した。[41]

委員会の質疑では、与野党議員とも、大庭が社長を辞任したこととマクダネル・ダグラス社のDC10機一、二機を独断で「オプション契約」していたことを問題にしていた。

しかし、それがロッキード事件とどう関連するのか。議員らは理解できず、大庭の証言にただ首を傾げるだけだった。

荒船清十郎《あらふねせいじゅうろう》委員長が、大庭が全日空社長を辞めた理由について尋ねると、大庭は「社内的な問題と、もう一つは……融資の問題であります」と答えた。

大庭は大ざっぱなタイプの人間で、彼の証言自体が分かりにくい。①三月一日の衆院予算委だけではなく、②六月一六日および③翌一七日の「衆院ロッキード問題に関する調査特別委員会」の証人喚問も綿密に読み込んで初めて、事件の本筋が理解できた。

①と③では大庭が、②は全日空顧問、長谷村資《はせむらたすく》が証言した。

大庭は明治三六年（一九〇三年）一二月二日、香川県に生まれ、早稲田大学出身。学生時代はバスケットボール選手で日本代表となり、戦後は日本代表監督としてメルボルン五輪、日本選手団長としてメキシコ市五輪に参加している。理系の出身で、戦前の一九三三年に逓信省航空局へ入り、戦後は一九五一年、当時の航空庁（現在の国土交通省航空局）長官を最後に引退。一九六七年に全日空入り。副社長を経て一九六九年に社長となった。

彼の話は要領を得ないが、社長・副社長の金融など、特命事項を担当した元日銀マン、長谷村の話が分かりやすい。[42]

四件の架空融資話

三つの議事録から架空融資事件や児玉の工作を追った。

それによると、全日空に対する融資のあっせんは合計四件あった。

一つ目は、一九六九年六月一〇日頃、「アラブ産油国の……資金を貸し付けたい」と「当時昭和石油社長室の堀井氏」らから話があった。金額五〇〇億円だったが、後に「五〇〇〇億にかいざん」され、「おかしいと判断」して、八月初旬に話を打ち切り、関係書類などすべてを回収した。

二つ目は、同年八月二五、六日頃、鈴木明良《すずきあきら》という元自由党代議士が「三千億の融資の話」を持ち込んできた。長谷村が外出時のことだ。鈴木は現職運輸相の原田憲《はらだけん》と、後の環境庁長官大石武一《おおいしぶいち》の紹介用名刺を持っていた。鈴木は自ら「大蔵省特殊資金運用委員会委員」というふれこみで「アメリカの資金があるのだが、全日空で使わないか」と申し出てきた。大庭はそれに応じてしまい、融資関係の書類に公式の社長印を押した。

長谷村が、後でその話を聞いて急ぎ動いた。当時の日本興業銀行が指定銀行とされていたので、興銀頭取に接触したところ、資金は興銀には積み込まれておらず、さらに八月初めにこの件で「大蔵省の青山銀行局長が会社に見える」とのことで待っていたところ、長谷村がよく知っていた青山局長ではなく、「にせもの」の局長が現れた。

紹介者の二代議士は本物だったが、内容がおかしかったので、話を打ち切って、一一月末までに融資申込書と念書四通の計五通を回収した。

三つ目は、九月中旬に「川間健次」という人物から、四つ目は一一月一〇日前後に「山西喜一郎」という人物から、いずれも直接の融資話があったが、いずれも即、断ったという。

この間、鈴木明良が詐欺未遂事件で取り調べを受けた。その際に警察が、大庭が署名して全日空の社印が押された文書を押収した。築地署からその照会文書が全日空に来たという。

いずれにせよ、大庭が署名し、社印が押された文書はすべて回収され、全日空としては、「金銭的な実害は一切ございません」「単なる融資申し込みの依頼（書類）ですので」と長谷村は胸を張った。しかし、これですべて片付いたわけではなかった。

東京新聞報道で総会屋が「引導」

大庭を標的にした架空融資の話がこれほど続き、同じような人物が関わっていたことから「後ろでつながっている」と長谷村は疑った。つまり、裏で児玉が操り人形のように糸を引いていたか、どうかだが、証拠は摑めなかった。

一連の架空融資事件について、社会党「爆弾男」の一人、大出俊《おおいでしゅん》らの議員は「M資金問題」と呼んでいた。同時に「ロッキード事件とのかかわり」が話題に上る。だが、長谷村は「ロッキード問題とはかかわりがあるかどうか……わかりません」と慎重だった。

大庭が社長辞任を決めたのは、一九七〇年五月二九日のこと。同日付の東京新聞朝刊に掲載された記事が、社長の決断に「大変な影響を与えた」（長谷村）のは明らかだった。

大庭は「不調に終わった三千億円にのぼる外資系資金の借り入れについて、取締役会にはからなかったことを社外取締役から責任追及され、引責辞任することになった」と同紙は書いた。八～九面「こちら特報部」の特集記事でも、「金策は失敗、証書だけが東京の町の高利貸しの間に流れて」しまい、騒ぎになったこと、さらに社長としての「経営手腕」が問われ、特に社内の生え抜きの「民族派」の反発を買っていた、と書かれていた。[43]

記事に決して間違いはなかった。問題があったのは、全日空のDC10導入を中止させ、機種選定を白紙に戻させるために大庭を辞めさせる、という児玉の意図がまったく分かっていなかったことだ。

その日、大庭は自分を一年前に全日空に送り込んだ日本航空の松尾静磨《まつおしずま》社長にパレスホテルで会い、諭されて辞任を決断、会社に戻った。

社長室に入ると、大物総会屋の上森子鉄《かみもりしてつ》ともう一人の総会屋、さらに渡辺尚次全日空副社長が面会を求めてやって来た。翌三〇日は株主総会だ。明らかに、そのタイミングで東京新聞に情報をリークしたのだろう。

上森は、こういう問題では総会の仕切りは「引き受けられないから大庭さん、やめたらどうか」と口火を切り、大庭も「やめましょう」と受けたという。これで万事休すだった。

こうして、全日空の機種選定は白紙撤回となり、新社長の下で新たに機種選定作業が始まることになった。

当時の日航と全日空の関係は今とは違う。当時の日航は全日空の大株主であり、松尾社長は全日空の取締役の一人だった。

他方、渡辺は「民族派」で、鈴木明良と一緒に大庭を追い落とそうとしていたことが判明した。児玉が渡辺を利用した可能性がある。

衆院ロッキード調査特別委は六月二四日、渡辺と長谷村を一緒に証人として招き、対決させる形で証言させた。特別委は結局、別件でウソを証言した渡辺を偽証容疑で告発、渡辺は東京地検に逮捕される。

一連の架空融資が大庭に持ち込まれ、大庭がその対応を誤った、と報道されて、大庭辞任に至った。その時点で、大庭らはロッキード社と児玉の工作、と気付くべきだった。

例えば、一九七六年六月一六日の衆議院ロッキード事件調査特別委員会。瀬戸《せと》山三男《やまみつお》議員（自民党）は「ロッキード問題とかかわりがあるんだ、……仕組まれたんだというようなうわさが世間では流れておるのですが……どういうふうにお考えですか」と質問している。これに対して、長谷村は「私にはわかりません」と取り合わず、議論が進まなかった。[44]

長谷村は東北大学を出て日銀に入行、日本輸出入銀行に出向、佐藤栄作の秘書を経て、全日空顧問に就任していた。政治にも詳しい切れ者で、不思議な人物だったようだ。

上森は『キネマ旬報』社長も務め、少し変わった文人タイプの総会屋だった。他にも、当時の総会屋には左翼誌『現代の眼』を発行する現代評論社社長、鬼嶋《きじま》力也《りきや》のような人物もいて、今から振り返ると奇妙な世界だった。

だが上森は、児玉に近いことが知られていた。「児玉」本人は、架空融資を持ちかけた現場などに顔を出さず、東京新聞の報道で言及されることもなかった。しかし、児玉が関与した兆候は確かにあったのだ。

その時点でロッキード社と児玉の動機が世間に知られていたら、ロッキード社の売り込み作戦は潰《つい》えていた可能性もあった。

その動機とは、全日空が新型機を調達するのを「遅らせる作戦」だ。遅らせるために、さまざまな架空融資話を持ち込んで、大庭を辞任に追い込んだのだった。

コーチャンは、一九七六年一一月一〇日に発売された自著『ロッキード売り込み作戦』にそのいきさつを簡単に記している。[45]

児玉、日航の大物社長にも黒い工作

実は、日航もこの作戦の被害に遭っていた。

日航は松尾社長時代の一九六九年三月に次期大型機をＤＣ10に機種決定し、七一年後半に導入したいと考えていたようだ。しかし、児玉工作と政府筋の反対でその計画を見送る。そのため、松尾の盟友とも言える大庭は三井物産とも相談し、日航が押さえていた製造番号を全日空が引き継いで、オプション契約もした。

松尾がＤＣ10導入を見送った際、松尾は「辞めさせられるような危険を感じた」と、大庭が証言している。[46]実際に松尾が十年間務めた日航社長を辞任し、会長に就任したのは、一九七一年五月のことだった。

大庭によると、松尾は「児玉と政府筋にやられた」とも言っていたという。

一体何があったのか。当時、メディアは「児玉、日航にも黒い手」「ＤＣ10、三機オプション後、圧力で取消させる」などといった見出しで報じた。

松尾は一九七二年の大晦日に死亡した。このため、衆院ロッキード調査特別委員会は後任社長、朝田《あさだ》静夫《しずお》を証人として呼んだ。[47]

しかし、朝田は、真相を解明しようとする特別委の調査に協力的ではなかった。児玉が一九六九年当時、「松尾前社長のもとに足しげく通ってきた」事実について、議員が質問しても、朝田は「児玉氏が……一、二度会社にお見えになった」ことしか認めない。また日航が「ＤＣ10を二機……オプションした」事実も認めない。結局、松尾が採用機種をＤＣ10とする決定を六九年に「白紙還元」したことは認めたが、その「理由はおっしゃらなかった」と、児玉がどのような圧力をかけたのか、具体的な情報を明らかにしなかった。

いらだった議員が「あなたが児玉さんとかなり親しいという関係は周知の事実だという……うわさ」があるのだが、と挑発しても、朝田は反発もせず、結局何も分からなかった。

児玉の工作で、松尾も大庭も強い危険を感じていた。何らかの罪名が適用できそうにも見えるが、最終的に児玉が刑事訴追されたのは脱税と外為法違反だけだった。

ロッキード社のコーチャンは、全日空への売り込みを優先目標に掲げ、全日空の機種選定を「遅らせる作戦」を行ったと認めている。[48]しかし、コーチャン自身は回想録でも嘱託尋問でも対日航工作には触れていない。

ただ、コーチャンは児玉には「丸投げ」で秘密工作をやらせていた。日航が順調にＤＣ10導入を進めたら、全日空もそれに続き、ＤＣ10導入を決めるだろう、と児玉は予測して、対松尾工作を実行したのだろう。

しかし、松尾のような航空界の大物を対象に、日航と歴史的に関係が深いＭＤのＤＣ10導入が妨げられたことで、次期大型機商戦はいっそう熾烈になる。

松尾は「戦後日本航空業界の父」とも「航空界の天皇」とも呼ばれていた。佐賀県出身で、大庭と同じ一九〇三年生まれだが、逓信省入りは松尾が早かった。連合国軍総司令部（ＧＨＱ）は日本の軍用機、民間機、すべての航空活動を禁止した。これに対し、松尾は初代の運輸省航空庁長官として、日本航空の設立に奔走し、二代目社長を務める。

結局、児玉工作の結果、大庭は失脚し、全日空の次期機種選定は振り出しに戻った。ロッキードとMD両社の商戦は、二年後の一九七二年に先送りされた。コーチャンが書いているように「秘密代理人、児玉誉士夫氏が活躍してくれた」おかげだった。[49]

それから間もなく、児玉の方から「私の奉仕に対して、契約料を値上げしてほしい」との要請があったという。[50]

M資金は架空の話

大庭に対するニセ融資の罠は、これまでにも幾度となく浮上した「M資金」と呼ばれていた、伝説的な架空の資金のことである。

M資金は、太平洋戦争終戦時の混乱期に、連合国軍総司令部（GHQ）の管理下に置かれた押収資産や隠退蔵物資が秘密資金として残され、日本政府の一部の人たちによって管理されてきた、とうわさされてきた。Mとは、GHQの経済科学局長、ウィリアム・マーカット少将の名前の頭文字から取った、という。

こうした話をネタにした詐欺事件は後を絶たない。

大庭によると、この事件では「何かアメリカの金を融資できるという」あいまいな話しかなかったという。とすると、アメリカの資金だから、M資金とは言えないかもしれない。

筆者はワシントン在勤の頃、M資金の証書と称するコピーを米議会下院のスタッフから見せられたことがある。単なる印刷物のようだった。アメリカ経済が不調だったブッシュ（父）政権の時代、身元不明の日本人から融資を持ちかけられたという話だった。

まともな研究者の中に「M資金は存在した」と信じる〝存在派〟がいた。その代表的論客は「リビジョニスト（日本異質論者）」のゴッドファーザー的存在で、松川《まつかわ》事件など戦後日本の「黒い霧」の研究でも知られた、故チャルマーズ・ジョンソン・カリフォルニア大学サンディエゴ校教授だ。

彼が主宰していた「日本政策研究所」の一九九五年七月一日付機関紙に、三つの論文が掲載されている。『日本の「M資金」メモ』と題する主論文を記したのは、ケネディ政権で司法次官補を務めた故ノーベルト・シュライ弁護士だ。キューバ危機の際には、「海上封鎖」の国際法上の問題点を大統領に助言した。公民権法の策定にも参画した著名な法律家だが、なぜかM資金の魔力にとらわれ、フロリダ州タンパ連邦地裁で懲役五年の判決を受ける羽目に陥ってしまった。本人に悪気はなかったかもしれないが、詐欺事件に関与してしまった。M資金の実体はいまだ不明だ。

5．ロッキードの功労者は中曽根か

三井物産の売り込み工作

田中角栄はロッキード社代理店の丸紅から、ロッキード社が「五億円の献金」をするので、全日空が同社航空機を導入するよう「ご協力をお願いしたい」と要請され、了承した。ロッキード事件はそれだけの単純な事件と理解されてきたようだ。

しかし、ロッキード社の強力なライバル、マクダネル・ダグラス社（MD）とその代理店、三井物産も、田中にDC10機導入を強く働きかけていたのだ。

しかも、MDの働きかけが奏功して、少なくとも二度、田中はDC10機の全日空への導入に動いた局面があった。田中ら五被告に対する検察側の「冒頭陳述書」から、そんな事実があったことが分かった。政治活動で湯水のごとくカネを使った田中。機会があれば、あらゆる局面で金脈の形成に努めたのだろう。

田中は、首相に就任する前の一九七〇年当時から、三井物産副社長、石黒規一の働きかけを三〜四度にわたって受けていた。MDの代理店、三井物産はDC10売り込み工作を進めていた。

両社の争いが大詰めを迎えようとしていた一九七二年一〇月五日午前六時、ロッキード側がパニックに陥るほどのニュースが伝えられた。

ダグラスも社長を東京に派遣

ロッキード社のコーチャン社長は「トライスター機の日本売り込みの全面作戦を展開するため」、約一カ月半前の八月二〇日から東京で陣頭指揮に当たっていた。

ほぼ同時に、ライバルのマクダネル・ダグラス社も八月一九日、ジャクソン・マックゴーエン社長ら七人から成るチームを東京に派遣する予定、との報告がコーチャンに届いた[51]。

二年越しの苦難が続いていたロッキード社だったが、最終的に米国政府から連邦融資保証を取り付け、ロールスロイス社がトライスター用エンジン製造を再開、対日販売工作を展開する態勢がようやく整った。

日本は四年前の一九六八年、国民総生産（GNP）世界第二位になったばかり。高度経済成長で航空機需要が急増していた。

全日空は「緊急に六機の新型大型機を必要としており、更に一五機を購入する」計画をコーチャンは「知っている」と嘱託尋問で証言している[52]。ロッキード社は全日空との契約を目指した。

次期大型機商戦は事実上、全日空がロッキードのL1011トライスターか、MDのDC10か、どちらを選択するのかという争いに絞られていた。日本航空は、社長の松尾が「児玉と政府筋にやられて」、ＤＣ10購入を断念、国内線用のボーイング７４７ＳＲを将来導入する方向に転換していた。

「最大の危機」が勃発

一九七二年一〇月五日は「私の長い航空機会社生活の中でも、最大の危機に見舞われた日として、永久に忘れることはないだろう」と、コーチャンは回想録に記している。[53]

同日午前六時に突然、福田太郎から電話があった。前夜小佐野賢治から「日航からの受注が決まった」と連絡を受けたのだという。

小佐野情報だと、日本政府は、①日航と全日空はロッキード、ボーイング、ＭＤ三社の新型大型機をそれぞれ購入すべきだ、②日航はトライスター、全日空はＤＣ10を発注する、③日航は７４７を追加発注する――というパッケージを承認したというのだ。

コーチャンは仰天して「それじゃ、ロッキード社にとっては致命的な大失敗だ」と言った。そんなコーチャンの反応を聞いて、「グッドニュース」だと信じ込んでいた福田は、逆の意味で仰天したという。

問題は②だ。新型の大型機を最も必要としているのは全日空であって、日航ではない。日航は将来ボーイング７４７ＳＲを導入するので、当面新型機は購入しない。ＤＣ10は全日空が買うが、トライスターは全日空も日航も買わない。つまり、ロッキード社にとっては「破滅」を意味する決定だったのだ。

コーチャンは、これでは全日空に対して売り込むことができないと恐れた。とりあえず、情報源の小佐野に真偽を確かめるため、午前一〇時過ぎから八重洲《やえす》の国際興業本社で小佐野に会った。

ここでも、コーチャンは小佐野から意外なことを言われた。

小佐野は「日航の注文がもらえるというのに、それを不満だというあなたの気持ちがわからない」と厳しい言葉を浴びせたのだ。「とにかく、今となっては、どうにも変えようがない」と言って、相手にもされなかった。[54]

嘱託尋問でも、コーチャンは「私が話せば話す程益々《ほどますます》彼は怒り出し……彼は……これから出て行かねばならない」と言って、コーチャンを追い出した、[55]と証言した。小佐野はロッキード社の販売戦略を理解していないように見えたという。

頼りになる人物は児玉しかいなかった。夜八時から児玉に会うため、いつものように銀座《ぎんざ》・ソニービルの地下に車を入れ、そこから地下道を歩いて児玉の事務所がある塚本素山《つかもとそざん》ビルへ向かった。コーチャンが「ダグラス側の陰謀としか考えられない」と訴えると、児玉は秘書の太刀川恒夫に中曽根康弘（当時通産相）に電話をかけるよう命じた。太刀川は中曽根の書生をしていた人物だ。児玉は中曽根との電話を終え、「中曽根氏があす一番に、この件で努力をしてくれると約束しました」と言った。[56]

コーチャンの嘱託尋問ではもう少し詳しく、中曽根は翌日「金曜日の午前中に、まず第一にこれに関係した沢山の人達に会ってみる」と言ったという。中曽根は「ある種の会議に出席する」際に、多くの高官に会おうとしている、とコーチャンは思った。[57]

そして翌六日、「中曽根氏が〈陰謀〉転覆に成功したと、児玉氏から報告がありました」と福田から電話が入った。こうして対日売り込み作戦で最大のピンチを切り抜けたように見えた。しかし、事態を覆す作業の完了までには、なお時間が必要だった。

嘱託尋問でコーチャンは、中曽根が「どのような政治的ルートを通じて……動いたのか」と聞かれても、「私は知りません」と言い逃れた。「ロッキード外し」の決定について「小佐野氏に……話をした人物……が誰なのか」との質問にも、「私は知りません」と答えている。[58]

中曽根が田中に伝え、佐々木に指示

コーチャンが作成した「人脈図」で、児玉、中曽根、佐々木《ささき》秀世《ひでよ》運輸相の関係を見てみよう。児玉↓中曽根↓佐々木と三人が↓でつながっており、中曽根から出たもう一つの線は田中につながり、中曽根と田中は双方向の↓と↑で結ばれている。

児玉↓中曽根⇅田中
← 佐々木

という順で、中曽根と佐々木の間は、中曽根から佐々木に一方的に働きかける形だ。

立花隆《たちばなたかし》は、この人脈図から、中曽根が田中と「密議しあった結果を佐々木に伝えて、決定をひっくり返したと読む。それ以外の読み方があるだろうか」と推測している。[59]

中曽根は後に、こうした行動を否定したが、六日朝の閣僚協議会や閣議の場を利用して事態を覆した、と立花はみている。

いずれにしても、肝腎の運輸相佐々木は連絡が取れず、長期不在を続けていた。

コーチャンが付けていた「工作日記」には、事態を逆転させた経緯が示されている。コーチャンは一〇月五日午前一〇時に小佐野と会ってから、翌六日に大久保と面会、「N（中曽根）が事態を訂正した」との情報を得た。さらに、「E（丸紅の伊藤宏）が事態の訂正が行われたことを裏付けた」

という経緯から見て、田中にまでロッキード側の不満が伝えられ、事態修正へと動いたとみられる。[60]

特に、「E」の部分は、田中からの確認があったことを示している。

コーチャンは「ロッキード外し」の情報を大久保利春に伝え、大久保がそれを伊藤に伝え、伊藤が田中の秘書、榎本敏夫《えのもととしお》に連絡、榎本が「その状況を調査して」、その結果報告が伊藤、大久保を経てコーチャンに戻ってきたというのだ。[61]

榎本は当然、田中に連絡し、田中は即断して、決定を覆す方向に転換したようだ。

コーチャンはトライスター売り込み工作では、「丸紅」と「児玉」の二チームを抱えながら、両チーム間の往来を意図的に避けてきた。しかし、「ロッキード外し」という危急の事態で、児玉チームの福田からもたらされたその情報を、情報源を言わずに、丸紅の大久保に伝えた。その結果、中曽根がもたらした事態打開の情報を丸紅チームの作業で裏付けた、ということのようだ。

佐々木運輸相がいない？

だが、それでもまだ、事態を修正する作業は完了していなかった。

人脈図から見ても、中曽根が田中とやりとりして、佐々木運輸相に連絡しなければ完了とはならない。次期大型機の調達は、運輸省が行政指導の事項として、上記①②③の方針を決めたが、その修正も「運輸省により承認されることが必要である」とコーチャンも認識していた。[62]

しかし、コーチャンによると、佐々木は「オーストラリアかどこかへの旅行に出た」というニュースが一〇月一三日に伝えられたというのだ。[63]

コーチャンの回想録でも、嘱託尋問でも、佐々木がいつからいつまで出国していたか、正確なことは明示していない。ただ、コーチャン回想録では、一七日～二〇日（金）になっても帰国は確認されず、週明け二三日（月）になって、ようやく「間もなく帰ってくるはずだ」という情報を得た。[64]「冒頭陳述」によると、二四日になって、全日空社長の若狭得治は、副社長の渡辺とともに首相官邸に赴き、田中と面談する。若狭が月末までに機種を決める予定、と説明したところ、田中は「この間のハワイ会談で……ニクソンからロッキードを頼むと言われた。全日空がトライスターに決めてもらえば非常にありがたいと言っていた」と話した。そこで若狭は「大勢としてトライスターに決まる方向に進んでいる」と明言した。

若狭と渡辺は次いで、運輸省に佐々木運輸相を訪ね、これらのことを報告した。[65]これでようやく全日空によるロッキード機調達が本決まりの方向になった。

形式的には、二八日の全日空役員会でロッキードL1011トライスターの選定を報告して、二日後の取締役会で承認を得た上、佐々木運輸相に正式に報告、同機二一機の導入を公表した形である。

児玉が佐々木を呼び戻す

重要な時期に運輸相の長期不在、これほど異常な事態も珍しいが、「運輸相の海外旅行は、どうやら橋本登美三郎《はしもととみさぶろう》自民党幹事長のさしがねらしい[66]」と判明した、とコーチャンは回想録に書いている。嘱託尋問では、コーチャンは橋本が「日本から遠く離れて休みをとるよう」佐々木に勧めた、と証言した。

そこで、児玉に「橋本氏に……連絡をとって……佐々木氏を呼び戻すことができないか」と依頼したところ、二、三日以内に佐々木は帰京したという。[67]

現職の大臣をこのような形で、外国に出したり、帰らせたりすることができるのだろうか。当時の新聞で、佐々木運輸相の動向を確認した。

佐々木が出国したのは一〇月九日、帰国したのは同一九日だった。出国の際[68]と帰国の際[69]に、日経新聞が出発便を「九日午後五時二二分羽田発日航機でシドニーに向け」出発、帰国便は搭乗地を明記せず、ただ「一九日午後七時三十八分日航機で帰国した」としている。

のべ十一日間にもわたるこの外国訪問の目的は、「一二、一三の両日キャンベラで開く閣僚委に出席したあと、ニュージーランドを訪問し、帰途ホノルルへたち寄り帰国する」[70]とされていた。

少しおかしいのは、日豪閣僚委員会開催が一二～一三日なのに、九日に出発して九～一一日に何をしていたか不明なこと、さらにニュージーランドおよびハワイで何をしていたかも明らかではない。計十一日間の日程のうち、仕事があったのは二日間だけだった。

一連の動きは、明らかに陰謀、とコーチャンは考えたようだが、確かにおかしかった。コーチャンは帰国日を知らなかったが、新聞発表では当初から一九日と決まっていた。当時は、出張のついでに観光をして帰ることにおおらかな風潮があり、とがめ立てされずに済んだともみられる。

公式日程の前後に幅を持たせた目的は恐らく、佐々木が東京で運輸相として執務を続けていたら、全日空の次期大型機をロッキード機とする最終決定を出さざるを得なくなるので、それを阻むためだったと考えられる。

佐々木は、他の灰色高官らとともに、例の「リスト」に名を連ね、ユニット領収証のうち三〇〇万円を受け取ったが、「単純収賄」と判断され、時効で起訴を免れた。ロッキード社からわいろをもらった七人のうちただ一人、佐々木は選挙には再出馬せず、政界を引退、後の動向は伝えられなかった。

「おそらく佐々木秀世は、ロッキード事件の永遠に明るみに出ない部分での深い関与があり、そのへんを検察につかまれて、因果を含められたのではないかという気がする」と立花は記している。[71]ただ、「灰色高官」とされた父の「人権」を、弁護士の長男佐々木秀典《ひでのり》が問題にした。青年法律家協会（青法協）議長も務めたリベラル派で、後に社会党から衆議院議員に当選、異例の党をまたぐ二代目政治家となり、話題となった。

佐々木の出国騒ぎを決着させたのは、「人脈図」で見れば、児玉→橋本→佐々木とつながった経路で「帰国命令」を出し、佐々木が「ロッキード外し」の決定を覆して最終決定し、全日空の若狭に伝えた。佐々木→若狭のラインでその説明がつくだろう。

田中が若狭に「DC10で検討してくれ」

ということであれば、佐々木は当初「ロッキード外し」の決定を承認していたということになる。佐々木の事実上の前任は橋本で、橋本は政治力を行使して、佐々木に「DC10は全日空」を承認させたとみられる。田中が田中派幹部の橋本を通じてそう指示した、とみていいだろう。

検察側の「冒頭陳述書」をよく読むと、田中は次期大型機商戦では少なくとも二回、MD側に大きく振れた動きを見せた。[72]一回目は次のように、首相就任前のことだ。

田中は、昭和四五（一九七〇）年から同四六（一九七一）年末ころまでの間（当時自由民主党幹事長あるいは通商産業大臣であった）前後三、四回にわたり、砂防会館内の田中事務所で、三井物産副社長石黒規一から、三井物産が……ダグラス社と契約していること、（中略）全日空がDC10型航空機を採用するよう三井物産を援助してもらいたい旨の陳情をうけた。田中は、同四五年中ころ若狭（全日空）社長に電話で「三井物産からＤＣ10を買うよう口添えしてくれと言われているので、検討してほしい」旨要望した。[73]

しかし、田中は首相就任後に変化した。

一九七二年九月一日にハワイでの日米首脳会談を終えて間もなく、田中は事務所で小佐野に対して「実はニクソンとの会談で、ハワイに行った際、ニクソンから導入する飛行機は、ロッキード社のトライスターにしてもらうとありがたいと言われた。全日空の方針はどうかな」と、全日空側への伝言を依頼している。[74]

しかし、その姿勢も揺らいだ。

九月二一日ころ、総理官邸を訪れた石黒が「ロッキード社が全日空の機種選定に暗躍している様子で、ロッキードが優勢とのうわさが流れており、私共は苦慮している。全日空が私共の航空機を選定するよう援助してもらいたい」と陳情。田中は「全日空の新機種の決定については、所管の大臣によく言っておいたから、……所管大臣から何らかの達しが近くあるはずだ」と答えた。[75]

この発言について、冒頭陳述は、田中が「三井物産からの陳情を無視した」と判断している。田中を訴追する立場の検察側は、そんな判断で押すべきだと考えたのだろう。しかし、コーチャンを危機に陥れた経緯を解明するためには、ここは客観的な判断が必要だ。

日本政府はその約二週間後、「全日空はＤＣ10を発注」と決め、一〇月五日朝にコーチャンは「最大の危機」に直面しているのだ。

従って、これが、二回目の田中のＭＤへの傾斜だったと推理することができる。

このあと、橋本を使って、運輸相の佐々木秀世を出国させたものの、児玉が動き出して決定の撤回を求められると、佐々木を帰国させた。そんなどんでん返しの翻意があったとしか考えられない。

その裏で、三井物産もカネを使ったかもしれないし、最終的にはやはり児玉がカネの力をテコに、田中を動かしたのかもしれない。

田中、大平派に「手を打った」

若狭については、「丸紅ルート」の第五十四回公判で非常に興味深いことが明らかにされた[76]。

三井物産の石黒が一九七二年一〇月二〇日ころの夜、突然若狭の自宅を訪れて、「全日空の機種選定について田中に陳情したのでぜひダグラスDC10を採用してもらいたい」と要請した。

その際、石黒は「DC10を採用してほしい。政治家の方々には手を打ってあります」と言った。「その時、政治家の名前は」との質問に、若狭は「出ていません」と答えている。取り調べの検事調書には「田中、大平《おおひら》派などの主だった人、といいませんでしたか」と検事が聞いたが、若狭は「現在の記憶ではありません」と逃げた。

また、「政治家に手を打ったとは、どういう意味ですか」と聞かれて、若狭は「ピンときません」とはぐらかし、検事は「『お金と感じた』と調書ではなっていますね」と皮肉っている。

橋本（田中派）と佐々木（大平派）を念頭に、三井物産もカネを使った可能性を想定させるに十分なやりとりだった。

トライスター採用の最終局面に至るまで、カネがつきまとい、田中も揺れ動いた様子がうかがえた。「安易にエアバス商戦に首を突っ込む田中の軽率さと、かつてDC10を推しながら檜山から五億円のワイロをちらつかされると簡単にトライスターに鞍替えするダーティさを浮き彫り」にした、と毎日新聞社の『総理の犯罪』は指摘している[77]。

実際田中は、検察が証拠立てた丸紅からの五億円のほか、小佐野を通じて児玉から金額不明のカネ、さらに三井物産からもカネを得た可能性があった。その意味では、カネにまみれた、節操がない政治家が揺り動かした事件だった。しかし、証拠がないため検察は訴追できなかったのだろう。

朝日新聞がスクープしたコーチャン会見記

コーチャンが、日本への売り込み工作の最終段階で「最大の危機」を迎えたことは、東京地検特捜部の捜査では明らかにされなかった。

その事実は、スクープとして一九七六年七月二七日に田中角栄が逮捕されてから約一カ月後の八月二一〜二三日付朝日新聞に掲載された「コーチャン会見記」で伝えられた。会見記自体が大スクープだった。

八月三一日まで続行されたコーチャンに対する嘱託尋問では、検察側はこの「最大の危機」について朝日の記事を読みながら質問した。[78]

すっぱ抜いたのは当時のワシントン特派員、村上吉男《むらかみよしお》。事件が表面化したあと、「二月後半からほとんど毎晩のように、示し合わせた合図で電話をかけ、事件のことは何も聞かないで、政治やスポーツなどを話し合いながら信頼関係を築くことに精力を注いだ」と述懐している。地道な努力が実を結び、田中逮捕後の八月、二人だけでホテルの一室にこもって、丸八日間、延べ六十時間を超える異例のインタビューに成功した。村上の並外れた英語力と取材力が生きた。その内容は、世界の著名なジャーナリストらに引用されるほどの大きい成果をもたらした。[79]

この記事に中曽根は八月二一日の記者会見で、「(児玉から)工作を依頼されたこともない」などと全面否定した。[80] ただ中曽根は、否定はしたが、証拠と理由を挙げて反論したわけではない。

6. つながらない児玉の工作とカネ

〝消えた一六億円のナゾ〟

ここでは、児玉がロッキード社のために実行した秘密工作の数々を挙げた。しかし、これらの工作と児玉が受け取った巨額のカネはどう結びつくのか。

児玉の「黒子」兼通訳のような仕事をしていた福田太郎は、病床での事情聴取で「児玉名義の領収書は全部ほんものだ。十七億円は児玉に渡った。私が、その接受に立ち会った」と供述したという。[81]

児玉が受領したカネの「入り」について、一九七七年六月二日付の「児玉ルート公判検察側冒頭陳述書」は、時系列の「受領状況一覧表」を別表（一）として添付している。[82]

領収証ベースで計算すると、時効切れになっていないため、脱税の対象とされたのは一九七二～七五年総額計一六億九五五〇万円。時効切れになった一九六九～七一年の分は二億三二〇〇万円となっている。

これに対して、児玉の弁護側は公判でトライスターの売り込みに伴う「成功報酬」一六億円余の受領を全面的に否認した。

なぜか。最大の理由は「使い道が明らかにされていないからだ」というのだ。そもそも「受領がないから使途がない」「一六億円余が何の形跡もなく消え去ることはない」と主張した。弁護側の言う通り、検察側は使途の解明ができなかった。事実、弁護側は最終弁論で「まさに、〝消えた一六億円のナゾ〟である」とぶっている。[83]

このように、児玉へのカネの「入り」は証拠関係でもやや際どい問題ではあった。多数の児玉領収証が出て来たが、「児玉誉士夫」の名前はゴム印、印鑑は丸印だった。しかし、ゴム印と丸印の証拠は、事件が表面化した一九七六年二月五日の前日、クラッターからの電話を受けて、児玉が関係資料とともに「焼却処分にした」と、検察側冒頭陳述は明記している。[84]

クラッターは嘱託尋問で、児玉への支払いのために現金を「蓄えた」と証言している。そのための出納簿は東京地検が入手、「証第二七」という番号が付けられていた。クラッターはこれを「私の聖書です」と呼んでいた。[85]

クラッターは、本社から複数回に分けた比較的小口の送金を受け、「五億円」などの一定額の残高にしてから児玉に支払っていた、と証言している。

この証言と出納簿があって、児玉を脱税と外為法違反で立件した。それらがなければ、児玉の弁護側の主張はもっと強くなっていただろう。

浜田幸一のカジノ債務返済に

ただ、児玉からのカネの使途が明らかにされたのは二件だけあった。

一つは衆院議員、浜田《はまだ》幸一《こういち》が一九七二年一〇月にラスベガスのカジノで負けた賭け金の最後の返済に使われていたことが分かった。

児玉は小佐野がロッキード社のために支援してくれたため、一九七三年一〇月ころ、二〇万ドルを小佐野に渡すことにした。一一月三日、クラッターはロサンゼルス空港で小佐野に二〇万ドルを手渡した。児玉はこれと引き換えに、同日付で二六五〇万円の児玉名義の領収証二通をクラッターに渡した。二通の金額は「受領状況一覧表」に記載されている。

児玉に対する当初の冒頭陳述では、なぜ小佐野に二〇万ドルかは説明を欠いたが、検察側は一九八〇年三月六日の公判で、冒頭陳述を補充、浜田のカジノ借金に充てたことを明らかにした。

それによると、浜田は小佐野一行の米国とばくツアーに参加、ラスベガス・サンズホテルで一五〇万ドル（当時の為替レートで四億五〇〇〇万円）も負けた。同年一二月、小佐野はホテルを再訪して交渉、浜田の負債を一二〇万ドルに値引きさせ、支払いを保証する。返済額は一九七三年一～七月で一〇〇万ドルに上り、返済残額は二〇万ドルになっていた。

小佐野はロサンゼルス空港ＶＩＰルームでクラッターから二〇万ドルを受領、ラスベガスに向かい、これを残りの返済に充てた。

浜田は公判で赤面の事実を暴かれ、翌四月一一日、議員辞職した。

毎日新聞によると、浜田はカジノツアーから帰国直後、田中角栄に泣きつき、田中は小佐野に返済を依頼したという。[86]

二件目は、児玉の取引銀行の銀行員が公判で、「トライスター採用決定の日に、児玉被告から二億五〇〇〇万円を預かった」と証言したことだ。[87]

証言したのは、立花隆によると「児玉の〝第三秘書〟の異名をとる」北海道拓殖銀行築地支店長、南善一。一九七二年一〇月三〇日の午前七時四〇分すぎに児玉宅に呼ばれて、段ボール箱二個に入った現金二億五千万円を渡された。お札はバラバラで、ゴム輪で止められたものもあり、数え直して、束に縛り直し、そのうち五〇〇〇万円については新券に替えるよう指示されたので、午後五時半頃に児玉宅に届けたという。

恐らく、この五〇〇〇万円は最終的に政治家に届けられたと思われるが、その行方が明らかにされることはなかった。

児玉がロッキード社から受け取ったカネをどうしたか、について確認できたのは上記の二件だけだ。

国税当局はロッキード事件表面化以後、児玉の財産を四度にわたって差し押さえた。目黒区等々力《めぐろ　とど　ろき》の自宅や熱海《あたみ》の別荘で、有価証券など総額約三〇億円。しかし、これらはいずれも児玉が一九六九年以前に蓄積した財産で、それ以後の財産はまったく見つかっていないという。裁判では結局、一六億円余の使途は解明されなかったのである。[88]

ＰＸＬとトライスター決定で児玉に巨額

チャーチ小委事務局は、事件が表面化して九日後の二月一三日、児玉領収証と児玉がロッキード社と交わした契約書を公表した。

これら多数の領収証は、児玉が受け取ったカネの受け取り状況を示している。それは、一九七七年六月二日付「児玉ルート公判検察側冒頭陳述書」に別表（一）として添付された「受領状況一覧表」とほぼ一致する。[89]

それによると、「ＰＸＬ国産化白紙撤回」（一〇月九日）、「全日空のトライスター機導入決定」（一〇月三〇日）を受けて、一〇月二〇日から年末一二月一九日まで、ロッキード社から児玉への支払いが怒濤《ど　とう》のように続いたことが分かる。

ＰＸＬとトライスターについて、ロッキード社が求めた通りの結果が出たのを受けて、児玉あてに巨額の支払いがあった、という因果関係は明白だ。しかも、その支払い方は丸紅ルートとは比較にならないほど迅速で巨額だった。

一〇月二〇日付の五〇〇〇万円から、一二月一九日付一〇〇〇〇万円までを足すと、合計一〇億五〇〇〇万円。その中で、最も目立つのは一一月六日に支払われた六億円だ。

額面五億円の小切手盗難事件

ロッキード社東京支社長クラッターはこれを、①スイス・クレジット銀行の五億円に相当する米ドル建て自己宛小切手十四通額面合計一六六万六六六七ドルおよび、②一億円に相当するスイスフラン建て小切手四通額面合計一二六万五四一五・四スイスフランで、支払った[90]。

　このうち五億円は恐らく、児玉の要請を受けてコーチャンが「小佐野の協力」を得るためだとして支払ったものとみられる。

　不思議なことが起きるものだ。その五億円のドル建て小切手十四通が盗まれたのである。なぜか、同じ一九七二年一一月六日に、クラッターから手交された一億円のスイスフラン小切手四通は盗まれなかった。

　事件が起きたのは一九七三年一月三日夕刻、場所は児玉の自宅八畳間だった。

　児玉は同日、五億円相当の米ドル建て小切手十四通と、一緒にアタッシェケースに入れていた日本円約三〇六万円を「盗まれた」と、警視庁玉川《たまがわ》警察署に通報した[91]。

　同日夜、捜査に来た警察官に対して、児玉は「盗難小切手と書類は大切なもので他人の手に渡ると困る」などと話したが、ロッキード社との関係が暴露されることを恐れ、警察官には「封筒の中に小切手帳が入っていたと思う」と言葉を濁し、被害届には「書類入り封筒」と記載した。

　児玉は翌四日、福田の会社を通じてクラッターに連絡、福田の部下と一緒に児玉宅に来たクラッターに事情を説明し、盗難小切手の支払い停止処分の手配を依頼した。

　ロッキード社はこれを受けて、スイス・クレジット銀行宛に盗難小切手の支払い停止方を要請し、世界各地の取引先銀行に警告通知を発してもらったという。

その後、警察の盗難被害証明書とそのフランス語訳文書も準備して玉川警察署長の割り印をもらい、クラッターに渡した。

同年五月になって、盗難小切手に他からの支払い請求がなく、相当期間が経過したため、相当額の日本円を支払うことになり、五月二四日から六月一二日まで、分割して計四億四〇〇〇万円がクラッターから児玉に支払われた。盗難事件から円高が進行し、当初の五億円から六〇〇〇万円が目減りしている。

児玉弁護団は、小切手のカネはニクソン選対に還流したと主張した。

立花は、この事件は「不審な点だらけ」だと強調している。「盗難ドル小切手については、ロッキード社は振出銀行に警告通知措置の要請はしたが、それを無効にするための除権手続きはついにとらなかった」というのだ。[92]

しかし、堀田力《ほったつとむ》は「ニクソンへの還流なんて、アメリカの政治家や一部の評論家が勝手に言っているだけで、これまでの証拠からそんな匂《にお》いは皆無」と記している。[93]そもそも、還流の有無など、東京地検特捜部の捜査の対象ではなかった。

児玉の数々の汚い工作は、取材ではそれなりに掘り起こすことができた。だが、児玉の先に広がる闇は、アメリカから証拠文書が得られず、事件として追及できなかったのである。

扉、序章、第一章注

1 NHK「未解決事件」取材班『消えた21億円を追え』、朝日新聞出版、二〇一八年、四五頁
2 Multinational Corporations And United States Foreign Policy, Part 14, February 4, And 6; And May 4, 1976, PP367-368
3 東京新聞『裁かれる首相の犯罪』、第五集、五五一～五五二頁
4 Multinational Corporations And United States Foreign Policy, Part 14, P368
5 東京新聞『裁かれる首相の犯罪』、第六集、二五三～二五四頁
6 同、二二一～二二三頁
7 同、第三集、四〇九～四一〇頁
8 同、四一五～四一六頁
9 東京新聞『裁かれる首相の犯罪』、第二集、六七～八〇頁、第七十七国会衆議院ロッキード問題に関する調査特別委員会議録、昭和五十一年六月二日（水曜日）
10 東京新聞『裁かれる首相の犯罪』、第三集、三八五～三八六頁
11 同、第三集、三九四～三九五頁、第五集、三三一頁、コーチャン『ロッキード』一四五～一五四頁
12 同、第五集、三七七頁、コーチャン『ロッキード売り込み作戦』、一四五～一五四頁
13 毎日新聞社『総理の犯罪』、毎日新聞社、一九八三年、三三～三四頁
14 山本祐司『毎日新聞社会部』、一三三～一三五頁
15 Levinson, Who Makes, P210～213
16 Multinational Corporations and United States Foreign Policy, Part 14, Page 401
17 東京新聞『裁かれる首相の犯罪』、第三集、三八五～三九〇頁
18 Anthony Sampson, The Arms Bazaar, PP224～225,
19 Washington Post（ウェブ版）, June 6, 2017, Adnan Kashoggi, Saudi arms merchant and world-class playboy, dies
20 児玉誉士夫『風雲』中巻、日本及日本人社、一九七二年、一三七～一三九頁
21 同、一七六～一七七頁
22 NA, Records of the Army Staff(RG 319), IRR Personal Name Files 1939-1976, Box 416, 417 KODAMA, YOSHIO これ以後、「児玉ファイル」の出典は特筆しない限り、このRG 319の文書で、春名幹男『秘密のファイル―CIAの対日工作』上、共同通信社、二〇〇〇年、三三五～三七〇頁にも記載
23 岩川隆『日本の地下人脈』、光文社文庫、一九八六年、一一三～一一五頁、二八〇頁
24 児玉誉士夫『風雲』中巻、三一〇～三一七頁
大森実『戦後秘史1』「崩壊の歯車」、講談社、一九七五年、二八四～二八九頁
25 鳩山一郎『鳩山一郎・薫日記』上、中央公論新社、一九九九年、四〇八～四一〇頁
26 大森実『戦後秘史1』、二八〇頁
27 同、二八四～二八五頁
28 鳩山『鳩山日記』上、六三九～六四〇頁
29 児玉『風雲』中巻、三九一～三九三頁
30 同、二八〇～二九一頁
31 同、下巻、グラビア
32 Anthony Sampson, The Arms Bazaar, P226
33 Boulton, The Grease Machine, PP43～45
34 猪瀬直樹『死者たちのロッキード事件』、一〇五～一五一頁、立花隆『田中角栄研究 全記録』下、講談社文庫、一九八二年、二七七～二八一頁
35 児玉誉士夫『風雲』下、グラビア
36 Ben Rich & Leo Janos, Skunk Works, Little, Brown & Co., 1994　に詳しい
37 猪瀬、『死者たち』、一一三頁
38 毎日新聞社『総理の犯罪』、三三頁
39 第二十九回国会衆議院、決算委員会議事録第七号（閉会中審査）昭和三十三年八月二十二日（金曜日）
40 同、一九五八年九月二日、同九月九日、同九月一六日、同九月二六日、一九五九年三月一七日、同二六日の六回
41 第七十七回国会衆議院予算委員会議録第二十号、昭和五十一年三月一日（月曜日）
42 第七十七回国会衆議院ロッキード問題に関する調査特別委員会議録第八号（閉会中審査）六月十六日（水曜日）および六月十七日（木曜日）、

第三部　巨悪の正体

これ以後三月一日の予算委、六月十六、十七日のロッキード委の議事録から引用
43 一九七〇年五月二九日付東京新聞
44 第七十七回国会衆議院ロッキード問題に関する調査特別委員会議録第八号（閉会中審査）昭和五十一年六月十六日
45 コーチャン『ロッキード』、七一～一〇四頁
46 『ロッキード調査特別委』会議録、昭和五十一年六月十七日
47 同、昭和五十一年六月九日
48 コーチャン『ロッキード』、七三～八三頁
49 同、一〇四頁
50 同、九七～一〇四頁
51 東京新聞『裁かれる首相の犯罪』、第五集、六五三～六五四頁
52 同、五六四頁
53 同、五六八～五七八頁、コーチャン『ロッキード』、二〇〇～二一四頁
54 コーチャン『ロッキード』、二〇四～二〇六頁
55 東京新聞『裁かれる首相の犯罪』第五集、五七〇頁
56 コーチャン『ロッキード』、二一二頁
57 東京新聞『裁かれる首相の犯罪』第五集、五八〇～五八一頁
58 同、五九一頁
59 立花隆『闇将軍田中角栄の策謀　ロッキード裁判傍聴記2』、朝日新聞社、一九八三年、八九～九〇頁
60 東京新聞『裁かれる首相の犯罪』第五集、六五六～六五七頁
61 同、五八六～五九〇頁
62 同、五九八頁
63 コーチャン『ロッキード』、二三一頁
64 同、二三一～二三九頁
65 東京新聞『裁かれる首相の犯罪』第一集、六二～六三頁
66 コーチャン『ロッキード』、二三六頁
67 東京新聞『裁かれる首相の犯罪』第五集、五九七～六〇一頁
68 一九七二年一〇月一〇日付日本経済新聞一面
69 一九七二年一〇月二〇日、同一面
70 一〇月一〇日付日経新聞
71 立花『被告人田中角栄の闘争　ロッキード裁判傍聴記1』、四四頁
72 東京新聞『裁かれる首相の犯罪』、第一集、六〇～六三頁
73 同、六〇～六一頁
74 同、五九頁
75 同、六一頁
76 同、六二頁、同第四集、一三一～一三三頁、毎日新聞社『総理の犯罪』三九～四一頁
77 毎日新聞社『総理の犯罪』、三九頁
78 同、五八九頁、米検事が読んだのは英字紙「アサヒ・イブニング・ニューズ」の英文記事
79 村上吉男「ロッキード事件余話」、『日本記者クラブ会報』、二〇一一年一一月一〇日、No501
80 コーチャン、『ロッキード』、三四七～三五〇頁
81 猪瀬、『死者たち』、一一三頁
82 東京新聞『裁かれる首相の犯罪』、第三集、四一八～四一九頁
83 毎日新聞社『総理の犯罪』、三二頁、立花隆『軍団総帥田中角栄の反攻　ロッキード裁判傍聴記3』、二〇〇～二〇一頁
84 東京新聞『裁かれる首相の犯罪』第三集、四一五～四一六頁
85 同、第六集、三七〇～三七五頁
86 毎日新聞社『総理の犯罪』、三六～三八頁
87 東京新聞『裁かれる首相の犯罪』、第二集、四五〇頁
立花隆『被告人田中角栄の闘争　ロッキード裁判傍聴記1』、一九九～二〇〇頁
88 毎日新聞社『総理の犯罪』、三二～三三頁
89 東京新聞『裁かれる首相の犯罪』第三集、四一八～四一九頁に児玉の「受領状況一覧表」が掲載されている。
90 東京新聞『裁かれる首相の犯罪』第三集、三九九～四〇一頁
91 同、四〇一～四〇三頁
92 立花隆『軍団総帥田中角栄の反攻』、二〇七頁
93 堀田『壁を破って』下、一八三～一八四頁

第二章　日米安保体制を揺るがす

はじめに

真相解明すれば未曾有の危機も

ロッキード事件に次いで明るみに出たダグラス・グラマン事件。二つのスキャンダルは違う事件だが、重要な共通点があった。

両事件とも米国製軍用機の導入をめぐる「安保利権」の疑惑が未解明なのだ。

ロッキード事件は、三ルートで強制捜査が行われた。田中角栄を頂点とする民間用旅客機売り込み工作の贈収賄事件が断罪されたのは、そのうちの二ルート、丸紅ルートと全日空ルートである。三つ目の児玉ルートとダグラス・グラマン事件はまさに、未解明の安保利権の争奪戦であった。

児玉ルートで浮かんだ政治家は中曽根康弘。ダグラス・グラマン事件では、岸信介元首相の名前が出た。だがいずれも、逮捕された大物政治家はいなかった。

二つの事件のそんな幕切れに国民は満足しなかった。

「だからみんな、今でも『おかしい』とか『陰謀じゃないか』とか、いろんなことを言えるわけだ」と捜査をリードした検事、堀田力は悔しがっている。[1]

「角栄ブーム」が長期化し、陰謀論がなおもてはやされているのもそのせいだ。

巨悪は日米安保関係の根幹に潜んでいる。真相が暴かれると、日米安保体制は未曾有の危機を迎える恐れがあった。

1．P3C工作では立件なし

PXLをめぐる黒い商戦

ロッキード事件の捜査と裁判で、新型旅客機L1011トライスター売り込み作戦の詳細は、ほぼ解明された。しかし、同時期に進行した次期対潜哨戒機（PXL）をめぐる黒い商戦の真相は明らかにされなかった。PXLはFXと同じように、実験段階（Experimental）なので「次期」を示すXが付いている。Pは哨戒機を意味する英語（Patrol）の頭文字、Lは地上配備の意味だ。

PXLをめぐるロッキード社の売り込み戦術は、児玉誉士夫がFX商戦以降、繰り返してきた作戦とまったく同じ手法だった。

いったん決まっていた方針（この場合はPXLの「国産化」）を「白紙撤回」させ、最終的にロッキード社のP3Cを選択させるという作戦だった。

ロッキード社は、「P3C対潜哨戒機の売り込みに成功した場合、五〇機以上の確定注文で、総額二五億円の追加報酬を払う」と、児玉に巨額の成功報酬を約束している。[2]

結果的に、日本政府はロッキード事件が表面化した一九七六年の翌年、七七年にP3Cの購入を決定、七八年から調達を開始した。児玉への約束は履行されずに済んだようだ。

しかし、「白紙撤回」でカネは動いていた。

「トライスター」は贈収賄事件として立件できたが、それよりけた違いの成功報酬を約束したP3C売り込み作戦は立件されなかった。その違いは何なのか。

海面下のスパイ戦に向けPXL調達

ロッキード社の「P3C」と「トライスター」の大きい違いは、前者の買い手は日本政府で、原資は国民の税金だったが、後者は民間航空会社だったことだ。

海上自衛隊のPXLをめぐる商戦は、トライスターの売り込み作戦とほぼ同時期に展開した。両方とも、決着したのは、コーチャンが東京で陣頭指揮に当たっていた一九七二年一〇月のことだ。

日本はPXLに国産機を開発すると決めていたが、米側はロッキード社のP3対潜哨戒機を勧めた。P3は、技術水準が低いP3Bか、高性能のP3Cか、二つ選択肢があった。

当時は、東西冷戦で核軍拡競争の時代である。米ソ両超大国の核軍備は、相互確証破壊（MAD）と呼ばれる恐怖の均衡状態にあった。

海軍戦力でソ連は遅れていたが、一九七〇年と七五年、世界規模の海軍大演習「オケアン」を挙行、世界を驚かせた。ただ、海軍核戦略の柱、潜水艦発射弾道ミサイル（SLBM）の能力でソ連はアメリカに差を付けられ、ソ連は潜水艦の近代化を急いだ。

ソ連の潜水艦は雑音が大きく、日本やノルウェー、フランスから高精度の工作機械をひそかに輸入、スクリュー音の静粛化を進めた。一九八七年に表面化した、東芝機械による対共産圏輸出調整委員会（ココム）規制違反の工作機械輸出問題は日米摩擦に発展した。[3]

米ソの海面下の争いは世界中に及んだ。ソ連原潜が母港を出て外洋に向かうため通過するバルト海、黒海、オホーツク海、さらに日本海の海底で要所に米軍のソナー（音波探知装置）が設置され、潜水艦別に異なる「音紋」を探知して、逐一ソ連原潜の動向を摑んだ。海底スパイ戦争が展開されていた。

西太平洋では、宗谷《そうや》海峡などを通過して外洋に出ようとするソ連潜水艦の動きを、米海軍と海上自衛隊が追う、という図式だった。米海軍横須賀《よこすか》基地は、ソ連原潜などの情報を収集する「スパイセンター」と化していたのだ。[4]

そんな情勢下で、アメリカ政府は日本に、対潜哨戒機の増強を求めていた。

海上自衛隊が保有していたP2J対潜哨戒機の後継機を国産機とするか、あるいはロッキード社のP3Cを導入するか。

日本側は当時の防衛庁・自衛隊と川崎重工、米側は米政府・軍とロッキード社が互いに腹を探り合う攻防で、後者には児玉が付いていた。

当初、日本国内では国産化の動きが活発で、いったんは国産化が決まった。一九七一年度から億円単位の予算を充て、国産化計画をまとめようとしていた。

ところが、それから四年後の一九七二年一〇月九日の国防会議で突然、国産化の方針が白紙撤回され、事実上「外国機輸入」を模索する方向に変わる。外国機の選択肢は、現実にはP3Cしかなかった。

防衛事務次官が突然暴露

P3Cをめぐって黒い動きがあった事実は突然、防衛官僚の口から明らかにされた。

ロッキード事件が日本で表面化して四日後の一九七六年二月九日、防衛庁（当時）事務次官、久《く》保《ぼ》卓也《たくや》が記者会見で、PXL「国産化白紙撤回」決定の舞台裏を暴露したのだ。

一九七二年一〇月、当時防衛局長だった久保が体験したのは、次のような事実だった。

「国産化方針が白紙に戻ったのは、（一九七二年一〇月九日の）国防会議の直前、当時の後藤田《ごとうだ》官房副長官と相沢《あいざわ》大蔵省主計局長が田中首相同席のもとに首相官邸の総理室に入って協議、決まったもので、防衛庁事務当局はその時まで知らなかった」

これでは、田中角栄こそがチャーチ小委員会で指摘された「政府高官」だと強く疑われる。誰もがそう思った。

慌てて火消しに動いたのは名指しされた二人だった。後藤田正晴《まさはる》は「ＰＸＬ（の話）ではない。見当違いもはなはだしい」、相沢英之《ひでゆき》も「決定に関与できる立場にない」と、田中に近い二人はいずれも全面否定した。

言い過ぎたと自覚したのか、久保は深夜に再び会見して「三者が協議して白紙還元を決めたというのは私の想像」と、否定にもならない弁解をした。後藤田らの抗議で発言を変えたとみられ、疑惑は逆に強まる。

また、坂田《さかた》道太《みちた》防衛庁長官は別の記者会見で、「田中―ニクソン会談によるドル減らしという高度の政治判断に基づき決まったもので、国産化を主張していた防衛庁に疑惑の余地はない」と述べた。

この坂田発言がその後も訂正されなかったことが、最も重要だ。国産化を白紙撤回した理由は、田中の政治判断とする立場の再確認であり、日本政府はＰ３Ｃの購入を求めたニクソンからの圧力を認めたことになる。

二つの密約

翌日二月一〇日の衆院予算委員会の冒頭、社会党の楢崎弥之助《ならさきやのすけ》は急きょ、久保を「説明員」として呼ぶよう求め、委員会は認めた。

楢崎の質問に、久保は自分の発言を「訂正、取り消しをした」と答弁。ＰＸＬ国産化の「白紙還元」の決定について、久保らは事前の相談に「あずかっておりません」と述べた。[6]

「それじゃ……これは……政治的な決定」だと楢崎は断定した。この指摘に、久保を含めて誰も異を唱えなかった。

楢崎はそれまでもＰＸＬ問題について度々、政府を追及してきた。問題は、「白紙撤回」に先立ち、政府が「国民の税金を……国産化のために使ってきた」ことだ。

一九七〇年度二一四八万円、七一年度三億一〇〇〇万円、と川崎重工との「委託契約」で予算が充てられてきたと楢崎は強調した。

しかし、ＰＸＬは「白紙還元」となり、「国費のむだ遣い」になったと言うのだ。

それは、一九七二年八月三一日～九月一日、田中・ニクソンのハワイ会談で密約が交わされたからだと「思われる」と楢崎は言った。民間航空機では「トライスター」、いま一つはこのＰ３Ｃオライオン」のいずれもロッキード機を輸入する二つの密約だ、と迫る。

Ｐ３Ｃは一機約一九〇〇万ドル（当時約六〇億円）で、部品を含めると一〇〇億円、一〇〇機で総計一兆円にも上ると概算された。

そんな調子で、楢崎を先頭にした追及は勢いを強めた。

「人脈図」でたどる国産化阻止の動き

戦後の日本における対潜哨戒機使用の歴史は古かった。米海軍から供与されたロッキード社製P2V7ネプチューンが最初で、海上自衛隊は一九五六年から使用。その後、川崎重工がP2V7を改造したP2Jをライセンス生産で八三機生産した。

川崎重工は引き続き、後継機として「GK520」と名付けた機体の研究開発を進めた。それが実現すれば、国産機となるはずだった。

一九七一年、当時防衛庁長官だった中曽根康弘も「私案」で「国産化」を後押しした。[7]当時の防衛庁は、その考え方に沿って七二年からの第四次防衛力整備計画（四次防）を策定、川崎重工業はPXL国産化を目指した。

しかし、一九七二年一〇月九日の国防会議で、国産化の方針を白紙撤回、輸入を含めて再検討することが決まる。

問題は児玉が、その段階でどう動いたか、だった。ロッキード社と児玉による国産化阻止工作がどのように展開されたか、コーチャンが作成した「人脈図」とコーチャン自身の嘱託尋問から推定していきたい。

人脈図の中で、四本《よつもと》（潔《きよし》）は川崎重工社長、中南《なかみなみ》（通夫《みちお》）は同社専務であり、両者の名前が続く矢印付き実線は、PXL工作のラインとみていい。

「人脈図」では、コーチャン→四本→中南→小佐野→田中とつながっている。

他方、中南からは、中南→小佐野、さらに児玉→小佐野という形で、小佐野に矢印付き実線が集中、小佐野のところで「白紙撤回」という方針を集約し、最後にそれを田中に持ち込んで、白紙撤回が決まったとみていい。この間、小佐野と田中へのカネの支払いがあった可能性は十分あり得るだろう。

コーチャンが「人脈図」を書いたのは、一九七二年秋の約七〇日間にわたる「売り込み作戦」中のことで、人脈のつながりで国産化の「白紙撤回」工作をしていたのは明らかだ。

しかし、「トライスター」の「丸紅ルート」「全日空ルート」のような「ピーナッツ」「ピーシズ」「ユニット」といった領収証は、Ｐ３Ｃ絡みでは出て来なかった。

川崎重工を懐柔か

ロッキード社と川重の関係はどうか。コーチャンは嘱託尋問で、四本に最初に会ったのは、ライセンス生産で「我社のＰ２Ｖ《ママ》を製造していた川崎工場を訪ね《ママ》に行った……一九六一年であった」と証言している。

ロッキード社と川崎重工の関係は味方でもあり、敵でもあった。その後、ロッキードが「Ｐ３を販売しようとすると……彼らに敵対した」ので競争関係に変化した、とコーチャンは嘱託尋問で述べている。

コーチャンが嘱託尋問でＰ３Ｃに関して証言したのはこれだけだった。東京地検特捜部が得たＬ資料の中にＰ３Ｃに関する文書はなかったため、質問することもできなかった、とみられる。

しかし、Ｐ３Ｃ関係で、四本から中南を紹介され、中南は「小佐野氏と取引すること」を助言、結局「児玉氏と議論させる方向に」なった、とコーチャンは言うのだ[8]。

少し分かりにくい議論だ。だが、結果から想定すると、次のようなことではないか。

つまり、川重としては国産化を断念する、そのかわりＰ３Ｃを川重がライセンス生産する、という条件で合意したのだろう。事実、川重はＰ３Ｃ合計九八機を海上自衛隊向けにライセンス生産している。海上自衛隊がロッキード社から完成機で輸入したのは三機だった。
一九七二年一〇月は国産化白紙撤回だけが決まり、P3Cの導入は決まっていなかった。
コーチャンは一九七三年七月頃、国際興業本社の応接室で、児玉とともに小佐野に会い、P3Cの性能などについて説明、「P3Cを日本政府に売却する活動を援助してもらいたい」と依頼し、小佐野はこれを了承した。[9]
その見返りとして、小佐野は「児玉がロッキード社との間に……取決めている追加報酬を増額すべき」だと勧告、コーチャンはこれを了承する。その後まもなく、P3C五〇機以上の確定注文を得た時に、「総額二五億円を児玉に支払う」との七月二七日付修正四号契約書を締結した。[10]
しかし、「国産派」はそう簡単には引き下がらなかったようだ。一九七五年には、P3Cの輸入を取りやめ、搭載する「コンピューター装置のみをP3C機体と切り離して、輸入」すべきだと主張した。
このため、児玉は同年夏頃、クラッターに対して、米国防総省に働きかけて「コンピューター装置の分離輸出」を認めない決定をしてもらうよう要請している。[11]
児玉は、あくまでもP3C全体の導入にこだわり、米国防総省にまで陳情していたのだ。それが「愛国者」児玉の実像だった。

2．児玉の懐に国民の税金

日米間の駆け引き

在日米国大使館内では、あるオフィスが、次期対潜哨戒機（PXL）をめぐるこうした動きを注意深く見守っていた。

実は、ロッキード社だけではなく、アメリカ政府・軍もＰ３を日本に売り込もう、と活発に動いた当事者自身だったのだ。

その交渉態度には、第一に活発化するソ連海軍潜水艦の動向に対応する、という国家安全保障上の理由があった。

しかし、第二に米国の進んだ軍事技術の漏洩《ろうえい》を防がなければならない、という心配もあったようだ。

当初アメリカが、日本にはＰ３Ｃより一段技術水準が落ちる「Ｐ３Ｂ」で十分、という立場を示した裏には、特に第二点への配慮が働いたようだ。

その交渉態度を見て、防衛庁・自衛隊は失望し、「国産化」へと大きく舵を切った。このためアメリカ側は、交渉の途中で「Ｐ３Ｃ売り込み」へと方針を変更した。

この後、田中とニクソンの日米首脳会談を挟んで、児玉の出番となり、「国産化白紙撤回」に至ったとみられる。

こうした日米間の駆け引きの経緯は、駐日米大使が国務長官にあてた秘密公電から分かった。

米政府・軍が主導

その秘密公電は、「ロッキード事件と日本の対潜兵器（ＡＳＷ）の決定」とのタイトルで、一九七六年二月二〇日付で駐日大使ジェームズ・ホジソンが国務長官ヘンリー・キッシンジャーに送った[12]。

この電報は一九六〇年代末から、アメリカ政府・軍が日本の防衛庁にＡＳＷ能力の向上を求めたのに対し、日本政府が次期対潜哨戒機を決定するまでの経緯を次のように説明している。

・日本防衛当局は当初、Ｐ２Ｊ後継として最新鋭の米海軍機Ｐ３Ｃ選択に傾いていた。
・米側は高度な電子機器を搭載するＰ３Ｃの輸出・ライセンス生産に賛成しなかった。
・米側はその代わり、機体はほぼ同じだが、電子機器は一世代前のＰ３Ｂを提案した。
・これを受け、日本側はＰＸＬ国産化に転換、四次防で決める見通しとなった。
・一九七一年、日米間で貿易不均衡対策の検討が始まった。
・米側は武器を含む輸入増を日本に求めた。
・一九七二年初め、日本の防衛庁装備局長がＰ３Ｃについて米側の再考を求めた。
・これに応じて米国防総省はＰ３Ｃの輸出・ライセンス生産を認める意向を示した。
・一九七二年一〇月、国防会議は四次防とＰＸＬ再検討を承認した。
・再検討では仏、英、米の対潜哨戒機と国産化が対象となった。
・一九七四年末、Ｐ３Ｃか国産機、又は両者の組み合わせ、の三案が選択肢に残った。
・一九七六年の四次防最終年までにＰＸＬを決定、二機の試作機調達の見通しとなった。

もちろん、ロッキード社は自社製軍用機を売り込み、それによって利益を得る。しかし、買い手である自衛隊・防衛庁は、性能や機能で納得しなければ、購入しない。結局、米政府・軍部も自衛隊・防衛庁の主張に譲歩した。

児玉の契約書公開で困惑した米国

ＰＸＬに関して、基本的には、日本の防衛産業は国産化を求め、海上自衛隊は技術的に優れたＰ３Ｃを望む、という立場の違いがあった。このため、防衛庁が国産の機体にＰ３Ｃの電子機器一式を装備する折衷案を米側に打診する、といった動きもあった。

しかし、電子機器だけの輸入で足りるとする動きに対して、児玉が異を唱えた。児玉は、機体と電子機器で一式のＰ３Ｃシステムの「分離輸出を認めない」との決定を米側が出すよう、ロッキード社のクラッターを通じて国防総省に働きかけたというのだ。その事実は、検察側冒頭陳述で明らかにされた。[13]

現実には、秘密公電によると、「一九七六年秋の時点で、日本はＰ３Ｃの取得を決定し、当初限定的な数のＰ３Ｃ完成機を輸入し、最終的にはライセンス生産することになるとみられていた」。その半年前に、ロッキード事件が表面化し、「ＰＸＬ問題ではまったく打ちのめされた」と、秘密公電は困惑した状況を報告している。

特に痛かったのは「児玉とのＰ３Ｃ販売促進に関する契約書が公開されたこと」だった。では、アメリカはどうすべきか。秘密公電は「Ｐ３Ｃについて米国は目立たないよう低姿勢を維持するのがベストだ」と勧めている。黙って嵐が過ぎるのを待つというのだ。

ＦＭＳを管理する大使館内のＭＤＡＯ

この秘密公電の末尾で、ホジソン大使は、この公電を「ＭＤＡＯと調整してまとめた」と記している。この点にも注目すべきだ。

ＭＤＡＯとは、米大使館内に設置されている「相互防衛援助事務所」のことを指す。一九五四年締結の「日米相互防衛援助協定（ＭＤＡ協定）」第七条に基づいて日本に駐留していた「軍事援助顧問団」が、十五年後の六九年に名称を変更してＭＤＡＯとなった。

物資の調達から武器輸出に至るまで、日米相互支援を進めるのが任務で、トップは米軍の大佐級、次席が国務省の外交官となっている。一時期、筆者の知り合いの陸軍大佐が代表を務めていた。日本の軍事技術レベルをよく調査していて「日本の車両工場は設備を替えれば、すぐ戦車生産工場になる」といったことも話していた。スパイのようなこともするんだ、と驚いた記憶がある。

ＭＤＡＯの任務は、在日米大使館のホームページによると、共同生産などの管理から、訓練、技術協力、データ交流、技師・科学者交流など幅広い。近年、最も重要な仕事になっているのは「対外有償軍事援助（ＦＭＳ）」に伴う支援作業だ。ＦＭＳは、一九六八年成立の対外武器輸出法で手続きが定められた。

ＰＸＬをめぐる日米間の折衝も、ＭＤＡＯが窓口になった。専門家の支援が必要な場合は、米本土から出張を求める。

ただ、ＦＭＳは直訳すれば「対外武器売却」であり、防衛省が定訳で対外有償軍事援助としているのには違和感がある。

アメリカ政府を通じて武器をパッケージで輸入すれば、政府間取引となり、ＦＭＳ扱いということになる。現在の防衛省のホームページでは、「一般輸入」とＦＭＳとの長所・短所を比較している[14]。

一般的には、「米政府が窓口になるため訓練などが受けられる」といった利点が強調される。だが、ＭＤＡ協定に基づき、訓練などの経費は日本側の負担になり、高く付くといった不満もしばしば聞かれる。

ＦＭＳは特別扱い

Ｐ３Ｃ商戦をめぐる問題は、ロッキード事件に最初のメスを入れた米上院外交委員会多国籍企業小委では取り上げられなかった。

チャーチ小委員長が公聴会前に、ロッキード社のダニエル・ホートン会長との協議で、Ｐ３Ｃの対日輸出をめぐる調査をしないことで同意していた、というのだ[15]。

コーチャンの回想録『ロッキード売り込み作戦』でも、Ｐ３Ｃ商戦に関する記述はまったくない。この問題、特に児玉誉士夫がＰ３Ｃ売り込みに関与したことが表面化すれば、日米同盟が大きく揺らぐ、と米国政府は憂慮していた。米国政府が日本に購入を勧めた軍用機の輸出をめぐって、「黒幕」が介在し、日本政府高官にカネが支払われた、となると、日米安保関係に対する不信感が強まるのは必至だった。だから、国防総省や米中央情報局（ＣＩＡ）なども、ＰＸＬ調達に関して調査することを拒否する、とチャーチ小委に伝えたとみられる。

現実には、こうした情報の公開は抑えられ、最終的に日本はＰ３Ｃオライオン約一〇〇機をロッキード社から調達した。ただ、そのうちのほとんどがライセンス生産になっている。

チャーチも「巨悪」隠蔽に加担

チャーチは日本へのＰ３Ｃ売り込みについて調査しない代わり、ロッキード側はイタリアにおける同社の汚い売り込み作戦の詳細については、明らかにする――という「取引」をしていた[16]。

裏取引の内容を明らかにしたのは、イギリスのジャーナリスト、デービッド・ボルトンだ。

ボルトンの報道の正しさは、現実の動きによって確認されている。Ｐ３Ｃの問題は、翌一九七六年二月の日本への売り込みに関する公聴会ではまったく議論の対象にされず、刑事事件にもならなかった。

対照的に、イタリアの問題は厳しく追及され、日本より先に逮捕者を出した。一九七六年二月二〇日に、イタリア検察当局がローマの実業家で弁護士のビットリオ・アントネリを逮捕、一連のロッキード事件で初の逮捕者となる。このニュースは日本でも報道された。

繰り返すが、当初日本は、ＰＸＬに国産機を採用することを決めていたが、一九七二年一〇月に突然、国産化を「白紙撤回」し、七五年から導入する外国機の検討作業が始まり、ちょうどロッキード事件の発覚と時期的にぶつかった。ロッキード社は、何としてもＰ３Ｃの売り込みを成功させたいと考え、ＰＸＬ関係資料の公表を拒否したに違いない。

チャーチがロッキード社トップのホートンとの間でこんな取引で合意したことには、小委スタッフの間でも不満が残ったようだ。チャーチは結局、この問題で「巨悪」を隠蔽する側に立っていた。米国の国益に反する調査はしなかったのだ。

Ｐ３Ｃ白紙撤回の成功報酬は？

ＦＭＳによって、米国政府は軍需企業と一体となって武器輸出を推進している。

それでは、形式的には「コンサルタント」とされた児玉のような人物に対する支払いに、米政府はどう対応したのだろうか。

ロッキード社は当然、そうした支払いを「経費」として、価格に上乗せする。

そうなれば、日本政府が支払う代金に、日本政府が知らないうちに、児玉へのコミッションが含まれる、ということになる。国庫から、つまり税金から支払われることになる。

一九七三年の段階で、Ｐ３Ｃ五〇機の輸入が確定すれば、児玉に二五億円が支払われる契約が結ばれていた[17]。

これだけ見ると、一九七六年にロッキード事件が表面化し、P3C調達の正式決定が七七年となったため、二五億円が児玉に支払われることはなかった、ということになる。

しかし、前述したように、一九七二年一〇月の「PXL国産化の白紙撤回」決定の時期に、児玉への入金が怒濤のように続いた。児玉が舞台裏でその決定に貢献した可能性があり、児玉あてに入金があった疑いが濃厚だ。児玉を通じて、田中や小佐野にもカネが支払われた可能性がある。

そうした事実が証拠付きで明るみに出た場合、日米安保体制に対する国民の不信感が高まり、日米同盟関係は大きく揺らぐ。だから、米国が情報公開を抑えたとみていい。

サウジは米国政府に抗議

アメリカ政府に、これと同じ種類の問題を突き付け、代金の「返金」を求めた国があった。サウジアラビアである。

第一部第四章で触れたが、サウド・イブン・ファイサル外相は一九七五年九月一八日、ホワイトハウスでフォード大統領およびキッシンジャー国務長官兼大統領補佐官と会談。「贈賄の法的側面ですが、手数料が政府間の価格に上乗せされている。わが政府はこうした請求金は支払わないという立場です」と言い渡した[18]。

サウジへの軍用機輸出に当たって、ロッキード社は仲介者のカショギに支払った手数料を軍用機価格に上乗せしていた。そんな手数料は支払わない、と外相はあからさまに言ったのである。

日米間では、そんな問題が表面化することなく、日本政府は結局、ロッキード事件公判が続行中の一九七七年八月、P3Cの導入を決定した。P3CのFMS取引は粛々と進められていった。

日米同盟関係は当時、今とは大きく違っていた。現在は中国の軍事大国化、北朝鮮の核開発でアメリカとの同盟関係維持を支持する日本国民が圧倒的に多い。

しかし、当時の日本は日米安保関係を「同盟」と呼ぶことを避けていた。軍事同盟と憲法九条は両立しないと考えられていたのだ。

「同盟」を公式に認めたのは、鈴木《すずき》善幸《ぜんこう》首相とロナルド・レーガン米大統領の首脳会談後、一九八一年五月八日に発表された日米共同声明が初めてだった。その際、批判を受けて、伊東《いとう》正義《まさよし》外相が辞任したほどだった。

ＦＭＳ取引では手数料を外国政府に通知

だから、当時の米国政府はＦＭＳに絡むスキャンダルの火消しをする必要に迫られた。

国務副長官ロバート・インガソルは一九七六年三月五日、米上下両院合同経済委員会優先度・政府経済小委員会公聴会で証言した際、ＦＭＳによる武器取引の改革に言及した。

「国務省と国防総省は、ＦＭＳに従って防衛製品およびサービスを購入した外国政府に対して、価格に代理人への支払いが含まれていることを通知する措置をとった[19]」

こうした手数料については、輸入した外国政府に通知するというのだ。しかし、抜け道は多々ある。これで完全に透明性が確保されたとは言い難い。

日本の場合、ロッキード事件以後、児玉のような「代理人」の存在について、アメリカ政府は日本側に通知することになった。ＦＭＳ取引の手続きを改め、武器輸入国から苦情が出ないよう手を打ったのだ。

3．隠された送金ルート

「情報源（ソース）」と「情報活動の方法（メソッド）」

ロッキード社の対日売り込み工作を調査して、日本中を混乱の渦に巻き込んだチャーチ小委の公聴会。しかし、公聴会は一九七六年二月四日と六日の二日間であっさり終了した。

実は、調査をその時点で終了させることについて、チャーチ小委と同社の事前協議で合意が成立していた。だが、日本政府もメディアもそんな事情とは知らず、「全容解明へ」といった過剰な期待感が込められた見出しも日本の新聞には見られた。[20]

詳細は後述するが、公聴会がその程度で終わった主要な理由の一つは、「インテリジェンスの問題が絡んできたためだった」、と小委のレビンソン首席顧問は筆者に打ち明けている。[21]

米中央情報局（CIA）が常に公開を拒否し、情報漏洩に神経質になる分野が二つある。それは、「情報源（ソース）」と「情報活動の方法（メソッド）」である。この事件の場合、調査すればするほど、ソースもメソッドもさらに表面化しそうな気配だった。

まず、ロッキード事件とCIAの送金ルート、つまり情報活動のメソッドを探る。

ディーク社ルートでCIAも秘密資金

事件表面化から約二カ月後の四月に入ると、米国の新聞、雑誌がロッキード事件とCIAとの関係について報じ始めた。

主として注目されたのは、四月二日付の『ニューヨーク・タイムズ紙』[22]と同一〇日付の政治週刊誌『ザ・ニュー・リパブリック』[23]だった。後者の発売は一週間前で、両方の記事はほぼ同時に出たという記憶がある。

記事の焦点は異なっていて、前者は情報源（ソース）、後者は情報活動の方法（メソッド）を中心に伝えている。

後者の筆者はベテランのジャーナリスト、タッド・シュルツだった。

それによると、ロッキード社の一九六九～七五年の対日秘密支払いも、ＣＩＡによる世界的な送金工作も、ニューヨークに本社を置くディーク社が秘密のチャンネルを提供してきた、というのだ。チャーチ小委は、外貨両替会社ディーク社を使った大量の送金票を公表しており、ディーク社の関与は明らかだった。

シュルツによると、「ディーク社は長年にわたりＣＩＡの世界的な資金工作の秘密のチャンネル」であるため、数百万ドルに上る右翼（児玉）や未確認の政府高官へのロッキード社からの秘密の支払いについてもＣＩＡは認識していた、というのだ。

これら大量の文書公開は「われわれにとって驚天動地の衝撃だった」と、コーチャンは述懐している。[24]これらの文書がそのまま、刑事訴追の証拠とされる恐れがあるにもかかわらず、予告なしに公表されて、コーチャンは本当に驚いたようだ。

他方、アメリカ内外のジャーナリストたちは、これらのコピーを受け取って直ちに裏付け取材に動いた。まず注目されたのは、ロッキード社が利用した贈賄の資金を送金するルートだった。

世界各地でCIAの黒カバン作戦

ロッキード社もCIAも工作資金の送金を米ディーク社に依頼していた。

ディーク社のオーナー会長、ニコラス・ディークは一九〇五年ハンガリー生まれで、ウィーンの大学を出て、スイスのヌーシャテル大学で博士号を取得。国際連盟職員などを経て渡米、ニューヨークで外国為替のビジネスを始めた。一九四一年に米陸軍に入隊、語学の才能を評価されて、CIAの前身、戦略情報局（OSS）の要員となった。OSS時代の友人に、レーガン政権でCIA長官となったウィリアム・ケーシーがいる。

ディークはビルマで、旧日本軍部隊の降伏式に立ち会い、インドシナでもOSS部隊を率いたが、上海で終戦となり、少佐で退役した。戦後、ニューヨークを本拠に、為替業を再開した。[25]

シュルツによると、ディークは、戦後CIAに移籍したOSS時代の仲間との個人的な関係を利用して、CIAの秘密工作を外国為替業務で支える仕事を幅広く展開。スイス、ウィーン、ロンドン、東京、香港、マカオ、ホノルル、グアム、カナダなどに支店を置いた、としている。

ただ、藤岡真佐夫《ふじおかまさお》大蔵省国際金融局長は、当時の国会答弁で「日本の中には営業所がございませんので、……管理法令の規制の中にはない」と、東京支店の存在を否定している。[26]秘密のオフィスが東京に置かれていた可能性はないのだろうか。

CIAが一九五三年、石油を国有化したイランのモサデグ首相の政権を打倒する秘密工作を行った際は、CIA工作資金の送金業務をディークが請け負った。ベトナム戦争中のCIA工作資金は香港経由で送金、旧サイゴンの闇市場で当時の南ベトナム通貨ピアストルに替えていた、とシュルツは伝えている。

殺されたディーク、最後はCIAと対立

戦後、一九八〇年代半ばに至るまで、ディーク社はCIAのいわゆる「黒カバン作戦」で世界各地にCIAの秘密工作資金を運び込む工作を担っていたが、一九八四年十二月、業務の過剰な拡大で業績不振に陥って事実上倒産、連邦倒産法第一一章の適用を申請した。

ディークはコロンビア麻薬カルテルの資金洗浄（マネーロンダリング）を手助けした疑いでも捜査を受け、レーガン政権の組織犯罪委員会の公聴会で証言させられた。CIAのためにやっていたのと同じ送金業務が結局、命取りになった形だ。

一九八五年一一月一八日、ディークは非業の死を遂げた。ニューヨーク市内ブロードウェーのオフィスに、突然押し入った当時四四歳の女性ロイス・ラングに至近距離で撃たれて即死したのだ。八〇歳だった。犯人は精神科にかかった病歴があり、誇大妄想で犯行に及んだとされ、精神科の病院に強制入院させられた。

しかし、それから二十七年後の二〇一二年、ネット情報サイト「サロン（salon.com）」に、元の仕事仲間が探偵を雇って新事実を発掘したという記事が掲載された。

犯人のラングはマイアミで、ディーク社の債権者と言われるアルゼンチンのギャング組織の二人と会った後、ピストルを買い、犯行に及んだ。二人の依頼で殺害した可能性があるという。

犯人のラングもCIAと関係があった。彼女の精神疾患を治療したスタンフォード研究所の医師は、CIAから研究費を得て「統合失調症」を発症する薬品の開発を研究していた。

ディーク社はCIAが発注した業務に携わっていたが、一九八〇年代になって、麻薬対策がCIAの重要な課題の一つになったため、CIAと対立する形になったようだ。[27]

果たして、CIAが厄介者になったディークを始末したのだろうか。ディーク殺害事件の真相は、

なお闇に包まれている。

ＣＩＡはそれ以後も黒カバン作戦を続けた。アフガニスタンのハミド・カルザイ元大統領には在任中、十年間にわたって、毎月現金を届けている。カルザイの補佐官らによると、総額数千万ドル（数十億円）に上った[28]。

現ナマ運び屋のホセ神父

ロッキード社から東京への送金は、どのようにして行われ、その間、どんな情報活動の方法（メソッド）が選択されたのだろうか。

ロッキード社が送金を依頼したのは、いつもロサンゼルスのディーク社だった。ディーク社は依頼を受けると、「香港ディーク社を経由して、日本国外で調達した日本円を日本に搬入……した」と、田中角栄らに対する検察側の冒頭陳述書は明記している[29]。

だから、運び屋の名前が分かった時、ロッキード社の対日工作資金は、運び屋が香港から日本国内に持ち込んだと思っていた。しかし、現実は違っていた。

運び屋を請け負っていたのはキリスト教の神父、スペイン生まれのホセ・ガルディアノだったのだ。一九五一年に布教のため来日、十九年後の七〇年に日本に帰化して、保世新宮と改名した。

神父がそんな危ない仕事に手を染めたことに驚くかもしれないが、東京では、一九五九年にはスチュワーデス殺害事件の重要参考人として調べられた神父が突然出国する事件も起きている。当時、神父にふさわしくない人物は日本にちらほらいたようだ。

保世は一九七五年七月に、別の運び屋事件で外為法違反の有罪判決を受けている。

なぜか、ロッキード事件では起訴を免れ、証人として一九七七年九月七日、丸紅ルートの第一八回公判に出廷、証言した。[30]

検事は保世に、カネの運び屋をするようになったいきさつを聞いている。「通訳をしていた時、ディーク社から男たちが来て、二、三百万円の金を預けられた。三日間か一週間かして、その金をプロテスタントの修道会や、教えた場所に送金してくださいということで」などと述べ、善意から仕事を手伝うようになったことを示唆した。

続いて検事は、具体的に現金を運んだ状況をただした。

保世は香港ディーク社から、トニーという中国人やミスター・フランクという男から「電話と手紙で」指示を受け、カネや小切手を受け取ったのは、香港ではなく、「東京・ヒルトンホテルだった」と言うのだ。

「金額は数千万円、一億円近いこともあった……全部一万円札で、帯はゴム輪だった」。日本では通常、帯封を使うので、日本の銀行は介在していないとみられた。

カネを届けた先は、ロッキード社のクラッターだった。「一九七二、三年の間で、最低四回……多くても十回ぐらい」クラッターにもらった領収書は、「金額の数字と（クラッター氏の）サインと日付け」が書き込まれていたという。

保世の証言では、カネが香港から東京にどのようにして送金されたか、明らかにされなかった。実はその辺りに、ＣＩＡのメソッドが隠されているのではないか。香港―東京間の送金に関しては、まったく質問もされなかった。

そもそも、都内のホテルからクラッターのロッキード社日本支社にカネを運ぶのに、なぜあえて西洋人の顔をした保世を使う必要があったのか。保世は、自ら体を張ってＣＩＡ送金システムの秘密を守る任務を果たしただけだったのかもしれない。この問題で火消しが遅れると、一九五〇年代に行われたといわれる、ＣＩＡから保守政党への黒カバン作戦に調査の矛先が向いていた可能性があった。

4. 調査を阻むＣＩＡの監視網

重なり合う児玉誉士夫のネットワークとＣＩＡの対日工作

ロッキード事件表面化から三十一年後、米上院外交委員会多国籍企業小委（チャーチ小委）の首席法律顧問をしていたジェローム・レビンソンに会った。教授として勤務する、ワシントン市内のアメリカン大学法科大学院の彼の研究室を訪ねた。

私はかねて、チャーチ小委による日本関係の調査活動が中途半端に終わったのはおかしい、と疑問に思っていたので、調査終了の理由について尋ねた[31]。

「この調査で、インテリジェンス活動との接点が暴露されるに至ったからだ」と彼は言った。レビンソンの言う「インテリジェンス活動との接点」とは、一体何だったのか。

それは、児玉誉士夫のネットワークと、米中央情報局（ＣＩＡ）の対日工作が重なり合う部分がチャーチ小委のロッキード事件調査で露出し始めたからだ、という意味だ。

前述したように、第一に児玉はＣＩＡの情報協力者だった。児玉はＣＩＡの日本での工作にも深く関与していた。児玉だけではなく、ロッキード社の対日売り込み工作の関係者にも、ＣＩＡの情報源は何人もいたようだ。

第二に、ＣＩＡは情報源を維持するための報償金の支払いについても知られたくなかったに違いない。情報活動のメソッドの一つである、現ナマの輸送ルートへの関心が、ロッキード事件発覚とともに高まっていた。

こうした秘密を守るため、ＣＩＡも政権与党も荒っぽい工作を辞さない構えだった。

また、チャーチ小委自体の調査権限にも限界があった。チャーチ小委は、上院外交委員会の傘下の小委員会だ。インテリジェンスの問題は一九七五〜七六年、チャーチ自身が委員長を務める「情報活動に関する政府工作調査特別委員会」（略称：情報工作特別委員会、現在の情報特別委員会）が別に、調査に取り組んでいた。インテリジェンスは小委の調査対象外だったのである。

チャーチ小委にもＣＩＡの監視

実は、チャーチ小委自体も、ＣＩＡの監視下に置かれていた。

小委スタッフの一人、チャールズ・マイスナーは、ＣＩＡから出向していた、とレビンソンは書いている。[32] マイスナーについては、第一章でも紹介した。マイスナーは形式的には、小委の有力メンバー、チャールズ・パーシー上院議員（共和党、イリノイ州選出）のスタッフとして小委に詰めていた。

彼は、小委スタッフとして、ＣＩＡ本部で専門家のブリーフィングを何度か受けていたことが、ＣＩＡの情報検索サイトＣＲＥＳＴで確認できる。自分の古巣の専門家の意見の方が聞きやすかったからかもしれない。

マイスナーはそれからちょうど二十年後、商務次官補（国際経済政策担当）をしていて、クロアチアに出張した際、商務長官のロン・ブラウンとともに航空機事故で死亡した。彼は、当時商務省で日本専門家をしていた。[33]

さらに、ロッキード社に対する調査が終わった後にこんなことがあった。現職の共和党大統領ジェラルド・フォードとジョージア州知事をしていた民主党のジミー・カーターが闘った大統領選を約一カ月後に控えた、一九七六年一〇月八日のことである。

当時CIA長官のジョージ・ブッシュ（後に大統領、父）が、CIAの議会担当室あてに次のようなメモを書いている。[34]

「チャーチ委員会のスタッフに（機密取り扱いの）資格を欠くような人物がいる、と聞いた。彼らの名前はブルムとレビンソンだ。二人は「〇〇（伏せ字）」に対して真に反目している」

これに対して、CIA議会担当のジョージ・L・ケアリーという人物が、同月二〇日付でブッシュ長官あてに次の回答をまとめた。[35]

・ジェローム・レビンソンとジャック・ブルムは上院外交委員会多国籍企業小委（フランク・チャーチ小委員長）で何年も首席法律顧問と次席法律顧問を務めてきた。

・二人は多くの注目された調査に関与してきた。チリのクーデターへの米国政府の関与を一九七三年に調査した際、中心になった。直近はロッキード事件調査で貢献した。

・上院外交委スタッフとして、二人はトップシークレットの機密取り扱い資格を保持。しかし、ブルムの資格は委員会から辞任した後にキャンセルされた。

たまたま、CIAの情報検索サイトCRESTで、このような文書を見つけたが、チャーチ小委が危険な調査をすれば、機密取り扱い資格を失う可能性がある、という緊迫した状況だったのである。

エリザベス・テイラーが絡んだ罠

加えて、こんなこともあった。[36]

パーシーは、後に上院外交委員長を務める大物議員だった。一九七六年二月六日の公聴会で、彼はコーチャンに対し、ロッキード社からわいろを「受け取ったのは誰か？」と、日本の政府高官名を言うよう要求。コーチャンは「調べさせてください」とその場をしのいだ。

二月二五日付のパーシーあて書簡で、ロッキード社弁護士ウィリアム・グレンドンは「日本で誰に金が流れた可能性があるのか、ロッキード社は確実なことは分からない」と念を押した。[37]

だが、パーシーは公聴会後もしつこく高官名を小委に提出するよう要求し続ける。

ロッキード社のトップ、ダニエル・ホートン会長（最高経営責任者＝ＣＥＯ）とカール・コーチャン副会長はいずれも公聴会後に退任、新しい会長に前ニューヨーク証券取引所理事長、ロバート・ハークが就任していた。

ハークはパーシーに対して怒り、弁護士とともにパーシーのオフィスを訪れる。大統領選挙の予備選挙中で、チャーチは不在だったため、代理でレビンソンがその会議に出席した。ハークはその場で、高官名の提供を拒否する理由を滔々《とうとう》とぶった。

そこへ突然、パーシーの秘書が会議室に入り、ひそひそ声でパーシーに何かを伝え、パーシーが頷《うなず》くと、すぐに下がり、今度はなんと、女優のエリザベス・テイラーを連れて戻って来たというのだ。

パーシーは上院議員になる前、映画用機材メーカー、「ベル＆ハウエル社」社長を務めていた縁で彼女の友人となり、ワシントンに来たら「議会を案内する」と約束していた。

パーシーはその場にいたハークやグレンドン、マイスナー、レビンソンら全員をエリザベスに紹介、これから上院を案内すると言ってその場を去った。

次の日、ロッキード社弁護士グレンドンから電話があり、「ハークは、エリザベスと去ったパーシーにひどく憤慨し、議会で信じられるのはレビンソンだけ」なので、直通電話番号でハークと話してほしい、と言う。

レビンソンが電話すると、ハークは「L1011の売り込みに関連してロッキード社から支払いを受けた日本政府高官名を君に言う」と話した。政府高官名を求めていたのはパーシーだが、パーシーには言わず、レビンソンに渡す、というのだ。

レビンソンは、政府高官名が書かれた紙が送られてきたので、その紙を金庫に保管した。

その紙には、田中角栄の名はなかった。国会の委員長や自民党幹事長、日本の航空会社トップの名前があったという。

情報はそれだけだが、恐らく、コーチャンが国務省の協力を得るために弁護士に渡したあの「リスト」のコピーか、リストから名前を書き写した紙、のいずれかの可能性がある。

その後、チャーチが帰任、レビンソンがコトの詳細を説明すると、チャーチは、それは「罠だ」とレビンソンを一喝した。レビンソンは罠の証拠を明らかにしていないが、「パーシーとＣＩＡによって仕組まれた」と書いている。

なぜ罠になるのか。政府高官名の情報は、議会に持ち込めば、ほぼ確実に漏れる。漏れた場合には、チャーチの責任を問うことができるからだ。

確かに、あれほど政府高官名にこだわっていたパーシーがハークとの「対決」以後、まったく動かなくなった。ＣＩＡから出向していたマイスナーも同じだ。パーシーがチャーチ小委公聴会で政府高官名を要求したことからして、「陰謀」に違いないというのだ。

チャーチ小委がロッキード社を最初に取り上げた一九七五年九月一二日の公聴会で、チャーチが「政府高官名は削除されている」と言明したことは、先述の通りだ。

チャーチはこうした「罠」や「陰謀」を避ける意味もあって、政府高官名を含む資料をロッキード社から受け取らなかったのかもしれない。

いずれにしても、隙があれば、ＣＩＡと与党議員が組み、あのエリザベス・テイラーまで利用して罠を仕掛ける、というすさまじい世界だったのだ。

5．日本の左傾化防ぐ補助金か

ＣＩＡはロ社売り込み工作を逐一監視

レビンソン自身が最も問題視した「代理人」はもちろん、児玉だった。彼は児玉について、次のように書き残している。

ＣＩＡはロッキード事件、あるいは児玉との関係も否定している（彼はＡ級戦犯容疑者として三年間拘留された拘置所から出所した後、米国の情報機関員と一定の関係があったことは知られている）が、ＣＩＡは、ロッキード社が児玉への秘密の支払いにディーク社のネットワークを使っていたことを知っていたと信じる理由がある。コーチャンが非公開の聞き取り調査で話したことによると、彼が販売促進のため何度も訪日した期間中、ＣＩＡは、彼が何をしていたかを知って

いた。[38]（カッコ内原文）

それでは、ＣＩＡはなぜコーチャンの売り込み工作を逐一監視していたのか。

レビンソンによると、ロッキード社から児玉への支払いは、日本政界の右派勢力に対して、アメリカ政府が意図的に奨励した「間接的な補助金」となっていた可能性がある、というのだ。つまりＣＩＡは、ロッキード社から児玉への支払いに賛成していたのだ。

ロッキード社が児玉に支払ったカネは、「日本の街頭」が「日本の左翼の占有財産とならないよう保障する保険」だったのか、とレビンソンは自問している。[39]

「影の戦士」とも呼ばれるＣＩＡが、日米同盟を裏面から監視していたのは事実だった。

児玉と岸が安保体制の盾に

昭和の日米関係裏面史は、児玉や首相となった岸信介らを抜きにして描くことはできない。彼らの生き様はそのまま、反米から親米へと動いた対米関係の劇的変化を体現した、と言っても過言ではない。

岸は、戦前の商工省（現経済産業省）で「革新官僚」の一人として頭角を現し、満州経営に参画、真珠湾攻撃の直前に東条英機内閣の商工相として戦争経済を推進した。

児玉の経歴は前章で紹介したが、終戦直後、戦犯容疑者として岸らとともに、巣鴨拘置所に収容された。

岸と児玉は、三年後の一九四八年一二月二四日、右翼の笹川良一ら十七人とともに釈放された。東条ら七人が絞首刑に処せられた翌日である。

この後、岸は政治家として、児玉は黒幕として、表と裏で日米同盟関係の形成、発展にそれぞれの役割を果たした。

アイク訪日で自警団組織

一九六〇年の日米安保改定は、岸がドワイト・アイゼンハワー大統領と合意、締結した。アイゼンハワーは六月一九日、米国大統領として初めて訪日する予定だった。しかし、安保反対デモが連日続いて街頭は荒れ、訪日が危ぶまれる事態に陥った。この時、児玉は「自警団」を組織してアイゼンハワー訪日を警護する計画を立てた。[40]

ダグラス・マッカーサー二世駐日大使が六月一五日、クリスチャン・ハーター国務長官に送った秘密電報によると、警護計画は警官二万七〇〇〇人を動員、計一万七〇〇〇人の陸上自衛隊員が待機するほか、「さまざまな体育組織に所属し、全学連に強く反対する三万人の若者が……警察を支援する」としている。

この三万人が、児玉が組織する予定だった自警団だ。六月六日付の同大使から国務長官あての秘密電では、自民党の船田中《ふなだなか》政調会長が大使に「一〇万人から二〇万人の特別な〝友好的なデモ〟……が出迎える」と、一ケタ多い数字を伝えている。消防士や復員軍人、宗教グループ、反全学連の学生から成る集団だというが、少しオーバーに伝えたかもしれない。

結局、アイゼンハワー訪日は中止になったが、CIAは右翼や体育系学生らを動員するための資金を供給し始めていた、とアリゾナ大学のマイケル・シャラー教授は言う。CIA資金の供給を示す文書は公開されていないが、シャラーは国務省の「歴史外交文書諮問委員会」の委員をしていた時期、非公開の文書に目を通す立場にあった。

児玉は、岸が成立させた日米安保体制が危機に瀕《ひん》した際、このような「奥の手」を使おうとしていた。

しかし、ロッキード事件は、児玉と米国の関係に、腐敗した側面もあったことを露呈した。軍事同盟関係強化に伴い、日本が米国製軍用機を多数輸入、その裏で児玉が私腹を肥やしていたことを白日の下にさらけ出したのだ。

児玉と岸の公開文書が少ない理由

東西冷戦終結後の二〇〇〇年一二月六日、「日本帝国政府情報公開法」が米国議会で可決され、クリントン大統領の署名で成立した。その二年前には、「ナチ戦争犯罪情報公開法」が成立している。なぜ、日独の戦争犯罪を追及する情報公開法が二一世紀を目前に米国で成立したのか。冷戦時代、日本と西ドイツの緊密な協力を必要としたアメリカは、両国および両国の協力者への配慮から多くの情報公開を抑えてきた。冷戦期に、戦犯および戦犯容疑者と米情報機関との協力関係を示す情報も、ほとんど公開されていなかった。

しかし、冷戦終結でそうした情報を公開すべきだとの意見が強まった。特に、ドイツ情報はユダヤ系、日本情報は中国系、韓国系のアメリカ人からの公開要求が強くなった。

この法律に従って、ＣＩＡ、連邦捜査局（ＦＢＩ）など、情報機関を含む関係省庁に対しても情報公開が指示された。

しかし、岸および児玉の個人別ファイルには期待されたほどの文書はなかった。

実は、米国の情報公開制度は複雑で、それほどの高度情報でなくても、ソースおよびメソッド、さらに分析過程を秘匿する必要上、公開できない文書は「機微区分情報（ＳＣＩ）」として公開を禁止している。その保管設備（ＳＣＩＦ）を定めた「情報コミュニティ令」が国家情報長官（ＤＮＩ）から出ている。[41]岸、児玉の情報はそうした情報に指定されている可能性がある。

日本の政治家買収をＣＩＡに報告

一九七六年四月二日付ニューヨーク・タイムズ紙は、アン・クリッテンデン記者の署名記事で、「ＣＩＡは一九五〇年代にロッキード社の贈賄を知っていた」と題する次のような記事を報道した。[42]

・一九五〇年代末、ロッキード社製Ｆ１０４戦闘機の対日輸出に関連して、同社による日本の政治家買収の詳細は当時、在日米大使館からＣＩＡ本部に報告されていた。
・児玉はＦ１０４商戦で七五万ドル（約二億二五〇〇万円）の「手数料」を得た。
・ロッキード社は一九五六〜七五年、総額七億ドルの軍用機・旅客機を日本に販売。その間手数料、わいろ総額一二六〇万ドルを支払った。このうち児玉は七〇〇万ドルを受け取った。
・そうした情報は、一九五八年当時ロッキード社に勤務していた日本人市民[43]が在日米大使館のＣＩＡ要員に伝えていた。

このように、ロッキード社の売り込み作戦とＣＩＡの対日工作が複雑に絡み合っていた、とするシュルツやクリッテンデンらの報道が相次ぐと、日本国内で「ロッキード事件はＣＩＡの陰謀」とする説が高まった。国会でも問題になり、外務省が米国務省に問い合わせる騒ぎになる。

ＣＩＡの対外活動、否定も肯定もしない

そんな問い合わせに対して、当時の、ジョージ・ブッシュＣＩＡ長官（後の大統領、父）が自ら、ＣＩＡ陰謀説を否定する声明文案作りに関与していた。ＣＩＡの文書公開サイトＣＲＥＳＴを検索して分かったことだ。日本でＣＩＡの活動が表面化したことは、ＣＩＡにとって重大な事態だった。

実は、ジャーナリストのシュルツ自身がＣＩＡの協力者だった時期があった。一九二六年ワルシャワ生まれで、十四歳でブラジルに移住、大学を出て、リオデジャネイロでＡＰ通信、ニューヨーク国連本部でＵＰ通信（その後ＵＰＩ）記者として働き、米国市民権を得たあと、ニューヨーク・タイムズの中南米担当記者となった。[44]

ブッシュは、否定声明案に関連して「カネを支払って使っていたアメリカのジャーナリストが、こんなことが起きる原因になった」と、一九七六年三月二九日付メモに記している。[45]

少し分かりにくいが、この「ジャーナリスト」とはシュルツのことで、ブッシュはシュルツに手を焼いていたようだ。シュルツは一九六〇年代に何度もキューバを訪問して、ＣＩＡに協力、ＣＩＡの秘密工作を熟知していたと言われる。

しかし、シュルツはウォーターゲート事件以後、ＣＩＡとの関係が悪化した。シュルツが書いたことで、ブッシュが手を焼いた、というのは、内容が正しかったからだろう。

ブッシュの指示を受けて四月一日に作成された文案は、次のようなものだ。

1. ＣＩＡはロッキード社の日本への航空機売却に関与していない。
2. ＣＩＡはディーク社の日本での活動に関与していない。

この二項目の想定問答案に加えて、声明案では「インテリジェンスのソースとメソッドを守るCIA長官の法的責任に従って、外国での活動の存在を否定も肯定もしないのがCIAの政策」だと指摘している。CIAの定式的な否定声明だった。

闇のネットワークへの追及避ける

特捜部の取り調べや国会での証言でも、情報機関との関係を認める者はいなかった。

シグ・片山は国会で、連合国軍総司令部（GHQ）でチャールズ・ウィロビー少将率いる参謀第二部（G2、情報）にいたといわれているが「そのとおりですか」と聞かれて、「そうではございません」と否定し、「私はGHQの経済および科学部門に所属しておりました」と答えた。G2ではなく、ウィリアム・マーカット准将の経済科学局（ESS）にいたというのだ[46]。しかし、ESS内にもインテリジェンス関係者はいた。

また国会で、ロッキード社日本支社支配人の鬼俊良は戦時中、中国で「例の児玉機関と関係があったのではないかという話しがありますが」と質問されて、「重機関銃隊の二等兵でありました」と答えている。

鬼は一九二一年生まれで、湘南《しょうなん》中学を出て、上海で東亜同文書院を卒業、四六年末に日本に復員。五四年にロッキード社に入り、カリフォルニア州バーバンクの本社で勤務、六二年六月に米国の国籍を取得し、現在に至る、と国会で証言した[47]。

シグ・片山と鬼俊良、そして第三部第一章で紹介した児玉の通訳兼秘書、福田太郎。立花隆が「ロッキード事件の三人の脇役[48]」と呼ぶこれらのスタッフ、さらに後述する元岸信介首相秘書の川部《かわべ》美智《みち》雄《お》を含めて、いずれもインテリジェンスの世界に足を踏み入れた人物だ。しかし、検察側の冒頭陳述書や国会での証人喚問など、公式の場では、インテリジェンス関係はまったく明らかにされなかった。

立花隆によると、[49]シグ・片山は、戦時中は戦時情報局（ＯＷＩ）に所属して、中国大陸で活動していたようだ。ＯＷＩは、いわゆる公的メディアを通じた「ホワイト・プロパガンダ」の機関で、出所不明の謀略情報を扱う「ブラック・プロパガンダ」の戦略情報局（ＯＳＳ）とは一線を画していた。片山は戦後も情報関係の仕事をしていた。

鬼は戦時中、中国で特務工作に従事し、終戦直後「ＯＳＳのメンバーとして天津《てんしん》にあらわれ」、「米軍のＬＳＴ（上陸用舟艇）で帰国した」との情報も立花は記している。戦後、「米空軍調査官（ＯＳＩ）として米軍に勤務していた」ことが、一九五二年七月に岐阜地裁大垣《おおがき》支部で判決が言い渡された詐欺事件の判決文で明記されていた、というのだ。[50]

過去は消せない。立花はこれら三人とも中国「大陸で情報関係の仕事にたずさわっていた……奇しき因縁」があると指摘している。[51]

鬼が学んだ東亜同文書院の出身者は、特務機関で働く者が多かった。鬼のように、日本在住者が突然ロッキード社本社勤務を命ぜられ、その上米国籍を得るなど、通常ではあり得なかった。占領時代にＧ２で働き、その後もＣＩＡの協力者だったから、そんなチャンスが容易に得られたのではないか。しかし、国会など公式の場で、そうした経歴は追及されず、刑事責任を問うまでに至らなかった。

情報要員が集う街角

極めて不自然だったのは、シグ・片山が国会証言で、福田太郎や鬼と知り合ったいきさつについて述べた発言だ。

片山は、福田とは「パレスホテルの食堂で食事をしていた際に……エリオットさんが福田太郎氏を紹介してくれた」。また、鬼とは「同じころから知っております……エリオットさんかクラッターさんか、いずれかの紹介」だったというのだ。[52]

鬼も国会証言で、福田、片山とは「じっこんではない」と親しい関係を否定しながらも、十数年の長いつきあいであることを認めた。

いずれも、エリオットやクラッターらロッキード社幹部を通じて偶然に知り合った、という説明でかわした。闇の部分の時期への追及をかわし、うまく逃げた、と言える。

こうした一連の証言の中で、最も分かりやすい場所は「パレスホテル」だ。このホテルに二〇一九年六月、ドナルド・トランプ米大統領が国賓として宿泊し、ニュースになった。

ここで、片山や福田、鬼らも食事をしていた。そこから近くを見渡すと、日本郵船ビルが見える。実は当時、多くの日系二世情報兵や、鬼のように帰還した元特務機関員らが、日本郵船ビルに陣取っていたのだ。

日本郵船ビルには、チャールズ・ウィロビー少将が率いる参謀第二部（G2）が入っていた。例えば、河辺《かわべ》虎四郎《とらしろう》元陸軍中将（陸軍参謀次長）は、ここで表向き「GHQ歴史課」とする部署に所属し、ウィロビーの情報活動を助けていた。[53]

ここには、米中央情報局（CIA）の文書調査部（DRS）が置かれていたこともある。[54]

つまり、パレスホテルから日本郵船に至る一角は、情報要員が集っていた街なのだ。

片山は、国会証言で質問された際、福田や鬼、さらに自分の本当の過去はなお機密情報として隠し、「パレスホテルの食堂」で知り合ったとごまかした可能性もある。

6. ＣＩＡにも疑われていた中曽根

「ノーコメント」

ロッキード事件当時の日本では、三木《み き》武夫《たけお》首相をはじめ、政治家もメディアも一斉に「真相解明」の声を上げたかに見えた。だが、現実はそうでもなかった。

当時の自民党幹事長、中曽根康弘はほぼ「ノーコメント」で通した、と当時前尾《まえお》繁三郎《しげさぶろう》衆院議長秘書だった平野《ひらの》貞夫《さだお》（後に参院議員）は振り返っている。[55]平野は政界の動きをつぶさに観察していた。ロッキード事件との関わりを全面否定していた田中角栄はともかく、中曽根が「ノーコメント」とは理解しにくい。

与党を預かる中曽根幹事長は、表面的には、しっかり三木首相とスクラムを組んでいたように見えた。しかし舞台裏では、ロッキード事件への対応で三木とは立場が違っていたのだ。「クリーン三木」は断固、事件を徹底解明する立場で、田中との最後の闘いに取り組もうとしていた。

他方、当時児玉の秘書をしていた太刀川恒夫は、かつて中曽根の書生をしており、中曽根と「家族ぐるみの付き合い」をしていた。[56]

それだけではない。一九七二年当時のロッキード社社長、コーチャンは新型旅客機トライスターの売り込み工作が危機に瀕した時、児玉を通じて中曽根に加勢を依頼していた。

中曽根、最初から捜査に消極的

ロッキード事件は表面化した当初から、田中角栄の名前が公然と取り沙汰されていたわけではなかった。最初に焦点が当たったのは、黒幕の児玉誉士夫だ。中曽根と児玉の関係は、かねて噂になるほど近かったので、当然中曽根も疑われていた。

中曽根は、事件表面化の直後から「真相解明」に消極的だった。米外交文書にその事実が記録されている。

事件が朝日新聞で報じられた翌日の一九七六年二月六日、かねての約束で、在日米大使館を表敬訪問し、来日中のウィリアム・シャーマン国務省日本部長と面談した。

その中で、中曽根は「ロッキード事件は年内に行われる総選挙の時期に悪影響を与える可能性が大きい。国内で捜査するのはいいかもしれないが、諸外国を巻き込むのは問題が違う。注意深く検討すべきだ」と、米国の協力を得た捜査に慎重な構えを示した。[57]

だが、具体的に「外国を巻き込む」とはどういう意味なのか。会話の詳細は不明だが、恐らくチャーチ小委員会が得た文書など、関係文書をアメリカの協力を得て入手し、捜査することに否定的、という意味なのだろう。

事件を MOMIKESU

ロッキード事件関係のアメリカ政府文書の中で、その内容に最もドキッとした文書がこれだった。当時の自民党幹事長、中曽根康弘がアメリカ側に対して「もみ消すことを希望する」と求めた、と記録されていたのだ。

過去に、さまざまな事件で名前が出た中曽根のことである。中曽根の危険予知能力は並みの政治家よりよほど高かっただろう。しかし、日本に重大なショックを与えたこの大事件をもみ消すこと自体、不可能なことだった。

本人はその後、繰り返し否定しているが、米政府があえてこんな公電をデッチ上げる必要などなかった。中曽根は熟慮の末、米国側にもみ消しを要請した、とみられる。

この電報は、一九七六年二月二〇日付でジェームズ・ホジソン駐日米大使が宛先に「ハビブ次官補（東アジア太平洋担当）」と特記して、国務長官に送付した。[58]

この電報は、朝日新聞の奥山俊宏《おくやまとしひろ》編集委員が二〇〇九年八月、最初に発見したと書いている。[59] 特ダネとして朝日新聞が報道したのは約半年後の一〇年二月一二日付朝刊。筆者が〇八年三月にフォード大統領図書館で調査した時には、この公電はまだ機密解除されておらず、入手できていなかった。急ぎ、フォード大統領図書館で手に入れた。

一九七三年以降の国務省外交電報は、原則的にウェブ上に掲載されているが、この文書は特別扱いされていて、国家安全保障問題担当補佐官（当時ブレント・スコウクロフト）の文書ファイルに保管されていた。格付けは「シークレット」で、「トップシークレット」の下、「コンフィデンシャル」の上だ。

通常の外交公電ではなく、補佐官用の情報として抜き出し、管理されたとみられる。一種の「取扱注意」の機密公電だった。

この電報では、中曽根が前々日の二月一八日とその翌日一九日に、在京米大使館員に話した内容が報告されている。二日間続けて米大使館員に接触、二日目に前日の発言の取り消しを求めた形となっている。

一八日に、中曽根は自分が話すことは「自民党幹事長」としての発言であって、個人的な話ではない、と断って、同日に三木首相が党および閣僚らと相談した上で、日本政府高官名が入ったロッキード事件文書の提供を米国に求める、と決定したことについて、本当は「PAINFUL（KURUSHII）」

政策だと説明した。日本語が分かる専門家に向けて、「苦しい」という、中曽根が話したとみられる言葉をあえてローマ字で記している。

なぜなら、現時点で名前のリストが公表されたら、「日本の政界は『大混乱状態に陥り』、自民党は事態をコントロールできなくなる」。だから「米国は文書公開を可能な限り遅らせることがベストだ」と、中曽根は述べた。

しかし、翌一九日の朝に語ったことは少し違っていた。実は商社の日綿実業本社を通じて、すっぱ抜きで有名なコラムニスト、ジャック・アンダーソンのスタッフから得た情報として、田中と大平の名前が出ている、というのだ。そのことは三木にも伝えたが、これらの名前が公表されると、内閣は崩壊し、自民党は選挙で「完敗」し、自民党は政局を乗り切れず、恐らく日米安保体制の瓦《が》解《かい》を招く、というのが三木の判断だ、と語った。

ジャック・アンダーソンは筆者の外信記者時代はすっぱ抜きで有名で、常に注目されるジャーナリストだった。そんな人のスタッフが、特ダネ情報を報道する前に日本の商社員に明らかにすることは通常あり得ない。確実な情報なら、入手した段階で裏を取り、すぐ報道する。現実には、あやふやな危い情報を日本人に当ててみた、というのが真実だろう。

いずれにせよ、中曽根は一九日に、前日の一八日に伝えた中曽根から米政府へのメッセージを次のように変更してほしいと述べた。

「米政府はこの問題を注意深く考えてほしい。米政府がこの問題をHUSH UP（もみ消す）することを希望する」

HUSH UPはまさに「もみ消す」「秘密裏に処理する」という意味だ。類語のHUSH MONEYは「口止め料」という意味で、いずれも非常に不穏当な感じを与える言葉だ。

この公電で、先にKURUSHIIと記した時と同じように、「HUSH UP」に続けて、「(MOMIKESU)」と括弧付きで日本語をローマ字表記で付記している。まさに、中曽根は日本語でそう語ったのですよ、という調子で記述した、真に迫る内容だ。

結局、中曽根から米政府あてのメッセージは、三木首相が提供を求めるロッキード事件の文書について、米国は文書の「公開を可能な限り遅らせる」のではなく、事件自体を「もみ消す」べきだ、に変わったというわけだ。

言い換えれば、日米安保体制の瓦解にもつながるような重大な情報なのでもみ消すべきだ、という趣旨である。

これを自分の個人的意見ではなく、党幹事長としての発言として伝え、重視してほしいと頼んだ形となっている。

こんな中曽根の依頼自体が漏れていれば、当時の「真相解明」を求めて沸騰する国民世論からみて、幹事長は即刻辞任となったであろう。ほとぼりが冷めた後に知られた場合でも、そんなことを言う人物が、後に首相になれる可能性は低くなっていただろう。

アメリカの国益

アメリカ側は、こうした中曽根の主張を受け入れたわけでは決してなかった。

第一に、情報公開された場合の「事件の結末に関する中曽根の評価は大げさに見える」と断定している。さらに、自民党は政局を乗り切れず、恐らく日米安保体制の瓦解を招くと三木が判断している、と中曽根は言っているが、中曽根のその発言は「三木の立場に関するわれわれの理解とは異なる」との見方を示している。

この中で、ホジソン大使が「米国の二つの大きな国益がかかっている」として挙げたのは、次の二点だった。

（A）自民党政権の政治的有能さ。米国の国益を追求するにあたって、米国は自民党政権と緊密に協力してきた。

（B）日本メディアが持っている米国のイメージ。

（B）のイメージとは、自由と民主主義、人権などアメリカの理念に通じることだ。そんな理念が傷つく可能性を恐れていた。

やはり、この時も米国は自民党政権の維持を国益と考えていた。そして、今後の展開を次のように予測していた。

・わずか二、三人の要人だけが事件に関与していて、証拠が決定的でない場合、三木政権は政権を維持し、次の総選挙で大幅な議席減はないだろう。

・複数の名前の公表で、自民党議席が急減するリスクがある。

・追加的情報がない場合でも、野党の共謀批判に直面する。

「共謀」とは日米当局による事件隠しへの疑いだ。米国政府はこうしたシナリオを予測していた。

そして、結局のところ、「日本に関する米国の国益は、可能なら、これ以上ダメージとなる情報公開を避けることによって守られる」と結論付けている。中曽根のように「もみ消し」までは主張しないが、自民党政権維持のためには、これ以上情報公開しない方がいい、という考え方を伝えていたのである。

相手はＣＩＡ東京支局長

この電報で非常に奇妙なのは、二月一八、一九両日に中曽根と会話した米大使館職員の名前が明らかにされていないことだ。

電報の一ページ、本文上から二行目と下から五行目が伏せ字になっている。文脈からみても、恐らくこの部分に、中曽根が会った大使館員名が書き込まれているとみられる。大使館員名は、国務省の外交官の場合、伏せ字にすることはない。

こうした文書に詳しい、米民間調査機関「国家安全保障文書館」の友人、ウィリアム・バー上級アナリストによると、これは明らかに東京に駐在するＣＩＡ工作員の名前だと断言した。中曽根と面識のあるＣＩＡ工作員が、上記のような中曽根情報をホジソン大使に伝え、それが電報の形で国務省に連絡されたということだろう。中曽根は当時、自民党幹事長だったから、ＣＩＡのカウンターパート（対応する相手）は、恐らくＣＩＡ東京支局長だった可能性が大きい。

国務省所属の外交官が、この電文のように四ページと長めの電報を送付する際は、最初に「サマリー（まとめ）」、最後に「結論」を付けるのが通例だが、そんな形式になっていないことからみても、ＣＩＡからもたらされた情報を公電に仕立てた可能性が大きい。公電の末尾には、発信者としてホジソン大使の名前が記されている。

中曽根としても、通常の対応相手である駐日総括公使あるいは大使ではなく、CIAのルートを使って自分の意思を伝えた方が機密度も高く、露見しにくいと判断したのだろう。

「中曽根連座か」とCIAの大統領日報

アメリカ側も、中曽根がロッキード事件にどう関わったか、注視していた。

田中角栄が東京地検に逮捕された一九七六年七月二七日の三日後、同三〇日に、CIAはフォード大統領に中曽根の事件への関与について報告している。実は、中曽根は「次に連座する大物政治家」との観測が「定着しつつある」とみていたのだ[60]。

「大統領日報」という報告書で、毎日CIAの幹部が大統領に、世界の情勢について説明する文書である。この日はレバノン、ソ連、トルコ―ギリシャ関係、ケニア―ウガンダ関係に続いて、中曽根に関して報告している。

二月に事件が表面化して以来、田中前政権で中曽根は主要な閣僚だったこともあって、「事件に関連付けられてきた」。前日二九日には大手新聞社が、米政府から東京地検が受け取った事件資料のリストに中曽根の名前があった、と報じたとも伝えている。

CIAが懸念したのは、三木政権への悪影響だ。中曽根の事件への関与は、①田中の逮捕より深刻、②三木が自民党幹事長に任命し、三木の唯一の同盟派閥、③検察が中曽根を（容疑者に）指名しない場合でも、党の内外で部分的隠蔽が進行中との疑惑が強まる、④中曽根の逮捕で三木辞任への圧力は圧倒的に強まる恐れがある―との予測を示している。

この中で特に重要なのは、中曽根の事件への関与は、①で田中逮捕より深刻と評価し、④で「中曽根逮捕」も想定していたことだ。

一ページの報告のうち、最後の約十行は未公開部分の伏せ字になっており、中曽根の事件関与に関してCIAが独自に入手した情報が書かれている可能性がある。

CIAでも、東京地検特捜部の捜査情報入手は極めて困難であり、正確に捜査状況を把握していたとは考えにくい。しかし、CIAが大統領に、中曽根に疑いがあると報告していたことは特筆すべきことである。

この文書は、三十年後の二〇一六年七月一九日に秘密扱いが解かれ、一部伏せ字のまま公開された。

中曽根がコーチャンの危機回避

中曽根がロッキード事件に関する情報のもみ消しを要求した理由は何か。すでに世間では、自分と児玉との関係は知られており、児玉をめぐる疑惑が自分に波及する可能性を恐れていたことが考えられる。

児玉に対する検察側の冒頭陳述書に、児玉と太刀川、中曽根の関係が簡単に記されている。太刀川は一九五五年、山梨県立日川《ひかわ》高校を卒業後、児玉の著作を読んで「共鳴し」、児玉のような人間になろうと考えて上京、一九六〇年に児玉宅へ書生として住み込んだ。その後、児玉から政治の勉強をするよう指示され、河野一郎代議士を通じて中曽根を紹介され、中曽根の書生となり、中央大学法学部政治学科二部に入学、昼は中曽根事務所で働き、夜は大学に通った。六六年大学卒業後、児玉の秘書となり、児玉事務所で働いていた。[61] 現在は「東京スポーツ」紙会長である。

中曽根と児玉の関係、ロッキード事件への関与については、いくつか資料がある。

前章で詳述したが、一番劇的なシーンは、一九七二年一〇月五日、コーチャンが自分の「長い航空機会社生活の中でも、最大の危機に見舞われた日」に起きたエピソードだ。[62]コーチャンは自分の回想録のほか、嘱託尋問[63]でもこのことを証言している。証拠採用された例の「工作日記」にも、この時の経緯を簡単に記している。

中曽根のことは暗号で「N」とし、一〇月五日「友達（児玉）がNに電話をした」、同六日「Nが事態を訂正した」と記している。[64]

これは、ロッキード社が全日空への売り込みを図っていた旅客機L1011トライスターの注文を失いそうになった時のことである。コーチャン社長は児玉の事務所に駆け込み、太刀川が中曽根に電話をかけ、中曽根が出ると、児玉はコーチャンの依頼を伝えた。

十五分以上の長電話を終え、児玉は「中曽根氏が……努力をしてくれると約束しました」と話した。

翌六日、コーチャンは「中曽根氏が〈陰謀〉転覆に成功した」との知らせを受け、最終的に全日空からの発注を確保したというのだ。

それが事実であれば、中曽根はロッキード社の恩人であり、何らかの報酬が支払われた可能性は十分あり得る。

全面否定はできるのか

中曽根は、二〇一二年に発行された『中曽根康弘が語る戦後日本外交』[65]（新潮社）で、現代日本政治史の研究者から質問を受けた。

三木武夫首相のロッキード事件に関する態度について、「スタンドプレーもありました。汚職事件について敢然と立ち向かうという革新的政治家のスタイルを見せたいと思っていたのだろう」と、手厳しく批判している。

三木がアメリカからロッキード事件に関する情報の提供を受けて公開しようとしたことについても、「副総裁の椎名と幹事長の私は、相談して、三木を抑えなければ駄目だという考えを共有しました」と語っている。裏で中曽根は「三木おろし」と通じていたのだ。

しかし、米大使館の公電については、「アメリカ人に対して『もみ消す』なんていう言葉を使うはずがありませんね。私と大使館の間に入った翻訳者がそう表現したのかもしれないが……」と逃げている。

こんな場合、中曽根が日本語で話し、翻訳者は英語に翻訳する。この公電の場合、あえて日本語と英語を併記して、注意深く記述しているところからみて、そんな「言葉を使うはずがない」という中曽根の否定は、説得力を欠いている。米外交文書は、意訳して概略の説明で済ますこともある日本の文書より、通例は事実に即した書き方をしているのだ。

また、キッシンジャーとロッキード事件の関係については、「ずいぶん経ってから、キッシンジャーとハワイで会ったときには、彼は『ロッキード事件は間違いだった』と密かに私に言ったことがあります。キッシンジャーは事件の真相について、かなり知っていた様子です」と、中曽根は書いている[66]。

この発言については、ロッキード事件のどこが「間違い」だとキッシンジャーが言っていたのか、明言していない。そもそもキッシンジャーは、チャーチ上院議員によるCIA秘密工作の暴露や、チャーチ小委のロッキード事件調査に対して強く非難していた。しかし、田中逮捕に至った日本関係の事件捜査に疑問を呈していたわけではない。

また、コーチャン回想録で、中曽根が児玉を通じて依頼を受け、ロッキード社の危機を回避したと報じられたことについても、中曽根は全面否定した。一九七二年一〇月五日に児玉から「電話がかかったことは全くなく、（児玉から）工作を依頼されたこともない」、さらに「陰謀の覆しに成功した」とされる日に「工作をすることは時間的に不可能だった」と述べている。[67]

しかし、コーチャンは嘱託尋問でもっと詳しく証言している。また、証拠採用された「工作日記」に記していることにはどう反論するのか。

先述したホジソン駐日米大使から国務省への秘密公電。実は、大使はこの中で、「ロッキード事件への中曽根の関わり方が明らかではないことに留意すべきだ」と指摘し、中曽根が連座する可能性に注目していたのだ。

中曽根は「巨悪」の側の人

それでも、中曽根に対する不信感はくすぶっていた。世論が沸騰していた時期は、隠忍自重、国会の証人喚問も党議を理由に拒否し続けた。しかし、年が明けて一九七七年四月になると、中曽根は衆議院ロッキード問題調査特別委員会に、自ら申し出て、証人喚問が実現する。[68]

「ＰＸＬの国産白紙化」やトライスター販売作戦でコーチャンが児玉に頼んでかけた「電話依頼」、児玉との親密な関係といった疑惑を、中曽根は三時間半にわたって追及されたが、すべて否定した。

ただ、社会党の横路孝弘《よこみちたかひろ》が、東京地検で中曽根が「取り調べ」を二回受けたことについて質問すると、委員会室はエキサイトした。

中曽根は「取り調べという言葉は取り消していただきたい」と噛みついたのだ。「被疑者とか容疑者と、参考人として事情を聞かれたというのとは……違う」と中曽根は言った。

弁護士の横路は「参考人も……取り調べると言うんですよ」と反論したが、被疑者扱いを恐れる中曽根は退かず、加勢のヤジが飛んだ。中曽根は復権への思いがほとばしっていた。「宣誓証言をすることによって政治的復権をとげた」[69]と立花はみている。「みそぎ」が済み、「角影」も味方して五年後、一九八二年一一月に中曽根は首相に就任した。

いずれにせよ、東京地検特捜部が中曽根を立件できなかったのは、L資料の中に中曽根の犯罪につながる証拠がなかったからだ。

中曽根は、自分の関与が露見する可能性がある、と恐れたかもしれない。しかし彼は、証拠文書が日本側に提供された丸紅ルートにも、全日空ルートにもつながっていなかった。彼は証拠がない児玉につながる人物であり、「児玉から先の巨悪の闇」の中で守られていた。米側に「モミケス」と宣《のたま》う必要などなかった。

いずれにせよ、中曽根は巧みに逃げ切り、二〇一九年に百一歳で死去した。

7．無傷で人生を終えた岸信介

主役は元戦犯容疑者だった

一九七二年、ニクソンと田中角栄の最初の日米首脳会談。ニクソンは二種類のロッキード社製航空機を輸入するよう田中に求めた。旅客機トライスターと対潜哨戒機P３Cだ。

米国は実は、それに加えてもう一機種を買うよう日本に求めていた。グラマン社製の早期警戒機E２Cホークアイだ。背中に円盤形のレーダーを設置したユニークな機体に、最新鋭の早期警戒監視機能を装備している。

米側が日本にE２C購入を求めたことを最初に暴いたのも、米上院外交委員会多国籍企業小委員会（チャーチ小委）の公聴会だった。

田中角栄の逮捕・起訴でロッキード事件は終結か、とみられた一九七六年九月。チャーチ小委の最後の公聴会シリーズで、ダグラス・グラマン事件が露呈するきっかけとなる発言が出た。

戦後、経済大国として復興した日本を襲った二つの事件。両事件とも、その主役は、大東亜戦争から太平洋戦争へと、日本を破滅に追い込んだ元戦犯容疑者たちだった。

ロッキード事件で児玉誉士夫、ダグラス・グラマン事件で岸信介。この二人が主役として、利権を貪《むさぼ》るという、おぞましい疑獄の実態を浮かび上がらせた。

米政府にＥ２Ｃ売り込み支援を要請

チャーチ小委の最後の調査対象は、「グラマン社の対イランＦ14戦闘機販売」だった。最新鋭の米戦闘機をなぜイランに輸出するのか、その理由を追及する公聴会が一九七六年九月、四回にわたって開かれたのだ。

二日目の公聴会となった九月一三日、フランク・チャーチ小委員長が、証人の前グラマン・インターナショナル（ＧＩ）社長トーマス・チータムに、本題から外れた質問をした。[70]

「あなたはＥ２Ｃ機の日本への売り込みに特に強い関心を持っていたのか」と尋ねると、チータムは「イエス・サー」と答えた。

Ｅ２Ｃは強力なレーダーと電子機器により、日本の領空・領土全域で、同時に二四六〇万立方キロの空域と三八万平方キロの地表面を監視することができる。敵機の侵入を素早く探知して、早期の迎撃を可能にするのがＥ２Ｃだ。

日本は早期警戒態勢の整備が遅れていたので、グラマン社は売り込みの好機と考えた。

そこでチータムは、一九七二年の日米首脳会談前に、国際経済担当大統領副補佐官リチャード・アレンとホワイトハウスで会う。

一九六八年大統領選挙の際、キッシンジャーの友人だったアレンのことは先に書いた。アレンはニクソン政権発足時、キッシンジャーの直属の部下になったが、約一〇カ月後に辞任。いったん民間で働いた後、一九七一年七月にまた大統領副補佐官として戻っていた。

チータムはアレンのオフィスを訪れ、「大統領が田中首相と会う際、Ｅ２Ｃの対日売り込みについて田中に話してほしい」と頼んだ。

これに対してアレンは、交換条件として、ニクソンの「再選委員会」への献金を要請、「Ｅ２は約一〇〇万ドルの価値だ」と、同額の寄付を求めたというのだ。

しかし、二日後の公聴会で、アレンはこの証言を全面的に否定したため、これ以上の調査は行き詰まった。グラマンがニクソン再選委に献金したかどうかは確認されなかった。

ただ、その約二年半後の一九七九年一月、ダグラス・グラマン事件が日本で表面化、米国政府が日本にＥ２Ｃ導入を求めていたことが確認された。

同年二月六日の衆院予算委員会。当時の外務省アメリカ局長、中島敏次郎《なかじまとしじろう》はニクソン自身からの要請ではなかったが、国務省高官からＥ２Ｃの話が出たことを認めた[71]。

日本側に要請したのは、東アジア太平洋担当の国務次官補マーシャル・グリーン。日米首脳会談と並行して行われた外相会談後、外務審議官・鶴見《つるみ》清彦《きよひこ》に「Ｅ２早期警戒システムを日本が購入してはどうか」と求めていた。日本は米国から売り込み圧力を受けていたのだ。

その裏で、日商岩井はＥ２Ｃ売り込み作戦を進めていた。

岸信介ら四人の政治家名を報道

事件は、日本メディアの積極的な取材で、疑惑が高まり、事件追及に火が点く。ロッキード事件では、日本メディアは緒戦で出遅れたが、ダグラス・グラマン事件取材は違った。

この事件の方は、米証券取引委員会（SEC）が前年一二月一五日にマクダネル・ダグラス社（以下ダグラス社）、さらに年明け一月四日にグラマン社の「8Kレポート」を続けて公表して、疑惑が強まった[72]。

8Kレポートは、投資家保護の立場から一九三四年にSECを発足させた「SEC法」に基づき、上場企業が自社の経営状況をSECに報告する文書だ。ロッキード事件を受けて、七七年に「海外腐敗行為防止法（FCPA）」が制定された。この時期、FCPAに違反する行為を自己申告する内容の8Kレポートが相次いで提出されていた。

米国人コンサルタントと日本政府高官の名前は、朝日新聞と共同通信が最初に報じた。

朝日新聞ワシントン特派員の村上吉男は、先述したようにロッキード事件で「コーチャン会見記」をスクープした[73]。ダグラス・グラマン事件でも、彼はGI前社長、トーマス・チータムとの電話インタビューに成功したのだ。

チータムはこの中で、GIがE2C売り込みで接触した日本の政治家は岸信介元首相、福田赳夫《ふくだたけお》前首相、松野頼三《まつのらいぞう》、中曽根康弘両元防衛庁長官の四人だと明言したのである[74]。

チータムは沿岸警備隊士官学校を出て、マサチューセッツ工科大学で工学博士号を取得。国防総省の研究開発部門と民間企業を行き来し、一九六九～七二年、グラマン本社副社長兼GI社長を務めている。

実は、東京地検特捜部は、これら四人の大物政治家の名前が出たその日に、ダグラス・グラマン事件の捜査開始を発表した。検察の動きは速かった。

大平は真相解明に消極的

しかし、約四カ月の捜査で、大きい獲物の逮捕には至らず、巨悪の剔抉《てっけつ》とはならなかった。一体、なぜか。

まず、ダグラス・グラマン事件とロッキード事件の比較から始めたい。

両事件の最も大きい違いは、時の首相の姿勢だ。ロッキード事件の真相解明に積極的だった三木武夫首相と違い、大平正芳《まさよし》首相は事件捜査に消極的だった。

一九七六年九月六日、ソ連空軍のミグ25戦闘機が領空侵犯して、函館《はこだて》空港に強行着陸する事件があった。日本の早期警戒管制システムの不備は明らかで、大平はE2Cの早期導入を進めていた。その矢先に事件が発覚した。

グラマン社の8Kレポートの内容が報道された一九七九年一月五日。まさにその日に、当時の防衛庁は大蔵省とE2C導入の予算折衝に入っていた。さらに六日後の一一日、大平は国防会議で、E2C四機の導入を決める。

ロッキード事件は、政治家が最終段階で逮捕されてピークを迎えた。他方、ダグラス・グラマン事件では、最初に政治家名がメディアで報道されたが、結局政治家は逮捕されなかった。その背景には、こんな政治的事情があったのだ。

政治家への支払い「知らない」とチータム

捜査が進展しなかった理由は他にもある。

E2C導入に関する捜査はどうだったか。

朝日新聞によると、チータムは岸にE2C売り込みの話を出したところ、岸が代理店を住友商事から日商岩井に変えるよう進言し、GI側がそれに従ったことを認めた。

GIはE2C売り込みで、コンサルタントとして、米週刊誌『ニューズウィーク』元外信部長ハリー・カーンと岸の元秘書、川部美智雄の二人を雇い、一九六九～七二年の間に、川部には年俸三、四万ドル、カーンにはその二、三割増しの金額を払ったという。

現在の為替レートだと、川部は年三〇〇万～四〇〇万円、カーンは四〇〇万～五〇〇万円といったところだが、当時の為替レートでは川部は一〇〇〇万円前後となり、当時の貨幣価値から見ても、相当高い年俸だったとみられる。

8Kレポートで「米国人コンサルタントが一人またはそれ以上の日本政府高官に手数料が支払われる」可能性が記載されていた。

しかし、チータムは「私は知らない」と答え、政治家への支払いは確認できなかった[75]。

米司法省と一月二三日に締結した日米司法取り決めに基づき、SECの秘密資料を受け取ったが、犯罪を立証できるほどの証拠資料はなかったようだ。ロッキード事件では、「人脈図」や「工作日記」「リスト」、児玉の領収書、「ピーナツ」領収書などもあったが、その種の資料は入手できなかったのだ。

関与した政治家は「七、八人」と証言後に自殺

そうなれば、あとは日商岩井の担当者を取り調べて、自供を引き出すしか方法はない。

当時の特捜部副部長・村田恒主任検事は、日商岩井の副社長・海部《かいふ》八郎《はちろう》の腹心、常務・島田三敬《みつひろ》

の事情聴取を検事、宗像紀夫《むなかたのりお》（後の特捜部長）に任せた[76]。

宗像は任意で島田を呼び、取り調べた。島田はなかなか話さなかったが、一月三一日に六回目の取り調べで、裏金の存在を認めた。「アメリカで裏金をつくり、それを円に替えて日本に持ち込んで政界に配っていた」というのだ。

島田は「裏ガネづくりのシステム、……アメリカの銀行口座の名義」「実際に金を運ぶ謎の男」「どう政治家のもとへ運んだのか」など、詳細を話し始めた。「政治家は当時の派閥の領袖クラスをはじめ七～八人ほどの名前があがっていました」「そこには、田中角栄の名前も記されていた」と言った[77]。

チータムが先に証言した四人の政治家とプラス田中、さらにあと二、三人の名前はなお不明、ということになる。

宗像はその事実を直接知る唯一の元検事で、事情聴取の資料を残していた。だが、なおそのすべてを明らかにしていない。

島田は宗像に「明日、さらに詳細を話す」と言って、取調室を出た。だが、翌二月一日未明に自殺した。島田の「自殺」で、政界捜査の幕が降りた[78]。この自殺には、なお不可解なナゾが残されている。

この商戦は、岸が代理店を住友商事から日商岩井に持ち込んだことから工作が始まった。田中首相らを対象にした政界工作については、岸が海部に助言したに違いない。

その際に、岸が何らかの報酬を受け取った可能性が注目された。

他方、田中は一九七二年一〇月九日、早期警戒機国産化の「白紙撤回」を決定し、E2C導入の道を開いたことに対して、報酬を得た可能性がある。

いずれの場合も、もし岸や田中が金を受け取っていたことが確認されれば、その原資は国家予算、即ち国民の血税であり、政治倫理が問われるところだった。

時効の壁

それでは、マクダネル・ダグラス社のF4Eファントム戦闘機をめぐる捜査はどうか。

捜査で、海部が一九六五年当時の第二次FX商戦の際に書いたメモ二通が発見された[79]。

メモには、「岸元総理」らとの懇談でF4Eファントム戦闘機を「三年間で三〇〇機輸入しよう」などと記されていた。

海部の元部下、有森国雄が海部に反感を抱いて退社した後、メモのコピーを競争相手のロッキード社や黒幕、児玉誉士夫らに渡し、「巷間に出回った」という。しかし、メモの日付は一九六五年と六六年で、一三年以上前のことだ。時効の壁に阻まれた[80]。

結局この事件では、政界を暗躍して、軍用機売り込みで辣腕を振るった海部八郎が事実上の主犯扱いを受け、外為法違反と偽証罪で逮捕・起訴された。裏金作りの操作をしていた直属の部下、航空機部長と同部長補佐が外為法違反や業務上横領や私文書偽造で起訴され、元部下の有森が証言拒絶で起訴されて捜査終結となった。

しかし、日商岩井から政治家へのルートがまったく解明できなかったわけではない。元防衛庁長官、松野頼三への五億円についてだけ、贈与の事実が証明されたのだ。

捜査が終結した一九七九年五月一五日、法務省刑事局長・伊《い》藤《とう》栄樹《しげき》は、衆院航空機輸入調査特別委員会の秘密理事会で「松野への五億円」の事実を確認した。検察は「時効、職務権限で起訴できなかった」と明らかにする[81]。

松野はその九日後、五月二四日に同委に証人として出席、昭和四十二年（一九六七年）から「四、五年の間、四、五億の金を日商岩井から政治献金として受領をいたしました」と認めた[82]。

伊藤はその前日、二三日の衆院法務委員会で「松野」とは明言せず、支払いの回数は「昭和四十二年から四十六年までの間に十数回」と説明した。しかし、その先のカネの行方については「解明されていない」と述べている[83]。

岸の疑惑も時効

そして岸についても、伊藤は「一九六五年七月二三日に海部氏がダグラス社のフォーサイス氏（副社長）を岸元総理に紹介……F4ファントムの性能等について陳情が行われた」ことを認めた[84]。

特捜部の四月三日付海部供述調書によると、「一九六五年七月……、シアトルのオリンピックホテルで元首相・岸さん、ダグラス社のフォーサイス副社長、私とF4Eファントムのことで話し合い、岸さんが『できるだけ協力しましょう』と言いました」と海部は供述している[85]。これで、岸がF4ファントム導入に向けて支援した事実が確認されたのだ。

十四年も前のことで、岸は時効に救われた。

野党は衆院で「岸の出頭を求める動議」を提出したが、与党が反対、岸は逃げ切った。岸の元秘書、川部美智雄も「入院加療が必要」と証人出頭を断る。

海部が逮捕された時に開かれていた参院予算委員会で、伊藤は「小さな悪だけをすくい上げて巨悪を取り逃がすようなことがあってはならない」と見得を切った[86]。ダグラス・グラマン事件は、本当は成果がなかった。伊藤は国民が溜めた不満のガスを抜くため、あえて大げさに言ったのだ。世論対策だった。

首相の大平にとっては、E2C導入の問題がクリアされるかどうかが大問題だった。

江幡修三《えばたしゅうぞう》東京地検検事正は、ダグラス、グラマン両社の8Kレポートに関して「すべてについて犯罪の容疑を認めることができなかった」と表明、E2C導入をめぐる疑惑は事実上シロ、と認めた。大平は上機嫌だった。[87]

一九七二年一〇月九日、田中が決定した早期警戒機国産化「白紙撤回」をめぐって、贈収賄事件はなかったとされたのである。

舞台裏で、在日米大使館は、国会でE2C導入をめぐり妥協が成立したのは「大平の国会対策の成功」と評価した、とCIAの「国家情報日報」は伝えている。大平は野党に十分な政治行動の機会を与え、E2C予算をグラマン事件から切り離した、と大使館はほめた。[88]

事件から四年後の一九八三年二月、事件捜査当時の法相、古井《ふるい》喜実《よしみ》は朝日新聞のインタビューで次のように話したという。[89]

「『超大物』を事件の枠内にはめ込むことはできなかった。結局『超大物』は捨ててしまい、松野頼三君でとめた」

『超大物』とは、明らかに岸のことだった。古井に質問した国正武重《くにまさたけしげ》編集委員は「岸元首相がらみではブレーキがかけられたと思えてならない」と述懐している。そんな配慮で、検察庁は岸の事情聴取もせず、国会も与党の反対で岸を証人喚問もできなかった。

カーン・岸・川部でワンチーム

ロッキード、ダグラス・グラマンの両事件の舞台はいずれも、日本への航空機売り込み作戦だった。米国からの情報提供を受け、日本の検察が捜査を開始。事件の筋および人脈、構図も、両事件は非常に似通っていた。

図示すると次のような構成になる。

米航空機会社	フィクサー	相談役	代理店
●ロッキード社	児玉誉士夫	小佐野賢治	丸紅
コーチャン	補佐福田太郎 太刀川恒夫	中曽根康弘	
●マクダネル・ダグラス社	海部八郎	松野頼三	日商岩井
フォーサイス	島田三敬	岸信介	
●グラマン社	カーン	岸信介	日商岩井
チータム	補佐川部美智雄		

両事件の間で、工作のまとめ役「フィクサー」（コンサルタント）の特徴に違いがあった。コーチャンは生粋のビジネスマンで、児玉はコーチャンの要請に応え、戦前からの人脈を活用し、困った時は小佐野や中曽根に相談した。

それに比べ、カーンと岸・川部の日米チームは格上の関係だった。カーンは岸の復活をプロデュースし、岸をフォスター・ダレス国務長官らに売り込んで、岸政権発足を裏面から支援した。日米関係を緊密化させ、一九六〇年の安保改定に発展させた。

日米安保関係を発展させた裏で、利権構造を構築していたのである。

両事件とも「フィクサー補佐」が不可欠だった。福田は旧満州から帰国、川部は復員して、ともに連合国軍総司令部（ＧＨＱ）で働いた経験があり、通訳として、事件に深く関与した。太刀川は中曽根の書生から児玉の秘書になり、庶務的な仕事をしている。

カーンは川部の助けを得て、東京にＰＲ会社「ＰＲジャパン」を設立、カーンも役員になった。カーンは米国、日本、中東の利権を確保するため、フィクサーとして行動したのだ[90]。

ハリー・カーン（1994年撮影）

福田太郎もＰＲマンとして活躍、川部より二年前に設立した会社名は、「ＰＲ」と「ジャパン」が逆の「ジャパンＰＲ」だった。

川部は東大経済学部出身。米国の有名なＰＲ会社「ヒル＆ノールトン」の創業者、ジョン・ヒルの著書『近代経営のためのＰＲ』の翻訳書もあり、ＰＲの知識もあったが、「ＰＲジャパン」の実務にはほとんどタッチしなかったという。[91]

カーンが日本ロビー組織結成

川部の「ＰＲジャパン」社は、むしろ、カーンの日本滞在時のベースとして使われた。カーンが発行したニューズレターの日本語版「フォーリン・リポーツ」の代表の他、岸事務所の仕事、不動産業、ナイトクラブや飲食店、と手広く仕事を広げていた。

カーンは一九一一年、コロラド州デンバー生まれでハーバード大学卒業後、『ニューズウィーク』記者となる。戦後、同誌外信部長になって以降、日本への関心を深めた。英国人記者、コンプトン・パケナムを東京特派員に配置して、日本取材を強化した。

パケナムは、父が造船所を経営していた神戸《こうべ》で生まれた。一九二〇年代にはニューヨーク・タイムズ記者として活躍、戦時中はニューズウィークでカーンの戦争報道を手伝った。[92]

戦前パケナムは、吉田茂《よしだしげる》の義父、牧野伸顕《まきののぶあき》（大久保利通《としみち》の次男、文相、外相、内大臣など歴任）や、鈴木貫太郎《すずきかんたろう》（侍従長、敗戦時の首相）ら大物と親交があったといわれる。

終戦後の日本で、パケナムはこれらの大物からマッカーサーの占領政策に対する不満を聞き、記事にするとともにカーンに報告した。

カーンは一九四七年六月、占領の現状を自分の目で取材するため来日。ドイツで見た光景と対照的な日本の現状に驚いたという。

「日本は政府を維持し領土を保全……日本を降伏に導いた政治家らが健在だった」というのだ。[93]

だが、連合国軍最高司令官（ＳＣＡＰ）は多くの有能な元官僚を追放し、財閥解体を進めていた。

カーンらが特に問題視したのは、極東委員会（ＦＥＣ）の決定第二三〇号（ＦＥＣ２３０）という集

ピアノの上に置いた岸信介の写真と向き合うカーン（メリーランド州ベセスタの自宅で。1993年撮影）

中排除指令だった。反対の論陣を張り、米政府は結局これを廃棄した。

カーンはその一年後、この時の反対グループを集めて、ロビーグループを結成する。それが「アメリカ対日評議会（ACJ）」だ。[94]

一九四八年六月二八日、ニューヨークの「ハーバード・クラブ」に発足メンバーを集め、戦前の駐日大使で国務次官になったジョセフ・グルーと元国務次官ウィリアム・キャッスルを共同名誉会長、カーンを会長に選んだ。[95]

岸の米国売り込みに成功したカーン

この時、岸はまだ巣鴨プリズンにいた。カーンが岸と友人関係になるのは、岸の「公職追放」が解除された一九五二年以後だ。[96]

二人を結び付けたのは、川部とカーンの部下で、『ニューズウィーク』東京支局長のコンプトン・パケナムだったようだ。川部は一九四九年にGHQ経済科学局を辞め、今のソニービルの裏にレストラン「ブランカ」を開き、そこにパケナムと岸が別々に客として訪れていた。偶然パケナムと岸が顔を合わせた時に、川部が岸をパケナムに紹介したという。岸は巣鴨を出た後、銀座の交詢社ビルに事務所を置いていた[97]。

岸は一八九六年、山口県で佐藤家に生まれたが、父の生家を継いで岸姓となった。東大独法科で、国家主義の憲法学者上杉慎吉《うえすぎしんきち》東大教授に私淑し、右翼の学生団体七生社《しちせいしゃ》のリーダーとなる。商工省（現在の経産省）では切れ者の革新官僚と言われた。旧満州国産業部次長に転出し、帰国後商工次官、商工相。太平洋戦争開戦の責任を問われて、戦犯容疑者として逮捕。三年後に巣鴨を出所。藤山愛一郎《ふじやまあいいちろう》の経済援助を受けて政界に復帰した。

一九五三年衆院議員に当選、翌年鳩山一郎総裁の民主党幹事長、五五年保守合同後の自民党総裁選挙は敗れたが、石橋《いしばし》内閣で外相。石橋の病気退陣で五七年二月岸内閣を組閣し、わずか四年で首相の座に就いた。評論家の青地晨《あおちしん》は、「反共主義者としてダレス国務長官などアメリカ政府の信頼が厚かった」ことも理由に挙げた[98]。その裏には、カーンの強い後押しがあった。

一九五五年八月、重光葵《しげみつまもる》外相の訪米に、河野一郎農相とともに、異例ながら、当時与党民主党幹事長の岸も加わった。カーンのアドバイスがあったとみられる。

重光はダレスとの日米外相会談で、「不平等条約」と言われた第一次日米安保条約の改定を求めたが、長官から「時期尚早」ときっぱり拒否され、成果が上がらなかった[99]。

対照的に、岸は米国にいい印象を残した。カーンのPR工作が奏功したのだ。

一行の訪米中に発売されたニューズウィークの表紙を飾ったのは、岸の顔だった。

八月二九日のワシントンでの昼食会には、元大統領の息子ハーバート・フーバー二世国務次官ら国務省幹部らを招いた。ニューヨークでは、ジョン・ロックフェラー三世や大物記者らを招いた。

約三カ月後には、岸がワシントンで約束した通り、保守合同が成立、自由民主党が発足して、岸が新党でも幹事長になった。

これ以後も、カーンはニューズウィーク誌の記事や友人への手紙で岸は「民主主義者で親米」、あるいは「安定政権が期待できる」と強調した。カーンはフォスター・ダレス国務長官と弟のアレン・ダレスCIA長官らと定期的に接触しており、彼らにもこんな情報を注入していたとみられる。[100]

岸が首相として初めて訪米する一週間前の一九五七年六月一二日、ダレス兄は大統領あてに次のような秘密メモを提出した。[101]

「あらゆる兆候から見て、岸は戦後日本に登場した最も強力な政府指導者だ。……彼は米国と全面的なパートナーシップを築きたいと願っている。……日米関係を永続的なものにするため、現在の関係を再調整する時が来たと強く感じている」

岸とアイゼンハワーの第一回首脳会談は、具体的な成果はなかったが、翌一九五八年から第一次安保条約の改定交渉が始まり、六〇年調印に至る。しかし、安保条約改定に反対するデモが燃えさかり、女子学生樺美智《かんばみち》子《こ》が死亡、アイゼンハワーは訪日を取りやめ、岸は有終の美を飾ることができなかった。

その三カ月後、ワシントンに帰任したマッカーサー二世駐日米大使はアイゼンハワーと会い、言った。

「岸は世論を理解できなかった。その独断的な行動と彼が東条内閣の閣僚だったという事実が結びついて、岸失脚となった[102]」

米側も岸の不人気を過小評価していた。

CIAが岸に選挙資金

カーンと岸の周辺では、これまで、CIAの秘密の動きがしばしば明らかにされてきた。

カーン自身、取材で恒常的にCIAの情報源と連絡をとっていたのだ。また、ニューヨーク・タイムズの報道によると、ニューズウィーク東京支局では一九五〇年代中頃、二人の日系アメリカ人スタッフが、実はCIAの工作員だった。さらに、一九五〇年代初めに同支局にいた別のマネージャーは、CIAからエージェントとしてカネを受け取っていたという[103]。

当時は、米国メディアの記者が外国特派員としてCIAに情報協力するケースがのべ二〇〇人にも上ったといわれ、問題化した。それ以後、CIAは米国メディアの記者を利用することをやめた、としている。ただ、外国メディアの記者は、現在も使い続けている。

CIAと米国人記者の関係に火を付けたのは、ウォーターゲート事件取材でボブ・ウッドワードとコンビを組んだカール・バーンスタインだった。バーンスタインによると、CIAはニューズウィーク誌編集長ら幹部との取り決めで、記者に情報協力をさせていたという[104]。ニューズウィークは、カーンを通じて特にCIAとの関係が深かったようだ。

岸とCIAの関係を、筆者は長年、取材の課題にしてきた。アリゾナ大学教授、マイケル・シャラーは一九九六年、筆者の質問に、「岸がCIAから資金を得ていたのは、疑問の余地がない」と断定した[105]。

シャラーは一九九五〜九七年、国務省の「歴史外交文書諮問委員会」で外部専門家として、文書解禁の是非を議論している。最終的に非公開とされた文書の中に、ＣＩＡから岸への資金供与の事実を示す証拠があったことをシャラーは確認したとみられるが、その具体的内容は守秘義務を課せられていた。

そこで、元ＣＩＡ幹部を直接取材した。

一九五一年から八年間、ＣＩＡ工作担当次官を務めたフランク・ウィズナーの下で補佐官を務めたサム・ハルパーンは、「党に金を渡した事実はないが、個人には渡した」と言った。そこで「カネを渡した相手は岸か」と改めて聞くと、ハルパーンは黙って頷いた。

ハルパーンは、いつ、誰に、どれほどの金額を渡したか、といった具体的なことは、一切明らかにしなかった。ただ、一般論として、「当時はＣＩＡに黒かばん工作という現金輸送作戦があった」と言っている。

ハルパーンは一九五九〜六一年、ＣＩＡ東京支局のナンバー３で、渋谷《しぶや》区猿楽町《さるがくちょう》の旧松平《まつだいら》家の邸宅に住んでいた、と言った。

元ＣＩＡ東京支局長、ジム・ディレイニーも、先述のように、「児玉はＣＩＡの協力者だった？」との筆者の質問に、黙って頷いた。否定できない事実だが、言葉を発することに、二人の元ＣＩＡ高官は罪悪感を抱いたのであろう。

また、元ＣＩＡ副長官補佐官で、秘密工作のあり方に失望して退職したビクター・マーケッティは、「岸はわれわれのエージェントではなく、同盟者だった」と言った。

エージェントは代理人、スパイの意味で、「手下」のような扱いを受けるが、岸は日本政府のトップとしてＣＩＡに協力した対等の関係者ということになる。[106]

ハルパーンも、ディレイニーも、マーケッティも、今はもう亡い。

岸情報を隠す米国のシステム

ＣＩＡは一九五五～五八年、アジアや欧州の選挙に介入して、アメリカ政府にとって望ましい政治勢力に資金援助した。その際、国別に「計画調整グループ（ＰＣＧ）」、後の「特別グループ（ＳＧ）」を設置した。

日本に対してＣＩＡは、一九五八年四月一一日にＳＧを設置したことが分かっている。ＣＩＡの歴史スタッフがまとめた文書に明記されている。[107]

この日は、岸と社会党の鈴木《すずき》茂《も》三郎《さぶろう》委員長が合意した「話し合い解散[108]」（四月二五日）のちょうど二週間前だった。

戦後初めて、保守与党、革新野党の二大政党が真っ向から闘った総選挙だった。躍進を予想された野党社会党が伸び悩み、自民党は選挙後に無所属などの当選議員が入党して、二九七と解散時の議席数を上回った。ＣＩＡが提供した多額の金のおかげで自民党が勝利した可能性がある。

しかし、具体的な証拠は乏しい。

「日本帝国政府情報公開法」に基づいて公開された岸の個人別ファイルも、情報は非常に乏しかった。やはり「機微区分情報（ＳＣＩ）」として非公開となった可能性が大きい。米国は情報公開が進んでいて、どんな秘密文書も公開しているような印象が持たれている。だが現実には、米国益に直結する文書は、巨悪の情報も隠すシステムになっているのだ。

ダグラス・グラマン事件が発覚した一九七九年一〇月の総選挙で松野頼三は落選。岸は出馬せず、無傷のまま政界を引退、長生きして八七年、九〇歳で死去した。

カネを濾過して使った岸

「昭和の妖怪」とも呼ばれた岸信介元首相。しかし、長女の洋子《ようこ》（安倍《あべ》晋三《しんぞう》首相の母）によると、家では「思いやりも深い父」で、「安保改定の大騒ぎのときでさえ、個人的な批判を口にすることはなかった」。後継の池田勇人の自民党総裁就任祝賀会の席で岸を刺し殺そうとした暴漢についても、「刑務所を出て生活できるかどうか……気遣っていた」ほどだったという。

　ただ、政治とカネの問題になるとリアリストになるようで、田中角栄について「湯気の出るようなカネに手を突っ込む。そういうのが総理になると、危険な状況をつくりかねない」と洋子に言っていた。

　岸自身は「政治は力であり、カネだ」という認識で、「カネは濾過《ろか》してから使え」と発言したと伝えられる、とも書いている[109]。

　洋子は、政治家の処世術として父は立派だと思ったのかもしれない。しかし、どうだろう。カネを「濾過する」というのは、もらったカネが汚いから濾過するのだ。今の言葉で言えば、マネーロンダリングになる。まさに、「巨悪」にふさわしい行為ではないか。

　洋子は、安倍晋三前首相の母であり、元首相の娘であり、佐藤栄作の姪でもあった。日本の最高権力に最も近い女性だ。倫理的な問題など深く顧慮せず、平然とそんなことを書いてしまう異常な時代に、われわれは生きている。

第二章注

1 ＮＨＫ「未解決事件」取材班『消えた21億円を追え』、四二〜四三頁
2 東京新聞『裁かれる首相の犯罪』第三集、三八九頁
3 春名幹男『スクリュー音が消えた』、新潮社、一九九三年
4 Sherry Sontag and Christopher Drew, Blind Man's Bluff, Public Affairs, 1998, P25
5 一九七六年二月一〇日付各紙
6 第七十七国会衆議院予算委員会議録第十号、昭和五十一年二月十日（火曜日）
7 毎日新聞社『総理の犯罪』、二八頁
8 東京新聞『裁かれる首相の犯罪』、第五集、五〇八〜五一二頁
9 同、第四集、四六五〜四六六頁
10 同、四五八頁
11 同、第三集、三九六頁
12 N A, AAD PR200202Z FEB 76, FM AMEMBASSY TOKYO TO SECSTATE, SUBJ: THE LOCKHEED SCANDAL AND JAPAN'S ASW DECISION, CONFIDENTIAL
13 東京新聞『裁かれる首相の犯罪』第三集、三九六頁
14 https://www.mod.go.jp/j/approach/agenda/meeting/bo-san/houkoku/si-07.html　二〇一九年六月三日アクセス
15 Boulton, The Grease Machine, P268
16 同
17 東京新聞『裁かれる首相の犯罪』第三集、三八九頁
18 FL, National Security Adviser. Memoranda of Conversations, 1973-1977, Box 15, September 18, Ford, Kissinger, Saudi Arabian Foreign Minister Prince Saud ibn Faisal
19 Abuses Of Corporate Power, Hearings Before the Subcommitee on Priorities And Economy in Government of the joint Economic Committee, Congress of the United States, Ninety-Fourth Congress, January 14 and 15, March 2 and 5, 1976
20 一九七六年二月六日付『朝日新聞』夕刊
21 二〇〇七年八月一〇日、筆者とのインタビュー
22 The New York Times, C.I.A. Said to Have Known In 50's of Lockheed Bribes, By Ann Critenden, Aprl 2, 1976
23 The New Republic, The Money Changer by Tad Szulc, April 10, 1976
24 コーチャン、『ロッキード』、三四〜三八頁
25 ＡＰ通信、Nicholas Deak, Scholar, Financier, Intelligence Agent, 18 November 1985
26 第七十七回国会参議院大蔵委員会会議録第七号、昭和五十一年五月十四日（金曜日）
27 Daily Mail, Was CIA financier-turned Wall Street banker assassinated by the bearded bag lady?, 10 December 2012 http://www.dailymail.co.uk/news/article-2245682/Nicholas-Deak-Colleague-questons-murder-CIA-financier-killed-homeless-woman.html#ixzz4khxKtmRT　二〇一九年八月二五日アクセス
28 New York Times, Afghan Leader Confirms Cash Deliveries by C.I.A. by Mathew Rosenberg, April, 2013
29 東京新聞『裁かれる首相の犯罪』第一集、六五〜六六頁
30 同、第二集、一一〜一四頁
31 二〇〇七年八月三〇日、筆者とのインタビュー。彼の回想録Who Makes American Foreign Policy? P209にも同様の言及がされている。
32 Levinson, Who Makes, P222
33 New York Times, April 4, 1996, Sketches of Some Believed to be on the Plane: Business Leaders Across the U.S.; Charles Meissner, Assistant Secretary of Commerce
34 CREST, October 8, 1976, NOTE TO: OLC, George Bush
35 同、OLC 76-2903/a 20 October 1976, Memorandum For: Director of Central Intelligence, From: George L. Cary, Subject: Jack Blum and Jerome Levinson
36 Levinson, Who Makes, PP214〜223
37 Multinational Corporations and United States Foreign Policy, Part 14 February 4, and 6; and May 4, 1976, P375〜376
38 Levinson, Who Makes, PP213〜214
39 同、PP227〜228
40 春名幹男『秘密のファイル』下、三四九〜三五六頁
41 https://www.dni.gov/files/documents/ICD/ICD_705_SCIFs.pdf　二〇一九年一〇月一五日アクセス

42 New York Times, Ann Critenden, CIA said to have known in 50's of Lockheed Bribes, April 2, 1976
43 この人物が誰かは不明で特定されていない。
44 Richard J. Aldrich, History, volume 100, American Journalism and Landscape of Secrecy: Tad Szulc, the CIA and Cuba, Wiley Blackwell Publishing Ltd. April 2015, PP189~209, http://wrap.warwick.ac.uk/67/79/ 6/13/2019 二〇一九年六月一三日アクセス
45 CREST, March 29, 1976, Note To：□From：George Bush, Director 二〇一九年六月一三日アクセス
46 第七十七回国会、衆議院ロッキード問題に関する調査特別委員会議録第四号、昭和五十一年六月二日（水曜日）
47 第七十七回国会衆議院、予算委員会議録第二十号　昭和五十一年三月一日
48 立花隆『田中角栄研究』下、二七一頁
49 同、二七七~二九二頁
50 同、二八一~二八八頁
51 同、二七七頁
52 第七十七回国会衆議院、ロッキード問題に関する調査特別委員会議録第四号、昭和五十一年六月二日（水曜日）
53 C・A・ウィロビー、延禎監修『知られざる日本占領』、番町書房、一九七三年、六四~六六頁、春名『秘密のファイル』上、二八七~二九七頁
54 同、四五〇~四五一頁
55 平野『田中角栄を葬ったのは誰だ』、二五~二六頁
56 同、一三~二六頁
57 NA, AAD, Electronic Telegram 1976, Central Foreign Policy Files, RG59, O 060904Z FEB 76, FM AMEMBASSY TOKYO, TO SECSTATE WASHDC IMMEDUIATE 6747, SUBJ: LDP DIET MEMBER REQUESTS APPOINTMENT WITH SENATOR CHURCH
58 FL, National Security Advisor. Presidential Country Files for East Asia and the Pacific, 1974-77, Box 8- country File Japan O 20095Z FEB 76 FM AMEMBASSY TOKYO TO SECSTATE WASHDC IMMEDIATE 7065 SUBJECT: LOCKHEED AFFAIR FOR ASSISTANT SECRETARY HABIB
59 奥山『秘密解除ロッキード事件』、一一七頁、月刊誌『世界』二〇一一年一月号
60 CREST: The President's Daily Brief, July 30, 1976, Top Secret
61 東京新聞『裁かれる首相の犯罪』第三集、三七六頁
62 コーチャン『ロッキード』、二〇〇~二二〇頁
63 東京新聞『裁かれる首相の犯罪』第五集、五六八~五九九頁
64 同、六五六~六五七頁
65 中曽根康弘『中曽根康弘が語る戦後日本外交』、新潮社、二〇一二年、二六一~二六五頁
66 中曽根康弘『自省録　歴史法廷の被告として』、新潮社、二〇〇四年、一〇四頁
67 コーチャン『ロッキード』、三四七~三四九頁
68 第八十回国会衆議院ロッキード問題調査特別委員会議録第六号、昭和五十二年四月十三日（水曜日）
69 立花『被告人田中角栄の闘争』、三〇〇頁
70 Multinational Corporations and United States Foreign Policy, Part 17, Hearings, Ninety-Fourth Congress Second Session on Grumman Sale of F-14's to Iran, September 10, 13, 15 and 27, 1976
71 第八十七回国会衆議院予算委員会議録第六号、昭和五十四年二月六日（火曜日）
72 一九七九年一月五日付朝日新聞夕刊など
73 一九七六年八月二一~二三日付朝日新聞、村上吉男「ロッキード事件余話」、『日本記者クラブ会報』、二〇一一年一一月一〇日
74 一九七九年一月九日付朝日新聞夕刊、毎日新聞夕刊など
75 同
76 宗像紀夫『特捜は「巨悪」を捕らえたか』、ワック、二〇一九年、一二五頁
77 同、一二五~一三八頁
78 山本祐司『特捜検察物語』下、七〇頁
79 同、六七~六九頁
80 同、六六~七〇頁
81 同、七三頁
82 第八十七回国会衆議院、航空機輸入に関する調査特別委員会議録第六号、昭和五十四年五月二十四日（木曜日）
83 第八十七回国会衆議院法務委員会議録第十四号、昭和五十四年五月二十

三日

84 同

85 山本『特捜検察物語』下、七三～七四頁

86 第八十七回国会参議院予算委員会会議録第二十号、昭和五十四年四月二日

87 山本『特捜検察物語』下、七六頁

88 CREST, National Intelligence Daily, 28 February 1979

89 一九九五年六月三日付朝日新聞朝刊

90 Howard Schonberger, Aftermath of War, Kent State University Press, 1989, P158

91 猪狩『日本の広報・PR100年』一五一～一五二頁

92 Schonberger, Aftermath of War. PP134～136

93 同、PP138～139

94 春名『秘密のファイル』上、四八四～四八八頁

95 Schonberger, Aftermath of War, P144

96 春名『秘密のファイル』下、二二四頁

97 工藤美代子『絢爛たる悪運　岸信介伝』、幻冬舎、二〇一二年、三〇〇～三〇四頁

98 伊藤道人『現代人物辞典』、朝日新聞社、一九七七年、三八八頁

99 FRUS, 1955-1957, Japan, Volume XXIII, Part 1 #45

100 Schonberger, Aftermath of War, PP158～159

101 FRUS, 1955–1957, Japan, Volume XXIII, Part 1,#173

102 FRUS, 1958–60, #201

103 The New York Times, December 27, 1977 "Varying Ties to C.I.A. Confirmed in Inquiry"

104 Schonberger, Aftermath of War, PP157～158

105 春名『秘密のファイル』下、二七四～二七六頁

106 同、二七四～二七七頁

107 Historical Staff, Central Intelligence Agency, Allen Welsh Dulle as Director of Central Intelligence 26 February - 29 November 1961, by Wayne Jackson, P97

108 原彬久『岸信介証言録』、中公文庫、二〇一四年、二一三～二一五頁

109 安倍洋子『わたしの安倍晋太郎　岸信介の娘として』、ネスコ、一九九二年、九四～九五頁

あとがき——ナゾを追った十五年間

ロッキード事件の解明はナゾ解きだった。

日本では今も、いくつもの陰謀説が流布している。「田中角栄が積極的な『資源外交』を展開して、米国の虎の尾を踏んだ」とか、「ロッキード社の文書が、誤って米国上院外交委員会多国籍企業小委員会に配達されたため事件が発覚した」といった説だ。本書では、これらの主要な陰謀説のいずれについても否定する証拠を多々発見することができた。

もちろん、事件の本筋の解明は、それよりも難しかった。

ロッキード事件は二つの局面で構成されている。第一に、田中首相在任中の日米関係、第二にロッキード事件発覚後の捜査の展開だ。この二つがどうつながるのか、実は誰も解明していなかった。

取材は難しかった。まず米国側が田中角栄をどれほど嫌っていたか、当時の日米関係を徹底検証して、真相に近付きたい。そして、Tanaka の名前が入った文書が東京地検に渡された経緯と理由を解明すれば、意図して田中を政治的に葬る行為があったかどうかが分かるかもしれない、と思った。

米国立公文書館だけでなく、リチャード・ニクソン、ジェラルド・フォード両元大統領図書館、米民間調査機関「国家安全保障文書館」などで大量の文書を渉猟《しょうりょう》した。これらの文書を繰り返し徹底的に読み込んだ結果、未公開の新事実が次々明るみに出てきた。十五年間の長期取材だった。

その結果、ようやく真相が分かった。証拠があったのだ。

田中首相と米国の間に、修復しがたい外交的葛藤《かっとう》があったことを明確な証拠で裏付けることができた。ロッキード事件発覚後、米国は一見しただけでは分かりにくい工作をして、Tanaka の名前が入った証拠文書を日本に提供していた。東京地検特捜部は証拠文書を手に入れて困難な捜査をやり抜き、田中を逮捕する。田中が首相に就任した一九七二年七月から、約四年間にわたる長編ドラマだった。

かくして、田中の対米外交とロッキード事件がつながった。田中外交を蛇蝎《だかつ》のごとく嫌った米政府高官と、Tanaka 文書の日本への提供を決めた高官は同一人物、キッシンジャーその人だったのだ。

その因果《いんが》関係《かんけい》から見て、キッシンジャーは田中が逮捕されても構わないと考えて文書を日本側に提供したのは確実だ。ただし、田中を葬るため日本に文書を提供した、と記した米文書は見つかっていない。

キッシンジャーは事件後、田中を一九七八、八一、八五年の三回も目白の自宅に訪ねていた（石井一著『冤罪』）。犯罪者が現場の様子を見るため舞い戻ったような心境だったかもしれない。根拠なき陰謀説に惑わされていた日本は、彼にとって安全だった。そんな風に侮られないために、しっかりとした調査報道が必要だと改めて痛感した。本人はこれまで、こうした問題の取材に対応していないので、あえてインタビューは申し込まなかった。

事件はそれで完結ではなかった。かつては「首相の犯罪」が「巨悪」とされていた。しかし、実際には「巨悪」は別にいた。「本当の巨悪」は、ロッキード事件とその後発覚した「ダグラス・グラマン事件」で浮かんだ。第三部の「巨悪の正体」で、戦後の政界と闇世界の紳士たちの人脈と金脈を追及した。彼らは日米安保関係強化を旗印にした、巨額の米国製軍用機輸入の利権に群がっていたのだ。

本書の取材では、米国側は米上院外交委員会多国籍企業小委（チャーチ小委）首席顧問ジェローム・レビンソン、米証券取引委員会（SEC）執行部長スタンレー・スポーキンの両氏、日本側は元東京地検特捜部検事の堀田力氏、元田中角栄首相秘書官の木内昭胤元駐仏大使、さらに事件当時駐米日本大使館書記官だった匿名希望のA元大使らにインタビューした。

また、米民間調査機関「国家安全保障文書館」上級アナリストの畏友ウィリアム・バー氏には貴重な文書の提供を受け、助言もしてもらった。当時朝日新聞ワシントン特派員でコーチャンにインタビューした村上吉男氏にも話を聞いた。他の協力者も含めて、この場を借りて御礼申し上げたい。KADOKAWAの岸山征寛氏には完成まで何度も待たせてしまった。辛抱強い彼のおかげで本書を書き終えることができたことに心から感謝したい。

本書は事件の機密解除された米政府文書を中心に構成した。その裏付けとして、外務省文書など日本の資料も多々利用した。堀田力氏の回想録『壁を破って進め』（講談社）、ロッキード法廷の全記録を集めた東京新聞特別報道部編『裁かれる首相の犯罪』（東京新聞出版局）からも引用し、立花隆氏の著作も事件の筋を探る指針にした。改めて御礼を申し上げたい。

紙数の都合で参考文献は主要なものに絞り込んだことをお断りしておく。

安倍晋三首相が辞任した二〇二〇年九月

春名　幹男

ロッキード事件年表

一九七二（昭和四十七）年

七月七日　田中角栄内閣発足
八月一九日　田中・キッシンジャー軽井沢会談
八月二〇日　コーチャン来日。対日売り込み本格化
八月二三日　丸紅の檜山社長、田中に五億円約束
八月三一日　ハワイで田中・ニクソン日米首脳会談
九月一日　日米首脳会談、旅客機緊急輸入で合意
一〇月五日　ロッキード受注失敗との情報
　コーチャンが児玉に依頼、
　中曽根康弘通産相が協力を約束
一〇月六日　福田太郎「中曽根が転覆に成功」と
　コーチャンに連絡
一〇月九日　国防会議がPXLの国産化白紙撤回
一〇月三〇日　コーチャンが丸紅の大久保利春専務に
　三千万円。大久保が三〇ユニット領収証
一一月六日　クラッター支社長が大久保に九千万円、
　大久保が九〇ユニット領収証
一一月七日　ニクソン米大統領再選
一二月二二日　第二次田中内閣成立

一九七三（昭和四十八）年

一月一二日　全日空とロッキード社がトライスター売買
　契約書
六月二五日　大久保、コーチャンに国際電話、田中首
　相への五億円支払いを催促
八月九日　丸紅の伊藤宏専務「ピーナツ百個」の
　領収証にサイン
一〇月一二日　伊藤「一五〇ピーシズ」領収証にサイン

一九七四（昭和四十九）年

一月二一日　伊藤「一二五ピーシズ」領収証にサイン
二月二八日　伊藤「一二五ピーシズ」領収証にサイン
七月一五日　ホジソン駐日米大使が着任
八月八日　ニクソン、大統領を辞任
一一月一八日　フォード米大統領が訪日（〜二二日）
一一月二六日　田中首相、辞意表明
一二月九日　三木武夫内閣が発足

一九七五（昭和五十）年

八月二五日　米上院銀行委公聴会でロッキード問題

一一月二八日　キッシンジャー米国務長官が「意見書」

一九七六（昭和五十一）年

二月四日　米上院外交委多国籍企業小委が公聴会対日売り込み工作が表面化
二月六日　コーチャン副会長らが同公聴会で証言
二月九日　久保防衛事務次官、PXLの国産化白紙撤回の内情を説明
二月一六日　衆院予算委、証人喚問（～一七日）
二月一八日　検察首脳会議が捜査着手を決定
二月二三日　衆参両院が米国への資料提供要請を決議
二月二四日　東京地検、警視庁、国税庁が合同捜索
三月一一日　警視庁、丸紅本社を再捜索
三月一二日　フォード返書、捜査終了まで資料非公開
三月一三日　東京地検が児玉を脱税で起訴
三月二三日　資料提供に関する日米協定調印
四月一〇日　米証券取引委（SEC）資料が東京地検着
五月一三日　「三木おろし」が表面化
六月二二日　東京地検、大久保を偽証容疑で逮捕
七月二日　東京地検、伊藤を偽証容疑で逮捕
七月六日　ロサンゼルス連邦地裁で嘱託尋問開始
七月八日　東京地検、若狭得治全日空社長を逮捕
七月一三日　東京地検、檜山を逮捕
七月二七日　東京地検、田中と榎本を逮捕
八月一六日　東京地検、田中を起訴、一七日保釈
八月二〇日　東京地検、佐藤孝行元運輸政務次官を逮捕
八月二一日　東京地検、橋本登美三郎元運輸相を逮捕
九月一三日　G－前社長が日本への売り込みを証言

一九七八（昭和五十三）年

一二月一五日　SECがダグラス社の8Kレポートを公表

一九七九（昭和五十四）年

一月四日　SECがグラマン社の8Kレポートを公表
一月九日　G－前社長が岸元首相らと接触と発言
二月一日　取調中の島田三敬日商岩井常務が自殺
五月一五日　東京地検、ダグラス・グラマン事件捜査終結。日商岩井から松野元防衛長官に五億円の贈与事実を確認

一九九三（平成五）年

一二月一六日　田中角栄、慶應義塾大学病院で死去

主要参考文献一覧

※各項、邦語、英語書籍順。刊行年・サブタイトルは割愛した。

▼田中角栄と日本政治

石井一『冤罪』、産経新聞出版
伊藤昌哉『自民党戦国史』上下、ちくま文庫
岩野美代治『三木武夫秘書回顧録』、吉田書店
奥島貞雄『自民党抗争史』、中公文庫
奥島貞雄『自民党幹事長室の30年』、中公文庫
國弘正雄『操守ある保守政治家三木武夫』、たちばな出版
新川敏光『田中角栄』、ミネルヴァ書房
立花隆『田中角栄研究全記録』上下、講談社文庫
立花隆「『田中真紀子』研究」、文藝春秋
田中眞紀子『父と私』、日刊工業新聞社
田原総一朗『戦後最大の宰相　田中角栄』上、講談社＋α文庫
辻和子『熱情』、講談社＋α文庫
徳本栄一郎『田中角栄の悲劇』、光文社知恵の森文庫
日本経済新聞社編『私の履歴書』第28集、日本経済新聞社
野上浩太郎『政治記者』、中公新書

早坂茂三『田中角栄回想録』、集英社文庫
早坂茂三『政治家田中角栄』、集英社文庫
服部龍二『田中角栄』、講談社現代新書
早野透『田中角栄』、中公新書
毎日新聞政治部『政変』、現代教養文庫

▼ロッキード事件全般

朝日新聞東京本社社会部『ロッキード事件　疑獄と人間』、朝日新聞社
A・C・コーチャン著、村上吉男訳『ロッキード売り込み作戦』、朝日新聞社
NHK「未解決事件」取材班『消えた21億円を追え』、朝日新聞出版
奥山俊宏『秘密解除ロッキード事件』、岩波書店
堀田力『壁を破って進め』上下、講談社
毎日新聞社編『総理の犯罪』、毎日新聞社
Anthony Sampson, *The Arms Bazaar*, Viking Press
David Boulton, *The Grease Machine*, Harper & Row
Jerome Levinson, *Who Makes American Foreign Policy?*, Signature Book Printing
John Noonan, *Bribes*, University of California Press
LeRoy Ashby & Rod Gramer, *Fighting the Odds*, Washington State University Press

▼ロッキード事件捜査と裁判

木村喜助『田中角栄の真実』、弘文堂

坂上遼『ロッキード秘録』、講談社
立花隆『ロッキード裁判傍聴記』1〜4、朝日新聞社
東京新聞特別報道部編『裁かれる首相の犯罪』第1〜9集、東京新聞出版局
東京新聞特別報道部編『角栄裁判全190回ハイライト』、文藝春秋
山本祐司『特捜検察物語』上下、講談社
渡邉文幸『指揮権発動』、信山社

▼外交と日米関係、キッシンジャー

石井明ら編『記録と考証　日中国交正常化・日中平和友好条約締結交渉』、岩波書店
井上正也『日中国交正常化の政治史』、名古屋大学出版会
大嶽秀夫『ニクソンとキッシンジャー』、中公新書
栗山尚一『沖縄返還・日中国交正常化・日米「密約」』、岩波書店
田村重信ら『日華断交と日中国交正常化』、南窓社
服部龍二『日中国交正常化』、中公新書
本田良一『証言　北方領土交渉』、中央公論新社
孫崎享『アメリカに潰された政治家たち』、小学館
Greg Grandin, *Kissinger's Shadow*, Metropolitan Books
Henry Kissinger, *White House Years*, Little, Brown And Company
Henry Kissinger, *Years of Upheaval*, Little, Brown And Company
Henry Kissinger, *On China*, Penguin Books
Seymour Hersh, *The Price of Power*, Summit Books

U. Alexis Johnson, *The Right Hand of Power*, Prentice Hall
Walter Isaacson, *Kissinger*, Simon & Schuster

▼「巨悪」関係

安倍洋子『わたしの安倍晋太郎』、ネスコ
猪狩誠也編著『日本の広報・ＰＲ１００年』、同友館
猪瀬直樹『死者たちのロッキード事件』、文春文庫
工藤美代子『絢爛たる悪運　岸信介伝』、幻冬舎
橘かがり『扼殺』、祥伝社文庫
中曽根康弘『天地有情』、文藝春秋
中曽根康弘『中曽根康弘が語る戦後日本外交』、新潮社
中曽根康弘『自省録』、新潮社
平野貞夫『ロッキード事件「葬られた真実」』、講談社
宗像紀夫『特捜は「巨悪」を捕らえたか』、ＷＡＣ
山岡淳一郎『田中角栄封じられた資源戦略』、草思社
Ben Rich & Leo Janos, *Skunk Works*, Little, Brown And Company
Howard Schonberger, *Aftermath of War*, The Kent State University Press
Michael Schaller, *The American Occupation of Japan*, Oxford University Press

▼インターネットのサイト

・国会会議検索システム　https://kokkai.ndl.go.jp/#/

・ニクソン大統領図書館サイト　https://www.nixonlibrary.gov/
・フォード大統領図書館サイト　https://www.fordlibrarymuseum.gov/
・米上院外交委員会多国籍企業小委議事録　https://catalog.hathitrust.org/Record/002939179
・米上院銀行住宅都市問題委員会議事録　https://catalog.hathitrust.org/Record/011336081
・米議会合同経済委員会政府優先度経済小委公聴会
https://babel.hathitrust.org/cgi/pt?id=pur1.32754078869140&view=1up&seq=1
・米中央情報局（ＣＩＡ）情報公開検索システム　https://www.cia.gov/library/readingroom/
・米国立公文書館外交文書データベースアクセスサイト（ＡＡＤ）1973〜1975
https://aad.archives.gov/aad/series-list.jsp?cat=WR43
・米国外交（ＦＲＵＳ）アクセスサイト　https://history.state.gov/historicaldocuments/about-frus
・米民間調査機関「国家安全保障文書館」　https://nsarchive.gwu.edu/

写真について

【部扉】

第一部　「丸紅ルート」裁判の一審判決。厳しい表情で東京地裁に入廷する田中角栄（一九八三年一〇月一二日）

第二部　軽井沢の万平ホテルでキッシンジャーと会談する田中角栄（一九七二年八月一九日）

第三部　東京地裁玄関を出る児玉誉士夫。脳血栓後遺症のため長時間の在廷は不能とされ、初公判の途中で退廷した（一九七七年六月二日）

※いずれも毎日新聞社提供。本文内の写真は著者撮影によるもの。

装丁　國枝達也
図表　本島一宏

本書は書き下ろしです。
本文中に登場する方々の肩書きや年齢は、いずれも取材時のものです。

春名幹男（はるな　みきお）
国際ジャーナリスト。1946年、京都市生まれ。大阪外国語大学（現・大阪大学）卒業。共同通信社入社。ニューヨーク特派員、ワシントン特派員と支局長、特別編集委員などを歴任。在米報道12年。1994年度ボーン・上田記念国際記者賞、2004年度日本記者クラブ賞受賞。07〜12年名古屋大学大学院教授・特任教授、10〜17年早稲田大学大学院客員教授。外務省「いわゆる『密約』問題に関する有識者委員会」委員を務めた。専門は日米関係、インテリジェンス、核問題。著書に、『核地政学入門』（日刊工業新聞社）、『ヒバクシャ・イン・USA』（岩波新書）、『スクリュー音が消えた』（新潮社）、『秘密のファイル　CIAの対日工作』上下（共同通信社）、『米中冷戦と日本』（PHP研究所）、『仮面の日米同盟』（文春新書）など多数。

ロッキード疑獄《ぎごく》　角栄《かくえい》ヲ葬《ほうむ》リ巨悪《きよあく》ヲ逃《のが》ス

2020年10月30日　初版発行
2021年４月５日　６版発行

著者／春名幹男《はるなみきお》

発行者／青柳昌行

発行／株式会社KADOKAWA
〒102-8177　東京都千代田区富士見2-13-3
電話　0570-002-301（ナビダイヤル）

印刷・製本／図書印刷株式会社

●お問い合わせ
https://www.kadokawa.co.jp/（「お問い合わせ」へお進みください）
※内容によっては、お答えできない場合があります。
※サポートは日本国内のみとさせていただきます。
※Japanese text only

定価はカバーに表示してあります。

ISBN 978-4-04-105473-4　C0095